"终身教育与学习型社会研究"丛书

丛书主编：侯怀银

小康社会背景下学习型社会的中国图景

丁红玲◎著

科学出版社

北京

内 容 简 介

小康社会建设是一种战略国策，更是一种政策理念。小康社会与学习型社会有着天然的联系，二者相辅相成，互为因果、目标与动力，基于小康社会的政策理念背景考量中国学习型社会建设问题具有重要的战略意义和深远的历史意义。

本书是作者多年来在学习型社会领域探究与思考的结果，其中有对学习型社会的由来、基本理论及国际背景的系统梳理，更有对小康社会建设背景下中国学习型社会的理论与实践现实图景的呈现，还有对未来中国学习型社会建设趋势的展望。

本书适合成人教育学、社区教育学、终身教育学研究者，终身教育与学习型社会相关领域研究者，终身教育与学习型社会政策制定者和基层工作者参阅。

图书在版编目（CIP）数据

小康社会背景下学习型社会的中国图景/丁红玲著. —北京：科学出版社，2022.11

（“终身教育与学习型社会研究”丛书/侯怀银主编）

ISBN 978-7-03-073625-3

I. ①小… II. ①丁… Ⅲ. ①社会教育-研究-中国 Ⅳ. ①G779.2

中国版本图书馆 CIP 数据核字（2022）第 199867 号

责任编辑：崔文燕 /责任校对：贾娜娜

责任印制：李 彤 /封面设计：有道文化

科 学 出 版 社 出版

北京东黄城根北街 16 号

邮政编码：100717

http://www.sciencep.com

北京中科印刷有限公司 印刷

科学出版社发行 各地新华书店经销

*

2022 年 11 月第 一 版 开本：720 × 1000 1/16

2022 年 11 月第一次印刷 印张：19

字数：350 000

定价：99.00 元

（如有印装质量问题，我社负责调换）

丛书编委会

主编 侯怀银

编委 桑宁夏 丁红玲 贾 旻

张雪莲 吕 慧

从书序

2019年2月，《中国教育现代化2035》中提出“构建服务全民的终身学习体系”的教育战略任务。同年11月，党的十九届四中全会提出“构建服务全民终身学习的教育体系”的战略规划。构建服务全民终身学习的教育体系是推动中国教育现代化进程的关键一环，关乎未来中国教育的改革、创新和发展。改革开放以来，教育学研究者在终身教育领域开展了广泛研究，在理论引进、传播和本土实践研究中均取得了一定的进展①，有关构建服务全民终身学习教育体系的深入研究则有待进一步加强。有鉴于此，本丛书围绕终身教育和学习型社会进行了系统研究。

一、终身教育和学习型社会的研究价值

满足人民群众对美好教育的需求是我国教育事业的重要使命。构建服务全民终身学习教育体系有助于教育改革成果进一步惠及全体人民，充分发挥学校教育和家庭教育、社会教育的合力，推动中国教育现代化目标的实现。构建服务全民终身学习的教育体系需要完备的理论体系做支撑，发挥理论之于实践的指导作用。因此，开展终身教育和学习型社会的研究具有重要的学术价值和应用价值，主要体现在以下几个方面。

（一）独特的学术价值

第一，有助于丰富终身学习理论体系。开展终身教育和学习型社会的研究将

① 侯怀银，王晓丹. 2021. 终身教育理论在中国的引进及其影响. 教育科学，37（5）：2-11.

有助于进一步丰富终身学习的理论，进而解决理论研究与实践发展之间的隔阂问题，在终身学习的实践中发挥更大的指导作用。

第二，有助于拓展教育研究新领域。构建服务全民终身学习的教育体系是涵盖全民终身学习的大教育问题，这不仅需要基于宏观、整体视野统筹学校教育、家庭教育和社会教育，融通正规教育和非正规教育，而且需要搭建终身教育的“立交桥”，实现各类教育的横向衔接和纵向沟通。研究者要运用哲学、教育学、社会学、历史学、文化学等多学科思维方法和范式来研究相关问题，进一步推进教育研究领域的拓展。

第三，有助于把握终身教育和学习型社会研究领域的未来指向。构建服务全民终身学习教育体系是终身学习研究领域的前沿问题，对这一问题开展研究有助于进一步明确终身教育和学习型社会的研究方向，研判终身教育和学习型社会建设的未来走向。

（二）突出的应用价值

第一，有助于推进各级各类教育的纵向衔接与横向沟通。构建服务全民终身学习的教育体系，需充分重视并发掘各级各类教育之间的合力，打通各级各类教育之间的联系，就教育体系在全人类面向、全需求导向、全领域指向等方面的重要作用及相互关系展开研究，助力学习型社会建设。

第二，有助于增强教育领域与其他领域的沟通协调。构建服务全民终身学习的教育体系涉及多个领域，有赖于社会各方的共同合作与全力实施。开展终身教育和学习型社会的研究需要关注并形成合力，从而推动高质量教育体系的构建。

第三，有助于推进服务全民终身学习教育体系的保障机制建设。开展终身教育和学习型社会的研究须在对我国现实基础予以理论考量的基础上，找出亟须解决和后续实践可能面临的问题，并最终落脚于保障机制建设，如法律政策保障、社会文化保障、治理体系保障、资源保障、学习制度保障等。

二、已有研究进展

在新时代以教育治理现代化推动人类社会实践背景下，终身教育和学习型社会的研究是一项整体性研究。基于这两个关键词，终身教育和学习型社会的研究已取得以下四个方面的研究进展。

（一）终身学习研究进展

20 世纪 90 年代，“终身学习”在国际上获得广泛认可。国际终身教育的话语体系中出现了“终身学习”的概念。我国研究者对终身学习展开了系统研究，可以分为对终身学习基本问题的研究和对终身学习促进策略的研究。

第一，终身学习基本问题研究。其一，研究者对终身学习的概念及其与终身教育、学习型社会等相关概念的关系进行了研究。其二，研究者对终身学习思想、终身学习理念和终身学习内涵的历史演变进行了梳理。其三，研究者对终身学习的价值和意义进行了研究，包括对“全民终身学习社会”的价值内涵的探讨[①]。

第二，终身学习促进策略研究。研究者对终身学习促进策略的研究主要从个体条件和社会保障两方面展开，尤以社会保障为重。就前者而言，研究者主要对个体学习能力进行了研究。就后者而言，研究者对终身学习体系、教育系统改革、终身学习服务主体、终身学习立法、终身学习制度等方面展开了研究，并介绍了不同国家和地区的相关实践情况。[②]在教育系统改革方面，研究者对开放大学、高校继续教育、社区教育、在线教育等进行了深入细致的研究，探讨了不同类型教育服务全面终身学习的路径。在终身学习制度方面，研究者主要对国家资历框架和学分银行制度进行了研究。

（二）学习型社会研究的进展

自美国赫钦斯（R. M. Hutchins）所著《学习型社会》（*The Learning Society*）于 1968 年出版以来，作为全球新世纪教育改革的发展趋势，学习型社会逐步实现了从理念、理论的研究层面向社会实践层面迈进的转变。已有研究就学习型社会的概念、学习型社会的建设、学习型社会与相关教育活动的关系等方面展开探讨。

第一，学习型社会的概念。有研究者认为国内学界主要从社会发展机制、社会构成、系统论、与其他社会形态的关系四个视角展开界定[③]；研究者还从社会、个体、个体与社会相结合三个角度[④]展开研究。国内学界还关注了学习型社会是

① 杨小微. 2013. 中国社会发展之教育基础的价值尺度：全民终身学习的视角. 教育发展研究，33（11）：1-5.

② 张梅琳，唐雪梅. 2021. 我国终身学习研究的发展历程与动向分析. 成人教育，41（12）：8-14.

③ 杨晨，李娟，顾凤佳. 2011. 我国“学习社会”研究述评（2008—2011 年）. 教育发展研究，31（23）：35-41.

④ 朱孔来，李俊杰. 2011. 国内外对学习型社会研究现状评述及未来展望. 湖南师范大学社会科学学报，40（6）：93-97.

现实还是理想，是新个体学习形式还是新社会形式，是注重个体自我完善还是人力资源开发，是依靠学校教育改造还是社区教育强化等问题①。

第二，学习型社会的建设。有研究者指出，当前面临的最大挑战之一是推进学习型社会建设的方法较少。归纳研究者提出的推进学习型社会建设的途径，大体包括立法先行，建设完备的法律体系；组织奠基，推进学习型组织的建设；价值引领，重建具有普适意义的教育价值观；平台创新，实现学习型社会运行智能化等②。

第三，学习型社会与相关教育活动的关系研究。这方面的研究主要包括三个方面：其一，学习型社会与终身教育的关系。当前我国不同教育形态的繁荣促进了终身教育体系的建设，但在学习型社会视角下，发展终身教育仍面临着人口基数大、人口素质较低、区域教育差异等问题。因此，体系构建应明确教育主体、建立教育责任机制、注重资源整合以及树立创新观念③。其二，学习型社会与社区教育的关系。学习型社区作为重要平台和实践依据，对学习型社会至关重要。学习型社会的建设应理顺管理体制，形成多方参与的局面；整合教育资源，丰富社区教育内容和教学形式；依托社区学院，发挥社区学院的龙头作用；利用现代信息技术，搭建社区公共数字化平台，推促社区可持续发展④。其三，学习型社会与老年教育的关系。老年教育要在办学理念、规模、体制、经费等教育管理方面，教学内容、手段、方法等教育教学要素上，适应学习型社会建设的现实需求，全面深化改革，充分发挥积极作用⑤。老年教育在社区场域内存在重要性认识不足、立法保障机制不完备、内容和形式单一、组织管理和资源分布不平衡等问题，应从促进终身教育理念融入、推动终身教育立法保障、丰富教育内容和形式、规范教育管理和整合教育资源等方面推进社区老年教育发展⑥。

---

① 曾文婕，漆晴，宁欢. 2019. 我国"基本形成学习型社会"还有多远——基于我国学习型社会研究（1998—2018年）回顾. 现代远程教育研究，31（3）：57-69.

② 夏海鹰. 2014. 学习型社会建设动力机制探究. 教育研究，35（6）：48-52.

③ 孙怀林. 2017. 论学习型社会下终身教育体系的构建. 继续教育研究，（8）：4-6.

④ 马定计，黄复生. 2008. 学习型社会背景下上海社区教育发展的若干思考. 开放教育研究，（1）：38-41.

⑤ 郭世松. 2015. 学习型社会与老年教育改革——以广西钦州市为例. 继续教育研究，（3）：13-15.

⑥ 刘明永. 2013. 学习型社会背景下社区老年教育探索. 中国成人教育，（9）：6-9.

（三）终身教育研究的进展

整体来看，基于终身教育这一主题，研究者聚焦历史研究、比较研究、理论研究、实践研究、体系的元研究等方面展开了研究。

终身教育的历史研究。一方面，研究世界终身教育发展的历史，主要聚焦于终身教育思想的发展历史和终身教育实践的历史梳理与未来展望。有研究者指出，当代终身教育经历“观念—术语—概念”的变化，在今天呈现体系化发展状态[①]；另一方面，立足重大、关键时间节点，对中国终身教育发展的历史进行研究。如有研究者从政策、理论与实践三个层面对我国改革开放40年来终身教育的发展历程进行了回顾[②]。

第二，终身教育的比较研究。比较研究重在探讨不同国家终身教育体系建设的共性、特点和规律，为我国终身教育的发展提供借鉴。已有研究一方面介绍国外终身教育发展情况，另一方面对中外终身教育进行比较。有研究者对美、日、法、韩等国的终身教育进行了推介，并提出了相关建议与参考[③]。有研究者对美、英、法三国终身教育体系进行比较分析，探讨了法律、组织、认证和财政支持系统在终身教育体系构建中的重要作用[④]，阐述了美、英、法、日等发达国家在观念、理论、制度与实践等方面的经验[⑤]。有研究者通过对教师终身教育体系与日本教师研修制度之间的比较，主张构建中国教师终身教育体系，健全教师继续教育法规，发展教育科学理论，促进教师继续教育事业的发展[⑥]。也有研究者聚焦某一国家的终身教育体系建设进行深入分析，如对日本“地方推动”的介绍[⑦]，对韩国终身教育体系建设的梳理等[⑧]。还有研究者对朗格朗（P. Lengrand）、伊里奇（I. Illich）、捷尔比（E. Gelpi）、耶克斯利（B. Yexley）、林德曼（E. Lindeman）等代表人物的终身教育思想进行了比较研究。

第三，终身教育的理论研究。其一，研究者对终身教育思想进行了引进介绍、

---

① 何思颖，何光全. 2019. 终身教育百年：从终身教育到终身学习. 现代远程教育研究，（1）：66-77+86.
② 吴遵民. 2018. 改革开放40年中国终身教育的历史回顾与展望. 复旦教育论坛，16（6）：12-19.
③ 李之文，李秀珍，孙钰. 2014. 韩国高校终身教育及其对中国的启示. 教育学术月刊，（12）：32-37.
④ 徐又红. 2008. 我国终身教育体系的构建：美、英、法终身教育比较的启示. 学术论坛，（3）：202-205.
⑤ 周西安，杨丽丽. 2005. 发达国家终身教育体系的构建及启示. 安徽教育学院学报，（4）：99-102.
⑥ 杨民，苏丽萍. 2013. 日本小学家校合作的研究及启示. 教育科学，29（6）：89-93.
⑦ 杨秋芬. 2007. 浅析日本地方终身教育体系. 河北大学成人教育学院学报，（3）：8-9.
⑧ 杨芳. 2011. 韩国终身教育体系研究. 继续教育，25（11）：61-64.

历史梳理和理论评述，对古今中外的终身教育思想给予全面关注。其二，研究者围绕终身教育与成人教育、终身学习、继续教育等相关概念进行了比较分析。其三，研究者对终身教育理论发展过程中出现的新热点进行研究，如终身学习、学习型社会、终身教育体系等①，其中对终身教育体系的关注尤为突出。其四，研究者对终身教育的价值以及终身教育理念下各级各类教育的价值问题进行了研究。

第四，终身教育的实践研究。这方面研究主要关注终身教育立法和体系构建。其中，立法研究主要包括终身教育立法呼吁与基本构想、国际比较与借鉴、地方立法研究、法律与政策研究、对我国传统政治法律文化语境的分析等。体系构建研究主要集中于我国终身教育体系构建策略研究方面。一是依现状问题提出体系构建策略。比较有代表性的观点有“渐进性策略”②“终身教育体系构建多主体”③等。二是围绕区域终身教育体系的构建展开个案研究，国内以区域为单元在构建终身教育体系方面积累了一些经验。三是终身教育体系构建评价研究。有研究者从过程评价角度开展研究④；也有研究者探讨了量化评价指标体系⑤。

第五，终身教育体系的元研究。这方面研究主要包括终身教育体系概念、要素、功能、特征等方面的研究和对体系构建的综合反思性研究。一是终身教育体系概念研究。完备的终身教育体系应广涉家庭组织、教育系统和社会机构等多元主体的多方资源整合，进而为所有社会成员提供全人生的教育制度安排⑥。在终身教育的思想和原则框架下，完备的终身教育体系应是为社会教育的发展而服务的，面向全民、全人生、全过程的社会化教育体系⑦。二是终身教育体系要素研究。研究者从终身教育的形式、方式、内容三个方面⑧，纵向和横向两个维度⑨，以及目标系统、保障系统、领导系统、运作系统四大系统对终身教育体系的构成要素进行分析⑩。三是终身教育体系功能研究。终身教育体系具有教育功能、经

① 吴遵民. 2018. 改革开放40年中国终身教育的历史回顾与展望. 复旦教育论坛，16（6）：12-19.

② 刘汉辉. 2007. 论终身教育体系：构架、实现方式及功能. 广东社会科学，（4）：178-183.

③ 李新民. 2010. 论构建中国模式的终身教育体系. 南京理工大学学报（社会科学版），23（6）：98-101+120.

④ 郭玉锋. 2005. 终身教育理念与过程性评价的实施. 中国成人教育，（6）：28-29.

⑤ 吴国. 2013. 终身教育体系构建探析——以福建省为例. 福建医科大学学报（社会科学版），14（2）：35-40+65.

⑥ 刘晖，汤晓蒙. 2013. 试论各级各类教育融入终身教育体系的时序. 教育研究，34（9）：89-94+127.

⑦ 陈乃林. 2010. 建设区域性学习型社会的实证研究报告——以江苏为个案. 北京：高等教育出版社，29.

⑧ 庾荣. 2003. 论终身教育体系的构建. 西南交通大学学报（社会科学版），（4）：95-98.

⑨ 刘汉辉. 2007. 论终身教育体系：构架、实现方式及功能. 广东社会科学，（4）：178-183.

⑩ 周西安. 2011. 我国终身教育体系的内容结构与建构原则. 职业技术教育，32（22）：36-39.

济功能、人口功能、社会功能等。此外，也有研究者对终身教育体系在政治、文化、科技、生态等方面的功能进行了研究[①]。四是终身教育体系特征研究。终身教育体系具有统合性、开放性、非功利性特征[②]。也有研究者认为终身教育体系具有多样性、整合性、开放性、个体性等特征[③]。五是终身教育体系构建的综合反思性研究。有研究者从动因、内容、问题与展望三个方面对终身教育体系研究进行了综述，指出这方面的研究呈现出由单一走向多元、由理论走向实践、由宏观转向微观的趋势，在内容上呈现出关注具象化的实践研究、终身教育法律制度研究、开放大学在终身教育体系构建中的作用研究等趋势[④]。有研究者通过书评的形式对终身教育体系相关研究进行了介绍，如对《中国终身教育体系构建改革试点研究（2010—2015）》[⑤]这部著作的评论。也有研究者以具体的时间段为周期，对终身教育体系构建研究进行梳理，如分析2007—2012年构建终身教育体系的相关研究成果，探讨我国终身教育体系构建过程中的成功经验及存在问题，并展望了我国终身教育体系的研究方向。

（四）服务全民终身学习教育体系研究的进展

2019年至今，围绕构建服务全民终身学习教育体系的研究成果日益增多，研究者主要从内涵、构建价值、构建逻辑、路径选择与体制机制等方面进行研究。

第一，关于体系的内涵研究。有研究者从资源、机会与供给导向，能力、素养与自主学习导向，意愿、收益与人力资源导向以及价值、发展与生活方式导向出发对“服务全民终身学习的教育体系”的内涵做了分层分级阐释[⑥]。

第二，关于体系的构建价值研究。构建服务全民终身学习的教育体系是实现教育强国战略的国运之需、实现教育终极使命的治理之要、融通中央长治与个人久安的信念之实[⑦]。

第三，关于体系的构建逻辑研究。有研究者分析了构建服务全民终身学习的

---

① 刘汉辉. 2007. 论终身教育体系：构架、实现方式及功能. 广东社会科学，（4）：178-183.

② 吴遵民，黄欣，刘雪莲. 2006. 建立和完善终身教育体系的法律制度研究. 继续教育研究，（6）：19-23.

③ 朱猷武. 2006. 论终身教育体系的特点. 中国成人教育，（8）：18-19.

④ 于蕾. 2016. 我国终身教育体系构建研究述评与展望. 继续教育研究，（5）：4-10.

⑤ 徐莉. 2019. 中国终身教育体系构建改革试点研究 2010—2015. 福州：福建教育出版社.

⑥ 陈廷柱，庞颖. 2021. 分层分级构建服务全民终身学习的教育体系. 终身教育研究，32（6）：3-9.

⑦ 史秋衡，谢玲. 2021. 构建服务全民终身学习的教育体系的价值解读. 北京大学教育评论，19（3）：178-187.

教育体系的政策逻辑[①]和实践逻辑[②]。还有研究者分析了构建服务全民终身学习教育体系的基本线索，即“自我导向学习”[③]。

第四，关于体系的路径选择与体制机制研究。有研究者基于分层分级理念探讨服务全民终身学习教育体系的建设，指出应基于政府责任与立法设计的角度，从中央到地方分级设计管理结构[④]。也有研究者从“后学校化”视角探讨构建服务全民终身学习的教育体系的路径与机制[⑤]。此外，有的研究者十分注重各级各类教育，尤其是高等教育在体系构建中发挥的作用[⑥⑦]。还有研究者认为，基于构建服务全民终身学习的教育体系视角，家庭教育的内涵需要重新审视与重构，体现了“构建服务全民终身学习的教育体系”的要求[⑧]。

三、终身教育和学习型社会研究的突破空间

通过梳理终身教育和学习型社会的研究进展，我们发现研究者已从不同角度进行了大量研究，按主题可细致划分为终身学习、学习型社会、终身教育、教育体系等研究，每个主题又都延伸出许多领域，而这些领域在这几个主题之间又相互交叉，相互重叠。但是从整体上对终身教育和学习型社会进行系统研究的成果还较少。基于此，我们认为该领域还有以下五个方面有待突破。

（一）历史研究需要进一步重视

在现有研究成果中，尽管有些研究者对终身教育、终身学习等思想的来源进行了追溯，但围绕终身教育和学习型社会的历史研究稍显不足，尤其并未对民国

① 陈伟，郑文，吴世勇. 2022. “构建服务全民终身学习的教育体系”的三重逻辑. 华南师范大学学报（社会科学版），（1）：61-71+206.

② 闫志利，韩佩冉. 2020. 构建服务全民终身学习的教育体系：价值取向与实践逻辑. 职业技术教育，41（13）：68-73.

③ 路宝利，张之晔，吴遵民. 2021. 构建服务全民终身学习教育体系的本质思考——基于“自我导向学习”的视角. 中国远程教育，（8）：1-11+39+76.

④ 兰岚. 2021. 构建服务全民终身学习的现代教育体系——政府责任与立法设计. 教育学术月刊，（9）：3-11.

⑤ 路宝利，吴遵民. 2020. 构建服务全民终身学习的教育体系：路径与机制——基于“后学校化”理念的思考. 开放教育研究，26（4）：67-76+101.

⑥ 谢倩芸. 2021. 助推构建服务全民终身学习的教育体系. 中国高等教育，（2）：57-59.

⑦ 贾小鹏. 2020. 高校在构建服务全民终身学习的教育体系中的定位与功能. 中国高等教育，（18）：52-53.

⑧ 程豪，吕珂漪，李家成，等. 2021. 我国家庭教育的内涵反思与时代重构——基于“构建服务全民终身学习的教育体系”的视域. 现代远距离教育，（6）：3-12.

时期的历史经验进行充分挖掘。有鉴于此，我们认为应该在整理史料基础上，充分重视民国时期的历史经验，梳理终身教育和学习型社会在历史长河中的发展与变迁过程，对其进行回顾和反思，并对其未来发展趋势进行预测研究。

（二）比较研究需要进一步拓展

综观已有研究，比较研究多就终身教育、终身学习等领域展开，侧重于对国际经验的介绍，而以“构建服务全民终身学习的教育体系”为主题的比较研究稍显不足。现代终身学习理念源于西方，相关研究成果也较为丰富。因此，在研究构建服务全民终身学习的教育体系过程中，我们须有选择地借鉴西方的经验。比较研究不能只限于介绍和引进，更重要的是批判地继承，反思国际经验之于我国的适用价值。有鉴于此，我们认为应当加强对国际“构建服务全民终身学习的教育体系”的比较和借鉴，以进一步推动我国构建服务全民终身学习的教育体系。

（三）理论研究需要进一步深入

“构建服务全民终身学习的教育体系研究”目前散见于终身学习、学习型社会、终身教育、教育体系等领域中，这反映了当前我国终身教育和学习型社会研究的成熟度还有待提高。一方面，我们需要加大基本理论的研究力度，开展基本概念澄清、历史演变梳理、体系应然架构设计等工作，以科学合理的基本理论体系指导实践，同时基于实践发现理论研究的不足，通过良性互动促进服务全民终身学习教育体系在理论与实践两方面的构建；另一方面，由于该研究主题的特殊性，即该体系的构建涉及社会多方面的主体和资源等，故该问题在理论层面的解决也需要我们拓展研究视角，充分运用历史学、社会学、经济学等相关学科的理论资源，寻找服务全民终身学习教育体系构建的策略。

（四）实践研究需要进一步深化

目前我国已有相关研究成果大多为思辨型理论探索，少数实践研究也是对区域实践和部分要素实践的经验总结，缺乏对当下实践问题的有针对性的研究，这类研究是实践亟须的。构建服务全民终身学习的教育体系和学习型社会在现实中究竟达到什么程度？取得了哪些成就？存在哪些问题？还需要提供什么样的保障和解决措施？这些都是需要引起研究者重视的关键问题。我们亟待密切关注实践需要，发现并解决服务全民终身学习教育体系构建中的重点、难点问题，开展实践性、应用性、具体性研究。这是构建服务全民终身学习教育体系研究领域亟需加强和深入的方向。

（五）研究方法需要进一步优化

目前，终身教育和学习型社会的研究在一定程度上还滞后于实践发展，且针对具体实践问题的关注不够。已有研究成果大多运用思辨方法研究概念、性质等基本理论问题，研究方法较为单一，量化研究方法和混合研究方法的运用较少。一方面，鉴于该领域对实践研究的丰富和深化的要求，运用多样的研究方法尤其是量化研究方法是必要的；另一方面，鉴于不同研究方法之间的优势互补，运用多样的研究方法也是加强研究成果科学性和可靠性的必然要求。我们应该注意运用多样化方法开展服务全民终身学习教育体系构建的全方位研究。

四、终身教育和学习型社会研究的路径展望

基于终身教育和学习型社会研究需要有进一步突破的空间，我们应着眼于学术研究本身，将构建服务全民终身学习教育体系的研究作为一项系统工程去综合推进。我们应把构建服务全民终身学习教育体系作为终身教育和学习型社会研究的总体目标，并在此基础上规划研究思路，从已有研究不足入手，厘清研究内容，并把握其中的关键性问题、重点问题和难点问题，在研究过程中以“多学科、宽领域、广视角”为引领，突出研究创新，以高质量原创性研究成果推动中国教育改革与发展。

（一）明确目标，规划研究思路

1. 明确研究的整体目标

第一，明确理论创新方面的预期目标。首先，从实践逻辑出发，基于时空之维对历史经验问题和国际比较问题进行系统梳理，探究体系构建的内部规律。其次，剖析构建服务全民终身学习教育体系“是什么体系”“如何构建”“怎样落实”等问题，为构建服务全民终身学习教育体系提供理论参考和依据。最后，以理论作为风向标和着力点，审视实践并进行保障机制研究。

第二，明确实践应用方面的预期目标。研究者应遵循国家教育发展战略和教育发展规律，依据需求逻辑和实践逻辑，形成构建服务全民终身学习教育体系的可行性方案及立体化推进路径，为实践发展提供可供参考的理论指南。

第三，明确服务决策方面的预期目标。构建服务全民终身学习教育体系研究的最终落脚点在保障机制研究，研究者应基于国家、社会、地方“三位一体”的角度进行宏观思考，以破解制度性困境，确保构建服务全民终身学习教育体系的有效落实。

2. 规划研究的总体思路

构建服务全民终身学习的教育体系研究思路具有深厚的学理依据与科学性，一方面，我们应坚持以马克思主义哲学为学理依据，坚持联系、整体和发展的观点，遵循逻辑与历史相统一、时间与空间相融合、部分与整体相维系、联系与发展相交互、理论与实践相呼应的原则，立足基本国情进行构建。另一方面，我们应以“基于实践—构建理论—回归实践”为总体思路，以“构建服务全民终身学习的教育体系”为研究对象，基于“是什么体系——如何构建——怎样落实”的逻辑，对构建服务全民终身学习的教育体系进行研究。

（二）厘清内容，把握核心问题

1. 厘清研究的基本内容

以“构建服务全民终身学习的教育体系”为总体研究内容，应致力于解决以往研究尚待加强的方面，围绕历史经验、国际比较、具体构建、现实基础和保障机制五个方面的内容进行系统研究。

第一，中国现代教育体系构建的历史经验研究。从时间角度入手，对中国现代教育体系构建的历史演进、中国现代教育体系的构建及其对全民素质提升的意义、中国现代教育体系构建的启示等方面进行研究。

第二，服务全民终身学习教育体系构建的国际比较研究。从国际比较角度入手，对美国、英国、法国、日本、德国等发达国家以及印度等发展中国家服务全民终身学习教育体系的构建特征、成功经验进行研究，特别是学分银行、国家资历框架建设等方面。

第三，服务全民终身学习教育体系的具体构建研究。从理论角度入手，对“全民终身学习”进行深入的学理分析;探索服务全民终身学习教育体系构建的原则、路径、策略;对各级各类教育在服务全民终身学习教育体系构建中的作用进行分析;围绕全民终身学习的需求,探索如何将各级各类教育融合成一个相互联动、相互协调、相互促进的教育体系。

第四,服务全民终身学习教育体系构建的现实基础研究。从实践角度入手,对我国服务全民终身学习教育体系构建的现实背景、典型案例、成功经验、存在的问题等内容进行研究。

第五,服务全民终身学习教育体系构建的保障机制研究。从保障角度入手,着眼于终身教育的立法保障、资源整合以及数字化学习网络等的建设,对其现状、发展规律、存在的问题等内容进行研究。

2. 把握研究需解决的核心问题

第一,把握关键问题,即把握构建服务全民终身学习的教育体系“是什么体系”的问题。从系统把握其核心内涵入手,厘清我们在推进终身学习、建设学习型社会中应当努力的方向,明确如何统筹社会力量,构建一个什么样的教育体系,才能助力于学习型社会的形成。

第二,把握重点问题。围绕服务全民终身学习的教育体系“如何构建”的问题,历史经验有哪些,所处的国际环境如何,基本理论问题有哪些,其现实状况如何,保障机制是什么。这些都是构建服务全民终身学习教育体系亟待解决的重点问题。

第三,把握难点问题,即体系构建“怎样落实”的问题。体系的构建需要国家层面,尤其是在政策层面的有力推动。因此,除了在理论研究方面加强科学性与规范性外,还需要通过实证研究实现“点”与“面”的结合。

(三)拓宽视角,实现研究创新

1. 拓宽研究视角

第一,全民终身学习的视角。我国服务全民终身学习教育体系的构建经历了从“终身教育”向“终身学习”话语体系的转变,具有一定的历史演进背景:“终身教育体系”的提出,终身学习理念的孕育;社区教育实验的推展,“终身学习与学习型社会”目标愿景的建立;教育现代化进程的进一步加快,服务全民终身学习教育体系的系统化、制度化建设。

第二，“大教育”的视角。应围绕“大教育观”视角，以教育学、历史学、哲学、社会学、政治学等多学科视域为依托，兼容多学科理念，整合多学科方法进行研究，使研究成果能够为构建服务全民终身学习的教育体系提供有力支撑。

第三，社会治理创新的视角。构建服务全民终身学习的教育体系研究应基于社会治理的视角，以问题意识和现实意识为指导，坚持逻辑与历史相统一、时间与空间相融合、部分与整体相维系、联系与发展相交互、理论与实践相呼应的原则，立足基本国情，基于教育现代化目标，研究大教育规律，促进终身学习服务主体的多元化和相互合作，助力社会治理。

2. 实现研究的突破创新

第一，力求在研究方法上进行突破创新。构建服务全民终身学习的教育体系研究应突破单一研究方法的局限，综合利用历史法、文献法、比较法、调查法、个案研究法等多种方法的优势，由抽象到具体、由简单到复杂，实现定性研究与定量研究的有机结合。

第二，力求在分析工具上进行突破创新。构建服务全民终身学习的教育体系研究应突破以往研究局限，以教育学、历史学、哲学、社会学、政治学、文化学等多学科的研究范式与基础理论为支撑，进行研究范式的借鉴与创新，从而突破本领域已有研究框架，开展跨学科研究。

第三，力求在文献资料上进行突破创新。注重搜集相关历史史料，尤其是民国时期的史料，进行历史经验的总结，注重搜集国内的典型案例，补充构建服务全民终身学习教育体系的相关口述史料等。同时，要重视国外成功案例的搜集整理，开展比较研究，编制研究索引，形成文献综述，系统梳理研究现状，查缺补漏，进行创新研究，以历史眼光和国际视野，围绕理论与实践的创新开展思辨研究和实证研究，进一步丰富、充实相关文献资料。

第四，力求在话语体系方面进行突破创新。我国服务全民终身学习教育体系的构建经历了从“终身教育”向“终身学习”话语体系的转变。从已有相关成果来看，资料搜集整理较多、深刻的思辨性成果较少，平面描述较多、零散且缺乏系统，未能形成稳定、成熟的话语体系。我们应从当前中国教育发展最迫切需要厘清的重大理论问题切入，尝试建立大教育学的研究范式与话语体系，推进中国特色、中国风格、中国气派教育学的建设，助力中国特色社会主义教育事业的发展。

五、本丛书的出版价值、意义以及研究宗旨

“终身教育与学习型社会研究”丛书具有重要的学术价值和现实意义。

丛书的学术价值体现在：第一，丛书是关于终身教育、终身学习和学习型社会的理论与实践的系列丛书。第二，丛书系统、全面、科学地介绍国内外关于终身教育、终身学习和学习型社会的理论与实践，澄清问题、丰富成果，完善理论体系、总结实践经验。第三，丛书期望为引领终身教育、终身学习和学习型社会研究的新趋向，扩展终身教育、终身学习和学习型社会研究的新视域，重构终身教育、终身学习和学习型社会研究的新体系做出贡献。第四，丛书将为丰富、完善现代教育学体系提供新的理论成果。第五，丛书将为现有的终身教育、终身学习和学习型社会实践提供新的理论支撑和价值引领。

丛书的现实意义体现在：第一，丛书有助于完善终身教育、终身学习与学习型社会理论体系。第二，丛书有助于建立终身教育学等新型学科。第三，丛书有助于整体提高教育学在哲学社会科学中的地位。第四，丛书有助于促进学习型社会的建设，推动服务全民终身学习教育体系的构建和教育现代化的实现，以期为国家治理和社会治理提供教育学的智慧和力量。

本丛书的撰写面向国家重大需求，立足于国家终身教育发展和学习型社会建设的重大战略，旨在完善和丰富我国终身教育和学习型社会的理论成果。在此基础上，系统梳理国内外关于“终身教育与学习型社会”的已有理论研究、实践进展、法律政策；全面分析“终身教育与学习型社会”的新时代背景特征；反思“终身教育与学习型社会”研究的新趋向，扩展新视域，重构新体系。

因丛书的5本分卷各有侧重，各领域的发展现状及已有研究基础不同，因而，承担分卷写作任务的作者可以根据实际情况采取相应的撰写方式。

无论采取何种书写形式，作者在撰写时应有如下明确的意识：各分卷研究如果是前人没有或少有涉及的，就要有明确的标杆意识，作者的成果应该体现当代中国学者的最高水平；如果学术界已有先期成果，就要有明确的超越意识，建立新的高度；如果作者曾有过相应成果，就要有明确的创新意识、突破意识，寻找

新的角度，进行新的思考，突破自己，切忌重复、克隆自己。

“终身教育与学习型社会研究”丛书由5本著作组成，各著作名称及负责人如下：侯怀银、宋美霞：《终身教育学新论》；侯怀银、王晓丹：《服务全民终身学习：终身教育在中国的探索》；贾旻等：《人类命运共同体背景下国际终身教育的理念与体系》；桑宁霞：《终身学习论》；丁红玲：《小康社会背景下学习型社会的中国图景》。

本丛书得以出版，要感谢每本书的作者，感谢科学出版社教育与心理分社付艳分社长的支持和辛勤工作。由于水平有限，本丛书难免有疏漏，恳请专家和读者批评指正。

侯怀银

2022年9月6日

序　言

一

人是寻求意义的生物，生来就具有对知识的渴求和向往，以及对自由和光明的向往。正如雨果所言：人生下来，不是为了拖着镣铐，而是为了展开双翼。人要摆脱命运的桎梏，超越自我，获得真正的解放，就必须凭借知识来完成。唯有知识能使人活得自由洒脱、尊贵优雅，不仅能主宰自己的命运，做自己的主人，还能凭借自身的底蕴和能量，服务社会，成为一个对社会有用的人，乃至承担起拯救他人命运、改造社会、安邦定国的宏大使命，成为一个大写的“人”。

知识的获得需要通过学习来完成。求知与学习是人的一种本能。学习意味着生存，学习伴随着终身。事实上，终身学习实践在人类历史上一直存在，与人类本身一样古老。如古代的农耕部落、渔猎部落的先民们在与环境抗争中通过实践一次次地试错、反思与总结经验，不断摸索，学会了种植、狩猎，学会了生存技能……可以说，整个人类文明史就是一部在蒙昧中寻找光明、不断求索的奋斗史，一部高扬着学习热情的恢弘壮丽、绵延不息、流动的终身学习史诗。

中国古代儒家思想中闪烁着终身学习的思想光辉。儒学的终极价值取向是内圣外王。内圣即“修身养性”，人通过自我修炼，成为圣善之人，成为有爱心、有善心、有教养、有责任担当的人；外王即“齐家、治国、平天下”。圣贤之下，儒家所推崇的理想人格是君子人格，君子的任务和首要使命就是“修身、齐家、治国、平天下”。其中，修身是伴随君子一生的事情，修身就要终身学习，在实践中学习，不断省思与检视自己，做到“慎独”（《礼记·大学》）、“吾日三省吾身”（《论语·学而》）。修身即全方位的学习，包括文化课、思想道德、技能和美育等全套的学习内容，具体分为初级的“六艺”和高级的“六艺”。正所谓“志于道，据于德，依于仁，游于艺”（《论语·述而》）。可见，儒家的君子人格其实就是学习型人格。

孔子更是一个终身学习的践行者，“学而时习之，不亦乐乎”（《论语·学而》），他把学习当作一件快乐的事。他“十有五而志于学”（《论语·为政》），一生勤奋好学，不耻下问，学而不厌，诲人不倦。“虽有佳肴，弗食，不知其旨也；虽有至道，弗学，不知其善也。”（《礼记·学记》）儒家把学习当作领悟“大道”、实现社会理想和人生价值的重要途径。

二

学习型社会是美好的、至善的社会，是实现价值转换、使人真正成为“人”的社会。学习型社会的教育是守护人性的教育，教育的功能不再是对人的外在生活的功利化的附丽和粉饰，而是穿越人的心灵，给予心灵健康快乐的滋养。教育的目的是培养人性丰满、人格健全的人。

学习型社会的核心要素是终身学习。终身学习是一个内蕴丰富的概念，它是每个人的独特经历，关涉每个人生命旅程中的故事，它可以帮助人们对过往的经历和人生经验进行整合、反省，使其坚定生存、生活、生命意义的信仰。它可以促进生命个体心智成长并臻于成熟，即无论遇到何种挫折，个体都能以饱满的热情投入生活。它昭示着一种人格的成熟，在这种成熟性人格的语境里，无论生命处于任何季节，人生永没有落幕，而是走在步入巅峰的路上。

学习型社会更关乎人类可持续发展的共同命运。自 2000 年，联合国教育、科学及文化组织（简称“联合国教科文组织”）（United Nations Educational, Scientific and Cultural Organization，UNESCO）召开了一系列会议，发布了一系列政策文本和行动方略。例如，无论是《建设学习型城市北京宣言——全民终身学习：城市的包容、繁荣及可持续发展》（简称《北京宣言》）（2013），还是《墨西哥城声明：建设可持续发展的学习型城市》（简称《墨西哥城声明》）（2015）、《建设学习型城市科克行动倡议》（简称《科克行动倡议》）（2017）、《麦德林宣言：更加包容的学习型城市》（简称《麦德林宣言》）（2019），乃至《学习型城市延寿宣言：通过终身学习建设健康而富有韧性的城市》（简称《延寿宣言》）

（2021）都是基于全球化视野提出来的。

三

学习型社会与小康社会有着内在的联系。学习型社会代表一种充满学习氛围的理想社会，小康社会代表一种生产力发展到一定程度的社会。“民亦劳止，汔可小康”是数千年来我国仁人志士为之奋斗的社会理想和广大人民的生活梦想，这个梦想的实现离不开党的政策关怀。自20世纪70年代，我国政府就对小康社会予以热切关注，并出台相关政策持续推进。进入21世纪，在政策的持续推进与带领下，我国朝向更高的梦想挺进——其标志就是“全面建设小康社会”政策理念的正式提出。

与此同时，学习型社会也同样受到党和政府的热切关注。中国学习型社会的正式提出是在2002年党的第十六次全国代表大会的报告里，学习型社会作为“全面建设小康社会”的四大目标之一被明确提出，之后，不断破茧，化蝶升华。

总体而言，学习型社会不仅是小康社会建设的重要目标，更是其条件和保障。学习型社会是以学习为内驱力的社会，正如恩格斯所说，人类思维是地球上最美丽的花朵。它不仅丰富着自己的精神世界，还创造着生活、世界和未来，给予思维滋养的便是对知识的追求与不断学习。

学习型社会更是以学习求发展的社会，通过个体学习、组织学习，使每个人的潜能和价值得到最大限度的释放、实现和展示，进而将个人才智转化为现实的生产力，促使社会财富涌动，社会繁荣度、文明度（经济文明、政治文明、文化文明、生态文明、科技文明）得到极大提高，最终推动小康社会建设目标的实现。

我国自20世纪80年代中期以社区教育实践为引擎开启学习型社会建设的探索，经过多年的实践，已经形成具有中国特色的现实图景：各级各类教育初步实现了转型跨越和一定程度的发展，覆盖城乡的线上、线下终身学习服务平台初步建立，学分银行试点工作初露峥嵘，各类学习型组织雏形初步形成。

基于对建设小康社会的积极回应，以及学习型社会应当肩负的历史使命，本书在对学习型社会基本理论进行系统介绍、纵观国际学习型社会理论与实践的基础上，对小康社会建设背景下中国学习型社会理论与实践进行了系统梳理，勾勒出其基本样貌，并提出对未来的展望。希望借此帮助人们准备个人的学习之旅，催动全社会采取实际行动，一起建构小康社会与新时代语境下的人文之旅。

让我们共同期待一个理想而美丽的学习型社会的到来。可以畅想一下：到那个时候，横向的各种类型的教育沟通上了，纵向的各种层次的教育也衔接上了，从不同路径而来的学习者都可以找到适合自己的学习通道，无论在哪个时点、哪个站点，人们都可以搭上学习的快捷便车。到那个时候，人们的成才之门会次第而开，由于因材施教，人人皆可获得分类发展。任何人在求学的道路上都可以“掬水月在手，弄花香满衣”，找到适合自己的教育形式。人人皆可以觅到自己心仪的事情去做，过自己向往的生活。人们诗意地学习，诗意地工作，生活真正变成了一管笛，从中吹出时光的微语……

丁红玲

2022年6月

目　录

第一章 绪　论

一、问题的提出

“学习型社会”一词最早由赫钦斯（Robert M. Hutchins）于20世纪60年代提出，之后作为一种理想社会愿景或曰文化理念，在国际范围内广泛传播，并备受推崇。先是国际三大组织积极行动，在推进全球学习型社会行动中起着先锋和引领作用。

其中，联合国教科文组织（United Nations Educational，Scientific and Cultural Organization，UNESCO）的行动举措有：①出版研究报告，进行思想引领。如出版《学会生存：教育世界的今天和明天》（Learning to Be：The World of Education Today and Tomorrow, 1972）（简称《富尔报告》）和《教育：财富蕴藏其中》（Learning：The Treasure Within，1996）。②发布相关政策文本，实行理念策动。如发布《学习权宣言》（Declaration of the Right to Learn，1985）和《成人学习汉堡宣言》（The Hamburg Declaration on Adult Learning，1997）等。③举办国际成人学习周，促进终身学习文化的发展。④以举办学习型城市大会为契机，实施全球推展。

经济合作与发展组织（简称“经合组织”）（Organization for Economic Co-operation and Development，OECD）的行动举措有：①出版研究报告，如《回流教育：终身学习的策略》（Recurrent Education：A Strategy for Life Learning，1973），进行终身教育理念孕育，并出版《教育政策分析》（Education Policy Analysis，1998），分析、借鉴各国重要的终身学习报告。②实施灵活多样的终身学习投资政策，提供福利保障。③推进成员国学习型城市建设，服务经济社会发展。

欧盟的行动举措有：①发表行动倡议书，如《成长、竞争力与就业：迎向21世纪的挑战与途径》（Growth，Competitiveness and Employment：The Challenges and Ways Forward into the 21 Century，1993）、《欧洲社会政策：欧盟的未来之路》（European Social Policy：A Way Forward for the Union，1994）、《教与学：

迈向学习社会[1]》（Teaching and Learning：Towards the Learning Society，1995）、《终身学习备忘录》（A Memorandum on Lifelong Learning，2000）、《实现终身学习的欧洲》（Making a European Area of Lifelong Learning Reality，2001）、《成人学习：学习永不会晚》（Adult Learning：It is Never too Late to Learn，2006）等，实行愿景感召。②制定《欧洲非正规和非正式学习认证指南》（Certified Non-formal and Informal Learning，2009 年第一版，2015 年修订版），对学习者通过非正规、非正式学习途径获得的知识、技能、能力进行鉴定及资格鉴定。③开发学习型城市项目，为欧洲地区的学习型社会实践注入活力。

除了一些国际组织大力倡导与行动呼吁以外，一些发达国家也积极行动，其具体举措如：出台终身教育（学习）政策法规，为终身教育（学习）保驾护航；加强终身学习社会化服务体系建构，为民众终身学习提供服务支撑；举办终身学习活动与创新终身学习活动载体，营造终身学习文化氛围；鼓励利益相关者参与，激发社会活力；以项目为牵引，推进学习型城市建设；开发学习型城市评价工具与指标体系，提高建设质量。

我国从 20 世纪 80 年代开始启动社区教育，并以此为契机开始深耕学习型社会文化土壤。2002 年，党的十六大报告明确提出“全面建设小康社会”的奋斗目标，指出“要在本世纪头二十年，全面建设惠及十几亿人口的高水平的小康社会，使经济更加发展、民主更加健全、科教更加进步、文化更加繁荣、社会更加和谐、人民生活更加殷实”，并第一次正式提出要“形成全民学习、终身学习的学习型社会，促进人的全面发展”的目标。[2]2007 年，党的十七大在党的十六大确立的全面建设小康社会奋斗目标的基础上，对我国在新的发展阶段继续全面建设小康社会提出了五项新的更高要求——增强发展协调性、扩大社会主义民主、加强文化建设、加快发展社会事业、建设生态文明，同时提出“建设全民学习、终身学习的学习型社会”的目标。[3]

2012 年，党的十八大报告进一步提出“确保到二〇二〇年实现全面建成小康社会”的宏伟目标，同时再次提出“完善终身教育体系，建设学习型社会”[4]。

① 学习型社会又称学习社会。为保留文献的一致性，本书未对其进行统一。

② 江泽民. 全面建设小康社会，开创中国特色社会主义事业新局面——江泽民在中国共产党第十六次全国代表大会上的报告. 2002-11-08. http://www.gov.cn/test/2008-08/01/content_1061490.htm.

③ 胡锦涛. 高举中国特色社会主义伟大旗帜　为夺取全面建设小康社会新胜利而奋斗——在中国共产党第十七次全国代表大会上的报告. 2007-10-15. https://fuwu.12371.cn/2012/06/11/ARTI1339412115437623.shtml.

④ 胡锦涛. 坚定不移沿着中国特色社会主义道路前进　为全面建成小康社会而奋斗——在中国共产党第十八次全国代表大会上的报告. 2012-11-08. https://www.12371.cn/2012/11/17/ARTI1353154601465336.shtml.

2017 年，党的十九大立足于新时代背景，更进一步提出“决胜全面建成小康社会，开启全面建设社会主义现代化国家新征程”，“统筹推进‘五位一体’总体布局，协调推进‘四个全面’战略布局”，同时再次提出“办好继续教育，加快建设学习型社会，大力提高国民素质”。[①]

由上可知，从政策演进的脉络来看，无论是党的十六大，还是党的十七大、十八大、十九大，在提出小康社会的同时无一例外地提到了学习型社会。不难看出，小康社会建设与学习型社会之间有着一定的内在逻辑关系——小康社会建设需要学习型社会为其提供前提保障，学习型社会为小康社会建设提供人才支撑、智力支撑和文化支撑（如精神支撑、理念支撑）。当全社会构建起服务全民终身学习的教育体系，优质化、多样化的学习资源无处不在，便利化的学习空间随处可见，从而最大限度地确保全体人民享有充分的终身学习机会，以及从根本上保障全体公民的学习权和受教育权时，教育民主性和公平性才能得以充分体现，并为个体生存与就业、生命尊严和生命成长提供可能，为社会发展储备更多的人力资本和创新能量；在提高全体社会民众的思想认知觉悟、受教育水平与整体素质的同时，形成浓郁的全民向善、踔厉奋发、生动和谐的人文气息氛围，促进经济、政治、文化、社会、生态文明五位一体的建设。

立足于推进小康社会建设，需要对我国学习型社会建设的现实图景进行系统梳理和认真思考，如理论层面的研究进展，尤其是实践层面的行动举措、成效与经验、存在的问题以及对策建议等，以期对未来发展提供思路。

二、已有研究成果述评

（一）国内学习型社会研究成果述评

我国学者从 20 世纪 90 年代开始致力于学习型社会研究，经过多年的探索，已经取得了一定的成绩。总体而言，这些研究主要聚焦于以下几个方面。

1. 学习型社会基础理论研究

（1）关于学习型社会内涵的研究。不同研究者对学习型社会内涵有不同的观点。有研究者从学习、创新、价值成功转化方面来界定学习型社会。[②]有研究者从学习者、终身教育体系、学习型组织、学习需求、社会发展方面来界定学习型

---

① 习近平. 决胜全面建成小康社会 夺取新时代中国特色社会主义伟大胜利——在中国共产党第十九次全国代表大会上的报告. 2017-10-18. http://www.gov.cn/zhuanti/2017-10/27/content_5234876.htm.

② 朱新均. 学习型社会建设的理念、路径和对策. 现代远程教育研究，2011（01）：3-11.

社会。[①]还有研究者基于学习者个体的角度，从“完成学习愿望”“实现个人价值”“提高生活质量和水平”方面来定义学习型社会。[②]此外，有研究者在界定学习型社会时强调开放、共享、创新的社会机制。[③]有研究者界定学习型社会则是基于终身学习文化的角度，强调终身学习文化氛围的形成。[④]

（2）关于学习型社会构成要素的研究。有研究者提出三要素论，即终身学习新文化、学习型组织、终身教育体系和学习服务体系。[⑤]有研究者提出五要素论，认为除了以上三个要素，还包括知识与技术创新和社会文明程度。[⑥]还有研究者从系统论的角度提出，学习型社会是一个系统，由各类学习型组织构成——学习的个人、学习的家庭、学习的组织、学习的社区和学习的政府。[⑦]

（3）关于学习型社会特征的研究。有研究者认为学习型社会具有终身性、开放性、自主性、发展性、创新性、大众性等特征。[⑧]有研究者认为学习型社会在学习对象上具有全员性、在学习时间上具有延伸性、在学习空间上具有扩充性、在学习内容上具有丰富性、在学习方式上具有多样性。[⑨]

（4）关于学习型社会功能的研究。有研究者从宏观、中观、微观三个层面认为学习型社会有助于提升国家竞争力、促进社会和谐发展、促使个人全面发展。[⑩]除了以上三个层面，有研究者还提出学习型社会有助于促使人们思想观念的变革，践行终身教育的理念。[⑪]

2. 学习型社会的支撑——终身教育（学习）体系的研究

有研究者提出保障继续教育质量是构建终身教育体系的基石，指出继续教育要突破普教化办学模式的窠臼，就要提高人才培养的适切性。[⑫]有研究者提出成人

① 厉以贤. 社区教育・终身教育・学习社会. 中国成人教育，2001（11）：5-7.

② 郭石杰. 基于网格化和终身学习的湖北省学习型社会发展战略研究. 武汉：湖北工业大学，2011.

③ 张春龙. “学习型社会”：内涵、背景、特征. 唯实，2017（02）：63-66.

④ 沈光辉. 创新福建省学习型社会建设途径和方式. 福建广播电视大学学报，2014（03）：1-4.

⑤ 朱新均. 学习型社会建设的理念、路径和对策. 现代远程教育研究，2011（01）：3-11.

⑥ 林国健. 广西建设学习型社会的基本战略和路径探讨. 继续教育，2014，28（03）：51-52.

⑦ 厉以贤. 社区教育・终身教育・学习社会. 中国成人教育，2001（11）：5-7.

⑧ 李占平，吴雷，刘士杰. 学习型社会的教育范式创新研究. 中国成人教育，2016（20）：25-27；冉隆锋. 论继续教育资源整合的必要性. 成人教育，2008（03）：27-28.

⑨ 孙平. “学习型社会”的特征与高等教育的价值取向. 现代教育科学，2007（05）：25-28.

⑩ 刘兵. 对构建学习型社会的思考. 长春：东北师范大学，2006：3-6；卢海弘. 加快学习型社会建设：内涵、意义与路径. 中国成人教育，2019（12）：22-26.

⑪ 曲绪纲. 从学历社会向学习型社会转变. 桂林：广西师范大学，2007.

⑫ 陆春来，刘澎，谭金生，等. 加快发展继续教育是建立和完善终身教育体系的重要途径. 继续教育研究，2009（12）：21-24.

高校应发挥在学习型社会建设中的作用——明确办学新方向，谋划转型新发展，并以联动机制为平台打造学校发展新格局。[①]有研究者鉴于社区教育的全员性、民主性、人文关怀性、社会性属性，提出要理顺体制机制，整合与开发资源。[②]有研究者基于远程教育在学习型社会中的超时空、便捷化优势作用，提出需要从办学定位、办学模式、教育与学习资源开发、技术改进、教学服务质量提升等方面进行系统思考。[③]有研究者认为要建立终身学习体系，就需要完善基础性条件保障，如政治经济的保障、法律制度的支持、人文环境的营造、建立适应终身学习的评价机制等。[④]

3. 学习型社会的基石——学习型组织研究

（1）关于学习型政府的研究。有研究者立足于创建学习型政府，提出应营造政府学习文化，树立全员、全程、全方位学习理念，强化政府信息化程度，推进部门间信息共享。[⑤]有研究者立足于知识社会的背景，提出学习型政府建设的构想——确立科学的政府知识管理战略，构建完备的政府知识管理组织体系，搭建完善的政府知识管理硬件平台，形成知识导向性的政府行政文化。[⑥]

（2）关于学习型企业的研究。有研究者提出创建学习型企业要加强制度建设，如建立企业内定期学习制度；重视氛围营造，加强宣传，树立典型；多渠道、多形式组织开展学习活动等。[⑦]有研究者认为创建学习型企业一方面要重视健全完善学习型企业的保障机制，另一方面要培养学习型企业文化，增强企业凝聚力。[⑧]

（3）关于学习型社区的研究。有研究者针对我国学习型社区建设中存在的问题，提出应设立社区居民共同愿景，培育社区居民终身学习理念，加强资源整合，建立民主、有效的行政管理体制。[⑨]有研究者认为高校在学习型社区建设中发挥着重要作用，提出要强化高校的社区服务意识，完善高校与社区之间的沟通机

---

① 徐文清. 新时代成人高校推进学习型社会建设的路径探索. 职教论坛，2019（10）：97-100.

② 宗美芳. 依托社区教育推进学习型社会建设. 中国农村教育，2013（02）：49-50.

③ 李蕾. 开放教育服务学习型社会建设的探索和展望. 教育现代化，2017（06）：57-58+66.

④ 夏静，王小丁. 论终身教育理念下的终身学习体系建构. 黑龙江教育（高教研究与评估），2008（02）：144-145.

⑤ 施养正. 我国建设学习型政府的思考. 管理世界，2011（07）：171-172.

⑥ 熊先兰. 知识社会背景下的学习型政府建设：内涵、架构与路向. 湖南社会科学，2015（01）：48-51.

⑦ 范玉玺. 建设学习型企业的途径和方法研究. 企业改革与管理，2018（06）：74+93.

⑧ 俞碧晖. 学习型企业的创建途径研究. 企业技术开发，2014（15）：45-46.

⑨ 马晓玲. 学习型社区建设研究. 大连：辽宁师范大学，2015.

制等。[①]

4. 学习型社会的保障——终身学习制度机制研究

关于学习型社会终身学习制度保障机制的研究，主要聚焦以下三个方面。

（1）关于学分银行的研究。目前，研究者普遍认为我国学分银行建设存在缺乏国家层面的法律法规、缺少独立的第三方认定机构、学分认定标准模糊、学分转换需求不足等问题。[②]基于上述问题，研究者提出如下策略建议：出台国家层面的法律法规[③]；成立独立法人的学分银行教育服务公司，开展相关业务[④]等。此外，还有研究者认为需要加大对学分银行的宣传，建立学习成果认证机构，建立健全学分认证、转化体系，开拓大众线上线下参与渠道等。[⑤]

（2）关于学习成果认证的研究。有研究者根据认证的目的不同，将学习成果认证规则分为两类：一类是保证学习成果符合一定需求，另一类是保证学习成果的质量。[⑥]有研究者以在线学习成果认证为切入点，从优化外部环境、鼓励相关主体积极参与、建构认证体系、成立第三方机构等方面提出具体建议。[⑦]还有研究者强调出台相关法律法规，重点关注非正规、非正式学习成果的认证，建立一系列配套的保障机制。[⑧]

（3）关于国家资历框架的研究。有研究者认为终身学习时代背景下，我国国家资历框架建设存在参与主体较少、各区域推广难、学分转换实现难等问题，为此提出相应举措——鼓励多元主体参与、完善学分认定与转换标准、依托信息技术建立终身学习平台。[⑨]有研究者指出，应搭建国家资历框架，统一学习成果认证标准。[⑩]有研究者介绍了法国国家资历框架的基本架构，提炼了相关经验，如以学习成果为导向，鼓励利益相关者参与；并进一步提出我国今后的建构方向——完善非正规与非正式学习认证制度、设立国家资历框架管理机构、推动资

① 宁盈盈，吴雪萍. 依托高校资源的学习型社区建设探析. 职业技术教育，2011，32（34）：71-74.

② 王海东，李佳. 我国学分银行建设的实践探索：现状与问题. 终身教育研究，2017（04）：42-50；齐亚丽 . 我国学分银行建设的现状、困境及对策建议. 教育与职业，2019（06）：78-83.

③ 王海东，李佳. 我国学分银行建设的实践探索：现状与问题. 终身教育研究，2017（04）：42-50.

④ 李令群. 学分银行建设实践的困境与思考——基于商业银行的视角. 中国远程教育，2019（04）：67-73.

⑤ 崔文超，王东升. 浅析建设辽宁终身教育“学分银行”的路径. 科技经济导刊，2020，28（32）：101-102.

⑥ 王迎，张润芝，黄荣怀. 国际视野下学分银行建设的实践与分析. 中国远程教育，2012（06）：47-54.

⑦ 赵倩，陈悦. 在线学习成果认证的影响因素及其优化路径. 重庆广播电视大学学报，2020，32（01）：10-20.

⑧ 王海东. 学习成果认证制度的构成要素与建设路径. 中国职业技术教育，2018（27）：13-18.

⑨ 李明慧，曾绍玮. 终身学习时代国家资历框架构建研究. 教育与职业，2020（02）：28-35.

⑩ 齐亚丽. 我国学分银行建设的现状、困境及对策建议. 教育与职业，2019（06）：78-83.

历证书国际互认。[①]

5. 对国外学习型社会的研究

（1）对日本学习型社会的研究，主要聚焦两大方面。一方面，关于终身学习的立法研究。研究者主要侧重于对日本相关教育与学习法，尤其是对《终身学习振兴法》进行系统研究。[②]另一方面，关于社会化推进路径研究。研究结果表明，日本学习型社会化推进路径包括：一是推进大学向社会开放[③]，二是激发民间组织的积极性，三是重视终身学习公共文化设施的增设[④]。

（2）对美国学习型社会的研究，主要聚焦两大方面。一方面，关于终身学习的立法研究。有研究者对美国的终身学习法进行了系统研究，提出美国学习型社会的发展离不开一系列法的推动。[⑤]另一方面，关于终身学习机构的研究。主要侧重于对美国的正规终身学习机构和半教育性组织机构进行了研究。[⑥⑦]

（3）对韩国学习型社会的研究，主要侧重于对韩国的终身教育立法、终身学习推展机构、终身学习保障机制、终身教育设施等的研究。[⑧⑨⑩⑪]

（4）对英国学习型社会的研究，主要聚焦以下两个方面：一是关于终身学习社会化网络研究[⑫]，二是关于社会化合作机制的研究[⑬]。

纵观国内对学习型社会的相关研究，其在以上方面已取得可喜的成绩，但也存在薄弱和不足之处，主要表现在：第一，对于学习型社会视域下各级各类教育的研究、利益相关者的研究较少，有待加强；第二，主要侧重于理论研究，实践研究偏弱；第三，个案研究较少，且对经验模式提炼得不够；第四，对学习型社会的国别研究较为粗泛，大多运用的是文献研究法，而实践研究法运用得较少；

---

① 吴雪萍，李默妍. 法国国家资历框架：架构、特点与启示. 中国高教研究，2020（04）：71-76.

② 桑宁霞. 国际终身学习法比较研究. 太原：三晋出版社，2015：213-217.

③ 石睿超. 日本终身学习社会建设研究. 太原：山西大学，2016.

④ 丁红玲，石睿超. 日本终身学习社会民间组织发展研究. 高等继续教育学报，2015，28（02）：25-29.

⑤ 桑宁霞. 国际终身学习法比较研究. 太原：三晋出版社，2015：14-20.

⑥ 于虹. 美国继续教育在终身学习型社会构建中的角色和启示——以美国加州州立大学奇科分校为例. 成人教育，2020，40（10）：90-93.

⑦ 桑宁霞. 国际终身学习法比较研究. 太原：三晋出版社，2015：16.

⑧ 桑宁霞. 国际终身学习法比较研究. 太原：三晋出版社，2015：137-145.

⑨ 刘红. 韩国终身教育改革的推进及启示. 中国职业技术教育，2011（27）：81-85；杨芳. 韩国终身教育体系研究. 继续教育，2011，25（11）：61-64.

⑩ 宋孝忠. 日本和韩国终身学习认证及对我国的启示. 当代继续教育，2014，32（06）：8-11+20.

⑪ 桑宁霞. 国际终身学习法比较研究. 太原：三晋出版社，2015：142-145.

⑫ 徐庆波. 英国学习型社会建设的推进举措. 高等继续教育学报，2017，30（03）：77-80.

⑬ 桑宁霞. 国际终身学习法比较研究. 太原：三晋出版社，2015：44-47.

第五，研究视角较为单一，基于跨学科的研究成果较少。

（二）国际学习型社会研究成果述评

国际社会关于学习型社会的研究肇始于20世纪60年代末。其中，有关终身教育的研究大部分集中在20世纪70年代，有关终身学习的研究大多集中在21世纪以后（特别是2010年之后），有关学习型城市的研究基本在2010年之后。总体而言，国际领域主要在理论和应用两个层面对学习型社会进行了研究，呈现内容丰富和角度多样化的特点。

1. 理论研究

（1）关于学习型社会内涵的研究。一般从不同的学科角度进行解读。一是从教育学的角度诠释。研究者认为学习型社会是通过教育理念的变革和成功的价值转换实现人格教育；①是通过人文理性与经济理性的完美结合，实现“完人教育”。据此，终身学习应被作为一种全球教育理念、教育范式、教育政策、教育制度而推崇。②二是从地理区位的角度诠释。研究者认为学习型社会的特征通常包括：居住在一个地区内的一群人通过彼此交流，共享和利用信息技术、学习资源及各自的智慧和知识，共同参与社区工作。③三是从文化学的角度诠释。研究者认为学习型社会是一种文化现象，由学习者、学习提供者、学习资源、智慧或知识、终身学习活动、学习氛围、学习网络、知识管理和学习型组织组成。④

（2）关于学习型社会的核心要素——终身教育、终身学习内涵的研究。一是对终身教育内涵的解读。有研究者认为终身教育是一个全面的概念，具有教育旅程的终生性、教育与学习路径的多样化、教育与学习场域的多维化特点，包括在个人的整个生命周期中进行的正规、非正规和非正式学习，以实现个人在社会和职业生活中最大限度的发展。⑤有研究者认为终身教育具有教育时长的终身性、教育部门的跨越性和整合性。终身教育旨在通过从摇篮到坟墓的垂直整合家庭教育、社会教育和学校教育来实现生活质量的改善，从而实现自我价值和社会进步。⑥

① 罗伯特·赫钦斯. 学习型社会. 林曾，李德雄，蒋亚丽等译. 北京：社会科学文献出版社，2017：154.

② Faure E. Learning to Be: The World of Education Today and Tomorrow. Paris: UNESCO, 1972.

③ Charungkaittikul S, Henschke J A. Strategies for developing a sustainable learning society: An analysis of lifelong learning in Thailand. International Review of Education, 2014, 60: 499-522.

④ Charungkaittikul S. The Scenario of a Learning Society Model toward Promoting a Positive Paradigm Shift for Communities. Bangkok: Chulalongkorn University, Unpublished doctoral dissertation, 2011.

⑤ Dave R H. Foundation of Life-long Education. Paris: UNESCO Institute for Education, 1976.

⑥ Kim J S, et al. Introduction of Lifelong Education. Seoul: Educational History of Science, 2000.

二是对终身学习内涵的解读。有研究者认为终身学习是一种超越了正规教育与非正规教育的教育形式。[①]有研究者认为终身学习是一个多学科概念，它涵盖了经济、社会、民主和个人等多个领域。[②]有研究者认为终身学习是一种“自我教学法”。[③]此外，基于价值评估的角度，有研究者认为终身学习有助于使思维、感觉以及行为朝着完善的方向发展，可以帮助人心智成长并臻于成熟，它是发展生活并塑造世界的学习。[④]总之，“终身学习”这一术语涵涉广泛，价值深远，意蕴丰富。

2. 应用研究

（1）关于学习型社会中的终身学习制度保障机制研究。有研究者认为终身学习制度最基础的就是对终身学习成果的认可，通过将与生活经验相关的学习整合到正式的课程中，并将这种学习方式确认为最终成果，可以提高教育机会的共享性、可及性，从而增强教育的公平性。一个例子是韩国的学分银行系统，该系统可以将个人学习经验转换为学分，并积累到一定的学习水平。另一个例子是我国香港特区的学历框架，该框架试图将非正式学习融入香港特区的教育体系，以及与之相适应的学习成果认证体系中。同时，欧盟的《欧洲非正规和非正式学习认证指南》《欧洲资历框架》、澳大利亚的《学历资格框架》等，都为激励民众终身学习提供了更宽阔的视野。

（2）关于学习型社会中教育结构的转型——去部门化、去边界化研究。学习型社会，学校与社会的界限变得越来越模糊，学校垄断教育疆域的时代将一去不复返，为此，教育去部门化、去边界化的制度理念被人们推崇，要求调动社会的一切教育资源服务于全民终身学习。有研究者认为终身学习涉及对广泛的教育模式和途径的认可，这些模式和途径超越了严格的、制度化的、按时间顺序分级和分层的教育系统[⑤]；有研究者认为传统学校与终身学习机构之间的界限将越来越

① Aspin D, et al. International handbook of lifelong learning//Duke C. Lifelong Learning and Tertiary Education: The Learning University Revisited. London: Kluwer, 2001: 501-527.

② Duke C, Hinzen H. Adult education and lifelong learning within UNESCO: CONFINTEA, education for all, and beyond. Adult Learning, 2011, 22: 18-23.

③ Hinchliffe G. Re-think lifelong learning. Studies in Philosophy and Education, 2006, 25: 93-109.

④ Delors J. Learning: The Treasure within. Report to UNESCO of the International Commission on Education for the Twenty-first Century. Paris: UNESCO, 1996.

⑤ La Belle T J. Formal, nonformal and informal education: A holistic perspective on lifelong learning. International Review of Education, 1982, 28: 159-175.

模糊，而这种模糊还可能导致教育的去部门化、去边界化①。正如在第 14 届世界比较教育大会上罗伯逊指出的，“鉴于终身学习的课程构成和合法化，以及建立竞争性知识型经济以参与竞争的必要性，在全球经济中社会契约正在通过旧边界（部门）的崩溃而重新制定”②。总之，在技术和创新的推动下，人们越来越认识到终身学习是一种全面、包容和全部门的学习，全社会的利益相关者（民间、公共部门、私人部门）都有责任和义务参与进来并提供服务。

（3）关于学习型社会建设的区域研究。有研究者对欧洲地区学习型社会建设情况进行了分析。如有研究者通过对法国、德国、芬兰和罗马尼亚等国家的终身学习进行了比较分析，认为终身学习的成功与地方和整个欧洲确保优质教育的项目有关；有研究者对东亚地区的学习型社会建设情况进行了分析，指出东亚的终身学习实践与欧洲形成了鲜明对比，虽然其概念和思想与欧洲共享一个类似的平台，但制度化的轨迹则显示出很大的差异。③有研究者对亚洲主要国家和地区的终身学习系统进行了系统研究，指出实行“积极的终身学习政策”是这些国家的共同举措。④

纵观以上国际学习型社会研究，可以看出其呈现出以下几个特点。第一，研究成果具有跨学科性。除了基于教育学视角的研究，还有基于文化学、经济学、社会学等学科的研究，使学习型社会的研究有了广阔的视野和肥沃的土壤。第二，研究方法除了质性研究方法外，尤其注重区域研究，以服务实践为导向，重视理论与实践的互动。

通过以上对国内外学习型社会研究现状的分析，我们可以得出这样的结论：首先，学习型社会理念发端于终身教育、终身学习思想的牵引，其内核与核心要素是终身教育、终身学习；其次，学习型城市是学习型社会的现实载体和延伸，是学习型社会的具体落实，因为学习型社会宏旨的真正实现，需要由具体的地理区域——城乡一体化时代的城市及城市中的社区（村落）来承载；最后，学习型

---

① Lee W O, Fleming J. Institutionalising lifelong learning in Australia, Hong Kong and the United States: A bridge to the community or a competitor to the university//David N, Aspin D, et al. Second International Handbook of Lifelong Learning. Dordrecht: Springer, 2012: 349-378.

② 转引自：Lee W O. Lifelong learning and learning to learn: An enabler of new voices for the new times. International Review of Education, 2014, 60: 463-479.

③ Han S H. Institutionalization of lifelong learning in Europe and East Asia: From the complexity systems perspective. Asia Pacific Education Review, 2017, 18: 281-294.

④ Han S H. Asian lifelong learning in the context of a global knowledge economy: A task re-visited. Asia Pacific Education Review, 2007(08): 478-486.

社会关乎人类前途和命运，承载着深远的历史意义，对于学习型社会的研究理应超越其内在价值和外在价值观，把它置于更广阔的语境中——从多个学科、多个领域、人类命运共同体的视野去解读、考量与诠释，赋予其更伟大、更深远、更神圣的价值意义。

三、研究内容和方法

（一）研究内容

本书立足于我国小康社会建设的背景，本着以学习求发展、以学习求创新的新理念，以学习型社会为核心，试图通过对小康社会建设背景下中国学习型社会建设的具体样态进行系统梳理和分析，描绘我国学习型社会的现实图景，包括理论层面的现实图景和实践层面的现实图景。然后针对我国学习型社会建设实践中存在的问题，立足于国际大视野和我国本土实际，制定服务于小康社会建设的学习型社会建设的系统化策略，并从理论和实践两个层面勾勒出我国未来学习型社会的发展趋势。

本书分为六章，对小康社会建设背景下学习型社会的现实图景进行系统研究。

第一章“绪论”。本章主要介绍研究背景、已有研究成果述评、研究的内容和方法。

第二章“学习型社会概述”。本章介绍学习型社会的由来、内涵、特征、构成要素，以及学习型社会的现实载体——学习型城市；还介绍学习型社会建设的国际背景，包括国际学习型社会代表性思想——赫钦斯、UNESCO 和 OECD 的学习型社会思想，以及国外学习型社会的行动实践。

第三章“小康社会建设背景下中国学习型社会建设概述”。本章主要介绍小康社会建设政策的提出、小康社会建设背景下中国学习型社会建设的意义和相关社会政策的变迁。

第四章“小康社会建设背景下中国学习型社会理论探索”。本章主要介绍小康社会建设背景下中国学习型社会理论研究的历程、中国学习型社会的主要代表性思想。

第五章“小康社会建设背景下中国学习型社会建设的行动实践”。本章主要介绍小康社会建设背景下中国学习型社会建设的现状、成效与经验、存在的问题以及发展对策。

第六章“小康社会建设背景下中国学习型社会理论与实践的未来展望”。本章主要介绍中国学习型社会理论研究和实践的未来展望。

（二）研究方法

1. 历史研究法

本书首先对学习型社会的由来、国际学习型社会变迁演进的历史脉络进行系统梳理，然后在此基础上对中国学习型社会的实践脉络进行追索与分析，以期揭示中国学习型社会发展的内在逻辑与规律。

2. 文献研究法

任何研究都不是空穴来风，都需要研究者了解前人的研究成果，并检索研读相关的理论研究，在此基础上形成对已有研究的认识与思辨，从而在思辨中进行归纳与反思、总结与提升。由于学习型社会是一种国际理念和国际潮流，而且自从这一个理念诞生之日起，国内外学术界就给予其高度关注，相关研究也取得了丰硕的成果。为此，本书查阅和检索了相关文献，了解国内外相关研究现状，而后经过科学理性的分析，把握目前国内外研究所取得的成果和存在的不足。同时，运用一些统计的方法（如利用 CiteSpace 可视化分析方法），对一些问题进行量化统计分析，以期精确把握历史资料，从而全面掌握国内外研究动态。

3. 实证调查法

学习型社会建设在中国已经走过 30 多年的历程，各地也相继积累了丰富的实践经验，为此，本书深入开展实践调研，审慎地选取样本，对典型的有价值的个案进行调研。同时，本书依据计量经济学和统计学的相关理论及研究成果，运用 SPSS 软件对实地调研的数据进行回归分析，用客观的数据来论证及预测感性的现实经验，以期得出科学结论，为本书研究提供强有力的实践支撑。

第二章　学习型社会概述

“学习型社会”是一个内蕴非常丰富的词，闪烁着浓郁人文气息、浪漫气息。它承载着知识、智慧、力量、信念、信仰、民主与和谐，昭示着人类文明进步的价值取向。本章主要介绍学习型社会的由来、内涵、特征、构成要素、现实载体，以及国际学习型社会建设的代表性思想与行动实践。

第一节　学习型社会的由来

“学习型社会”最早由美国著名学者赫钦斯提出，并被国际社会推崇，进而达成共识，之后发达国家很快将其由理念转化为行动。学习型社会于20世纪90年代末在发展中国家逐渐兴起，这些国家越来越意识到终身教育与终身学习在未来社会中的重要性，于是，纷纷将学习型社会作为未来国家人力资源开发、社会可持续发展的战略目标，进行政策倡导和实践层面的大力推展。尤其进入21世纪，伴随着信息技术在交互式交流和相关学习中的应用，全球社会对经济竞争力和社会凝聚力的要求日益提高，对学习型社会建设的意识日益增强，期望通过建设学习型社会确保经济和社会的可持续发展。如今，学习型社会作为一种理想社会愿景在国际社会广泛传播，学习型社会的理念已经遍及全球，学习型社会已然成为全球共同的价值追求。许多国家和地区把学习型社会发展纳入经济社会发展战略，把推进“终身教育与终身学习、建设学习型社会”作为21世纪教育发展的目标宏旨，以学习型社会为愿景来描绘本国和本地区的社会发展蓝图，并大力推进学习型城市建设，积极构建终身教育体系与终身学习服务体系，搭建终身学习服务平台，推进终身学习制度化建设和终身学习文化的营建。

一、学习型社会兴起的时代背景

学习型社会是一种理想社会，其理念的兴起有一定的历史契机和社会文化背景底色。

（一）和平的来临与教育魅力的焕发

第二次世界大战结束后，各国面临着百废待兴与人才短缺的局面，于是开始励精图治，致力于恢复和发展经济。教育作为促进生产力发展和增强国力的助推器，在这一特殊的历史节点彰显耀眼的魅力。各国政府急需从教育中寻求复兴经济的因子，希冀通过振兴教育为经济发展注入活力，以使“从战场上归来的复转退役军人、被战争耽误了受教育机会的社会青年和青少年儿童、被战乱中断研究和工作进程的专业工作者”①尽快步入学校、重新接受教育，从而通过提高国民素质，破解经济发展窘境。为此，一种新的教育理念——回流（回归）教育、继续教育、终身教育进入大众视野，并受到社会各界的热切关注。

另外，战争结束后，各国政局基本稳定，社会医疗卫生条件得到了一定的改善，世界人口呈现井喷式、爆炸式增长。1930 年世界人口只有 20 亿。第二次世界大战中人口虽大量减少，但到 1950 年便增加到 25 亿，1960 年达到 30 亿，1975 年则达到 40 亿。②人口的急剧增长影响到社会生活的方方面面：在教育领域，表现为资源危机，教育需求旺盛，供求矛盾突出，供求缺口拉大，传统以学校教育为主要供给模式的有限资源难以满足急剧增长的人口对教育的需求——不仅青少年教育资源短缺，成年劳动者群体接受再教育机会的资源更为短缺。为此，加大教育供给侧结构性改革，刺激供给，在增加传统学校教育资源供给的同时推行非正规教育、校外教育、社会教育，受到各国教育管理部门的热切关注。于是，改变传统学校教育的封闭办学理念，拆除门户壁垒障碍，推倒学校围墙，拓展学习空间，打通传统正规学历教育与非学历非正规教育之间的通道，被西方各国推崇。据此，不拘一格，不分年龄、性别、社会职业、家庭背景、社会出身，为所有社会阶层、生活境遇的人们提供学习和受教育机会，以期构建人人可以自由平等获取学习资源与教育机会的新天地、新社会——学习型社会，作为一种新的文化种子开始在思想领域生根发芽。赫钦斯作为学习型社会的发起者，通过对传统教育制度的弊端进行分析，提出了学习型社会的设想。

① 林钧. 国外学习化社会理论与实践研究. 北京：中国经济出版社，2013：6.

② 林钧. 国外学习化社会理论与实践研究. 北京：中国经济出版社，2013：6.

（二）闲暇时间的增多与生活方式的改变

第二次世界大战后，随着第三次科技革命的兴起，社会劳动生产率大大提高，人们花在工作和家务劳动上的时间不断减少，而花在文化娱乐等精神消遣上的自主性休闲时间不断增加。仅就工作时间而言，“联合国国际劳工局 1985 年的统计，在其 150 个成员国中，有 10 个国家周工作时间不到 40 小时，一些发达国家周工作时间在 30 小时左右，北欧诸国平均周工作时间只有 30 小时”①。这种变化预示着人们生活方式的改变。

人们有了大量的闲暇时间，那么，如何利用闲暇时间？赫钦斯看到当时的美国民众将闲暇时间几乎都用在消遣上，酒店和电视则是人们消遣的主要方式，这样不仅浪费时间，甚至还给人带来困惑。他认为如果长时间以这样的方式生活，“美国人终将按照进化的原则，沉沦到最低形式的植物生活的水平”②，而且“由闲暇时间增多而产生的问题和带来的机遇都是跨越国界，也是跨文化的。每个国家的文化都不断地对休闲进行构建和重构”③。

赫钦斯认为，一旦闲暇社会到来，很有可能出现两种极端状况。一方面，由于人们大都习惯了忙碌，所以不知道该如何使用突然一下子空下来的时间，从而变得无所事事——以凯恩斯为代表的所谓悲观闲暇社会论者持有这样的观点。另一方面，与此相对的另一种情况是，人们可以充分利用闲暇时间，通过积极地从事学习来实现人生的真正价值——以汤因比为代表的乐观闲暇社会论者持有这种见解。

赫钦斯站在汤因比的立场上，并预言汤因比所分析的乐观闲暇的社会将成为可能。他指出：“在我们这个世界，正在开启的自动化时代，很快就会为所有工业工人提供大量的闲暇，而不会失去收入、失去自尊、失去社会的尊敬。”④由于有了更多可支配的自由时间，在工作之余有了丰富精神文化生活、接受教育与培训、追求精神层次和生活品位提升的渴求与期盼，人们对教育的需求也不再停留在传统的学历教育及职业技能的训练上，而日益趋向个性化、生活化、多样化，人们对教育领域提出了更高的要求，要求其进行深刻变革——拓展教育类型、丰富教育内容、提升教育层次、增加教育资源供给，即要求“在闲暇时间必须向人

① 林钧. 国外学习化社会理论与实践研究. 北京：中国经济出版社，2013：7.

② 转引自：林钧. 论赫钦斯学习化社会的理论构想. 太原师范学院学报（社会科学版），2010（02）：106-108.

③ 关颖. 创建学习型城市——城市现代化的必然趋势. 理论与现代化，2003（06）：36-40.

④ 转引自：全平. 赫钦斯的学习型社会理论及其启示. 作家天地，2020（15）：79-82.

们提供所需教育，以使人们把部分闲暇时间用于智力活动，用在学习和研究上，用在可以引起他们的求知欲和使他们从事各种艺术活动上”[①]，使社会中的全体成员能充分发展自己的爱好与能力，集聚多向度的精神财富，实现自我价值。

闲暇时间的增多使得非主流边缘化的继续教育受到了人们的青睐和社会的关注，改造传统学校教育，延伸教育服务触角，构建学校教育与社会教育融通的大教育体系成为教育发展的必然。学习型社会是一种跨越学校围墙、教育去边界和去中心化的社会，在这一社会中，教育与学习资源充足，教育机构随处可见，远远超出了大中小学等专门的学习机构的边界，扩展到社区、家庭、工作场所、超市、文化广场，扩展到图书馆、博物馆、科技馆，扩展到人们生活和工作的各个角落。显然，学习型社会可以为教育领域的变革提供文化土壤和制度框架。

（三）科技文明的曙光与人文主义的复兴

20 世纪中叶是灿烂、辉煌的，20 世纪 50 年代，伴随着第三次科技革命的兴起，人类迎来了史无前例的新文明曙光——科技文明时代。以电子计算机的发明与应用为标志的第三次科技革命，使人类社会的生产力大大提高。“科技发明创造应用于产业生产的过程大大缩短。比如，从摄影术原理发展为生产技术经过了 112 年，从电话发明转换为产品生产花费了 65 年，无线电技术用于生产实践用了 35 年，而从电视原理的发现到电视机商品化生产只用了 12 年，从晶体管技术的发明到产业化应用只有 3 年，从太阳能电池的发明到产品上市仅仅经过了两年。”[②]科技的日新月异带动新产业、新行业的纷至沓来，同时引发新学科、新部门、新工艺、新技术、新原理的一轮又一轮的问世，也由此对高精尖人才及劳动者的知识、技术技能素质提出了更高的要求。

尤其是 20 世纪中后期以来，科技成果的扩散效应与辐射效应以几何级数增长，人类的智慧登峰造极，达到了物质文明的巅峰。新学科、新行业、新领域不断涌现，电子科学、信息科学、能源科学、生物工程、海洋工程、光电通信技术、激光技术、宇航技术等不断获得重大突破，与各类科学技术紧密相关的产业也发生了巨大的革命性变革，所创造出来的巨大生产力更是过去任何时代都无法比拟的。

与此同时，高科技战争时有发生，军备竞赛愈演愈烈，水土流失、能源枯竭、

① 保罗·朗格朗. 终身教育引论. 周南照，陈树清译. 北京：中国对外翻译出版公司，1985：128.

② 林钧. 国外学习化社会理论与实践研究. 北京：中国经济出版社，2013：6.

资源短缺、空气污染已成常态。科技引发的一系列社会问题日益严重。正如理查德·埃克斯利（Richard Eckersley）所说："我们生活在一个时刻变化的世界。技术的变革和人口的增长犹如一对双胞胎，导致'新的普救说'，因为它们构成了全球的威胁驱动，一种通用文化，一种事关人类团结和命运的意识，一种复兴的精神的出现。为此，需要积极探索新的思维方式和新的生存文化。"[①]变革传统经济中心主义价值观，建构一种人文主义价值观的理想的社会便为人们所关注。为此，赫钦斯开始对社会的文明取向及教育的价值走向进行反思，提出建立学习型社会的构想。按照赫钦斯的观点，学习型社会与传统的社会不同，传统社会强调教育投资于人力资本，强调教育与学习的经济性和功利性，而学习型社会倡导教育与学习的终极目的是促使人格完善，是为了使人从工具人变为灵性的人，使人美善，使人真正成为"人"。教育不仅为了职业需要，更为了改变一般国民的价值观念。

（四）知识经济的崛起与社会形态的转型

学习型社会理念在国际社会真正达成共识并为全世界各国所推崇是在 20 世纪 90 年代。20 世纪 90 年代，全球社会迎来了知识经济时代，人类社会开始由传统的工业经济社会步入知识经济社会。如果说在传统的农业经济社会，土地和劳动力是核心的生产要素，在工业经济社会，资本和能源（包括石油、煤炭、钢铁等矿产资源）是经济增长的主要要素，那么，在知识经济社会，知识、技术、信息、智能等则成为现代经济增长的主要动力源。比如美国，20 世纪 90 年代以来，其经济增长主要得益于高新技术产业的蓬勃发展，"从 1991 年开始复苏至 2001 年，美国经济持续增长了 120 多个月，远远超出战后美国经济平均连续增长 50 个月的期限，成为战后美国第 3 个最长的经济增长期"[②]。统计数据显示："美国 90 年代后的经济增长主要依靠快速发展的 5000 余家软件公司，这些公司对美国经济、世界经济的贡献不亚于名列全球的 500 家大型跨国公司的贡献。"[③]

进入 21 世纪，多媒体计算机网络技术像阳光、空气一样覆盖了地球的每一个角落，弥漫于人类生活的每一寸空间，大大提高了人类的劳动生产率，深刻地改变了人们生活的一切。正如道德哲学家丹尼斯·肯尼（Denis Kenny）所描述的：

---

① 转引自：诺曼·朗沃斯. 学习型城市、学习型地区、学习型社区——终身学习与地方政府. 欧阳忠明，马颂歌，陈晓燕译. 北京：中国人民大学出版社，2016：2.

② 林钧. 国外学习化社会理论与实践研究. 北京：中国经济出版社，2013：9.

③ 林钧. 国外学习化社会理论与实践研究. 北京：中国经济出版社，2013：9.

“在人类十万多年的历史长河中，人类栖息在四种不同的宇宙社会——魔幻宇宙、神灵宇宙、机械宇宙、有机宇宙。而知识社会的到来，使人类栖息的宇宙社会发生了变革，相信人类正跨入第五类宇宙社会的门槛——创新型宇宙。作为一个自组织和创新型过程的宇宙，人类可以通过机会的把握完全掌控未来，并可以自信地跨入自由创造的领地。”[①]

也正如未来学家阿尔文·托夫勒（Alvin Toffler）所说：未来的世界可能不是最好的，也不是最坏的，也不是粗暴性非民主的，不是与生俱来的军国主义，不是减少公民公平参与的机会，不是破坏邻里关系或毁坏环境的世界，而是一个实际的我们值得拥有的文明没有冻结在琥珀之中，而是在创新中推动。[②]今天，谁都不能一劳永逸地享用既往形成的原始知识宝库，因为社会的迅速发展要求不断更新知识。如果说在传统社会靠肌肉、人力能够生存的话，那么在知识经济社会，人必须终身学习，成为学习型的人，必须靠知识、智慧生存。与此同时，知识经济社会也是更为人性化的社会，如果说在工业社会，是把人驱逐到工厂，那么在知识经济社会，则是把人从工厂请回田园，请回家庭。知识打开了枷锁，把人类从“肌肉经济”时代的繁重体力劳动中解放了出来，打通了人类从必然王国走向自由王国的通道。

正是基于对知识的魅力的无限神往，构建以知识为核心的学习型社会便为国际社会所推崇和倡导。“知识就是力量”“知识改变命运”“知识是人类进步的阶梯”……过去一切时代所赋予知识的魅力光环，在这个时代都得到了验证。学习，是生活的必需，生存与发展的必需；是统治整个社会生产方式、生活方式和思维方式的动力系统；是最能动、最富革命性、最具创造性的生产力；是一种文化、一种共识；是21世纪最生动、最富魅力的关键词。新世纪的最大动力来自学习，新世纪的最大竞争力在于学习。

二、学习型社会的演进历程

学习型社会理念的形成与发展经历了一定的历史演进历程，具体可分为四个阶段。

---

① 转引自：诺曼·朗沃斯. 学习型城市、学习型地区、学习型社区——终身学习与地方政府. 欧阳忠明，马颂歌，陈晓燕译. 北京：中国人民大学出版社，2016：4.

② 转引自：诺曼·朗沃斯. 学习型城市、学习型地区、学习型社区——终身学习与地方政府. 欧阳忠明，马颂歌，陈晓燕译. 北京：中国人民大学出版社，2016：2-3.

（一）20 世纪 40 年代至 60 年代：终身教育思潮的兴起

人类有“活到老、学到老”的历史传统，学习型社会这一理念的形成与终身教育有着天然的联系，是在终身教育思想孕育成熟的基础上形成的。1949 年，UNESCO 在丹麦艾尔西诺召开第一届国际成人教育会议，全方位地指出了成人教育的重要性，从而引发了与会者对终身教育的思考。1960 年，UNESCO 在加拿大蒙特利尔召开第二届国际成人教育会议，大会的主题是“变迁世界中的成人教育”，指出成人教育是一个“综合概念”，由此，成人教育的内涵开始向终身教育理念扩展。

终身教育作为一种思想或曰文化现象，其真正概念化和体系化则与保罗·朗格朗（Paul Lengrand）有关。1965 年，UNESCO 成人教育局局长——法国成人教育家保罗·朗格朗在 UNESCO 召开的国际成人教育促进会上做了题为《论终身教育》的报告，提出“终身教育”一词。在报告中，朗格朗第一次对终身教育作了描述性的说明，他指出：“教育并非终止于儿童期和青年期，它应当伴随人的一生而持续地进行。”[①]朗格朗认为，随着社会的发展，一个人拥有一定的知识和技能后便可终生享用的观念逐渐过时，现代社会除了来自老龄化、人际交往、职业、政治、宗教等挑战外，还增加了一系列新的挑战，这在很大程度上改变了决定个人和社会命运的条件。这些挑战主要有九个方面：一是社会变化速度加快；二是人口增长；三是科技的进步；四是政治挑战；五是信息；六是闲暇；七是生活模式和相互关系的危机；八是身体素质；九是思想意识形态的危机。应对这些挑战的有效途径就是实施终身教育。朗格朗的报告得到了大会的一致认同与推崇，这次大会还提出了 UNESCO 应该批准把终身教育作为各国进行教育发展的重要原则的建议。朗格朗的终身教育概念的提出可与哥白尼学说带来的革命相比，是教育史上最惊人的事件之一。

总之，这一时期，朗格朗的终身教育思想对世界教育乃至人类社会都产生了重大影响，它拉开了世界教育改革和发展的大幕，丰富了教育的内涵并扩展了教育的外延，是教育史上的一场革命和伟大创举；它使人类从观念上摆脱了把人生分成学习和工作两个阶段的一次性终结教育的思想藩篱，使社会真正向学习的社会迈进，从而为学习型社会理念的形成奠定了理论根基。

---

① 转引自：冯建军. 终身教育：教育公正的内部基础——兼论教育公正的内部障碍. 成人教育，2008（05）：10-11.

（二）20 世纪 60 年代末至 70 年代中后期：教育价值取向的变革

20 世纪 60 年代以来，伴随着第三次科技革命以来所引发的人类社会生产力的变迁、生活方式的变化、价值观的变革，学习型社会理念开始为世界各国所关注。

受朗格朗终身教育思想的影响，赫钦斯的《学习型社会》一书于 1968 年出版，首次提出“学习型社会”的概念。赫钦斯在该书中对当时美国社会的教育经济主义、工具主义价值取向的弊端进行了审视、剖析与反思，对长期以来教育目的呈现的功利性和非人性化的倾向进行了批判，他认为，以经济目的而培养人才，实在是教育的失误。教育的根本目的并不仅仅是实现“国家的繁荣”，更应使每个人的自我能力得到最大限度的提高，使个人的人格臻于完善。真正的教育应该是利用古典的文化遗产对人的价值观进行变革，是人性的生成，而非单向度、片面化的非人力的训练。在对以往教育进行批判性研究的基础上，他进一步提出了新的构想，即应实现新的教育和社会——学习型社会。他指出要透过博雅教育、教育机会均等的途径，并动员所有的学习资源，使社会中的每一个分子均能融入学习的时空中，以完成个体的自我改造与自我实现。

1972 年 5 月，以法国原总理、著名文化人埃德加·富尔（Edgar Faure）为主席的 UNESCO 国际教育发展委员会正式向 UNESCO 总部提交了《富尔报告》。该报告在分析社会的过去、现在和未来的发展趋势之后，揭示了人类社会目前和今后面临的严峻挑战，并指出为了应对科技的急速发展带来的严重后果与挑战，“学会生存”是生活的必需。该报告明确提出“教育对于每个公民而言，不再是一种义务，而是一种责任了”[①]。与赫钦斯关于教育的首要目的即实现人生的“贤、乐、善”稍有不同的是，《富尔报告》提出未来学习社会的目标是要塑造“完人”（complete man）。

何谓“完人”？《富尔报告》指出，这是相对于目前的社会仍存在有“被分裂的人”，即异化的人的现象而言的。报告指出，为了把一个人在体力、智力、情绪、伦理等方面的各种要素综合起来，使其成为“完人”，就必须对其施以终身教育，并促成学习社会的形成。报告同时提倡教育制度的变革，指出“教育，如果像过去一样，局限于按照某些特定预定的组织规划、需要和见解去训练未来社会的领袖，或想一劳永逸地培养一定规格的青年，这是不可能的了。教育已不再是某些杰出人才的特权或某一特定年龄的规定活动：教育正在日益向着包括整

① 联合国教科文组织国际教育发展委员会. 学会生存：教育世界的今天和明天. 华东师范大学比较教育研究所译. 北京：教育科学出版社，1996：203.

个社会和个人终身的方向发展”[①]。

1973 年，美国卡内基高等教育委员会发布《迈向学习社会》（Towards A Learning Society）报告，该报告采纳了赫钦斯的理论，提出了建设学习社会的具体构想，但又与赫钦斯的主张有所不同，它提倡的教育目的是大多数人的福利，是让更多青年去开创生活、劳动，以及为社会服务开辟光明的道路。可见，卡内基高等教育委员会所主张的“学习社会”概念，不仅包括一般的教养教育，还包括技术训练教育，强调职业和劳动在人类生活中所处的中心地位。[②]

总的来说，这一时期，以《学习型社会》和《富尔报告》的问世为标志，学习型社会作为一种新的思想种子开始破土。立足于当时社会大环境给教育领域带来的机遇和挑战，以 UNESCO 为引领，一些思想家和学者开始对传统的学校教育进行反思，并设计愿景框架，提出改革路径，期望探索出一条更为人性化、更适合社会发展的新的教育价值取向。

（三）20 世纪 70 年代中后期至 90 年代：终身学习理念的助推

学界真正对学习型社会理念形成共识是在 20 世纪 70 年代中后期以后。伴随着终身学习思潮的兴起，终身学习理念作为一种生存概念和面向未来社会的发展战略在国际社会达成共识。UNESCO 等国际组织自 70 年代中后期开始通过发布相关政策将终身教育与终身学习视作教育政策的核心理念和核心部分进行制度化的推展，如倡导终身教育与学习是一种人权，强调政府在推进全民教育和学习方面的主要责任；强调教育与学习的组织方式的开放与灵活多样等。自此，终身学习理念开始在吸取终身教育思想的基础上萌发并走向成熟。终身学习作为学习型社会的理念基石得到了显扬，并受到了世界各国的重视。

1989 年 11 月，UNESCO 在中国北京召开“面向 21 世纪教育国际研讨会”，大会形成题为《学会关心——21 世纪的教育》的报告。该报告基于对 20 世纪 70 年代学会生存、学会学习理念的补充和发展，以“关心”为主题，明确提出发展一种新的学习观，即关心自己的健康，关心自己的家庭、朋友和同行，关心他人，关心国家的社会经济和生态利益，关心人权，关心其他物种，关心地球的生活条件，关心真理、知识和学习，赋予面向 21 世纪终身学习新的内涵。[③]

---

① 联合国教科文组织国际教育发展委员会. 学会生存：教育世界的今天和明天. 华东师范大学比较教育研究所译. 北京：教育科学出版社，1996：202.

② 林钧. 国外学习化社会理论与实践研究. 北京：中国经济出版社，2013：38.

③ 何齐宗. 全球视野的教育理念——联合国教科文组织教育文献研究. 广州：广东高等教育出版社，2010：24.

1994 年 6 月，第三届 OECD 国际研讨会在日本召开。会议最终达成共识，确认了“终身学习是面向未来的战略”。1994 年 11 月，由欧洲终身学习促进会、哥德堡城市教育委员会、美国教育理事会等组织发起，在 UNESCO、美国州立大学与学院联合会等机构的支持下，在意大利罗马举行了首届“世界终身学习会议”（罗马会议）。会议达成一致共识，确认“终身学习是 21 世纪的生存概念”。[①]

《富尔报告》发布后，UNESCO 于 1996 年发布又一重要报告，即《教育——财富蕴藏其中》。该报告开宗明义，在其前言中强调教育是现代社会存在和发展的巨大财富，是使人类朝着和平、自由和社会正义迈进的一张必不可少的王牌；认为学习型社会是建立在获得知识、更新知识和应用知识这三个基础上，而这也是教育过程应强调的三个方面；强调学习型社会必须“把终身教育放在社会的中心位置上”。[②]因为教育本身蕴藏着巨大能量，它不仅能够持续推进社会生产力的发展，也能够促进不同文化背景和意识形态的交流与包容，引领人类社会不断朝向正义和良性的方向发展。而终身学习是不断挖掘这一财富的重要手段。[③]基于面临即将到来的 21 世纪的挑战，该报告指出应重新思考、拓展和丰富终身学习的内涵，由此提出终身学习的四大支柱——学会求知（认知）、学会做事、学会共事（学会共同生活）、学会做人（学会生存），从而进一步提升了终身学习的深层意蕴。

总之，如果说在上一个时期，人们对于学习型社会的理念还有迷思和徘徊的话，那么在这一个时期，基于终身学习文化的激荡，学习型社会的种子开始真正扬花吐穗，开花结果。在 UNESCO 的影响和感召下，其他国际组织也积极响应并大力推动，主要通过举办会议、发布政策文本、开发项目计划等形式助力学习型社会理论的形成与发展。

（四）21 世纪以来：学习型社会内涵的丰富与升华

进入 21 世纪，伴随着由人口膨胀和城镇化进程加剧所带来的资源短缺、环境污染、生态失衡等生存环境的恶化，各种社会矛盾相互交织激荡，引发了一系列社会问题，人类面临史无前例的生存危机与可持续发展危机。致力于应对这些问

---

① 转引自：吴咏诗. 终身学习——教育面向 21 世纪的重大发展. 教育研究，1995（12）：10-13+9.

② 联合国教科文组织. 教育——财富蕴藏其中. 联合国教科文组织总部中文科译. 北京：教育科学出版社，1996：8.

③ 李兴洲，耿悦. 从生存到可持续发展：终身学习理念嬗变研究——基于联合国教科文组织的报告. 清华大学教育研究，2017，38（01）：94-100.

题，国际社会对于学习型社会的理论探索开始进入深化期。UNESCO 作为学习型社会建设的推动者，除了继续推进终身教育与终身学习并发布报告和相关政策文件，如《开发宝藏：愿景与策略（2002—2007）》（2003）、《贝伦行动框架》（2009），还进一步高举人文主义旗帜，丰富和升华学习型社会的内涵。

2015 年 9 月 25—27 日，在纽约联合国总部召开的联合国可持续发展峰会上，《改变我们的世界：2030 年可持续发展议程》发布，该议程是旨在终结全球贫困、为所有人创造尊严生活且不让一个人掉队的国际行动路线蓝图，共包含 17 项可持续发展目标，其中第 4 项是“教育与终身学习发展”，其他多项也与终身学习相关，如第 11 项为“建设包容、安全、有抵御灾害能力和可持续的城市和人类居住地”等。

2015 年 11 月 4 日，UNESCO 发布题为《反思教育：向“全球共同利益”的理念转变？》的研究报告。反思教育基于 21 世纪人类面临的复杂境遇——科技的进步带来了经济的增长，降低了全球的贫困率，但却造成了财富分配的新的不平等与两极分化；信息技术的发展为人际交往与联络、跨际交流与联络开辟了通道，但却引发了文化的冲突和宗教的排异性；等等。反思教育提出要用整体观重新审视教育，即将可持续发展的人与社会经济环境等有机统一，要用新的人文主义教育观来迎接全球面临的新挑战。

反思教育强调教育的共同利益，反对教育私有化，认为教育是社会平等链条上的第一环，不应将教育出让给市场，倡导在教育和学习方面，要超越狭隘的功利主义和经济主义，将人类生存的多个方面融合起来。[①]反思教育强调要用整体观重新审视教育，将可持续发展的人与社会经济环境等有机统一，反对暴力、不宽容、歧视和排斥；强调教育要尊重生命，尊重人格尊严，尊重人权；强调教育是全人类的共同利益，知识是全人类的财富，应由全人类共享；强调教育要超越狭隘的功利主义目的观，为所有人提供发挥自身潜能的机会，以实现可持续的未来，从而使人过上有尊严的生活。

在反思教育语境下，终身学习将不仅仅是知识、技能的学习，而是全方位的学习。与此相适应，学习型社会的内涵也越来越丰富，价值取向更倡导人文性，倡导善意伦理、善意的价值观和正义感，并且这种善意不仅仅是个人美德，而是社会群体的善意。人类通过这种群体的善意来实现自身的幸福乃至全人类的幸

---

① 联合国教科文组织. 反思教育：向“全球共同利益”的理念转变？联合国教科文组织总部中文科译. 熊建辉校译. 北京：教育科学出版社，2017：2.

福，这意味着人类未来的道路不再是一味地追求经济发展，而是注重伦理道德，注重人类生存的可持续发展。①

2013 年以来, UNESCO 举办了五次国际学习型城市大会并发布四个宣言——《北京宣言》（2013）、《墨西哥城声明》（2015）、《科克行动倡议》（2017）、《麦德林宣言》（2019）、《延寿宣言》（2021）。这四个宣言有一个共同特点，即以“可持续发展”为宏大愿景，以“公平”“包容”为价值取向，以“平等”“公正”为原则，以跨部门、跨领域协作、合作共享为战略发展路径，体现了学习型社会建设的宏大目标和战略宗旨。“据此，在 21 世纪，‘终身学习是经济社会可持续发展的驱动器’得到了世界的普遍认可，不仅是发达国家，发展中国家也踊跃地投身于建设学习型社会的热潮之中，学习型城市创建成为建设学习型社会的重要基石。”②

总之，这一时期，学习型社会的目标和价值取向更为高远，它超越了狭隘的功利主义取向，朝着至善、更美好、更人文的理想境界——公平、正义、包容、可持续性，以及团结、友爱、诚信、共同利益迈进。与此同时，其内涵也进一步丰富，公共意识、人类意识、新人文主义意蕴更为浓郁。

第二节　学习型社会的内涵、特征、构成要素

“学习型社会”是一个内蕴丰富的词汇，它关涉个体的生命成长、人格完善、生存样态的改善、生活质量的提升，关涉人类社会的文明进步、经济的增长与社会的和谐发展。那么，学习型社会究竟为何物？需要对学习型社会的内涵、特征、构成要素进行探究。

一、学习型社会的内涵

关于学习型社会，学界有多种观点。有学者认为学习型社会是以学习求科学发展的社会。③有学者认为学习型社会是以学习和教育为其本质职能，人人愿学而又时时、处处可学的一种开放、创新、发展的和谐社会。④总之，学习型社会

① 联合国教科文组织. 反思教育：向“全球共同利益”的理念转变？联合国教科文组织总部中文科译. 熊建珲校译. 北京：教育科学出版社，2017：30，69.

② 张创伟. 美好的社会与至善的教育：重温赫钦斯学习型社会思想. 开放学习研究，2019（02）：46-52+62.

③ 朱新均. 学习型社会建设的理念、路径和对策. 现代远程教育研究，2011（01）：3-11.

④ 叶忠海. 学习型社会建设研究与探索. 上海：同济大学出版社，2013：4

是一个以学习为文化理念、以学习为生活样态、以学习为发展能动源的社会。在学习型社会，教育与学习生活贯穿于任何时候、任何领域、任何过程，学习与工作、学习与生活的界限趋于模糊，“人人皆学，时时能学，处处可学”，学习机会均等，整个社会有健全的机制和服务体系为人们提供学习便利，形成了乐学善学的文化风尚；每个人的潜能和价值得到最大限度的释放，社会文明（物质文明和精神文明）也得到极大程度的提高。

学习型社会的价值取向表现为两个方面：个体取向和社会取向。

1. 个体取向

个体取向表现为实现人的全面、自由、和谐与可持续发展。学习型社会是以修复人性、守护人性、完善人性为主题的社会，强调成就人的生存与发展，即不仅关注人的谋生需要的职业能力的提升，而且关注人的发展需要。学习型社会不仅成就人的谋生的需要，提高人的职业能力，还可以成就人乐生的需要——通过提供休闲教育服务，给予人心灵的滋润，成就生命的快乐和幸福。

学习型社会就像一个教育大超市，通过构建四通八达的终身教育网络体系，为人们提供各种各样的学习服务：一方面，在横向上，为人们多方面的学习开辟了通道——无论学习者是出于提高职业技能的教育需求，还是出于提高闲暇生活质量的教育需求，学习型社会多样化的教育形式和类型（回归教育、补偿教育、职业教育、成人教育、社区教育）都可以满足之；另一方面，在纵向上，为人们搭建了终生教育与学习的桥梁，可以为人们生命历程的各个阶段提供学习需求和教育服务，通过教育对象的全员化、教育类型的多样化、教育内容的多元化和教育活动的立体全方位，实现人人、时时、事事可学，学有所教，从而使人人尽享生命幸福的果子。无疑，学习型社会是教育的一场变革和彻底的革命，是对传统教育功利主义价值观的颠覆和大换血，即从理念到结构，再到运行模式和机制上的彻底变革。

2. 社会取向

社会取向表现为实现社会的公平、包容、平等、正义与可持续发展。公平、包容、平等、正义与可持续发展即一种和谐的宇宙观、善意的生存观。学习型社会不仅是合乎人性、关照人性的社会，还是倡扬使命、责任、伦理、友爱、信任，追求公民乃至人类共同利益、共同命运的善意的社会。教育的目的超越了狭隘的经济主义、功利主义，更表现为教育本身，它教人做人，教人有尊严、有向往、有理想、有信念、有信仰、有抱负、高质量地生存。

学习型社会更关乎人类共同利益和共同命运。这是因为我们所处的时代是全球化时代，人类面临前所未有的生存与可持续发展危机。构建人类命运共同体、城市命运共同体是世界发展的历史必然。与此相适应，学习型社会的内涵也更为丰富和生动，涵括文化、经济、道德、伦理等多个方面；其愿景和目的指向更趋向民本化和民主化、全球视野，以及人类可持续发展视野——强调生存尊严，强调参与和共享，强调文化包容和文化接纳（表现为一种人类视角：超越个人和国家的视域，尊重各种民族、社会和所有人的价值体系和文化知识体系），即人类共同体意识。这是因为在这个以信息技术为载体的全球化时代，“我们每个个体仅仅是人类这棵树上的一片叶子，我们的生存依靠着人类这棵树，当我们离开这棵树，我们就无法生存”[①]。为此，学习型社会推崇一种善意的文化、善意的格局，推崇人类相互依存、团结与信任，通过这些有关人的本质的善意，构成人类的共同善意，从而为人类的生存营造平等、幸福的全球环境，有助于全球环境的可持续发展。[②]

归根结底，学习型社会是一个智慧的社会，正如《学习无边界》（No Limits to Learning）中所预言的：“在智慧社会（wisdom society）中，这是一个宽容的社会，具有包容的价值观和多元化价值，是一个打破文化偏见与傲慢的社会，个体制造生活的答案，并把这样的答案互相传送；是一个拥有众多德才的社会，他们具有接受多元观点的胸怀，他们可以从多元视角解读复杂问题，并探寻多元解决路径……”[③]也就是说，“成为智慧社会应该包括一个学习过程，学会更宽容，学会尊重多元化的价值和生活方式，开放性地求同存异，尽量避免把传统的生活方式捆绑给别人”[④]。

二、学习型社会的基本特征

学习型社会具有如下基本特征。

第一，学习行为的终身性。学习突破了正规的学校教育的节点，衔接了学校

---

① 联合国教科文组织. 反思教育：向“全球共同利益”的理念转变？联合国教科文组织总部中文科译. 熊建辉校译. 北京：教育科学出版社，2017：12.

② 徐莉，杨然，杨丽乐，等. “共同利益理念”对构建服务全民终身学习教育体系的启示. 中国电化教育，2021（01）：50-57.

③ 转引自：诺曼・朗沃斯. 学习型城市、学习型地区、学习型社区——终身学习与地方政府. 欧阳忠明，马颂歌，陈晓燕译. 北京：中国人民大学出版社，2016：3.

④ 诺曼・朗沃斯. 学习型城市、学习型地区、学习型社区——终身学习与地方政府. 欧阳忠明，马颂歌，陈晓燕译. 北京：中国人民大学出版社，2016：3.

后的继续教育，从幼年、少年、青年、中年直至老年，学习将伴随人的整个生活历程并影响人一生的发展。学习渗透于整个人生的生命旅程，形成一个从生到死的闭环的回路。“学无止境”“吾生有涯而学无涯”得到了最好的诠释。

第二，学习对象的全员性。学习成为人之为人的一项基本权利，成为全体社会成员的基本生活方式。与此同时，教育具有民主性和全纳性，接受终身教育的人包括所有人，不分男女老幼、贫富差别、种族性别，实现了“有教无类”。教育不再是少数精英阶层的特权，而是为广大平民阶层所分享的普惠性的公共产品。教育的价值在于为各种不同潜能的人提供平等的、最大限度地开发自身才能的机会和途径。

第三，学习内容的广泛性。学习的终极价值诉求是促进人的自由与全面发展。学习的意涵不仅仅指学习书本上的知识，更是一种立体的、全方位的学习。学习内容涵括人终身发展所需的方方面面，不仅包括与自己工作领域有关的知识、技能的学习，还包括提升人际交往能力的学习，以及扩展兴趣爱好、丰富业余生活方面的学习，乃至个人养生保健、提高生活质量方面的知识的学习等。

第四，学习形式的多样性和灵活性。学习形式包括正规、非正规学习，以及正式、非正式学习。任何有学习需要的人可以随时随地接受任何形式的教育与学习。学习的时间、地点、内容、方式均由个人决定，人们可以根据自己的具体情况和特定需要选择最适合自己的学习形式。

第五，学习与教育空间的广域性。学习活动如同空气一样，弥漫在人们的生活空间的各个层面和各个角落，学习行为既可以发生在家庭，也可以发生在学校、工作场所，甚至延伸和发生于社区生活当中，乃至延伸和发生于郊游中、旅行中、交谈中，等等。学习可以随时随地进行。学习把一切具有教育功能的场域、机构联系或连接起来，要求社会包括一切形式的教育场域、机构都应向人们提供随时随地学习的机会和条件。教育既包括家庭教育、学校教育，也包括社会教育。

第六，学习意态的主动性。学习者的情境角色发生了转换，学习由“被动学”转为“主动学”，从“学会”到“会学”。正如爱因斯坦回答什么是教育时所说：“教育就是把学校里的东西都忘光了的时候，留下来的就是教育。留下来的是什么东西？就是会学。”[①]

第七，学习资源的开放性。社会文化资源向公众开放，包括图书馆、博物馆、文化馆、社区学院、培训中心、文化活动中心等资源为社会公众充分共享。总之，

① 连玉明. 学习型组织. 北京：中国时代经济出版社，2003：205.

社会拥有健全完善的终身学习服务体系，终身学习服务体系提供众多的学习场所，为要学习的个人和团体提供不同的学习途径和方式。

第八，知识产品的共享性。知识成为便利产品和基本生活消费品，“在这样的社会中，每一个组织、每一个人都是知识的提供者、接受者、享用者和传播者。知识的疆界被打破，资讯随手可得。知识共享程度大大提高”[①]。

三、学习型社会的内核

学习型社会的内核是终身教育和终身学习。其中，终身教育作为一种教育理念、教育制度，属于教育学范畴；终身学习作为一种学习理念、一种教育制度、一种文化现象，不仅属于教育学范畴，还属于文化学范畴。学习型社会作为一种社会理想、一种目标愿景，涉及社会各个领域，属于社会学、文化学、教育学、行政学、管理学范畴，显然，其也囊括作为教育学范畴的终身教育、终身学习的学科领域。终身教育、终身学习与学习型社会“一衣带水”，天然不可分割，前者是后者的逻辑起点，也是其核心与本质。

具体而言，学习型社会与终身教育、终身学习的关系表现如下。

一方面，终身教育、终身学习是学习型社会形成的思想基础。学习型社会一词的出现乃至理念的形成生发于终身教育、终身学习的思想厚土，而且学习型社会理论框架的形成是建立在终身教育、终身学习思想理念孕育成熟的基础上的。并且从时间顺序上来看，学习型社会产生于终身教育、终身学习之后。显然，终身教育、终身学习理念的酝酿生成并在国际社会达成共识，为学习型社会的实践推展提供了契机，起到了推动功效。

另一方面，终身教育、终身学习为学习型社会奠定了制度基础。终身教育、终身学习可以为学习型社会的实现提供坚实的制度保障，如学习型社会为确保人人受教育机会均等，需要各种类型教育——正规教育、正式教育与非正规教育、非正式教育的互通，各种层级教育的对接与衔接，教育与学习资源的开放，等等。这些都需要终身教育、终身学习的相关制度做支撑。

总之，终身教育、终身学习作为一种理念、一种制度或一种教育资源供给模式，可以为学习型社会的实现提供保障和疏瀹通道，如引发社会民众受教育权的觉醒；变革传统教育体制与整合教育资源，为人人、时时、处处接受教育提供一定的服务支撑。

---

① 连玉明. 学习型组织. 北京：中国时代经济出版社，2003：8.

四、学习型社会的构成要素

关于学习型社会的基本要素，研究领域可谓仁者见仁，智者见智。

有研究者从系统论、控制论的动力学的角度来解构，具有代表性的如季明明尝试用“飞机”模型来描述我国学习型社会的结构，他认为，飞机的前翼是国民教育体系，尾翼是继续教育体系，其共同构成了终身教育体系，并托起了整个学习型社会。两个发动机或者说学习型社会的要件，一是学习型组织，二是学习型社区。机身是学习型城市（包括学习型农村）。另外两个重要部分，一是操作系统，即支撑学习型社会的三网合一，信息化国家远程教育公共服务平台；二是飞行的动力资源，即学习型社会的国家数字化学习资源库。机头是终身学习相关政策的制定和制度的创新。[①]

有研究者从数字化信息技术的角度来解构，如陈德人、张尧学等研究者认为，学习型社会中的知识应该构成一个教育网格或知识网格，“教育超市”就是这种网格的应用体现。并由此提出了“数字化学习港”的构想，旨在为终身学习型社会提供普适性学习需要的普适计算技术，以让所有学习者的学习都无障碍。[②]

有研究者从建筑学的角度来解构，如朱新均、叶忠海等人提出终身学习文化（灵魂）、终身学习服务体系（平台）、终身教育体系（支柱）、学习型组织（基石）是学习型社会的四个关键性要素。[③]

结合以上观点，笔者比较倾向朱新均、叶忠海等的四要素说，即“灵魂、平台、支柱、基石”说。其中的“灵魂”即终身学习文化氛围，包括丰富多彩的全民终身学习文化活动；“平台”包括“线上”（数字化远程教育网络资源）平台和“线下”（场地设施资源）平台；“支柱”由国民教育体系和继续教育体系两大支柱构成；“基石”即宏观意义上的各类学习型组织，包括学习型县（市、区）、学习型街道（乡镇）、学习型社区（村）、学习型家庭、学习型企业、学习型单位、学习型政党等。以“灵魂”“平台”“支柱”“基石”这四个关键要素为基本点，形成学习型社会的基本框架。

---

① 中国教育发展战略学会终身教育工作委员会. 中国终身教育蓝皮书，二卷·2011. 北京：现代出版社，2012：37.

② 中国教育发展战略学会终身教育工作委员会. 中国终身教育蓝皮书，二卷·2011. 北京：现代出版社，2012：38.

③ 中国教育发展战略学会终身教育工作委员会. 中国终身教育蓝皮书，二卷·2011. 北京：现代出版社，2012：37-38.

1. 灵魂：终身学习文化

终身学习文化是一种新的文化现象，一种新的学习理念和生活理念。建设学习型社会需要营建终身学习文化，具体包括：①创建内容丰富、形式多样的学习活动载体，包括宏观上全体民众共同参与的一些学习活动载体，如学习周、读书节、大讲堂等，中观上的各类学习型组织举办的学习活动，微观上传统的、小范围的、办学教育机构内部的课堂学习活动；②创设体验式学习环境，以激发学习主体的主观能动性，使学习活动充满生机和灵动，富有情趣；③建立联动宣传机制，以发挥好各种社会新闻宣传媒体宣传机和播种机的作用；④创新特色品牌，发挥品牌的影响力和感染力；⑤建立终身学习的表彰激励机制、评价机制，树立典型，发挥典型的示范引领带动作用；⑥建立学习信息服务与支持系统，如需要政府为所有公民提供足够的信息、指导和支持，激励人们通过不同的途径学习。

2. 平台：终身学习服务体系

学习型社会运行需要构建全民终身学习服务体系，包括基础性保障服务体系和制度保障服务体系。其中，基础性保障服务体系指终身学习线上、线下服务平台——线上平台即数字化学习服务平台（集数字化技术、数字化管理、数字化学习资源开发为一体的数字化学习服务体系），线下平台包括终身学习场地设施（公共文化设施、学历与非学历教育机构网络）；制度保障服务体系指终身学习的相关制度保障机制，如服务于全民终身学习的工作者队伍专业化建设制度、服务于全民终身学习的健全完善的经费保障机制。同时，还需要建立体系运行的枢纽机制，如学分银行，学习成果认证与转换制度，便于学习成果沟通、衔接与转换的国家资历框架等，以保障教育体系内各级各类教育相互交融、有机联系、有序运行并有效发挥功能。

3. 支柱：终身教育体系

终身教育体系是一个有机综合的教育系统。从教育类型来划分，既可以分为学校教育、家庭教育、社会教育，又可以分为国民教育系列、继续教育系列等；也可以分为正规教育和非正规教育。终身教育体系是一个纵向衔接、横向沟通、纵横交错的一体化的有机系统。从纵向上，终身教育体系以婴幼儿教育为发端，以青少年教育为基础，以发达的成人教育为主体，以广泛的老年教育为标志，形成纵向的教育系统，体现一种在时间上的人本关怀；从横向上，终身教育体系整合家庭教育、学校教育（包括成人学校教育）、社会教育（包括企事业单位教育、社区教育、社会培训机构教育），形成横向的教育沟通网络，体现一种在空间上的人本关怀；从纵横交错上，终身教育体系就像互通式立交桥和四通八达的高速公路，使各级各类教育在前后上下左右相互融通和有机结合，它可以满足人们任何情况的教育需求，使人们在需要的时间，无论从哪一点进入教育体系，都能找到自己的最佳路径和最合适的教育。

4. 基石：学习型组织

在学习型社会中，教育已不仅是学校的任务，而是全社会的责任。政府、企业、社区、家庭等都要组成学习型组织，共同承担教育任务。整个社会，既有正规的学习型组织，如法人单位类学习型组织——学习型机关、学习型企业、学习型学校、学习型医院等，也有非正规的民间学习型社团组织，如各种读书会、文化与教育协会、休闲娱乐社团等学习共同体；既有宏观的学习型组织，如学习型城区（区、县）、街道（乡镇）、社区（村），也有中观的学习型组织，如学习型单位，还有微观的学习型组织，如学习型楼组、家庭等。学习型组织布满社会各个角落，形成了广域、立体、具有层次性和多样性的学习网络格局。

第三节　学习型社会的现实载体：学习型城市

城市是现代文明的承载和标志。学习型城市是学习型社会的现实载体和具体形态。在我国，建设学习型社会主要是从学习型城市的创建开始的。但何为学习型城市，其如何形成，有哪些特征属性，其与学习型社会之间的关系如何，都需要我们进行深入了解。

一、学习型城市的由来

城市是人类有目的、有计划地利用自然环境而创造出来的高度人工化的生存环境，是一定层级地域内的社会发展中心（包括经济中心、政治中心、文化中心等），是人类活动聚集的场所，它是受自然、经济、社会因素共同作用的地域综合体。城市的形成本质上就是为了创造繁荣、提供机遇及增加所有人获得城市转变带来的各种福利的机会。[①]城市作为社会文明的承载体和聚合地，与学习天然

① 孙玫璐，沈明霞，王春晓. 可持续发展：学习型城市建设造就社会发展的光明未来. 高等继续教育学报，2014（01）：13-16.

密不可分。

学习型城市并不是现代才出现的新理念，追本溯源，在2500年前的古希腊，柏拉图就提出了终身学习的理念，他提出每个公民都有学习与教育自己、开发自己的潜能的责任和义务。柏拉图教育理念的起点就在城市本身。虽然不排除学习是个体的追求，但鼓励公民参加学习活动、为城市的发展做出贡献也许是柏拉图的初衷。

事实上在古希腊时代，学习和自由教育已然成为人们闲暇生活的一部分，学习与投入已经成为日常性、自然性的事情。当时的城邦国家大力推广戏剧节庆活动，主要以鼓励城邦市民观看古希腊三大悲剧家埃斯库罗斯、索福克勒斯、欧里庇得斯的戏剧作品为主要形式。这些悲剧以极其强烈的戏剧感染力向观众宣传着一种生命精神、生命意识，在国家刚刚开始形成的阶段，对国民精神文化养成的积极推进作用是不言而喻的。实际上也是当时一种非常重要的学习型公民教育的形式。但是这里需要注意的是，那时候依然是一个性别不平等的男权社会，妇女和奴隶等群体没有接受教育的权利。亚历山大帝国及之后，图书馆成为人类文明思想发展的中心，当时的亚历山大城借助亚历山大图书馆的建立，吸引了来自世界各地的学者和学生。尽管当时没有出现“学习型城市”这一术语，但市民自发参与学习活动已使这些城市具备学习型城市的特性。

此后由于宗教的原因，公元8—13世纪，随着伊斯兰教的迅速传播，大马士革、开罗、的黎波里、耶路撒冷、科尔多瓦、非斯等城市也成为类似的文化交流与学习中心、学习与文化的温床，使得大部分公民参与其中，甚至比现代世界更接近真实的学习型城市状态。[①]15世纪，起源于德国的“汉萨同盟”城市都利用同盟的经济交往取得巨大财富，以此来鼓励艺术和文化的发展。[②]在中国，远溯至春秋战国时期，也出现了以齐国临淄、赵国邯郸等为代表的一批学习型城市。齐桓公在临淄设立稷下学宫，招揽了一大批有识之士，他们广收门徒，著书立说，成就了百家争鸣的盛况，与同一时期的古希腊文明交相辉映。[③]

现代意义上，“学习型城市”这一概念出现的时间不长，一般认为起源于20世纪70年代初期的“教育型城市”，当时，OECD资助创建了教育型城市项目，从成员国当中邀请了7个城市（加拿大的埃德蒙顿、瑞典的哥德堡、奥地利的维

① 蒋亦璐. 学习型城市建设的全球历史回溯与本土现实思考. 开放学习研究，2017（02）：33-40.

② 诺曼·朗沃斯，苑大勇. 反思与创新：学习型城市理念演进及未来. 开放学习研究，2017（02）：28.

③ 郑炜君，蒋亦璐. 学习型城市建设的国际经验分析——以“帕特农神庙”中的“三基”为框架. 广东开放大学学报，2019（04）：1-7+55.

也纳、英国的爱丁堡、日本的挂川、澳大利亚的阿德莱德、美国的匹兹堡），将教育融入其策略当中，以体现教育型城市这一主题。[①]

之后随着终身教育思潮发展成为终身学习思潮，由外向内的教育转向以学习者为中心的学习，在教育城市概念的基础上，“学习城市”脱胎而出，并于1992年OECD教育研究和创新中心在瑞典哥德堡举行的第二届教育城市国际大会所提出的报告中得到了充分反映。该报告的中心是市民持续终身学习的策略，并将发展学习城市列入行动日程，在7个城市加以实施。这份报告引发了各国对创建学习城市这一新生运动的重视。此后，OECD与有关部门合作，共同举行了5届学习城市系列论坛，以此推动学习型城市运动。[②]在欧洲的推展最具代表的是英国，英国积极响应这一理念精神，于 1995 年创设了学习型城市网络（Learning City Network，LCN）。该组织和英国教育与就业部、英国成人与继续教育研究所密切合作，共同推进英国的学习城市运动。该组织的城市会员由 1995 年的 8 个增至1997年的33个，到2005年增至70多个。[③]截至2016年，英国加入该组织的建设成员已经超过80个，一些欧洲城市如埃斯波、哥德堡、都柏林等也纷纷按照自己的路线建设学习型城市。[④]到2020年，已有近200个城市被纳入学习型城市网络建设项目。[⑤]在澳大利亚，几乎所有州都创建了自己的学习城市网络。在日本，大大小小的城市均将城市的发展目标定位在学习城市，将学习作为打造城市未来的关键通道。[⑥]与此同时，在另一个层面，自1994年国际教育型城市协会（总部设在巴塞罗那）创设以来，截至2016年，其成员超过250个，遍布全球，这些城市成为学习型地区运动的领路者。因为这些城市意识到，要想发展经济，获得社会和文化的繁荣，需要使城市的公民具备快速适应城市发展变化的能力。[⑦]

我国于20世纪末开始倡导和践行学习型城市建设的理念，先是1999年上海率先提出建设学习型城市目标，此后，北京、广州、郑州、南京、杭州、太原、武汉、成都等城市先后做出创建学习型城市的决定，各自成立工作领导小组，制

① 诺曼·朗沃斯. 学习型城市、学习型地区、学习型社区——终身学习与地方政府. 欧阳忠明，马颂歌，陈晓燕译. 北京：中国人民大学出版社，2016：7.

② 叶忠海. 创建学习型城市的理论和实践. 上海：上海三联书店，2005：36-37.

③ 叶忠海. 创建学习型城市的理论和实践. 上海：上海三联书店，2005：37.

④ 诺曼·朗沃斯. 学习型城市、学习型地区、学习型社区——终身学习与地方政府. 欧阳忠明，马颂歌，陈晓燕译. 北京：中国人民大学出版社，2016：8.

⑤ 王永刚. 发达国家学习型城市建设比较研究与启示. 成人教育，2020（04）：85-89.

⑥ 叶忠海. 创建学习型城市的理论和实践. 上海：上海三联书店，2005：37.

⑦ 诺曼·朗沃斯. 学习型城市、学习型地区、学习型社区——终身学习与地方政府 . 欧阳忠明，马颂歌，陈晓燕译. 北京：中国人民大学出版社，2016：8.

定相关的政策文件，并在人、财、物方面给予必要的保证。2013 年 7 月 8 日，“全国学习型城市建设联盟”成立，首批成员城市为 31 个，第二批成员城市为 8 个，截至 2021 年底，已经有 7 批成员城市加入该联盟。

二、学习型城市的内涵

什么是学习型城市？对学习型城市内涵的解读，有来自国内外的不同观点。最早定义学习型城市的是美国学者赫钦斯，他基于学习型社会理论，认为建设学习型城市相当于将学习型组织的理念和内容应用于城市管理与发展，主要是通过社会学习活动，创造不断进步、不断创新的城市精神文化氛围，提升城市综合体的素质竞争能力和运作效率，促进城市社会事业和经济的快速发展。[①]英国学者诺曼·朗沃斯认为，学习型城市是在城市范围内设计计划和策略，以开发市民个人潜能，并建立所有机构或组织间的合作，进而有助于个体发展、社会凝聚和财富的可持续创造。[②]

国内学者陈友华认为，学习型城市是学习型组织的蜕变和演化。学习型城市的创建实际上就是学习型组织的观念和实质内容在城市管理中的实践与发扬。它的主旨在于经由有组织的学习活动，致力营造不断创新的城市精神和文明，提升城市综合素质和竞争能力，使城市经济和社会获得持续发展。[③]蒋亦璐认为学习型城市就是在城市范围内，调动所有人力、财力和物力来贯彻并落实终身学习的理念，从而促进个体潜能的挖掘与全面发展、提升市民的生活质量与思维品质、维护社会的融合与稳定、推动城市各方面可持续发展与繁荣的一个“学习型社会”的缩影。[④]

综合以上观点，笔者认为，学习型城市是以学习为内核，将学习深蕴于城市经济、政治、文化、科技、生态等方面，贯穿于城市各项工作建设中，通过鼓励城市利益相关者参与，完善城市基础设施，调动和整合城市潜在资源，搭建城市终身学习服务网络，开展内容丰富、形式多样的学习活动，营造全民终身学习的文化氛围，以提升市民的文明素养和整体素质，以及城市的文明度和创造力，从而实现城市价值最大化。学习型城市作为城市发展的新形态和城市

---

① 转引自：陈云. 依托社区教育推进学习型城市建设的实践与探索——以南京市为例. 南京广播电视大学学报，2019（04）：26-30.

② 转引自：蒋亦璐. 学习型城市及其相关概念辨析. 职教论坛，2017（03）：53-57.

③ 陈友华. 学习型城市建设评价指标体系研究. 南京社会科学，2004（09）：81-86.

④ 蒋亦璐. 学习型城市及其相关概念辨析. 职教论坛，2017（03）：53-57.

现代化的标志，其基本要旨是推进公平正义、促进社会和谐、增进民众福祉、创造美好未来。

三、学习型城市的特征

关于学习型城市的特征，有不同的观点。有研究者认为学习型城市的主要特征包括：终身教育体制的完备性，学习化社会的深入性，信息化水平建设的普遍性，教育、科技和人力资源投资在城市知识经济发展中的贡献率，学习选择的便利性与市场化，教育资源的共享性。[①]有研究者认为学习型城市具有以下特征：终身学习、全民学习，学习型组织普遍建立，信息网络技术高度发达，公共学习资源丰富便利。[②]有研究者认为学习型城市的基本特征表现为：一是学习理念的普遍性，二是学习行为的全员性、全程性，三是学习机会的平等性，四是学习和教育体系的社会性，五是创新发展的特质性，六是人际环境的和谐性。[③]

综合以上观点，笔者认为，学习型城市的具体特征有如下六点。

第一，学习意识的普遍化。学习型城市中，每个市民都认识到学习的重要性，都具有学习的愿望和需求。整个社会强调自主学习、终身学习和快乐学习。

第二，学习行为的个性化。人们能够超越原有的观念和思维模式，主动适应变化的外部环境；可以根据自己的需要、兴趣和能力，选择相应的学习内容、学习方式和学习进度，不断接受教育培训和提升自身能力。

第三，学习体系的社会化。学习型城市中学习体系将不再局限于传统意义上的学校系统，而是充分整合社会系统中各种可以利用的教育资源，实现资源共享；学历与非学历、正规与非正规、职前与职后、教育内部与外部等各级各类教育形式相互沟通和连接，为学习者终身学习提供了前所未有的条件。

第四，学习方式的网络化。网络信息技术的飞速发展引发了人类生存方式的变革，这种变革的主要标志是催生出网络学习这一新型学习方式。网络学习方式打破了时间、空间、容量的限制，使学习更为开放，可以实现充分的信息流入和内外沟通，以满足人们应对新知识和新环境挑战的需要。

第五，学习形式的组织化。学习型组织已具规模。在学习型城市中，教育已不仅是学校的任务，而是全社会的责任，政府、企业、社区、家庭组成学习型组

---

① 李俊. 学习型城市主要特征分析和相应指标体系的构建. 北京市总工会职工大学学报，2003（03）：28-32.

② 黄复生，杨晨. 上海建设学习型城市的策略思考. 现代远距离教育，2009（01）：12-16.

③ 叶忠海. 构建学习型城市评价指标体系框架的探讨. 高等继续教育学报，2013（03）：2-5+19.

织，共同承担自我教育的任务。

第六，学习活动的社区化。社区利用各种形式组织学习活动，如打造学习节日、开展社会读书活动、组织文化展览等；社区内各种教育机构向居民开放，并利用自身的教育资源优势，配合社区开展各类学习活动，并为各类培训、业余教育、社区学习、再就业等提供教育培训服务。

总体而言，学习型城市不仅仅是教育学和教育领域的一个概念，其涉及多个学科以及社会、政治、经济、文化、科技、环境、卫生、安全等领域。因此，其特征也不仅仅表现在教育的一个平面上，而是呈现立体化、多维度的特征。2013 年，UNESCO 首届国际学习型城市大会通过的《北京宣言》借鉴了 UNESCO 的徽标，运用山形墙、立柱、基座阶梯等元素形成了学习型城市的整体框架，并用 UNESCO 的徽标——古希腊帕特农神庙将学习型城市的主要特征形象地表达出来，为世界各国、各地区建设学习型城市提供了全面的行动框架图景（图 2-1）。

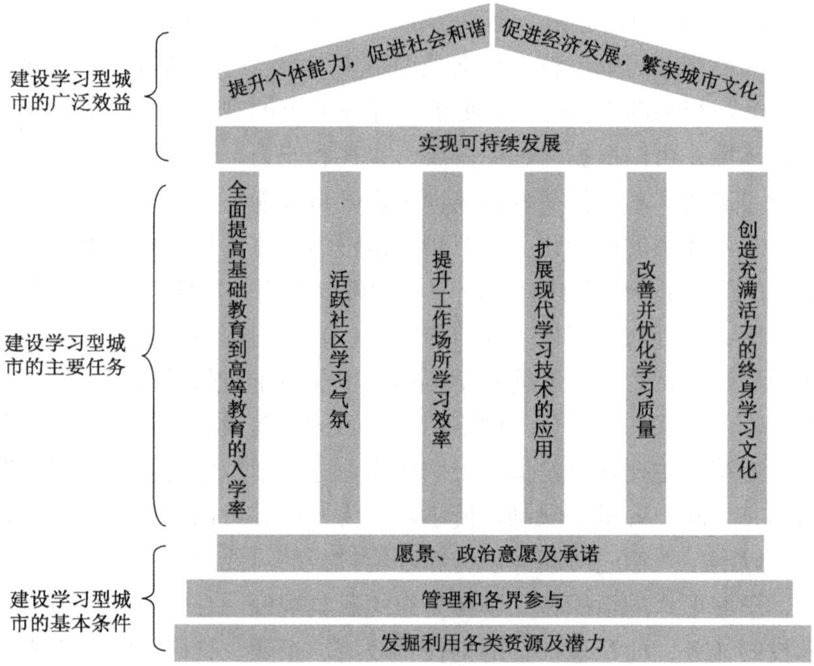

图 2-1 学习型城市的主要特征[①]

① 联合国教科文组织终身学习研究所. 学习型城市主要特征. 职业技术教育，2013（33）：44-48.

学习型城市关键特征即主要特征框架由屋顶、立柱、基座阶梯三部分元素搭建而成。山形墙的三个焦点领域反映了建设学习型城市的广泛效益：一是提升个体能力，促进社会和谐；二是促进经济发展，繁荣城市文化；三是实现可持续发展。立柱的六个焦点领域反映了建设学习型城市的主要任务：一是全面提高基础教育到高等教育的入学率；二是活跃社区学习气氛；三是提升工作场所学习效率；四是扩展现代学习技术的应用；五是改善并优化学习质量；六是创造充满活力的终身学习文化。基座阶梯的三个焦点领域反映了建设学习型城市的基本条件：一是愿景、政治意愿及承诺；二是管理和各界参与；三是发掘利用各类资源及潜力。①

目前，国际社会和学术界比较认同《北京宣言》中的关于学习型城市基本特征框架的观点。

四、学习型社会与学习型城市的关系

学习型社会与学习型城市的关系具体表现如下。

第一，学习型社会愿景的实现需要以学习型城市为依托。学习型社会倡导整个社会要形成一种良好的氛围，使终身教育和终身学习的理念得到广泛普及和认可，而这一目标宗旨的实现需要借助学习型城市的构建来实现，即通过城市政府统筹引领，全面规划，进行顶层设计，出台相关政策，系统推进，包括政策法规与战略计划的制定、管理体制的建立、资源的调配、学习文化活动载体的创建、服务平台的搭建、运行机制的建构，以及建构质量评价标准和激励机制，使城市内的各类组织（家庭、企业、事业单位、社区、城市、政府机关、社团、政党等）都形成学习型组织，成为全员学习、组织学习、系统学习的单元。

可以说，学习型城市是伴随着学习型社会的出现而出现的，这从世界范围内学习型社会建设的实践演进脉络可得出有力的佐证。可以说，学习型社会建设的每一步，都离不开学习型城市创建工作的助推。我国学习型社会的建设过程也就是学习型城市的创建过程。我国自 20 世纪 90 年代末期开始学习型城市创建以来，每一步也都离不开城市顶层设计的持续推动，包括城市地方政府统筹规划、战略部署、自上而下的管理体系的建立、全方位的教育资源的整合、服务保障机制的建立、相关配套政策的出台。

第二，学习型社会终身学习资源的调动需要通过学习型城市建设来实现。学

① 联合国教科文组织终身学习研究所. 学习型城市主要特征. 职业技术教育，2013（33）：44-48.

习型社会要充满活力，就需要激活社会机体的各个细胞群，包括社区、企事业单位、政府机关、基层群众性自组织等，城市则是这些细胞群的集合体，学习型城市能够在任何时候提供满足人们进行各种学习的内容和场所，保障所有社会成员有充分的学习机会，满足其学习需求。这是因为，城市内汇集了众多的利益相关者，如公共文化设施（文化场馆）、学校、大学、成人学院、社区中心、商业组织、大小公司、民间组织，以及社区志愿者组织。这些学习型城市利益相关者之间存在紧密联系，它们是学习型城市血液循环非常重要的组成部分，能够直接促进资源、人才、机会、知识和经验的供给，满足组织机构和个人的需求。换言之，它们是城市学习的供应商，可以提供充沛的人力物力和财力，不仅具有充沛的财力资源、闲置的场地设施，还聚合了丰富的人力资本和智力资本，是丰富的人力技能知识思想和经验的载体，可以更好地服务全民终身学习。

城市管理者可以通过建立一定的激励机制和协调机制，如积极鼓励、支持活跃的公民团体以及志愿者，为其提供咨询服务，以及加强利益相关者和领导者之间的沟通联系，使社区和官方机构之间建立良好的参与伙伴关系，共同建设学习型城市，实现共建共治共享。①

第三，学习型城市更是对城市文明和人类社会文明的一种潜在的救赎。一方面，它可以带来一种学习新文化，形成富有生机和活力的城市物质景观和精神景观。表现在：在物质层面，一座学习型城市可以动员与整合各方资源，促进职业培训和工作场所的学习，扩展现代学习技术的应用，改善并优化学习质量，帮助社会积累经济资本和人力资本，创造更多的物质财富；在精神层面，学习型城市建设可以活跃家庭、企业、社区、学校的学习氛围，创造充满活力的城市文化，丰富市民的精神世界。另一方面，更为重要的是，在当今国际化和全球化的时代，学习型城市在帮助城市创造更高的经济效益的同时，还可以通过城市间的交流和互动，了解文化差异、信仰差异和种族差异的丰富性，以包容的态度逐渐消除各种壁垒，共同解决很多国际难题，维护世界和平和发展。②

① 诺曼·朗沃斯. 学习型城市、学习型地区、学习型社区——终身学习与地方政府. 欧阳忠明，马颂歌，陈晓燕译. 北京：中国人民大学出版社，2016：70.

② 李玉静. 学习型城市建设的实践探索——《学习型城市、学习型地区、学习型社区：终身学习与地区政府》评介. 职业技术教育，2017（12）：48-51.

第四节　国际学习型社会代表性思想

学习型社会自 20 世纪 60 年代由赫钦斯率先提出并在国际社会掀起热潮以来，作为人类共同利益的美好愿景，一直是国际社会学术领域关注的热点。具体来看，国际学习型社会代表性思想如下。

一、赫钦斯的学习型社会思想

赫钦斯是20世纪中叶美国著名的教育改革家和思想家之一，是永恒主义教育哲学的代表人物，他在1968年出版的《学习型社会》一书中最早提出“学习型社会”这一概念，并提出具体构想。其学习型社会思想理论影响了同时代的一大批研究者，对全球学习型社会理念的形成起到了一定的奠基作用。

（一）赫钦斯学习型社会思想产生的成因

20 世纪五六十年代，西方国家在科学技术的撬动下，经济取得了巨大的繁荣，如何促使经济与社会及人的发展保持同步成为西方社会精英关注的焦点。赫钦斯以人文主义关照为出发点，通过省察如何建立一个“美好的社会”而创立了学习型社会理论。

20 世纪五六十年代，伴随着第三次科技革命推动，美国迎来了经济发展的黄金时期，其物质文明取得了前所未有的成就。美国优秀的科学技术推动了经济的高速发展，而庞大的经济实力又为社会“福利”创造了必要的条件。这些“福利”带给人们的好处首先表现在收入的增长和可支配的自由时间的增多。[①]赫钦斯敏锐地意识到，随着科学技术的发展，人类将从繁重的劳动中解放出来，一个“无需劳作的时代”即将来临——“对于那些每天为面包而辛苦工作的人们，闲暇是一种渴望得到的甜蜜，直到他们得到它……”[②]那么，如何利用闲暇时间？赫钦斯提出了“学习社会”的概念。在这样的社会中，需要进行社会文化价值的转换，工作不再是人类的目的，教育也不再以获得工作为目的。因物质生活条件的极大改善，人们的生活目的转向为“学习、自我实现和成为真正意义上的人”，人人都必须通过终身学习来实现人生的真正价值——贤、乐、善。教育不再受经济掣

① 全平. 赫钦斯的学习型社会理论及其启示. 作家天地，2020（15）：79-82.

② 罗伯特·赫钦斯. 学习型社会. 林曾，李德雄，蒋亚丽等译. 北京：社会科学文献出版社，2017：143.

肘，本真的教育即将回归，发现“永恒的人性”，发掘“生命的真正价值”，永恒的真实的人性价值与社会的终极目标两位一体，帮助人们“过上睿智、愉快、美好的生活”。[①]

（二）赫钦斯关于学习型社会的基本构想

1. 两种理想社会模式的启发

赫钦斯关于学习型社会的构想源自古希腊雅典的“派迪安”（Paideia）模式和丹麦的民众教育模式的启发。

（1）古希腊雅典的“派迪安”模式。赫钦斯首先在古代雅典的闲暇教育“派迪安”中汲取学习型社会思想的原汁。对于雅典的教育，赫钦斯颇为赞赏，他认为，雅典的自由教育充满了对人性的充分弘扬，是对人性进行全面发展的教育，是身心和谐的教育。[②]他说，在雅典，教育并非人生某一个时期、在某一地点和时间所做的一种孤立活动。教育是社会的目标，雅典城邦的社会环境教育了每个市民，文化教育了每个雅典人。“城市本身就可以教育人。换句话说，雅典人受到的是文化的教育，他们称之为 Paideia。”[③]“Paideia”音译为“派迪安”，可以译为“教化”“化育”，意谓对心智、性格和人格的“教化”“化育”。而“教化”“化育”不可能在工作时间完成，一定是在闲暇时间、可自由支配的时间完成。作为永恒主义教育家，赫钦斯心仪“固有实在的人性”，古希腊教育社会的“派迪安”就成为他心中可以维系人类思想的、凝聚人类精神的、真正的、永不动摇的价值。

赫钦斯认为“派迪安”是自古以来为数不多的将空闲时间（free time）转化为闲暇（leisure）、学习管理自我和管理社会的成功先例。“派迪安”是真正的教育，它不受时间地点和人生阶段的限制而割裂学习过程，共和国（commonwealth）的传统实践和制度都引导人们养成良好的心智和性格。[④]这样的社会不仅为所有社会成员提供人生各阶段所需的成人教育，而且成功地实现了社会价值的转换，转变社会的目的，从解决经济问题转化为学习、自我实现和成为

① 转引自：张创伟. 美好的社会与至善的教育：重温赫钦斯学习型社会思想. 开放学习研究，2019（02）：46-52+62.

② 转引自：张创伟. 美好的社会与至善的教育：重温赫钦斯学习型社会思想. 开放学习研究，2019（02）：46-52+62.

③ 罗伯特·赫钦斯. 学习型社会. 林曾，李德雄，蒋亚丽等译. 北京：社会科学文献出版社，2017：154-155.

④ 张创伟. 美好的社会与至善的教育：重温赫钦斯学习型社会思想. 开放学习研究，2019（02）：46-52+62.

真正意义上的人，并且社会的所有结构和制度都指向这样的目的。[①]

雅典在其奴隶制的民主制度上，曾试图建立一个学习化的社会，市民利用奴隶的劳动获得闲暇时间，然后利用闲暇时间去学习如何自治和治理社会。雅典城邦的一切传统制度与习俗则培养了他们的思想与品格，鼓励他们利用闲暇时间去学习做人。“雅典曾经企图单独创造一个学习型的社会。可是，她太小，也许是偶然的原因，她没有延续下来。罗马统治者用面包与马戏这种小恩小惠的手段笼络人心，最后以野蛮人三部曲结束了她的历史。”[②]

雅典建立这样的学习化的社会可能是出于偶然，但终因其规模太小，所以没有坚持下来。但雅典人的学习文化和学习理念却给了我们现代人一个启示：那就是科技进步、人的闲暇时间增多后，过一种雅娴、高贵、合乎人性、美善的生活，这将是学习型社会所追求的理想。

（2）丹麦的民众教育模式。赫钦斯除在古代雅典的“派迪安”中汲取学习型社会思想的原汁外，还在20世纪60年代丹麦的成人教育实践中看到了将来赋予社会中所有成年人接受闲暇教育时的理想景况——丹麦成年男女接受教育的目的不是提升经济地位，而是提高文化水平。[③]

丹麦在20世纪60年代完成了一次农业革命，使经济有了一定的发展，政府就将一部分利润用来开设一些志愿性质的成人高等教育，设在优良的高等学校内。[④]“在丹麦，有智慧实施农业革命的、高度文明的人民已经使用了一些适当的利润，就像希腊的时装一样，为他们自己，在令人羡慕的丹麦的各个高中提供自愿的成人高等教育（这是只为成人，而不是为孩子设立的学校）。”[⑤]赫钦斯认为科技进步以及自动机械的出现代替人类的工作，给人类带来大量的闲暇，从而推动了闲暇教育。他指出：“由于‘和平利用原子能’、自动化，以及大量使用科学设计的机械，我们有了更多的闲暇，在当今丹麦的院校里，在即将到来的闲暇时代，我们预先品尝到了将对整个人类开放的教育的先进性。”[⑥]为此，教育方面应该与时俱进，彻底革命，实现涅槃与重生，来造福人类。不难看出，当时丹麦的成人教育也不失为一个学习社会的理想模式，这可以提供给各国借鉴。

---

① 罗伯特·赫钦斯. 学习型社会. 林曾，李德雄，蒋亚丽等译. 北京：社会科学文献出版社，2017：154.

② 罗伯特·赫钦斯. 学习型社会. 林曾，李德雄，蒋亚丽等译. 北京：社会科学文献出版社，2017：149.

③ 张创伟. 美好的社会与至善的教育：重温赫钦斯学习型社会思想. 开放学习研究，2019（02）：46-52+62.

④ 林钧. 国外学习化社会理论与实践研究. 北京：中国经济出版社，2013：81-82.

⑤ 罗伯特·赫钦斯. 学习型社会. 林曾，李德雄，蒋亚丽等译. 北京：社会科学文献出版社，2017：152.

⑥ 罗伯特·赫钦斯. 学习型社会. 林曾，李德雄，蒋亚丽等译. 北京：社会科学文献出版社，2017：153.

2. 学习型社会构建的关键：实现成功的社会价值转换

雅典的“派迪安”和丹麦的成人教育实践都启发了赫钦斯，他意识到实现学习型社会的关键在于社会价值观念的转换。学习社会的目的是学习，是自我实现，是使人成其为人。而学习社会的所有机构或制度都以这一目的为指向。[①]

20 世纪 60 年代的教育过于强调其工具理性，过于强调教育对经济与人力资本的作用，忽视了人的生命全方位的发展。赫钦斯认为，教育的根本目的并不仅仅是实现“国家的繁荣”，而应该是使每个人的人性日益完善，使每个人的智慧、能力、情志得到最大限度的发展。“教育必须从单纯的职业获得及人才的养成中解脱出来，而朝向人生真正价值的实现这一目标转换。”[②]

赫钦斯认为随着经济问题的解决，社会进步和人的发展问题日渐成为人们关注的焦点，尽管教育可以在其中扮演重要的角色，但若要释放教育的潜在力量，就需要对教育制度进行变革。教育是有计划、有组织地帮助人们发展其心智的活动，其目的不是把人作为工具——培养人力（manpower），而是把人作为目的（manhood）。[③]学习型社会既是让教育的潜力得到发掘的社会，也是教育的价值发生转变的社会，即以经济为目的的教育转化为“使人成为真正意义上人”的教育。[④]只有在经济逻辑解除之时，教育制度才会为自由之光留下充足的缝隙，为“富国强兵”“工作岗位”所捆绑的教育提供转变的机会，“提升心智水平”或“提高理解力”的教育才有希望。这样的历史条件呼唤教育回归本真时代的到来，一个教育关乎生命的真正价值的时代。[⑤]也就是说，社会文化价值观必须由以工作为目的的文化过渡到一种以睿智、快乐和美好生活为目的的文化，而这一文化理想便是学习型社会。

3. 教育目的：发展至善人性

赫钦斯认为，教育的目的在于有计划、有组织地帮助教育对象使其成为“人”。[⑥]赫钦斯认为当年西方社会实用主义教育泛滥，丧失了其独有的价值和功能，是以物为本的教育。[⑦]物本的教育把物质目标置于人的目的之上，而违背

① 罗伯特·赫钦斯. 学习型社会. 林曾，李德雄，蒋亚丽，等译. 北京：社会科学文献出版社，2017：154.
② 林钧. 国外学习化社会理论与实践研究. 北京：中国经济出版社，2013：74.
③ 张创伟. 美好的社会与至善的教育：重温赫钦斯学习型社会思想. 开放学习研究，2019（02）：46-52+62.
④ 张创伟. 美好的社会与至善的教育：重温赫钦斯学习型社会思想. 开放学习研究，2019（02）：46-52+62.
⑤ 张创伟. 美好的社会与至善的教育：重温赫钦斯学习型社会思想. 开放学习研究，2019（02）：46-52+62.
⑥ 罗伯特·赫钦斯. 学习型社会. 林曾，李德雄，蒋亚丽，等译. 北京：社会科学文献出版社，2017：2.
⑦ 张创伟. 美好的社会与至善的教育：重温赫钦斯学习型社会思想. 开放学习研究，2019（02）：46-52+62.

了教育是学习者学会思想、提高理解力、通达普遍人性的初心的目的。这在赫钦斯看来是不合乎人性的，他指出，“人们最常强调的教育目标，不是通过使用他们的大脑来加深理解、提高智力，或者帮助人称之为人，而是经济的增长。如果用本书对教育的定义来衡量，这个目标是非人性、不人性，甚至是反人性的”①。赫钦斯针对美国教育目的越来越明显的实用化的情形，指出教育活动不能以经济利益为手段，功利主义不是教育所追求的目的，教育必须从单纯的职业获得和人才养成中解脱出来。教育的目的应该朝向人生真正的目标转换。“教育没有实用的目的，教育不把生产基督教徒、民主斗士、共产主义者、工人、市民、法国人或商人作为自己的目标，教育的兴趣在于通过发展人的心智而促进人的发展，教育的目的是人性，而非人力。”②赫钦斯还认为，教育的最高目的就在于培养人类的智慧和理性，达到至善。③

4. 教育主旨：面向人人的自由教育

赫钦斯的学习型社会思想蕴含一定的教育民主化思想。在学习社会中“谁应该接受教育”这一命题中，赫钦斯明确地表达了自己对教育民主化的基本信仰，即让所有人都享受到教育的福泽。他在《学习型社会》一书中指出，“如果精英型学校所提供的教育确实是最好的，那么，依据我们对教育的理解，那它就应该向每个人开放，而不能再用任何理由拒绝任何人了”，“精英型学校不应该废止，其目标应指向全民教育”。④教育必须针对所有的人，而非少数拥有特权的人；必须针对完善人性的所有方面，而非某一方面；教育必须帮助学习者认识普遍的人性，而非某一族群的特性。⑤在赫钦斯看来，教育民主化的社会即所有公民都是自由公民，都可以享受平等、自由的教育的社会；教育领地向每个人开放，每个人都应该有机会成为有智慧的人。⑥

5. 教育内容：通识教育

赫钦斯从其永恒主义教育哲学的角度出发，坚持怀特海和罗素的主张，认为科学思想的目的是在特殊之中见普遍，在短暂之中见恒久。所以他认为，适合人人教育的课程应该将事物的基本概念重新解释，而这些概念应该是关于普遍及恒久

① 罗伯特·赫钦斯. 学习型社会. 林曾，李德雄，蒋亚丽，等译. 北京：社会科学文献出版社，2017：48.
② 罗伯特·赫钦斯. 学习型社会. 林曾，李德雄，蒋亚丽，等译. 北京：社会科学文献出版社，2017：2-3.
③ 转引自：马香莲. 赫钦斯的学习社会思想及其对成人教育的启示. 成人教育，2008（12）：14-15.
④ 罗伯特·赫钦斯. 学习型社会. 林曾，李德雄，蒋亚丽，等译. 北京：社会科学文献出版社，2017：35.
⑤ 张创伟. 美好的社会与至善的教育：重温赫钦斯学习型社会思想. 开放学习研究，2019（02）：46-52+62.
⑥ 全平. 赫钦斯的学习型社会理论及其启示. 作家天地，2020（15）：79-82.

的事物，即自由教育中所强调的“永恒学科”，而不应涉及特殊与短暂的现象。[①]

至于什么是永恒学科，赫钦斯认为，首先是那些经历了许多世纪继而达到古典著作水平的书籍，因为在他看来，古代、中世纪和现代各个时期的名著杰作超越了地域和时间的限制，是人类知识和智慧的宝库，学习这些名著可以帮助学生养成阅读的习惯，掌握鉴赏和批评的标准。而这些习惯和标准将使成年人在完成他的正式教育之后，对于当代生活中的思想和运动能明智地进行思考和行动，帮助他们参与这一时代的理智活动。[②]其次，文艺也是教育不可缺少的部分，因为文艺不但有其本身的价值，而且是了解世界的好方法。“艺术是自由教育不可分割的一部分，因为，它们不仅有自身的价值，而且是理解世界的独特方式。”[③]所以，“在未来人人教育的社会中，人人可以按年龄、志趣修读最适当的科目，并能了解所学”[④]。他认为，“人人接受宏才教育的目的不是把所有青年训练成科学家、数学家或工程师，而是帮助他们取得人人应该了解的科学、数学与工程学的基本知识”[⑤]。

赫钦斯这里的通识教育即广义意义上的自由教育，不同于古典自由教育的狭隘内涵，是在亚里士多德的自由教育定义的基础上的扩展，类似于英国著名科学家和教育家赫胥黎对自由教育的定义，即教育不仅包括智力训练，还包括心智、情志、情感的化育及意志的训练。赫钦斯正是在继承了以赫胥黎为代表的自由教育思想的基础上，形成了自己的永恒主义的自由教育思想，即通识教育思想。

总之，赫钦斯的学习型社会理论虽然带有较浓厚的理想主义色彩，但它使人们对教育的本质有了更深刻的认识，对当今教育领域的震撼无疑是巨大的，引发了人们对教育理念、教育制度的反思，比如对学历文凭的再认识，对教育评价制度的质疑，对非学历、非正规、非正式教育价值的再认识。同时，它对当代全球社会的终身教育、终身学习与学习型社会建设实践的推动作用也是巨大的，目前，建设学习型城市、构建终身教育与终身学习服务体系已经成为世界各国的共同行动，我们坚信，随着社会的发展，学习社会理论将迸发更加旺盛的活力。[⑥]

---

① 罗伯特·赫钦斯. 美国高等教育. 汪利兵译. 杭州：浙江教育出版社，2001：77.

② 林钧. 国外学习化社会理论与实践研究. 北京：中国经济出版社，2013：78-79.

③ 罗伯特·赫钦斯. 学习型社会. 林曾，李德雄，蒋亚丽，等译. 北京：社会科学文献出版社，2017：117.

④ 罗伯特·赫钦斯. 教育现世与前瞻. 姚柏春译. 香港：今日世界出版社，1976：102.

⑤ 罗伯特·赫钦斯. 教育现世与前瞻. 姚柏春译. 香港：今日世界出版社，1976：99.

⑥ 赵红亚. 浅析赫钦斯的学习社会思想. 河南职业技术师范学院学报（职业教育版），2007（01）：70-73.

二、UNESCO 的学习型社会思想

UNESCO 是联合国旗下专门负责促进国际教育、科学及文化方面合作的一个机构，旨在促进和平、可持续发展、不同文化间的对话和消除贫困。UNESCO 作为最早致力于全球学习型社会倡导的国际组织，是学习型社会理论耕植的先行者，其在学习型社会理论研究方面最重要的成果集中体现于其发布的两份重要的报告，即《富尔报告》《教育：财富蕴藏其中》。以下重点对这两份报告进行分析解读。

（一）对《富尔报告》关于学习型社会的基本解读

《富尔报告》基于工业化以来科技进步给人类带来的挑战，指出工业文明以来，技术进步虽然给人类带来了福祉——“直到 19 世纪为止，城市同农村或海洋保持着直接的相当密切的接触，使人们能够满足他们生理上和心理上的需要。”但也给人类带来负面的影响——“随着工业化的进展，城市的发展只是经济或政治发展的必然结果，这是由于我们认为人是环境的主人，而且能够从自然生物学的限制中解放出来，我们现在已经面临这种紊乱扩展的后果——空气、土壤、湖泊和海洋的污染，生理上和心理上的失调，宁静已经消失，暴力成了经常性的威胁，噪音干扰着工作中、街道上、家庭里的居民，使他们不能专心一致，引起一种新的疲劳，并增加了职业病和失常的危险，如耳聋等。当城市人口越来越拥挤，而且又互不相识时，人们就变得越来越神经过敏，行为放肆。”①

“技术的发展已经使人们能够解决许多问题，但也对当代生活的许多方面产生了有害的影响，在全世界，技术发展引起了环境的恶化”②，从而给人类的生存带来挑战。而一切社会问题的产生的根源在于人——人的思想观念、意识态度、道德伦理、生活观、价值观、处事方式等。而教育是解决社会问题的根本，因此，需要对教育进行变革，“对教育施加压力，是为了更新教育的结构和内容，使这个结构和内容对于社会的变化多少做出一些直接的贡献”③。这意味着传统一次性学习时代的终结以及学习型社会时代的到来。

① 联合国教科文组织国际教育发展委员会. 学会生存：教育世界的今天和明天. 华东师范大学比较教育研究所译. 北京：教育科学出版社，1996：133.

② 联合国教科文组织国际教育发展委员会. 学会生存：教育世界的今天和明天. 华东师范大学比较教育研究所译. 北京：教育科学出版社，1996：132.

③ 联合国教科文组织国际教育发展委员会. 学会生存：教育世界的今天和明天. 华东师范大学比较教育研究所译. 北京：教育科学出版社，1996：89.

《富尔报告》指出，学习社会可被理解为一个教育与社会、政治与经济组织（包括家庭单位和公民社会）密切交织的过程。该报告还指出，在学习社会里，不仅必须发展丰富学校教育，还必须超越学校教育的范围，把教育功能扩充到整个社会的各个方面，使每个公民享有任何情况下都可以自由取得学习训练和培养自己的各种手段。教育和学习不仅是一种义务，而且是一种责任。这是迄今为止国际社会对学习社会理解进行的较为权威和清晰的论述。①

该报告进一步对传统的教育进行了反思，认为“把教育中智力的、体力的、美感的、道德的和社会的组成部分加以分割，这是人类互相疏远、轻视和支离破碎的一种迹象。教育的内容与学生生活经验之间的脱节，它所宣扬的价值体系与社会目标之间的差别，教育的课程计划成就与科学现代化之间的鸿沟等方面，从根本上使教育受到了损害”②，指出“未来的学校必须把教育的对象变成自己教育自己的主体，受教育的人必须成为教育他自己的人，别人的教育必须成为这个人自己的教育”③。教育的根本目的不是培养单向度的人，使个人获得某种职业能力，把人固定在某一个职业岗位上，而是培养“完人”，使个人的知、情、意、文化、道德、伦理各方面都得到发展，使个人自强自立自信，可以应对未来职业生涯的变化，实现对社会的适应力和职业变动的适应力。

立足于人的全面发展观，该报告批判了现行教育中漠视人的整体性存在、造成人的单向度发展与知情意分裂的问题，倡导教育应服务于人的身心、思想、情感、能力的全方面发展，指出“学校的任务不仅是发现人的才能、训练他们和推崇推动他们学校的任务，尤其要培养性格和态度”④。该报告反对为固定的单一职业做准备的教育的功利主义目的观，认为教育的目的并非在于使个人获得某种职业训练，以利于其终生从事某一特定的工作，而在于促使个人职业流动的可能性达到最高极限。⑤

该报告致力于服务民众终身学习，主张拓展教育疆域，建构柔性化、去中心

---

① 转引自：叶忠海．学习型社会建设研究与探索．上海：同济大学出版社，2013：4.

② 联合国教科文组织国际教育发展委员会．学会生存：教育世界的今天和明天．华东师范大学比较教育研究所译．北京：教育科学出版社，1996：98.

③ 联合国教科文组织国际教育发展委员会．学会生存：教育世界的今天和明天．华东师范大学比较教育研究所译．北京：教育科学出版社，1996：200.

④ 联合国教科文组织国际教育发展委员会．学会生存：教育世界的今天和明天．华东师范大学比较教育研究所译．北京：教育科学出版社，1996：97.

⑤ 联合国教科文组织国际教育发展委员会．学会生存：教育世界的今天和明天．华东师范大学比较教育研究所译．北京：教育科学出版社，1996：96-97.

化、无边界化教育体系，进行教育制度改革与教育体系的再造与重构，指出“社会不能通过一个单独的机构对它的所有一切组成部分（无论在任何领域内）发挥其广泛而有效的作用……我们不仅必须增加中小学和大学，而且我们还必须超越学校教育的范围，把教育的功能扩展到整个社会的各个方面。所有的部门——政府机关、工业、交通运输——都必须参与教育工作”[①]。也就是说，“看来，在一个空前要求教育的时代，人们所需要的不是一个体系，而是无体系”[②]。

该报告强调对学习型社会的载体——学习型城市的创建，指出“地方共同体和国家共同体都显然是具有教育作用的机构，正如普拉塔奇所说，‘城邦是最好的教师。而且特别当这个城市保持它的人口比例不变时，它的确包含着巨大的教育潜力，在里面它的社会结构、行政结构和它的文化网都具有这种巨大的教育潜力——不仅是由于它进行了交流，具有活力，而且是因为这个城邦就是一所培养公民感情和相互了解的学校’”。该报告还提出，城市作为特定社会政治、经济、文化中心及辐射源，本身是终身学习文化的生态场。例如，古希腊的雅典就是一座学习型城市，“在雅典，教育不是一种独自分割的活动，不是在一定的时间内，在一定的地点，在人生的某一个时期进行的。教育是整个社会的目的。这个城邦教育着人。雅典人是通过文化、通过教仆对儿童的教育，而受到教育的”。[③]

（二）对《教育：财富蕴藏其中》关于学习型社会的基本解读

《教育：财富蕴藏其中》的发布是基于世纪交接之际人类面临的复杂的环境、际遇和矛盾的大背景。一方面，人口越来越多的地球、人类活动范围的世界化走向、信息传播全球化、全球之间相互依赖程度加深，使得人类的命运紧密相连。另一方面，与此同时，人类更加注重寻根，在各个方面具体追根究底，为此“在翻天覆地的变化中造成了许多矛盾的紧张状况”[④]。而教育能够帮助人们走出这一矛盾漩涡。

具体而言，报告是对以经济增长为中心的教育目的观的反思——“‘一切为

---

① 联合国教科文组织国际教育发展委员会. 学会生存：教育世界的今天和明天. 华东师范大学比较教育研究所译. 北京：教育科学出版社，1996：201.

② 联合国教科文组织国际教育发展委员会. 学会生存：教育世界的今天和明天. 华东师范大学比较教育研究所译. 北京：教育科学出版社，1996：200.

③ 联合国教科文组织国际教育发展委员会. 学会生存：教育世界的今天和明天. 华东师范大学比较教育研究所译. 北京：教育科学出版社，1996：201.

④ 联合国教科文组织. 教育：财富蕴藏其中. 联合国教科文组织总部中文科译. 北京：教育科学出版社，2014：12.

了经济增长’已不再被看作是可以使物质进步与公正、尊重人的地位、尊重我们应完好地传给后代的自然财富和谐一致的理想途径”[①]。因此，我们不应再像过去那样只是从教育的经济功能的角度，而应以一种更加开阔的眼光、以促进人的发展的眼光来审视教育，因为一切发展都是为了人，人是目的，也是结果。人创造了技术，但最终为技术所奴役，技术带来了经济的增长，但经济增长的结果却造成了人的生存空间的缩小和“人的走失”。

教育本身蕴藏着巨大能量，它不仅能够推动技术的进步，促进经济的增长，也能够提升人的文明素养、精神境界和人格情操，使人类朝向刚健、正义和良善方向迈进。教育的目的不应仅仅是为经济服务，而应关照人。该报告指出，“教育不仅仅是为了给经济界提供人才：它不是把人作为经济工具，而是作为发展的目的加以对待的。使每个人的潜在的才干和能力得到充分发展，这既符合教育的从根本上来说是人道主义的使命，又符合应成为任何教育政策指导原则的公正的需要，也符合尊重人文环境和自然环境，尊重传统和文化多样性的内源发展的真正需要”[②]。“教育应当促进每个人全面发展，即身心、智力、敏感性、审美意识、个人责任感、精神价值等方面的发展，应该使每个人尤其借助于青年时代所受的教育，形成一种独立自主的富有批判精神的思想意识，以及培养自己的判断能力，以便由他自己确定在人生的各种不同的情况下他认为应该做的事情。”[③]

该报告指出，长期以来教育的目的是单向度的，只是为经济发展培养人才，这实际上是把人作为工具和手段，而忽视了人自身发展的目的。为此，该报告重申了教育的功能和目的观，强调更重要的是要关注人的发展——“教育的任务是毫无例外地使所有人的创造才能和创造潜力都能结出丰硕的果实，这就要求每个人都有自我负责和实现个人计划的能力。”[④]“为了能够领会世界上各种现象的日益复杂性，并战胜它所引起的失落感，每个人均应首先获得一整套的知识；学会正确地观察和分析各种事物，以批判的精神来对待大量流通的信息；要了解世界，当然要了解人类与其环境的关系。要从看待人类与其环境之间的关系的角度

① 联合国教科文组织. 教育：财富蕴藏其中. 联合国教科文组织总部中文科译. 北京：教育科学出版社，2014：3.

② 联合国教科文组织. 教育：财富蕴藏其中. 联合国教科文组织总部中文科译. 北京：教育科学出版社，2014：45.

③ 联合国教科文组织. 教育：财富蕴藏其中. 联合国教科文组织总部中文科译. 北京：教育科学出版社，2014：57.

④ 联合国教科文组织. 教育：财富蕴藏其中. 联合国教科文组织总部中文科译. 北京：教育科学出版社，2014：5.

出发，重新安排教学。”[①]

该报告还指出，“教育有助于人们获得知识，因而在完成这项世界性任务方面有非常明确的作用——帮助人们了解世界和他人，从而更好地了解自己”[②]。“教育的主要目的是使人作为社会的人得到充分的发展。教育是文化价值的传播工具，是有助于适应社会生活需要的环境的创造者，也是使共同计划成形的熔炉。”[③]“教育的首要作用之一是使人类有能力掌握自身的发展。实际上，教育在把发展建立在个人和社区认真负责参与的基础上的同时，应使每个人都能掌握自己的命运，以便于为自己生活于其中的社会的进步做出贡献。”[④]

该报告还重视公民教育。教育在政治层面的意义在于为民主社会培养公民，也就是说，“教育最大的雄心是确保每个人拥有必要的手段去自觉地积极地发挥一个公民的作用。而充分发挥这样的作用只有在民主社会中才有可能”[⑤]。因此，该报告提出应把公民教育作为初级“政治扫盲”加以开展，指出公民教育“同宽容教育一样不能被视为一种简单的教学科目，事实上所追求的目的并不是以刻板的规约形式去传授一些戒律，而是使学校成为民主实践的典范，以便孩子们结合具体问题了解自己有哪些权利和义务，以及自己的自由怎样受到他人行使权利和自由的限制”[⑥]。从这个意义上说，公民教育也应该成为终身教育内容体系的重要组成部分。

尤其值得注意的是，作为教科文组织的最富有国际影响力的研究成果之一，该报告的亮点在于：重申了终身教育理念和扩充了其内涵，提出了终身教育与学习的四大支柱——学会求知（学会认知）、学会做事、学会共事（学会共同生活）、学会做人（学会生存）。它强调终身教育与学习的价值和意义是全方位的，不仅在于帮助个人延长受教育机会和学习生涯，通过不断接受职业培训和继续教育，积淀人力资本，获得职业转换的能力和职业升迁的机会，它在于“有助于每个人

① 联合国教科文组织. 教育：财富蕴藏其中. 联合国教科文组织总部中文科译. 北京：教育科学出版社，2014：13.

② 联合国教科文组织. 教育：财富蕴藏其中. 联合国教科文组织总部中文科译. 北京：教育科学出版社，2014：15.

③ 联合国教科文组织. 教育：财富蕴藏其中. 联合国教科文组织总部中文科译. 北京：教育科学出版社，2014：16.

④ 联合国教科文组织. 教育：财富蕴藏其中. 联合国教科文组织总部中文科译. 北京：教育科学出版社，2014：43.

⑤ 联合国教科文组织. 教育：财富蕴藏其中. 联合国教科文组织总部中文科译. 北京：教育科学出版社，2014：16.

⑥ 联合国教科文组织. 教育：财富蕴藏其中. 联合国教科文组织总部中文科译. 北京：教育科学出版社，2014：24.

在迅速变革的社会中掌握自己的命运，对其生命的各个阶段重新进行安排"[①]，因为"教育首先是一个内心的旅程，它的各个阶段与人格的不断成熟的各个阶段是一致的，因此教育作为实现成功的职业生活的一种手段，是一个非常个人的过程，同时又是一个建设相互影响的社会关系的过程"[②]。

该报告指出教育要发展人的四种能力——学会求知（学会认知）、学会做事、学会共事（学会共同生活）、学会做人（学会生存）。其中，学会求知（学会认知）即学会学习、学会认知与思考、学会反思与创造，主要是培养学习者学会学习的能力与认识世界的能力。学会做事即培养学习者在一定环境中的社会行为能力、交际能力、集体合作能力、管理和解决矛盾的能力，以及敢于承担风险的精神等综合而成的能力。学会共事（学会共同生活）即培养学习者在人类活动中的参与和合作精神（包括能够应付与他人、与群体、与民族之间出现紧张关系的能力），以及身心、智力、敏感性、审美意识、个人责任感、精神价值等方面的发展的能力。学会做人（学会生存）即培养学习者充分发展个人的人格，提升自立能力和判断能力，并增强自我在实现集体和团队命运过程中的个人责任感，以适应和改造自己的环境。

该报告强调教育体系内部的改革。该报告对各类型各层次的教育（从基础教育到大学）进行了反思并提出了改革思路，尤其是对于中等教育进行了深刻的反思并提出建议，指出"中等教育阶段传授的理论课程往往主要是为青年接受高等教育做准备，而那些学业失败者、辍学者或在高等教育中找不到位置的人则被丢在一边，这些人又都缺乏工作和生活的本领"，"使课程结果多样化，进一步重视教学内容，为职业做准备，这些都应是任何改革追求的目标"。[③]

最后，该报告对教师的角色进行了重新审视与定位，指出"教师的工作并非只是传输信息，甚至也不是传授知识，而是以陈述问题方式介绍这些知识，把它们置于某种条件中，并把各种问题置于未来情境中，从而使学生能够在其答案和更广泛的问题之间建立一种联系。师生关系本着尊重学生自主性的精神，使他们的人格得到充分发展"[④]。该报告倡导"教师和学生要建立一种新的关系，从'独

---

① 国家教育发展研究中心. 2001年中国教育绿皮书. 北京：教育科学出版社，2001：168.

② 联合国教科文组织. 教育——财富蕴藏其中. 联合国教科文组织总部中文科译. 北京：教育科学出版社，2014：59.

③ 联合国教科文组织. 教育——财富蕴藏其中. 联合国教科文组织总部中文科译. 北京：教育科学出版社，2014：89.

④ 联合国教科文组织. 教育——财富蕴藏其中. 联合国教科文组织总部中文科译. 北京：教育科学出版社，2014：106.

奏者’的角色过渡到‘伴奏者’的角色，从此不再主要是传授知识，而是帮助学生去发现、组织和管理知识，引导他们而非塑造他们。但在那些指引终生的基本价值方面，则始终要有极大的坚定性”[①]。

（三）UNESCO关于学习型社会理论的价值取向

第一，全球视野和国际思维。通过对UNESCO先后发表的这两份报告的研读分析，可以看出，无论是1972年的《富尔报告》，还是1996年的《教育：财富蕴藏其中》，都是立足于全球视野，从全球立场观察教育，立足于全球化发展的语境（人口、经济、科技、文化、信仰、道德伦理、环境、生态、可持续发展），对全球的教育问题、教育价值观和教育发展取向进行思考，并提出国际发展的战略取向和蓝图构想。也就是说，从战略视角来看，这两份报告更具全球性和包容性，可以看作是一种国际思维，是对“国家视角”或“民族视角”的有益补充。“学习型社会是UNESCO对全球教育与社会发展的总体战略规划，反映了该组织对教育与社会的关系及发展策略的新认识。教育不再是消极地适应社会发展的产物，教育将在一种关于未来的明确的目标的指引下，主动地实现发展，在社会发展中扮演一种有别于以前的角色。”[②]

第二，人类关怀与新人文主义观。UNESCO关于学习型社会思想是从“教育与人类命运”的高度审视教育理念与教育制度，可以看出，这两份报告里随处都洋溢着浓郁的人类关怀和人道主义气息。例如，《富尔报告》序言开篇就从“教育与人类命运”的高度进行论述。富尔在呈送时任UNESCO总干事勒内·马厄的报告中提出四个基本设想，其中就强调了“一个人有实现他自己的潜力和享有创造他自己未来的权利”，“人类发展的目的在于使人日臻完善”，“唯有全面的终身教育才能够培养完善的人”[③]，这些观点深刻反映了人类关怀和新人文主义价值观。

第三，民主主义信仰与民主化理想。UNESCO倡导民主主义信仰与民主化理想，认为一个人有实现自己的潜力，并且享有创造自己未来的权利，这是真正的民主，而教育是实现这种民主的关键。[④]在UNESCO看来，教育民主不仅仅意味

---

① 联合国教科文组织. 教育：财富蕴藏其中. 联合国教科文组织总部中文科译. 北京：教育科学出版社，2014：104.

② 林钧. 国外学习化社会理论与实践研究. 北京：中国经济出版社，2013：29.

③ 转引自：宋孝忠. 三大国际组织的终身学习发展取向比较研究及其启示. 当代继续教育，2020（01）：54-60.

④ 林钧. 国外学习化社会理论与实践研究. 北京：中国经济出版社，2013：26.

着人人都平等地享有可能的教育机会，真正的教育民主则要求教育要渗透到每个人的生活中，适合每个个体。[①]教育是一种民权和人权，它涉及对一个人人格的滋养与完善，教育必须贯穿一个人的终身，教育不仅是大家都可以得到的，而且是每个人生活的一部分。教育应把社会的发展和人的潜力的实现作为目的。[②]学习型社会是推动教育民主化理想实现的重要途径，要求教育从观念、理念、教育环境、教育方法、教育模式，以及制度体系等方面进行一次全面彻底的革命，去除一切人为的、形式化的妨碍教育体系整体性、人性化、社会化发展的枷锁。

三、OECD 的学习型社会思想

作为关注经济增长和发展的国际性组织，OECD 也是推动全球终身教育与学习型社会建设的重要国际力量，OECD 在学习型社会理论方面的建树主要表现在以下三方面。

（一）回流教育：教育与工作、生活相伴随

OECD 自 20 世纪 70 年代起就对终身学习与学习型社会持续关注，并将推动终身学习与学习型社会作为一项重要工作。而作为其推动终身学习与学习型社会的重要研究成果标志就是“回流教育”理念的诞生。在 1973 年出版的《回流教育——终身学习的策略》（*Recurrent Education：A Strategy for Life Learning*）一书中，OECD 第一次以人力资本的视角将回流教育与终身学习联系起来，指出教育的进行应与个人的生命相伴随，将有助于培养个人成为一个成功的终身学习者。OECD 认为，回流教育是一种义务教育或基础教育后的综合性教育策略，主要特征在于教育以循环的方式在个人生命的周期中与工作、休闲、退休及其他活动轮替发生。[③]OECD 对回流教育的基本构想是：①针对人生初期（青少年期）所接受的一次性集中教育进行合理的再分配。②一旦学校教育终了进入社会以后，如有必要，应使所有的人在其需要的任何时候都有可能再回到正规教育机构继续学习，有关行政部门应对此做出保障。[④]OECD 指出，教育部门通过为人们提供与

① 林钧. 国外学习化社会理论与实践研究. 北京：中国经济出版社，2013：29-30.

② 联合国教科文组织国际教育发展委员会. 学会生存：教育世界的今天和明天. 华东师范大学比较教育研究所译. 北京：教育科学出版社，1996：199-200.

③ 吴明烈. 终身学习——理念与实践. 台北：台湾五南图书出版公司，2009：56.

④ 日本生涯教育学会. 生涯学习事典（增补版）. 东京：东京书籍出版社，1992：40.

其职业生涯紧密相连的回流教育机会来促进经济持续发展[①]，这是 OECD 制定终身学习政策和推动学习型社会建设的基础。

（二）全民终身学习：个人—社会—经济全方位发展

1996 年 6 月，OECD 发布题为《全民终身学习》（Lifelong Learning for All）的报告。该报告的目的在于，将终身学习与更广泛的社会发展目标相结合，使终身学习成为促进社会流动的重要途径，保障所有公民都具有适应社会市场需求基本的劳动技能。[②]该报告明确指出，终身学习的目标在于促进个人发展、社会聚合与经济增长，终身学习必须为人人提供均等的终身学习机会。终身学习更需与生活及工作结合，为实现全民终身学习的理想进而建立学习型社会服务。该报告强调每个人应具有均等的终身学习机会，必须动员充分的教育资源与教育经费，各政策部门间必须密切合作。[③]同时，为了促进人人参与终身学习活动，必须根据全民终身学习的结构性障碍、机构障碍、个人意向障碍，有针对性地提出因应对策和具体行动策略。[④]

（三）学习型社会中的知识管理：学习经济

进入 20 世纪 90 年代后，得益于知识产业与高新技术产业的迅猛发展，引致了以美国为首的发达国家经济的高速与持续性增长，OECD 成员国的经济比以往任何时候都更加依赖于知识的生产、扩散和应用。1996 年，OECD 发布题为《以知识为基础的经济》（The Knowledge-based Economy）的报告，自此，知识经济的理念广受国际社会的关注，之后，在全球社会掀起一股知识经济的浪潮，知识经济成为热门话题。

OECD 的《学习社会中的知识管理》（*Knowledge Management in the Learning Society*）一书于 2000 年出版，这是迄今教育领域中比较系统地探讨知识管理的代表之作。书中首次将学习型社会与知识管理结合起来并进行了详细论述。这部著作中谈到，教育体系经常面临两种压力：一是需要适应社会的变迁，当社会逐渐转变成为学习型社会时，人们对于教育有了更高的期望；二是学校作为知识的殿堂，正面临着与其他知识来源的竞争压力，包括信息与娱乐，以及将本身定位为

---

① 张创伟. 美好的社会与至善的教育：重温赫钦斯学习型社会思想. 开放学习研究，2019（02）：46-52+62.

② 苑大勇. 国际组织终身学习理念阐释与政策发展. 成人教育，2012（12）：18-21.

③ 林钧. 国外学习化社会理论与实践研究. 北京：中国经济出版社，2013：57.

④ 宋孝忠. 三大国际组织的终身学习发展取向比较研究及其启示. 当代继续教育，2020（01）：54-60.

知识生产者和传递者的个体。学校与其他的教育机构面对处理知识与学习的双重挑战。首先，学校是否能够在一个“以知识为基础的社会”中重新定义角色或者将被社会疏离？在正在兴起的学习型社会中，有哪些功能是学校与其他机构相形之下更能妥善且合理实践的？当学校在实现这些功能时，需要进行哪些革新？其次，学校体系需要更具高度的绩效与能力，并不断进行自我调整，以迎接不时兴起的种种挑战。[①]

《学习社会中的知识管理》还提到“学习经济”的重要概念，学习经济的背景基于知识经济的到来，要求所有的组织和个人学习的速度要赶上外界变化的速度，要求国家将终身教育、终身学习、建设学习型社会作为应对国际竞争、提升综合国力的战略国策。该书提出，在“学习经济”中，有些知识明显地快速衰退，而如何决定哪些知识应该遗忘以及哪些知识需要记忆及储存，关键在于持续不断的学习。知识经济与终身学习有着极其密切的关系，通过终身学习，个人与组织得以不断累积知识，形成珍贵的智慧资产，进而促成经济的繁荣与发达。[②]学习是个人与组织进步的重要途径，个人应成为终身学习者，组织应成为学习型组织。

随后，OECD 又在 2001 年发布题为《新学习经济中的城市与地区》(Cities and Regions in the New Learning Economy) 的报告，该报告以新学习经济为研究基点，深入分析了不同学习形态与经济成就的相互关系，并对五个地区与城市进行了个案研究，进而指出个人学习与组织学习的重要性。

总之，相较于 UNESCO 的新人文主义价值取向，OECD 的学习型社会思想更侧重于经济增长取向。OECD 提出的学习型社会思想无论是“回流教育”，还是“全民终身学习”，还是“学习型社会中的知识管理与学习经济”，都基于应对市场竞争、综合国力竞争，把终身学习与建设学习型社会视为增加人力资本、提升个体在劳动力市场的适应力和竞争力，继而推动各成员国经济增长的重要引擎。因此，该组织更多地从人力资源的角度强调制定和推进终身学习相关政策的重要性，强调终身学习不仅必须为人人提供，更需要与生活和工作相结合，进而达成学习社会。[③]它强调终身学习的二维价值取向——个体取向和社会取向。换言之，终身学习具有服务于个体与社会生活的功能，目的是寻求个体生存和社会发展。终身学习被认为与个人生活方式、文化背景、对社会变化的敏感度、消费习惯等因素密切相关。在这种模式架构中，国家和政府的职责被弱化，学习服务

① 林钧. 国外学习化社会理论与实践研究. 北京：中国经济出版社，2013：60-61.

② 林钧. 国外学习化社会理论与实践研究. 北京：中国经济出版社，2013：61.

③ 宋孝忠. 三大国际组织的终身学习发展取向比较研究及其启示. 当代继续教育，2020（01）：54-60.

及相关产品主要交给市场（更确切地说是教育市场）。[①]

第五节　国外学习型社会的行动实践

学习型社会作为关乎人类发展前途、共同命运的美好愿景和先进理念，自 20 世纪 60 年代被提出，就在世界范围被广泛传播，并随着时间的推移在世界各国达成共识。除一些国际组织大力倡导与行动呼吁以外，一些发达国家也积极行动，进行了一定的实践探索。

一、立法助推，保驾护航

法律起着刚性的助推作用，致力于学习型社会建设，一些国家纷纷出台终身学习与终身教育法规，为终身学习保驾护航。

美国早在 1976 年就颁布了《终身学习法》，法案明确规定终身学习是每一个公民都应享有的权利，任何人在任何时候、任何场合都可以利用任何学习机会参加学习，以法律的形式支持、鼓励人们学习。[②]该法案定义了终身学习的范围，指出终身学习大约包括 19 种课程类型，并从各个方面对终身学习的实施做出了一系列具体规定，包括：鼓励更多的社会机构参与终身学习活动；调查学校以外的学习机会，为公民校外学习提供服务；开设教育中介机构——学习机会介绍所，并提出一套鼓励措施，以推动自主学习和各种形式的办学，为公民自主学习提供内容丰富、形式多样的援助；针对终身学习的财政援助方式展开研究，为终身学习提供资助；分析影响终身学习的利弊因素，明确联邦、州和地方政府在终身学习发展中的职能与责任等。《终身学习法》从法律上确立了终身学习在美国的地位和作用，为美国终身学习的社会化推展奠定了法律基础。[③]

为进一步促进终身学习在美国的发展，1994 年，美国又颁布《美国 2000 年教育目标法》，该法案为中小学教育方方面面的改革确立了目标，被视为美国 20 世纪 90 年代后期深化教育改革发展的基本法律依据. 该法案的基本架构包括四大部分。第一部分“国家教育目标”，为美国教育在今后的发展确立了八大目标，其中对“联邦、州和地方在教育改革和终身学习中各自的地位和责任”作为第三

---

① 朱敏. 国际终身学习政策推展模式的类型学探讨. 终身教育研究，2018（03）：72-79.

② 国卉男，吴遵民，韩保磊. 中国学习型城市建设：从国际到本土的嬗越与重构. 开放教育研究，2015（06）：112-118.

③ 吴雪萍，赵传贤. 美国终身学习的发展动力及策略. 比较教育研究，2002（04）：48-51.

大目标做了明确规定。[①]第二部分“全国教育改革的领导、标准和评鉴”，主要内容包括：①国家教育目标专门小组及其成员、经费和职责；②国家教育标准和改进理事会及其成员、经费和职责。具体分为国家水准（包括课程内容标准、学习机会标准和评估体系）和州水准（包括课程内容标准、学习机会标准和评估体系）。第三部分“州和地方教育体系的改进”，主要内容包括：①发展各州的教育改革计划；②编订综合性的教育改革计划；③为各地学区和学校以及高教研究机构提供经费。第四部分“国家技能标准委员会及其职责”。确定建立国家技能标准委员会，该委员会由28人组成，人员涵盖工商企业界，工会、州政府和联邦政府，教育和训练机构，专业技术协会，以及社区。其职责包括：鉴定哪些是基本的、必要的职业技能；并编订技能标准，建立评估和证书体制；鼓励、推动、协助工商企业界、教育界自愿采用，使之与中小学课程、工作经验、训练及训练教材相互配合，使全体美国人能获得终身学习的机会，获得高技能。

日本素有重视教育的传统，日本学习型社会建设进程与其立法的不断完善密切相关。日本政府第二次世界大战后的两部法——《教育基本法》（1947）和《社会教育法》（1949）的出台对日本社会终身学习理念的形成和之后的学习型社会建设起到了奠基的作用。其中，1947年的《教育基本法》被称为日本战后教育的根本大法。该法第三条明确提出终身学习的理念，指出“要建立一个这样的社会——任何个人可以利用所有的机会在所有的场所学习，并且其所学成果能给自身带来价值，这样的学习贯穿其整个人生”，第十二条指出“国家应促进图书馆、博物馆、公民馆、学校等教育设施的应用，为国民提供学习的机会”。[②]这些规定在客观上对终身学习事业的发展起到了助推作用。1949年的《社会教育法》是对《教育基本法》的发展和完善，该法明确规定了公民馆作为日本社会教育机构的功能和特性。该法的制定使公民馆开始走向正轨，具有划时代的意义，极大地促进了日本社会教育的发展，为实施全民教育及终身教育奠定了基础。

20世纪80年代，日本中央教育审议会和临时教育审议会审时度势，正式提出“向终身学习体系过渡”的口号，并相继制定《关于终身教育的报告》（1981）、《关于当前教育改革的具体措施——教育改革推行大纲》（1987）等系列政策。至此，日本的终身教育法规框架基本形成。1990年，日本出台《关于健全振兴终身学习推进体制的法律》（简称为《终身学习振兴法》），该法是为完善终身学习

① 纪军. 当代美国终身教育的发展论略. 外国教育研究，2003（11）：47-50.

② 张德伟. 日本新《教育基本法》. 外国教育研究，2009，36（03）：95-96.

需求的各种基本事项而制定的法律，可以说是日本史上第一部专门关于终身学习的法律，而且是继美国之后世界上第二部专门针对终身学习的成文法律。

《终身学习振兴法》的出台具有重要的历史意义和现实意义，它是为了促进科技经济发展、消除学历社会带来的弊端、适应当时社会发展的需要而出台的。该法阐述了终身学习的重要性，提出了振兴终身学习的基本设想，并催生了推动终身学习的先进理念，例如：提出要将终身学习纳入国民教育体系，取代社会教育；利用计算机网络支持市民的学习活动；积极发展民间力量，鼓励社会化参与，并就民间事业者为终身学习事业提供资金等援助在税制上给予优待作出了规定。该法尤其重视终身学习推展机构的设立，提出成立自上而下的终身学习审议会，专门负责终身学习的社会化推进工作。规定为振兴终身学习，市町村应与有关机关和团体建立联系和合作。此后，学习型社会建设在先进的理念、革新的手段，以及民间热情参与和政府大力推动的合力下如火如荼地开展。①

受世界范围内终身教育和终身学习思潮的影响，韩国于 20 世纪 80 年代开始推行全民终身学习。1983 年，韩国政府将终身教育思想写入宪法，首次将终身教育思想上升到国家意识的高度。②1999 年，韩国颁布《终身教育法》，并于次年实施，成为世界上第三个为终身教育立法的国家。该法案涉及终身教育的管理和实施机构、师资培养、场地设施、经费投入机制、监督机制等，建立了较为完整且操作性强的制度体系，为韩国终身教育事业的发展奠定了坚实的法律基础。该法第二条首先对终身教育进行了界定——是指学校教育以外有组织的教育活动。为了强化终身教育的社会化推动力，该法第九条对国家及地方自治团体的任务作出了规定，即“为开展终身教育提供设施，开发终身教育项目，并提供经费支持，为所有国民创造终身学习的机会”，第十条提出建立“终身教育协议会”。③第十五条规定：政府要选择和支持地方行政单位（市、郡与区）成为终身学习城市。同时，提出成立“全国终身学习城市协议会”，并规定了该组织的管理及学习型城市建设经费资助等事宜。④

《终身教育法》尤其强调对“终身教育士”的培养，在第十七条和第十八条对终身教育士的种类、等级、资格以及职责范围、学习课程、资格证书，以及培养机关和团体等事项做出了规定。立足于推进终身教育设施建设，该法第十四条规

① 石睿超. 日本终身学习社会建设研究. 太原：山西大学，2016.

② 蒋亦璐. 学习型城市建设：理之源与行之路的探索. 上海：华东师范大学，2016.

③ 郝克明，周满生. 终身教育经典文献. 北京：高等教育出版社，2006：720-722.

④ 蒋亦璐. 学习型城市建设：理之源与行之路的探索. 上海：华东师范大学，2016.

定开设终身教育学习馆或终身教育信息中心，为希望接受终身教育者提供学习机会和有关信息；第二十条提出建立类似学校性质的设施；第二十一条提出建立企业大学的终身教育。[①]

2007 年，韩国对《终身教育法》进行了全面修订，进一步明确了终身教育的范围及中央和地方政府的职责和权限，并完善了相关的行政体系和资助体制。[②]2016 年，韩国又对此法进行了第二次大规模修订。该法为韩国全民终身学习服务体系的建设起到了规范、指导和支撑作用，对其终身学习社会的建设产生了深远影响。

二、加强设施建设，提供基础性保障

场地设施是确保社会民众“人人皆学、时时可学、处处能学”的基础性保障。为推进学习型社会建设，世界发达国家在终身学习设施建设方面采取了积极行动。

第一，日本政府为满足人们多样的学习需求，注重调动各种学习资源，设立各类终身教育设施。公民馆是最具代表性的社会教育设施和终身学习场所，是基于市町村或某一特定地域的居民的实际生活需要，以提高公民教养、陶冶情操、振兴生活，充实社会福利为目的，集教育、学术、文化活动为一体的终身学习设施载体。公民馆作为重要的社会教育载体，几乎遍布日本全国所有市町村。此外，日本的公共图书馆、博物馆、青年之家、少年自然之家、妇女会馆、市民会馆、文化会馆等也非常多，这些设施极大地便利了公民的终身学习。

为了推进终身学习事业的发展，日本社会除了增设诸多如公民馆、美术馆、博物馆等形形色色的社会教育设施外，20 世纪 80 年代以来，伴随着日本学习型社会理念的辐射，都道府县和市町村等地方自治体还相继建立了各类地方生涯学习设施——生涯学习中心。生涯学习中心是社会教育设施在新时代的延伸，作为一种独特的综合性文化教育设施，具有地方自主性、设置和运营主体的多样性和服务门类综合性的特点。其功能在于：除了与传统的社会教育设施如公民馆、图书馆、博物馆等一样举办讲座、培训人员外，还提供有关终身学习的咨询服务，向学习者提供本地教育机构和学习机构的情报信息；瞄准学习需求，研究策划学习项目；开发学习计划和材料，设计课程；评价、认定社会学习的成果；与相关机构的联合、协助及委托事业，培训指导者（包括培养学习指导者，培养志愿者等人才），成为地方居民能够随时随地学习的社会网络中心。

---

① 郝克明，周满生. 终身教育经典文献. 北京：高等教育出版社，2006：720-722.

② 蒋亦璐. 学习型城市建设：理之源与行之路的探索. 上海：华东师范大学，2016.

不单政府与地方自治体开设生涯学习中心，越来越多的大学也建设生涯学习中心。大学开设的终身学习中心具体称谓不一，有称“大学教育研究中心”，有称“生涯学习教育研究中心”，也有称“教育开放中心”，还有称“大学开放实践中心”等。生涯学习中心举办的讲座种类繁多，因地方和主办者的条件、指导思想等而不同，总体上以适应地方居民的需求为主要目的，大部分是免费听讲。

除了“生涯学习中心”外，还有形形色色的文化中心，如“教育文化中心”“文化情报中心”“综合教育中心”等，它们体现了日本终身学习事业内容的广泛性，包括从读书、看报、听课到参加演出、展览、郊游、运动会、市民集会等丰富多彩的文化活动。[①]如日本放送大学有很多课程与地区公民馆免费链接，周边的民众不用走出家门很远，就能享有丰富的学习资源。[②]

第二，韩国的《终身教育法》对终身教育设施做了较为具体的规定，大致可分为独立终身教育机构、附设终身教育机构和其他公共教育设施三类。独立的终身教育机构包括自上而下独立设置的专门服务于社会民众校外终身学习的机构，即全国终身教育振兴院—地区终身教育振兴院—终身学习中心及终身学习馆。这些独立的终身教育机构形成了一个终身学习资讯交流网络。

韩国依据《终身教育法》，在科学教育文化省下设全国终身教育振兴院，在全国 16 个广域市和道设 16 个地区终身教育振兴院，在地方城市、郡、区成立了 230 个终身学习中心及终身学习馆。其中，终身教育振兴院具有研发课题、监测需求、收集信息，沟通与联系、统筹、协调、指导终身教育服务机构，实施学分银行、管理学习账户、审查和监督等职能。终身学习中心及终身学习馆是由地方投资建立、开设的基础设施，由地方提供运营经费，公民可免费使用这里的终身学习设施。

附设的终身教育机构主要包括：学校附设的终身教育机构，企业大学、远程教育机构、事业单位附设的终身教育机构，舆论机关附设的终身教育机构和从事知识、人力开发的事业机关附设的终身教育机构，以及社会团体设立的终身教育学校；此外还包括公共教育设施如图书馆、博物馆等。值得一提的是，大学开办终身教育院也是韩国终身教育的一大特色，自从 1984 年梨花女子大学率先创办第一家终身教育院以来，大学开设终身教育院的热潮逐渐掀起。

① 周建高. 日本的生涯学习中心. 世界教育信息，2010（06）：61-64.

② 吴遵民，李政涛. 中国践行终身教育的本土化之路. 终身教育研究，2021（01）：12-19.

2016 年，韩国再次修订的《终身教育法》，规定国家和地方自治团体有义务建设终身教育设施，允许市民社会团体、学校、媒体、机关、公司等单位为公民提供多样化的终身教育课程。完备的终身教育设施，为市民参与终身学习提供了便利，有力地推动了韩国学习型社会建设。

第三，在美国，社区学院是开展社区教育的重要场所，也是向社会民众提供终身教育服务的重要阵地，社区学院作为一个终身教育服务大超市，其服务内容涵括方方面面：为当地社区青年人提供转学教育、职业教育、创业教育、补偿教育；为社区内各行业、各年龄段的居民提供成人教育、继续教育和终身教育，为企业提供员工升级培训，与企业合作开展学徒制培训，为行业企业提供信息和咨询服务，创建研究中心和科技园为企业进行技术援助以及促进成果转化等；同时还利用自身资源优势为社区居民提供知识、设施、娱乐和咨询等服务。

除社区学院外，美国的公立中小学、大学大都向社会民众开放，成为终身教育的重要场所。而且一些非传统教育性组织（如工商企业界、工会、医院、政府机构、军队、农业合作推广处），除了开展本系统内的学习型组织创建外，也积极踊跃面向社会提供终身教育服务。

三、创建载体，营造终身学习文化氛围

学习载体是学习目标、任务和内容的很好表达，它可以使学习理念落地，使学习由思想意识转化为行动；可以使学习内容有的放矢，富有针对性。国外创建终身学习载体的形式多样，内容丰富，通过举办终身学习活动，营造终身学习文化氛围，强化社会民众终身学习理念，以促成行为习惯的养成。

（一）欧盟确定“欧洲终身学习年”

欧盟为推广终身学习运动，特将 1996 年确定为“欧洲终身学习年”，鼓励民众广泛讨论在新的社会背景下教育应如何应对变革问题，并制定了相关的行动计划。行动计划的目标包括让欧洲民众认识到终身学习的重要性，强化社会合作者对教育和培训的认识，建立欧洲范围的教育和培训模式等。在这一年，欧盟组织了一系列的覆盖整个欧盟各成员国的活动，包括会议、研讨班、展览和“成人学习周”等。[①]

① 中国教育发展战略学会终身教育工作委员会. 中国终身教育蓝皮书，首卷 ·2010. 北京：现代出版社，2010：175-176.

（二）英国举办“学习节”，启动“移动学习大篷车”“学习商店”

英国许多城市每年会投入一定的人力、物力和财力举办一年一度的“学习节”。学习节活动形式多样，尤其是许多城市会在商场和超市里开设相关的学习展览，为学习者提供大量信息。学习节还组织各种参观活动，如参观大学的人都能抽奖免费参与大学针对初学者提供的各类科目试听课。另外，学习节还组织了关于健康和健身的户外活动，如携友参加成人大学、学校联盟，整个气氛就是要让人能够在学习环境中放松并感受到乐趣。学习节还为居民提供参与平台，“在技巧、健康、音乐、算术等几个主题内，市民们受邀参加各种活动，诸如当街的音乐表演，保龄球道和社区中心的数学小径和数字球，免费尝试学习绘画、制糖、芳香疗法和珠宝制作技术”①。

为了给市民提供更多的学习机会，英国地方政府还启动了“移动学习大篷车”计划。移动学习大篷车可谓英国构建学习型社会、提供终身学习服务的一大特色，大篷车会经常出现在居民区、超市、图书馆等地，随时满足当地居民的学习需要。如今，在英国的许多地方可以见到这样方便快捷的学习大篷车。例如，在英国利物浦市，移动学习大篷车经常穿行在该市的福利院、图书馆、超市和居民区等地。大篷车上有丰富的书籍，当地有学习意愿的市民可以选择在大篷车上获取知识。同时，移动学习大篷车还配有网络，可以为市民提供免费的网络服务。此外，市民还可以在大篷车上获得就业方面的信息和帮助。②

“学习商店”也是英国为增加人们学习机会而设立的一个学习设施，它和移动学习大篷车一样，都是不固定的，同时也是开放的，人们可以利用在学习商店的网络进行自主学习。“学习商店”是一个不固定的学习中心，配有充足的计算机和培训人员，可随时为那些需要学习的购物者提供服务。那些想学习的人可以把他们的物品寄存个把小时，然后进入学习世界。这种学习中心主要为人们提供技能类的教育服务。③

（三）澳大利亚举办“成人学习周”

澳大利亚自1995年开始举办“成人学习周”，定于每年的9月举行，目的是

① 诺曼·朗沃斯. 终身学习在行动——21世纪的教育变革. 沈若慧，汤杰琴，鲁毓婷译. 北京：中国人民大学出版社，2006：97.

② 王嘉慧. 英国建设学习型城市的保障体系及对我国的启示. 太原：山西大学，2012.

③ 王嘉慧. 英国建设学习型城市的保障体系及对我国的启示. 太原：山西大学，2012.

庆祝和推动所有形式的成人学习，同时向个人发布社会中的各种成人学习的有关信息，并向政策制定者、私立机构和媒体提供相应的信息等。每个“成人学习周”都围绕不同的主题开展相关的各类学习活动，并在过程中倡导不同社会部门间的合作，以获得多方位的支持。“成人学习周”除支持成人学习的广泛理念外，还与重要的国家终身学习目标及国际识字日联系，特别强调社区、职场、图书馆等场合的学习，同时重视老人和妇女的学习需求和新学习科技的运用。[①]

（四）日本举办“终身学习文化节”，启动“学习商店”项目

自 1989 年起，日本文部省每年在一个地方与当地政府共同举办一次“终身学习文化节”，通过学术研讨会、演讲会、展示会等普及终身学习知识，启发国民的终身学习意识，同时提供当地终身学习的各种信息情报，介绍典型经验，造成宣传声势，以推动当地终身学习事业的发展。[②]与此同时，日本还启动了“学习商店”项目。在“终身学习文化节”期间，当地学习供应商不仅为管理者、学习型组织提供更多有关人们学习行为的信息，有关喜好、态度、愿望和概念方面的理解，还提供成千上万种品位多样、风格各异的课程，以满足人们多样化的诉求，吸引区域内所有人群进行学习。“学习商店”提供一站式学习服务，不仅可以为学习者提供便利化服务，降低其学习成本（时间成本、地理成本），还可以为学习供应商（活动举办方、产品提供方）带来可观的边际收益和总收益，实现了双赢。[③]

四、鼓励利益相关者参与，推进学习型城市公共治理

学习型城市建设是一个系统工程，涉及经济社会各个领域，需要吸引来自各个领域的利益相关者参与，如公共文化设施（教育与文化场馆）机构、各级各类学校、社区、商业组织、民间组织，以及社区志愿者组织。这些利益相关者是终身教育的实体和城市学习的供应商，是激发学习型城市社会活力的能动源。从国际上看，一些国家在学习型城市建设中重视吸引利益相关者参与，在建章立法、设立专门机构、建立合作伙伴关系、财政间接激励等方面进行了积极的探索，积累了丰富的经验。

---

① 林钧. 国外学习化社会理论与实践研究. 北京：中国经济出版社，2013：165-166.

② 林钧. 国外学习化社会理论与实践研究. 北京：中国经济出版社，2013：178-179.

③ 诺曼·朗沃斯. 学习型城市、学习型地区、学习型社区——终身学习与地方政府. 欧阳忠明，马颂歌，陈晓燕译. 北京：中国人民大学出版社，2016：55.

（一）政策法规支撑

政策法规起着方向引领、制度支撑的作用，可以为利益相关者参与学习型城市建设保驾护航。致力于推进终身学习与学习型城市建设，一些国家纷纷出台政策法规，鼓励和吸引利益相关者参与。

如日本《终身学习振兴法》第十二条规定，为振兴终身学习，市町村应与有关机关和团体建立联系和合作；并且该法第九条明确规定，如果民间事业者为终身学习事业提供资金等援助，可以在税制上给予优惠。[①]日本《特定非营利活动促进法》还明确规定了民间非营利组织在参与终身教育与终身学习方面的权利、责任和义务。日本致力于终身学习社会的建立，其“指定管理者制度”明确规定，允许地方政府将公共服务设施向私营企业开放，并下放管理权，鼓励公办民营。

韩国《终身教育法》特别强调利益相关者在经费支持方面的责任义务，该法第七条指出：“国家地方自治团体以及其他企事业单位的负责人为了给所属职工创造更多的学习机会，在征得本人同意后，可以实施有级或无级的学习假期，并提供图书资料费、学费以及研究费。”[②]该法在第十一条中进一步明确规定了利益相关者为民众终身学习提供经费与资助的内容，“国家及地方自治团体可以为振兴终身教育提供所需要的经费”。[③]

欧盟《学习型城市章程》指出，激励学习供应商面向每个学习者以及单位，提供无论何处、何地、何时、如何都能进行的终身学习；鼓励通过企业家的发展和协助，推动公共部门和私营部门转变为学习型组织，从而促进财富的创造。[④]

世界各国通过政策法规，在责任义务、激励政策方面为利益相关者参与学习型城市建设提供了良好的制度环境，为学习型城市建设注入了生动的制度活力。

（二）设立专门机构

专门机构在学习型城市建设中起着全面统筹、协调与管理的作用，有着发展对外关系、牵线搭桥寻求合作伙伴、项目开发、指导与督导、提供信息咨询服务

---

① 桑宁霞. 国际终身学习法比较研究. 太原：三晋出版社，2015：45，127-153.

② 桑宁霞. 国际终身学习法比较研究. 太原：三晋出版社，2015：45，127-153.

③ 桑宁霞. 国际终身学习法比较研究. 太原：三晋出版社，2015：45，127-153.

④ 诺曼·朗沃斯. 学习型城市、学习型地区、学习型社区：终身学习与地方政府. 欧阳忠明，马颂歌，陈晓燕译. 北京：中国人民大学出版社，2016：51.

等多项功能，致力于推进学习型城市建设。国外一些国家的城市建立有发动、组织、协调、沟通与管理利益相关者的专门机构。

英国各城市都设立了将利益相关者力量统合起来的专门机构，如英国的格拉斯哥市成立了“格拉斯哥发展局”，该机构的职责是汇聚各个辅助部门和机构的力量，与市民合作构建终身学习社区。①

爱尔兰的利默里克市成立了“学习型城市指导小组”，该指导小组与全市广泛的利益相关者进行沟通与交流，以共同推进学习型城市目标的实现。

韩国光明市致力于推进终身学习，成立“协调小组”——该小组成员由百余家学习机构、团体组成，包括福利中心、青年中心、居民中心、学习机构等。其主要目的在于建立全覆盖式的城市网络，通过协调政府、组织、企业来充分调动市场资源，更加灵活、高效地推动学习型城市建设。

澳大利亚麦尔顿市作为入选全球学习型城市网络的学习型城市，立足于通过创造终身学习机会来应对高人口增长与就业之间的矛盾，以增进民生福祉，特成立了社区学习委员会。其成员及领导人来自各个机构、部门和组织，包括商业和产业、就业服务机构、国家的和独立的小学和初中学校、大学和职业教育机构、成人教育机构、成人学习机构、早期学习机构、残疾人教育机构、卫生部门、社区代表和维多利亚教育与儿童早期发展部门、非政府组织和非营利组织。其职责包括负责项目的开发与指导、发展和培养麾下新成员（新的合作伙伴），提供信息咨询、筹集资金等，其功能和触角已延伸辐射至城市建设的各个领域。

不难看出，专门机构作为拥有多元多维社会资本、复杂思维、有机联系的专业机构，作为具有无限包容性和无限张力的扁平式、人文性、柔性化组织，在整合资源、促使社会各界互联共通、为民众终身学习创造机会与搭建平台方面，发挥了核心与领导作用。

（三）建立合作伙伴关系

学习型城市建设是一种跨部门、跨界、综合性、系统性的社会工程，它强调利益相关者（如家庭、学校、社区、企事业、团体、组织、政府等诸机构或单位）之间的互联、互通、共融，机构之间需要形成有机合力。正如UNESCO的《墨西哥城声明》中提出的“联系各个部门，包括卫生、教育、艺术和文化、体育和娱乐、

① 杨体荣. 英国格拉斯哥学习型城市建设探究. 世界教育信息，2015（20）：40-43.

交通、社会福利、城市规划、住房和旅游等，并在政府、私营部门和民间社会之间建立伙伴关系”[①]。

发达国家和地区在学习型城市建设中非常重视建立合作伙伴关系，以英国最为突出。英国主要通过建设学习型城市网络来调动各利益相关方参与学习型城市建设，促进终身学习。1995 年，菲尔德、诺丁汉、利物浦等 8 个城市联合组成了学习型城市网络，通过交流城市与城市之间的最佳实践，促进市民的终身学习。它影响政策制定，并促使商业、志愿群体、教育专家、训练组织和企业委员会、商会、地方当局、贸易协会和个人共同致力于学习。随着学习型城市理念广泛传播，人们的学习意愿日益加强，目前英国学习型城市网络成员城市已经超过 50 个，各地区、各利益主体之间联系更加紧密。

“合作”是英国在学习型城市建设实践具体操作中的主要运行机制，由此产生了一个个合作伙伴组织，这些组织是得到政府财政资助的正式机构，很多社区学习活动项目都受到这类机构的财政支持。这种合作可能发生在城市、乡镇和地区层面，也可能发生在国家层面，甚至有可能是两个层面不同组织和机构间的交叉合作。具体表现为三种合作模式：第一，以私立组织为主的市场驱动；第二，政府部门与私立组织相互协调；第三，由政府等公共部门或机构（如政府、议会、大学等）推动。[②]

具体而言，英国各地学习型城市建设倾向于采取社会公共治理、多部门（公共部门、私营部门、社会信托组织、志愿者部门、基层组织等）之间合作的方式，通过建立合作机制，使多元力量融通互促，形成强大势能，共同推动学习型城市建设。如在英国赫尔市有一个专门负责学习型城市建设的公私联合的机构——城市愿景公司（City Vision Ltd.）。城市愿景公司有四个任务团队，其中赫尔“城市学习论坛”是学习型城市建设的主要力量，负责实施终身学习计划与战略规划。这个论坛的合作和参与方有当地大学、城市愿景公司本身、延续（继续）教育学院等，各方合作制定了《学习宪章》（The Learning Chapter），并确定了一系列的学习项目和学习目标，赢得了民众的好评。还有英国斯旺西市政府围绕社会民众终身学习诉求，与企业、学院、大学等建立区域性合作伙伴关系，解决了大量民众因远离学习机会而带来的诸多问题，提升了求职者的内在价值，在很大程度上提升了求职者的就业率，改善了社会排斥等社会问题。[③]

---

① 黄健. 墨西哥城声明：建设可持续发展的学习型城市. 世界教育信息，2016（09）：22-24.

② 蒋亦璐. 学习型城市建设：理之源与行之路的探索. 上海：华东师范大学，2016.

③ 桑宁霞. 国际终身学习法比较研究. 太原：三晋出版社，2015：45-47.

韩国首尔市冠岳区以打造“一起学习成长的教育特区”为学习型城市建设的目标，注重自上而下的学习区域布局与合作网络构建，通过在每个学习区域内设立据点机构，然后以据点机构为中心进一步下移辐射、联系区域内其他终身学习机构，并签订合作协议，确保实施主体高质高效完成特定终身学习服务项目。[①]

各国在学习型城市建设中，通过公共部门与私立部门之间建立常态化的相互协调的合作关系，不仅为社会民众终身学习提供了渠道与便利，而且丰富了终身学习的载体和内容，推动了整个社会终身学习文化的形成，与此同时，还给学习供应商（终身学习活动举办方、服务提供者）带来了可观的边际收益和总收益，实现了双赢。

欧盟成员国大力推进社会合作伙伴的支持参与。在欧盟不少成员国中，市民社会团体、教会和社会合作伙伴组织在推进终身学习活动中扮演了重要角色，尤其是社会合作伙伴在推进终身学习的公共体制运行中发挥了不可忽略的作用。在欧盟部分国家，欧盟层次的社会合作伙伴发挥了积极的影响，其中比较常见的参与形式是社会合作伙伴在各国相关委员会和伙伴关系中的参与，尤其是在与初始教育和继续教育相关的委员会和合作关系中的参与。在西班牙，社会合作伙伴不仅在职业教育和培训的咨询委员会中设有代表，而且在国家和地区学校教育的咨询委员会代表中还有一席之地。

此外，一些国家还在加强与社会合作伙伴的合作方面采取了新的措施。例如在法国，2003 年职业教育与培训领域就重新打开了与社会合作伙伴的协商局面，意在挑战职业教育与培训，并为所有员工自身能力的持续发展提供空间。在芬兰，教育部和劳工部均设有社会合作伙伴参与的联合委员会，还签署了终身学习行动的有关协议。该协议是相关部委与社会合作伙伴协商的结果，涉及 22 个部门，并且社会合作伙伴也将参与协议后续措施的实施。[②]

美国积极吸纳各种社会机构的参与。在美国，终身性教育的开展具有广泛的社会性。美国社区学院采取开放式、社会化办学，积极吸纳社会各界参与学院管理，比如，为更好管理社区学院而产生的学院董事会，为保障社区学院教师的权益应运而生的教师协会、教师工会，由社区学院毕业的历届学生组成的各种校友会等，这些都是随着社区学院的不断发展健全而形成的非政府组织。

美国除了教育机构办学外，政府职能部门和中小企业也积极参与到推广终身

---

① 姜大仲，王新秀，崔善珠. 发展终身学习型城市网络的战略——以首尔市冠岳区案例为中心. 高等函授学报（哲学社会科学版），2011（05）：3-6.

② 中国教育发展战略学会终身教育工作委员会. 中国终身教育蓝皮书，二卷 ·2011. 北京：现代出版社，2012：332-333.

教育的运动中。就制度化的成人学习机会来说，非学历机构提供的机会远远多于学校，这些机会来自农业开放讲座、社区社团、民间企业、都市娱乐组织、教会宗教团体、政府机构、图书馆以及劳工组织等。通过市场机制，这些资源得到了合理配置，释放出了强大的教育潜力。①此外，各类基金会也配合社会团体开展终身教育工作。

（四）采用购买服务的间接激励

学习型城市建设是公益性事业，提供服务与积极参与固然是各个利益相关者义不容辞的责任，但也需要政府在财力上大力支持，包括财政直接激励（如直接拨款）和间接激励（如购买服务），以调动社会各方力量积极参与。国外一些发达国家在调动利益相关者参与学习型城市建设中，比较注重采用购买服务的间接激励，即引入市场机制，通过市场招标的方式，吸引利益相关者参与，实现双赢。

英国的学习型城市建设主要采取市场驱动模式，其多种合作机制的建立，无论是以私立组织为主式，还是政府部门与私立组织合作式，或者公共部门与机构合作式，都以市场为引擎来推动，以此为终身学习项目承担方注入活力，确保终身学习服务的高效率和高品质。

韩国在学习型城市建设中也比较重视采取市场化运作模式。一种是由相关行政机关——国家教育人力资源部（现教育科学技术部）、首尔市政府、韩国信息化振兴院等负责终身教育项目开发，然后采取项目公开招标的形式，择优遴选中标者承担项目，提供优质化服务。另一种是委托相关机构进行项目开发，给予经费支持。如韩国的“官学协作”模式就是通过委托首尔大学进行项目开发和运作，采取预算支付的方式给予经费支持。②通过官学协作，利用首尔大学的良好威望和高水平的人力资源，向居民提供高水准的教育服务，提升了居民的精神品位和技能素质，赢得了市民的好评和一定的社会美誉度。

日本在推进终身学习社会与学习型城市建设中，为了推进民间组织的参与，也比较注重嵌入市场因子，采取公办民营的方式，即将原来由地方主管的相关公共教育文化设施的经营管理权交给民间机构。具体采取市场竞标的方式，政府给予中标者一定的政策优惠（如税收减免、经费资助等）。该举措激发了民间组织的参与和市场办学的活力，形成了良好的终身学习社会化服务氛围。

① 陈德人，张尧学. 数字化学习港：构建面向终身学习的学习型社会. 杭州：浙江大学出版社，2009：85.

② 姜大仲，王新秀，崔善珠. 发展终身学习型城市网络的战略——以首尔市冠岳区案例为中心. 高等函授学报（哲学社会科学版），2011（05）：3-6.

实践证明，这种以市场为媒介的间接拨款方式效果甚好，其激励作用更为持久，更能激发参与主体的主观能动性，体现公平与效率，从而也成为这些国家学习型城市社会化推进的主要模式。

五、项目推动，彰显特色

21 世纪初，德国积极响应“网络构建学习型社会”的号召，于 2001 年在推进学习型城市建设的过程中，启动“学习型地区：为网络提供支持”（Learning Regions：Providing Support for Networks）（简称“学习型地区”）项目，为网络提供支持。该项目由德国联邦教育与研究部主持，并受到该部门欧洲社会基金（European Social Fund）的联合资助（约 1.44 亿欧元）。基于不同个体的学习需求及其自身状况，该项目致力于加强教育和培训领域各部门间的灵活交流与合作，着力于通过教育、就业、劳动力市场等政策将地区内部的政治、经济、文化、职业教育与培训等联系起来，推动终身学习网络的建立与发展，以及个人和社会的协同发展。该项目包含五项内容：①通过教育咨询培养应变管理（能力）；②创建学习中心；③贯穿人生各个阶段的学习；④中小企业间在培训和（职业）资格认证上的合作；⑤建设学习型社区。

基于该项目在学习型地区建设方面积累的成果和经验，德国继而于 2009 年推出“地方学习”（Learning on Place）项目。该项目仍然由德国联邦教育与研究部主持，该组织在项目执行过程中依旧扮演领导者的角色，并与欧洲社会基金共同资助该项目（6000 万欧元）。基于此前在“学习型地区”项目中积累的经验，该项目将学习型城市建设的理念渗透到更为具体的地域范围。就项目内容而言，该项目更彰显包容性与人文关怀性，重点关注老年人、受教育不足的移民，以及低技能妇女的教育和学习。

值得注意的是，在“地方学习”项目实施过程中，呈现出两个鲜明的特点。第一，在项目运营上，引入市场机制，采取公私部门合作的方式。也就是说，项目运营中，德国联邦教育与研究部依旧是宏观上的牵头领导者，但具体微观管理与运营则外包给德国航空航天服务机构。第二，在经费支持上，除了政府投入外，重视借力社会基金（包括公共基金和私人联合基金）的资助。据统计，国家基金网络（National Foundation Network）中有 26 个基金会参与该项目。有的基金会则并不通过国家基金网络，而单独对该项目进行资助，当然，地方层面的基金资助组合中必定有一个代表国家级网络的基金会作为主导。[①]

英国斯旺西市的学习型城市建设则利用自身地理位置优势及发展特点，以经济发展与创业教育为核心展开实践项目。例如，“Alacrity”项目支持在校学生及毕业生的创业发展，“LEAD 威尔士”项目注重发展企业所有者和管理者的领导力、创业技能。[②]除此之外，斯旺西市还开展“创业周末”等活动，使高等教育机构可以在“全球创业周”和“威尔士创业活动”中开展非正式的学习活动。[③]

六、开发评价工具与指标体系，实施测量与评估

科学完善的评价工具与指标体系能够确保学习型城市建设的方向，也能在一定程度上确保终身学习的效果。

国外一些国家立足于提高学习型城市建设的质量，积极开发评价工具与指标体系。1998 年，英国教育和就业部和学习型城市网络联合发布了报告《实践、进展和价值——学习型社区：附加值评估》（Practice，Progress and Value：Learning Communities：Assessing the Value They Add），详细地介绍了学习型城市建设的“3P”指标体系。

“3P”由合作（partnership）、参与（participation）和绩效（performance）三个层次构成。第一个层次是合作，即建立社会各机构、各部门间的联系；第二个层次是参与，即让社会利益相关者、公众卷入学习活动中，参与者既可以是学习者，也可以作为组织者；第三个层次是绩效，即评价所取得的成绩和效果。这三个层次中的每个层次分别对应学习的三个阶段即组织（构建）、分享认识（对话）、学习圈（反思）。然而，每个层次都需要一些实践活动来支持其发展和管理，由此形成了每一层次对应的具体指标，包括目的、人员、规划、组织、过程、绩效。[④]1999 年，学习型城市网络又与英国教育和就业部合作，通过“开拓者项目”（Pathfinder Project）证明了“3P”评价指标体系的价值和影响，并提交了开拓者项目报告。[⑤]

欧盟积极致力于学习型城市评价项目推进工作，为成员国学习型城市建设高

---

① 蒋亦璐. 学习型城市建设：理之源与行之路的探索. 上海：华东师范大学，2016.

② 吴亚婕，王默. 学习让城市更美好：全球 12 座学习型城市的实践. 开放学习研究，2016（03）：9-19+30；谭旭，张磊. 学习型城市建设的异域经验与借鉴. 职教论坛，2019（04）：75-80.

③ 谭旭，张磊. 学习型城市建设的异域经验与借鉴. 职教论坛，2019（04）：75-80.

④ 蒋亦璐. 学习型城市建设：理之源与行之路的探索. 上海：华东师范大学，2016.

⑤ 谢浩. 学习型城市评价工具的国际比较研究. 开放学习研究，2017，22（03）：12-17.

质量发展注入了活力。从 20 世纪 90 年代末开始，陆续推出了一系列的评估模型，并广泛运用于实践。早在 1998 年，欧盟就启动了“迈向欧洲学习型社会”（Towards a European Learning Society，TELS）项目，对成员国中的 14 个国家的 80 个城镇或地区的建设情况进行评估，并通过学习型城市审计工具的开发，建立了评估的指标体系。①

TELS 项目之后，2002 年，欧盟委员会又启动“终身学习地区网络”（Regional Networks for Lifelong Learning，R3L）项目，旨在促进欧洲城市网络的学习型城市专业化进程。②其中，“开发和测试学习型城市和地区的利益相关者组织的监控与衡量指标”（Developing and Testing Indicators for Monitoring and Measuring Stakeholder Organizations in Learning Cities and Regions，INDICATORS）是 R3L 项目中最重要的一个子项目，评估五个利益相关者（当地政府、基础教育类学校、大学、中小企业、成人教育机构）在学习型城市建设中发挥的作用，并开发了针对利益相关者的审计工具（stakeholder audits）。③

在加拿大，为了向公众介绍城市和当地社区的学习情况，鼓励公众讨论如何促进学习，向决策者提供指导政策制定的信息，2006 年，加拿大学习委员会开发出“综合学习指数”（Composite Learning Index，CLI），对家庭、学校、工作及社区等学习维度进行测量，成为衡量学习型城市建设质量的重要指标。

在德国，贝塔斯曼基金会于 2010 年在加拿大综合学习指数的基础上，发布了“欧洲终身学习指数”（European Lifelong Learning Indicators，ELLI）。该指数旨在对欧洲人从“摇篮到坟墓”的人生阶段以及在学校、社区、工作和家庭生活等不同学习环境的学习进行年度测度，为比较欧盟各国终身学习提供了可能。④

UNESCO 于 2013 年发布“全球学习型城市评价指标体系初步框架”（A Preliminary Framework of the UNESCO Global Learning City Index），在首届国际学习型城市大会中通过了《学习型城市的主要特征》，主要涉及学习型城市的基本条件、主要支柱和广泛裨益，为学习型城市的规划和监测提供了可靠的框架体系，使标准统一的定量测评成为可能。

---

① 蒋亦璐. 学习型城市建设：理之源与行之路的探索. 上海：华东师范大学，2016.

② 欧阳忠明，李国颖，潘天君. 国际学习型城市建设研究：历程、现状与思考. 现代远距离教育，2016（04）：10-21.

③ 蒋亦璐. 学习型城市建设：理之源与行之路的探索. 上海：华东师范大学，2016.

④ 顾凤佳，朱益明. 国际学习型城市评价指标比较：反思与展望. 开放教育研究，2019，25（06）：112-120.

七、建立终身学习成果认证与评价机制，提供适切性支持

终身学习的持续有效推进需要一定的终身学习成果认证与评价机制提供保障，如建立信息服务保障、学习成果（包括正式与非正式学习成果）认证保障、各种学习奖励保障等。具体而言，国际上在终身学习激励方面形成了多样化的举措，如建立终身教育信息中心，推行学分银行制、终身学习账户制，发放终身教育券，建立国家资格框架等。

韩国在这方面有着较成熟的经验。韩国自学习型城市建设之日起，就注重信息技术在终身教育中的运用，几乎每个学习型城市都建立了“终身教育信息中心”，为市民提供便捷的终身学习资源和服务，市民可以从中获取终身教育政策、终身学习项目、终身教育设施、终身教育人力资源（包括终身教育师、终身教育志愿者）方面的信息，以及国际及国内各类学习型城市案例的数据库。

韩国还首创学分银行制度，是国际上第一个提出“学分银行制”的国家。韩国于 1997 年颁布的《学分认证相关法律》，主要针对未受高等教育的社会青年，其目的是助力他们获取相应的学位。学分银行借鉴银行的运作模式，申请人存储的是学分，汇兑的是学历和证书，甚至学位。通过累积各种经认证的渠道获得的学分，申请人可以获得四年制的学士学位、三年制和两年制的副学士学位。

此外，韩国还推行终身学习账户制度，通过建立完善相关网页，与终身学习和终身教育机构实现网络互联，为学习者的终身学习和终身学习成果认证提供便利的线上服务。例如 Homeplus 是韩国大型连锁超市品牌，利用遍布全国的连锁网络建立了终身学习文化中心，市民可以通过网站申请参加终身学习课程，然后进入就近的 Homeplus 文化中心学习，学习成果可以通过中心网站的链接，直接进入终身学习账户制度页面，进行终身学习成果的储存、兑换与使用。韩国终身教育振兴院 2010 年 10 月开始施行终身学习账户制。[①]

学分银行制和终身学习账户制的区别在于：从目标来看，前者目的是增加高等教育机会，让更多错过上大学机会的人可以获得大学本科或者专科学位，后者主要是把学习成果积累起来，培养“攒学习成果就是攒钱”的观念，是用来促进终身教育的；从服务对象上看，前者的服务对象是高中毕业以后的人，后者是面向整个社会的。[②]韩国还建立了完善的学习评价认证机构（286 个教育机关），作

---

① 林晓凤，安宽洙. 韩国学习型城市的发展与建设. 中国远程教育，2016（07）：59-66.

② 吕文娟. 韩国“学分银行制”和终身学习账户制的经验与教训. 2012-07-16. http://www.cmr.com.cn/html/xydt/hyxw/7098.html.

为学分银行和终身学习账户制的载体，其功能多样，不仅服务于学习者学位进阶的需要，还服务于为就业做准备的各种学历资格认证、职业资格认证方面的诉求。

为了弥补国民受教育程度的鸿沟，不让一个人掉队，“韩国还实行终身教育券制，为低收入人群提供福利援助，即满 19 周岁以上的低收入阶层人群可以通过韩国终身教育网站申请获得终身教育使用券。该使用券能够支付终身教育讲座听课费和教材费，最高额度能够达到 35 万韩元”[①]。

1995 年，澳大利亚政府颁布用于认证终身学习成果的国家资格框架，致力于推进中等教育、职业教育与培训以及高等教育相互衔接。该资格框架由 12 种资格类型、10 个等级水平构成，包括职业教育与普通教育两个类型、中等教育与高等教育两个层次。澳大利亚国家资格框架实现了学习者在中学教育（高中教育）、职业教育与培训以及高等教育三种不同类型教育中的自由流动，形成跨领域、跨类型、灵活多样的衔接模式。流动机制主要通过学分积累与转换，实现向上进阶或跨领域流动，将割裂的各类型教育连接成为人才成长立交桥，赋予学习者自由选择的升学与流动的权利，实现了教育的连贯与公平。同时对外发展拓宽国际流通的渠道，带动国家资格框架走向国际化。[②]此后，澳大利亚国家资格框架经历了几次修改，不断完善。灵活有效的终身学习成果认证与激励机制，大大调动了民众参与终身学习的积极性。

在英国，为了使庞杂的各级各类资格证书之间能进行衔接，2000 年，英国政府推出国家资格框架，共分 5 级。2004 年，为了使英国国家资格框架可以与英国的高等教育资格框架对接，同时也为了响应欧洲资格框架政策，国家资格框架改成了 9 级，已经基本能够对所有资格进行较为明确的定位，并使各类资格有了比较的平台。“该框架将学历资格、职业资格打通，形成了由 9 个层次水平构成的统一资格的框架。该框架提高了各类资格的等值性和兼容性，促进了各类学习形式之间的沟通与衔接，以及学历证书与职业资格证书的等值和互换，明确和简化普通教育与职业教育、继续教育与高等教育的衔接程序。”[③]

不仅如此，英国还在资格框架的基础上于 2009 年初推出一套重点在于促进学分认可、衔接和转换的崭新的资格及学分框架（qualifications and credit framework，

---

① 孙雪莲. 韩国推出终身教育使用券. 中国教育报，2021-03-04（9）.

② 林晓雯，刘志文. 澳大利亚国家资格框架的演变历程、管理模式及运行机制. 职业技术教育，2019，40（25）：74-79.

③ 中国教育发展战略学会终身教育工作委员会. 中国终身教育蓝皮书，首卷 · 2010. 北京：现代出版社，2010：192.

QCF），2011 年 10 月，英国政府在国家资格框架的基础上，开始全面推行 QCF，它对英国职业教育与普通教育接轨产生重大影响。在 QCF 中，学习单元是最小的学习单位，每个学习单元都有一定的学分和级别。其中学分表示的是学习量，级别表示的是学习难度，与国家资格框架一样，也分 9 级，入门级最低，8 级最高。不论学习是在什么地方、什么时候，以什么方式开展的，只要学习者完成一个学习单元且评估合格，就可以获得相应的学分。学分被录入国家承认的资格数据库（即学分银行），学习者通过基于网络的“学习者成就记录”（learner achievement record，LAR）积累、转移和组合学分。

第三章　小康社会背景下中国学习型社会建设概述

学习型社会与小康社会有着极为密切的内在关系，二者都是一种理想社会的目标愿景，一种战略国策。将学习型社会建设置于小康社会建设的背景下进行考量与解析，具有重要的现实意义。本章首先对小康社会建设的政策本体进行解读与分析，然后对小康社会建设政策理念大背景下学习型社会建设的价值意义进行分析，最后在此基础上，进一步探索小康社会建设背景下中国学习型社会政策的变迁。

第一节　小康社会建设政策的提出

中国小康社会建设政策理念的提出有着一定的历史文化渊源。“小康社会”一词由来已久，中华民族对小康社会的追求也由来已久。为此，需要“振叶以寻根，观澜而索源”，首先对小康社会的发端、内涵进行解析，然后对我国小康社会建设政策理念的由来及演进脉络进行梳理。

一、小康社会的由来及内涵解析

“小康”这个词历史底蕴深厚，由来已久。“小康”一词最早出自《诗经·大雅·民劳》中的“民亦劳止，汔可小康”，意思是“老百姓的生活太苦了，也该稍稍得到安乐了”。显然，“小康”期盼的是消除穷困，确保民生，让社会上没有穷苦的人。追本溯源，中国古代关于小康社会的描绘最早出现在《礼记·礼运》中，是仅次于“大同”的理想社会形态。

对于小康社会的诠释与大同社会分不开。大同社会是中国儒家所推崇的理想社会。与大同社会相对应，小康社会是大同社会的必经阶段、前提和基础。

什么是大同社会？大同社会是最朴素、最自然的善，“老吾老以及人之老，幼吾幼以及人之幼”，人民安居乐业，人人无私，一切都自然的美好，是最理想的社会。大同社会的制度结构是天下为公，选贤举能，天下皆孝，讲信修睦（即讲求诚信，崇尚和睦）。《礼记·礼运》中生动描述了大同世界的社会景象：“大道之行也，天下为公。选贤与能，讲信修睦。故人不独亲其亲，不独子其子；使老有所终，壮有所用，幼有所长，矜、寡、孤、独、废疾者皆有所养，男有分，女有归。货恶其弃于地也，不必藏于己；力恶其不出于身也，不必为己。是故谋闭而不兴，盗窃乱贼而不作。故外户而不闭，是谓大同。”①

可以看出，大同社会是天下为公、讲信修睦的社会，同时也是权力公有的社会。权力公有具体表现为：选贤与能，即充分地发挥民主，管理社会的贤才和能才不是由执政者或上级管理者直接任命，而是被“天下”选举出来的，选举贤能的权力在于“天下”，也就是全社会的民众，所以说权力公有。不难看出，大同社会是中国古代儒家所宣传的最高理想社会或人类社会的最高阶段，类似于共产主义社会。

与大同社会的“天下为公”不同，小康社会的制度结构是“天下为家”。小康社会是与大同社会相对而言的。与对大同社会的描绘相得益彰，《礼记·礼运》同样描述了小康社会的景象：“今大道既隐，天下为家。各亲其亲，各子其子，货力为己。大人世及以为礼，城郭沟池以为固。礼义以为纪，以正君臣，以笃父子，以睦兄弟，以和夫妇，以设制度，以立田里，以贤勇知，以功为己。故谋用是作，而兵由此起，禹、汤、文、武、成王、周公，由此其选也。此六君子者，未有不谨于礼者也。以著其义，以考其信，著有过，刑、仁、讲、让，示民有常。如有不由此者，在势者去，众以为殃，是谓小康。”②

可以看出，小康社会比大同社会的制度结构层级要低，人们的思想境界也没有大同社会高，人们只赡养自己的父母，抚养自己的子女，天子诸侯世代相传。与大同社会强调自我道德的自觉约束不同，小康社会强调法制和礼制规约，即确立一定的法度和礼制来维护国家的安全，以协调社会成员的关系，用法令制度去考查官员和约束百姓。

大同社会是一种非常理想的社会形态，是生活富裕、人人平等、人人无私、

① 孔子. 礼记. 贾娟娟译注. 太原：三晋出版社，2012：74-75.

② 孔子. 礼记. 贾娟娟译注. 太原：三晋出版社，2012：74-75.

安居乐业的社会。其所有制结构是公有制，是财物的公有——各尽所能，按需分配。小康社会是生活宽裕、解决温饱、提高生产、均衡发展。强调消除贫富差距，一部分富裕富有的人带动另一部分不富裕的人。与大同社会的公有制结构不同，小康社会是“有限的人人平等，有限的各尽所能，按劳分配”。

总之，小康社会是古代思想家描绘的令人向往的社会理想。从儒家思想理解，不难看出，小康主要是发展到天下大同的一个阶段，大同才是最终的理想社会形态。同时，小康社会也表现了普通百姓对宽裕、殷实的理想生活的追求。大同社会类似共产主义社会，是小康社会未来的发展方向和目标，是一个理想的现实社会。小康社会是大同社会的前提和保障。

二、小康社会建设政策理念在中国的形成与发展

由上可知，小康社会的提出由来已久，中华民族素有对小康生活的向往和追求。小康，作为中国古代思想家的社会理想、广大人民的生活梦想，是文明古国的千年追求。千年追求的小康梦，离不开科学发展观的引领，离不开执政者的运筹帷幄和顶层设计。在中国共产党的领导下，2020 年是全面建成小康社会的实现之年，这个千年追求的小康梦在我国已落地生花，成为现实。具体而言，小康社会建设作为一种政策理念在中国经历了从萌芽、生成到成熟的演进历程。

（一）萌芽——初步构想与初梦的开启：建设小康社会（1979—2001 年）

邓小平关于小康社会战略构想的提出。“小康社会”最早是由邓小平在 20 世纪 70 年代末 80 年代初在规划中国经济社会发展蓝图时提出的战略构想。邓小平首先用“小康”来诠释中国的四个现代化。1979 年 12 月 6 日，邓小平在会见日本首相大平正芳时首次提出“小康之家”这样一个“中国式的四个现代化”的全新概念，指出“我们的四个现代化的概念，不是像你们那样的现代化的概念，而是‘小康之家’。到本世纪末，中国的四个现代化即使达到了某种目标，我们的国民生产总值人均水平也还是很低的。要达到第三世界中比较富裕一点的国家的水平，比如国民生产总值人均 1000 美元，也还得付出很大的努力。中国到那时也还是一个小康的状态”[①]。

① 中共中央党史和文献研究院. 全面建成小康社会大事记. 2021-07-27. https://www.ccps.gov.cn/xtt/202107/t20210727_150023.shtml.

按照邓小平的说法，小康生活首先以经济上的脱贫为前提，就是生活虽不富裕，但日子一定要好过，温饱要解决。换言之，小康社会、小康生活，一定首先建立在日益丰富的物质基础之上。小康目标首先要与国内生产总值和人均国内生产总值联系在一起。

之后，党和政府对小康社会给予高度重视，并将其作为追求中国梦的宏旨，给予政策关怀，党的十二大、十三大、十四届五中全会、十五大均提出了建设小康社会的目标任务问题。

1982 年，党的十二大正式提出，从 1981 年到 20 世纪末的 20 年，我国经济建设总的奋斗目标是，在不断提高经济效益的前提下，力争使全国工农业的年总产值翻两番，即由 1980 年的 7100 亿元增加到 2000 年的 28 000 亿元左右，人民的物质文化生活达到小康水平。①

1987 年，党的十三大目标更为明确，正式提出我国经济建设的战略部署大体分三步走。第一步，实现国民生产总值比 1980 年翻一番，解决人民的温饱问题。第二步，到 20 世纪末，使国民生产总值再增长一倍，人民生活达到小康水平。第三步，到 21 世纪中叶，人均国民生产总值达到中等发达国家水平，人民生活比较富裕，基本实现现代化。②

1995 年，党的十四届五中全会进一步提出，“九五”时期要全面完成现代化建设的第二步战略部署，到 2000 年在我国人口将比 1980 年增长 3 亿左右的情况下，实现人均国民生产总值比 1980 年翻两番；基本消除贫困现象，人民生活达到小康水平。到 2010 年，实现国民生产总值比 2000 年翻一番，使人民的小康生活更加富裕，形成比较完善的社会主义市场经济体制。③翻两番的目标于 1995 年提前实现。

1997 年，党的十五大报告提出 21 世纪初开始进入和建设小康社会，目标是第一个 10 年实现国民生产总值比 2000 年翻一番，使人民的小康生活更加宽裕，形成比较完善的社会主义市场经济体制。④2001 年公布的《中华人民共和国国民

---

① 胡耀邦. 全面开创社会主义现代化建设的新局面——胡耀邦在中国共产党第十二次全国代表大会上的报告. 1982-09-08. http://cpc.people.com.cn/GB/64162/64168/64565/65448/4526430.html.

② 赵紫阳. 沿着有中国特色的社会主义道路前进——赵紫阳在中国共产党第十三次全国代表大会上的报告. 1987-10-25. http://www.gov.cn/test/2008-07/01/content_1032279.htm.

③ 李鹏. 关于国民经济和社会发展“九五”计划和 2010 年远景目标纲要的报告——1996 年 3 月 5 日在第八届全国人民代表大会第四次会议上. 1996-03-18. http://www.gov.cn/test/2008-04/21/content_950407.htm.

④ 江泽民. 高举邓小平理论伟大旗帜，把建设有中国特色社会主义事业全面推向二十一世纪——江泽民在中国共产党第十五次全国代表大会上的报告. 1997-09-12. http://www.gov.cn/test/2008-07/11/content_1042080.htm.

经济和社会发展第十个五年计划纲要》中把“国民生产总值”改成了“国内生产总值”。

这一时期的政策特点表现为：第一，围绕实现生活富裕的小康社会的目标，以不拘一格搞活经济、大力解放和发展生产力为宗旨；第二，以市场经济的确立为驱动，推动各行各业体制改革与转型发展；第三，基于当时的国内生产力落后和人民生活水平较低的基本国情，以及为了提高国际竞争力，衡量小康社会的指标表现为单向度，主要以经济指标——国民生产总值（国内生产总值）作为衡量标准。

（二）生成——视角的拓展与全方位设计：全面建设小康社会（2002—2011年）

2002年，党的十六大召开，这次大会的主题是：高举邓小平理论的伟大旗帜，全面贯彻“三个代表”重要思想，继往开来，与时俱进，全面建设小康社会，加快推进社会主义现代化，为开创中国特色社会主义事业新局面而奋斗。[①]

党的十六大报告明确提出“全面建设小康社会”的奋斗目标，指出“我们要在本世纪头二十年，集中力量，全面建设惠及十几亿人口的更高水平的小康社会，使经济更加发展、民主更加健全、科教更加进步、文化更加繁荣、社会更加和谐、人民生活更加殷实”[②]。党的十六大报告还明确提出，“在优化结构和提高效益的基础上，国内生产总值到二〇二〇年力争比二〇〇〇年翻两番，综合国力和国际竞争力明显增强”[③]，从而使我国社会从低水平的小康发展到高水平的小康。无疑，大会确立的全面建设小康社会目标是中国特色社会主义经济、政治、文化、社会全面发展的目标，是与加快推进现代化相统一的目标，符合我国国情和现代化建设的实际，符合人民的愿望，意义十分重大。

2007年，党的十七大报告进一步提出，“在新的发展阶段继续全面建设小康社会、发展中国特色社会主义，必须坚持以邓小平理论和‘三个代表’重要思想为指导，深入贯彻落实科学发展观”，指出“科学发展观，第一要义是发展，核心是以人为本，基本要求是全面协调可持续，根本方法是统筹兼顾”，并在党的

---

① 江泽民. 全面建设小康社会，开创中国特色社会主义事业新局面——江泽民在中国共产党第十六次全国代表大会上的报告. 2002-11-08. http://www.gov.cn/test/2008-08/01/content_1061490.htm.

② 江泽民. 全面建设小康社会，开创中国特色社会主义事业新局面——江泽民在中国共产党第十六次全国代表大会上的报告. 2002-11-08. http://www.gov.cn/test/2008-08/01/content_1061490.htm.

③ 江泽民. 全面建设小康社会，开创中国特色社会主义事业新局面——江泽民在中国共产党第十六次全国代表大会上的报告. 2002-11-08. http://www.gov.cn/test/2008-08/01/content_1061490.htm.

十六大确立的全面建设小康社会目标的基础上对我国的发展提出新的更高要求，具体包括：一是增强发展协调性，努力实现经济又好又快发展。转变发展方式取得重大进展，在优化结构、提高效益、降低消耗、保护环境的基础上，实现人均国内生产总值到2020年比2000年翻两番。二是扩大社会主义民主，更好保障人民权益和社会公平正义。三是加强文化建设，明显提高全民族文明素质。四是加快发展社会事业，全面改善人民生活。五是建设生态文明，基本形成节约能源资源和保护生态环境的产业结构、增长方式、消费模式。①

党的十七大报告还勾画了2020年的目标图景——“到二〇二〇年全面建设小康社会目标实现之时，我们这个历史悠久的文明古国和发展中社会主义大国，将成为工业化基本实现、综合国力显著增强、国内市场总体规模位居世界前列的国家，成为人民富裕程度普遍提高、生活质量明显改善、生态环境良好的国家，成为人民享有更加充分民主权利、具有更高文明素质和精神追求的国家，成为各方面制度更加完善、社会更加充满活力而又安定团结的国家，成为对外更加开放、更加具有亲和力、为人类文明作出更大贡献的国家。”②

这一时期的政策特点表现为：第一次提出“全面建设小康社会”，对古代传统的“小康社会”的思想进行了拓展和系统思考，无论是党的十六大的“六位一体”的六个“更加”，还是党的十七大提出的科学发展观的“五个方面的新要求”，都使“小康社会”的意蕴更为丰富，内涵更为饱满，体现出对民生民情民意的全方位关切。同时，它突破了第一个阶段的历次政策所提出的纯经济层面的单向度目标指向的局限，使小康目标变得更为宏阔高远，更有感召力。更为重要的是提出了“三个代表”重要思想，使全面建设小康社会目标的实现有了系统理论的活水源头，以及更为科学的价值引领。

（三）成熟——立意高远与战略思维：全面建成小康社会（2012—2020年）

2012年，党的十八大报告中首次提出“全面建成小康社会”。“建设”与“建成”虽然只有一字之差，但意义重大。“建设”是一个过程，“建成”是一个成果，意味着目标指日可待，更为振奋人心，标志着我国开始迈向全面建成小康社

① 胡锦涛. 高举中国特色社会主义伟大旗帜 为夺取全面建设小康社会新胜利而奋斗——在中国共产党第十七次全国代表大会上的报告. 2007-10-15. https://fuwu.12371.cn/2012/06/11/ARTI1339412115437623.shtml.

② 胡锦涛. 高举中国特色社会主义伟大旗帜 为夺取全面建设小康社会新胜利而奋斗——在中国共产党第十七次全国代表大会上的报告. 2007-10-15. https://fuwu.12371.cn/2012/06/11/ARTI1339412115437623.shtml.

会的新征程。至此，在党的十六大、十七大确立的全面建设小康社会目标的基础上，经济建设、政治建设、文化建设、社会建设、生态文明建设“五位一体”的战略目标在党的十八大报告中被正式提出。同时，党的十八大报告在对全面建成小康社会目标提出新要求的同时，还明确了深化各领域改革的目标，提出了五个方面的新要求：经济持续健康发展，人民民主不断扩大，文化软实力显著增强，人民生活水平全面提高，资源节约型、环境友好型社会建设取得重大进展。[①]党的十八大报告明确提出要确保到2020年实现全面建成小康社会宏伟目标，使发展改革成果真正惠及十几亿人口。

2017年，党的十九大报告更是立意高远，继往开来，发出“决胜全面建成小康社会，开启全面建设社会主义现代化国家新征程”的强大号令。

立足于加快全面建成小康社会目标的实现，党的十九大报告提出，“到建党一百年时建成经济更加发展、民主更加健全、科教更加进步、文化更加繁荣、社会更加和谐、人民生活更加殷实的小康社会，然后再奋斗三十年，到新中国成立一百年时，基本实现现代化，把我国建成社会主义现代化国家”，并认为“从现在到二〇二〇年，是全面建成小康社会决胜期”。党的十九大报告进一步深化和丰富了党的十八大报告中提出的五位一体战略目标，指出“坚定实施科教兴国战略、人才强国战略、创新驱动发展战略、乡村振兴战略、区域协调发展战略、可持续发展战略、军民融合发展战略，突出抓重点、补短板、强弱项，特别是要坚决打好防范化解重大风险、精准脱贫、污染防治的攻坚战，使全面建成小康社会得到人民认可、经得起历史检验”，同时还指出，“我们既要全面建成小康社会、实现第一个百年奋斗目标，又要乘势而上开启全面建设社会主义现代化国家新征程，向第二个百年奋斗目标进军”。[②]

在进一步分析国际国内形势和我国发展条件的基础上，党的十九大报告对我国决胜全面建成小康社会后进行了阶段性战略部署：“第一个阶段，从二〇二〇年到二〇三五年，在全面建成小康社会的基础上，再奋斗十五年，基本实现社会主义现代化。到那时，我国经济实力、科技实力将大幅跃升，跻身创新型国家前列；人民平等参与、平等发展权利得到充分保障，法治国家、法治政府、法治社会基本建成，各方面制度更加完善，国家治理体系和治理能力现代化基本实

① 胡锦涛. 坚定不移沿着中国特色社会主义道路前进　为全面建成小康社会而奋斗——在中国共产党第十八次全国代表大会上的报告. 2012-11-08. https://www.12371.cn/2012/11/17/ARTI1353154601465336.shtml.

② 习近平. 决胜全面建成小康社会 夺取新时代中国特色社会主义伟大胜利——在中国共产党第十九次全国代表大会上的报告. 2017-10-18. http://www.gov.cn/zhuanti/2017-10/27/content_5234876.htm.

现；社会文明程度达到新的高度，国家文化软实力显著增强，中华文化影响更加广泛深入；人民生活更为宽裕，中等收入群体比例明显提高，城乡区域发展差距和居民生活水平差距显著缩小，基本公共服务均等化基本实现，全体人民共同富裕迈出坚实步伐；现代社会治理格局基本形成，社会充满活力又和谐有序；生态环境根本好转，美丽中国目标基本实现。第二个阶段，从二〇三五年到本世纪中叶，在基本实现现代化的基础上，再奋斗十五年，把我国建成富强民主文明和谐美丽的社会主义现代化强国。到那时，我国物质文明、政治文明、精神文明、社会文明、生态文明将全面提升，实现国家治理体系和治理能力现代化，成为综合国力和国际影响力领先的国家，全体人民共同富裕基本实现，我国人民将享有更加幸福安康的生活，中华民族将以更加昂扬的姿态屹立于世界民族之林。”①

2020 年，在党的领导下，全面建成小康社会的宏伟目标已经实现。习近平总书记指出，“随着我国全面建成小康社会、开启全面建设社会主义现代化国家新征程，我们必须把促进全体人民共同富裕摆在更加重要的位置，脚踏实地，久久为功，向着这个目标更加积极有为地进行努力”②。

这一时期的政策特点表现为：第一，政策更带有人文关照，更加关注民生，关注城乡一体化、城乡融合发展。“乡村振兴”“精准扶贫”“脱贫攻坚”是这一时期的主题词和重音符。第二，立足于确保民生永久性福祉，政策在价值理念上进一步扩充、延展和升华，提倡民主、公平、正义、平等、包容、绿色、创新与可持续发展，使全面建成小康社会的愿景更为神圣、人文和宏远，更为聚合人心、感召民心。

第二节　小康社会背景下中国学习型社会建设的意义

小康社会作为一种美好的社会理想，自从 20 世纪 70 年代末以来，就受到我国党和政府的热切关注，并在不同时期围绕这一目标一以贯之出台相关政策。从党的十二大、十三大提出的“建设小康社会”，到党的十六大提出的“全面建设

① 习近平. 决胜全面建成小康社会 夺取新时代中国特色社会主义伟大胜利——在中国共产党第十九次全国代表大会上的报告. 2017-10-18. http://www.gov.cn/zhuanti/2017-10/27/content_5234876.htm.

② 习近平. 习近平谈治国理政（第四卷）. 北京：外文出版社，2022：116.

小康社会”，再到党的十八大提出的“全面建成小康社会”，乃至党的十九大提出的“决胜全面建成小康社会”，其内涵不断丰富，目标和任务不断升级，越来越具有感召力和应时性。同时应当明确：“全面建设”是一种理想的政策理念，“建成”是理想和目标的落地、梦想成真。

与此同时，作为另一幅理想社会的图景——学习型社会，也逐渐受到党和政府的热切关注，并陆续出台相关政策予以助推。尤其是党的十六大报告第一次把学习型社会作为全面建设小康社会的四大目标之一提了出来，指出要形成全民学习、终身学习的学习型社会，促进人的全面发展，同时，把创建学习型社会作为我国的奋斗目标写进党代会报告，这是有史以来的第一次，也是我党与时俱进的重大表现之一，具有重要的现实和历史意义①。这是因为，学习型社会是以学习为能动源的社会，基于学习作为财富宝藏蕴藏着巨大的能量，推崇全民学习、终身学习；推崇以学习涵养人性，涵养国民素质、气质和能力，提升综合国力。当“一个国家、一个民族能够成为学习型国家、学习型民族，那么这个国家和民族就会有希望，就会不断进步，兴旺发达”②，从而朝着文明、正义、和谐与良善的方向发展。

不难看出，学习型社会与小康社会之间有着必然的内在联系，二者相辅相成，互为动因。就学习型社会与小康社会之间的关系而言，学习型社会既是小康社会形成的目标和重要特征，又是小康社会的条件和保障。与此相适应，小康社会建设背景下中国学习型社会建设也必然彰显其特有的魅力和强大的价值意义，其重要意义主要体现在以下两个方面。

一、学习型社会是小康社会形成的目标和重要特征

学习型社会与小康社会之间有着天然联系。首先，学习型社会是小康社会的重要目标和特征。与传统的小康社会意涵不同，现代意义上的小康社会的实现不仅仅意味着经济上的脱贫与小康，更标志着人的全面发展，人的终身学习与生命质量的提升，以及宏观层面上综合国力的增强。这在党的十六大报告中早就有明确表述，报告立足服务于全面建设小康社会的宏愿，第一次提出要“形成全民学习、终身学习的学习型社会”。具体而言，学习型社会作为小康社会的重要目标和特征，其价值意义表现如下。

---

① 林梦生. 努力创建学习型社会，促进全面小康社会的建设. 南方经济，2003（03）：5-7.

② 林梦生. 努力创建学习型社会，促进全面小康社会的建设. 南方经济，2003（03）：5-7.

（一）学习型社会是促进人的全面发展的必由之路

“民亦劳止，汔可小康。”小康社会的本质是人们的生活富裕，物质富足，精神舒适，有安全感和归属感，活着有奔头、有意义感，归根结底是关乎人的发展，包括人的全面发展。人的全面发展是马克思人学理论的核心内容，其基本内涵体现为：人在德智体美劳等方面得到全面发展，人的多元智能及创造力得到扬厉与释放，才能在社会众多领域得以施展，人在既定历史条件下如愿从事各种社会活动。换言之，人的全面发展从本质上讲是一个立体的、多维的概念，不仅包括个体发展的宽度（即个体身心、品德、知识、技能等多向度的发展），还包括个体发展的协调性（即个体与内外环境包括人与自身、人与人、人与自然、人与社会之间的自洽性与融合性），以达到在有限的生命长河中各方面发展的优化，更包括个体在生命长河中提升自身发展的长度、高度和深度的可持续性（即促进一生不同阶段、不同时机、不同情境、不同境遇下自身潜能发挥的最大化）。[①]

学习型社会是更加有助于人全面发展的社会。在学习型社会，教育超越了经济功能，更加人性化，因为“教育经济功能的过度膨胀，会抑制本真价值的伸展而使教育沦为经济的奴婢”[②]。在学习型社会，教育的根本目的是个人的成长和人格的日趋完善。教育更加注重学习者个人的选择——学习者的意愿被充分尊重，学习者的人格被充分尊重。教学内容、教学形式、教学活动更加灵活多样，更加有利于每个学习者天赋潜能的充分发展和提高、主体性和创造性的发挥，有利于个体和谐、自由、全面发展。[③]正如吴遵民和李政涛所言：“教育万变不离其宗，任何一种教育类型或教育阶段其实都是相通的，归根到底教育是关乎人的发展、人的生命品质提升的活动。无论是面向青少年的基础教育，抑或是面向走出校门以后的成年人的继续教育，其教育的本质都是一样的。”[④]

学习型社会所倡导的终身学习是实现个体全面发展的根本。终身学习是贯穿终生的，旨在提高其知识、技能和能力的学习活动，不仅关注人的生存就业与经济方面的需要，还关注人的社会参与、自我潜能的实现等方面的诉求。换言之，终身学习的文化内涵更为丰富——它不再仅仅着眼于传授知识技能，还包括促进

---

① 董玥欣. 人的可持续发展概念及实现途径的研究. 天津：天津大学，2017.

② 转引自：张创伟. 美好的社会与至善的教育：重温赫钦斯学习型社会思想. 开放学习研究，2019（02）：46-52+62.

③ 张全新. 人的全面发展 学习型社会 全面建设小康社会. 东岳论丛，2003（06）：17-20.

④ 吴遵民，李政涛. 中国践行终身教育的本土化之路. 终身教育研究，2021（01）：12-19.

人的智力、情感和伦理等方面的平衡发展，促进民众对社会的积极参与，提高个体作为社会成员的权利和责任意识，使人格得到全方位的发展。[①]

（二）学习型社会是完善终身教育体系的重要途径

服务于人的终身发展的需要，学习型社会更推崇各种非正规、非正式的学习，通过构建服务全民终身学习的教育体系，有效衔接各种正规、非正规、非正式教育之间的沟通渠道，挖掘各种教育资源，从而增强学习者的选择性和流动性。换言之，学习型社会倡导教育制度的变革与教育体系的重构，要求改造传统学校教育，打通全体社会成员受教育的通道，打破各种教育体系之间相互隔离的状态，实现家庭、学校、社区一体化，把从婴幼儿教育到高龄的老年人教育有机地联系在一起，把家庭教育、学校教育、成人教育、社会教育等所有的教育加以组织化，形成一个开放的、横向沟通、纵向衔接、一体化的终身教育体系。[②]

正如《中共中央 国务院关于深化教育改革全面推进素质教育的决定》中所提出的，要构建与社会主义市场经济体制和教育内在规律相适应、不同类型教育相互沟通相互衔接的教育体制，为学校毕业生提供继续学习深造的机会。该决定还提出，高等学校和中等职业学校创造条件实行弹性学习制度，放宽招生和入学的年龄限制，允许分阶段完成学业；大力发展现代远程教育、职业资格证书教育和其他继续教育；完善自学考试制度，形成社会化、开放式的教育网络，为适应多层次、多形式的教育需求开辟更为广阔的途径，逐步完善终身学习体系。这就基本勾勒出学习型社会终身教育体系的基本框架。

学习型社会超越了“体系化”的学校教育体系，实行去部门化、去边界化，整个教育生态系统中各教育领域的界限变得模糊起来，学习将跨越学校围墙，实现开放。学习场域将进一步延伸，校外部门/机构与校内教育机构实现无缝对接和融合，形成有机的系统。与此同时，传统大学的“延伸臂”——诸如校外部门和继续教育或成人学习的中心/部门/学校等逐渐转变为“专业教育”中心/部门/学校，它们作为正规教育的补充，提供的是一种终身学习。这些校外终身学习机构在市场需求和学术界之间架起了一座桥梁，它们的功能就像昆虫的触角一样，可以感知市场需求，并提供试行性计划，一方面组建公认的前线专业人员师资团队，另一方面，它们实际上是大学的重要扩展部门，有助于创建、试行和构建最先进的

① 林钧. 国外学习化社会理论与实践研究. 北京：中国经济出版社，2013：143-144.

② 张全新. 人的全面发展 学习型社会 全面建设小康社会. 东岳论丛，2003（06）：17-20.

课程。

由此看出，这些“延伸臂”具有强大的功能，这意味着它们可以获得更高资格、更相关并得到更高认可度的市场，从而获得更高的社会认可度。“终身学习的理念和意识形态不仅批判了公共学校中传统的制度化仪式，而且使整个学习生态系统中各教育领域的界限变得模糊起来。新学习模式的出现，非传统的知识传递模式以及认证制度以其灵活性和国家教育体制所呈现的模块化趋势，正在颠覆着传统的学校模式。”①

在这一去部门化的体系中，学习资源无穷尽，学习空间呈现出无限的张力，通过将社会各行各业、各级各类教育文化资源有机整合、共建共享，形成纵向衔接、横向沟通、纵横交叉、立体多元、四通八达的教育服务站点和通道。所有利益相关者都是全民终身学习资源的提供者——学习可以在工业场所、公司、医院、社区中心和农场中进行；可以由教育、经济、公共、志愿组织与公民之间建立真正的伙伴关系，并调动它们的资源，以最终形成能保证这一社会全体成员的能力得到最大限度发展的社会。如此一来，学习者的成才之路、人生之路才会“青山着意化为桥”，天堑变通途。

（三）学习型社会是增强我国综合实力和国际竞争力的战略举措

20 世纪 60 年代以后，随着世界性的第三次科技革命的风起云涌和高新技术产业的迅猛发展，学习型社会作为一种全新的教育理念在国际社会兴起，并成为世界潮流。20 世纪 60 年代末期美国学者赫钦斯首先提出学习型社会的概念；之后，三个国际组织开始积极行动，助力学习型社会在全球社会的推展。如 UNESCO 除了发布《富尔报告》《教育：财富蕴藏其中》等报告外，还通过举办国际会议，发布相关教育政策文本，将成人教育、全民教育、大教育统合纳入终身教育体系框架内，进行系统推进；同时还以举办学习型城市大会为契机，进行全球推展。OECD 采用“可负担”的投资理念，通过出台灵活多样的终身学习投资政策，鼓励采用灵活多样、多元化投资策略，为全民终身学习提供基本福利保障。欧盟通过发布系列白皮书，开发系列终身学习与学习型城市建设质量标准与评价项目，实施终身学习行动计划，建立非正规与非正式学习成果认证制度等，推进区域内学习型社会建设。

与此同时，为了适应新科技革命和知识经济的挑战，世界许多国家（尤其是

① 郝克明，周满生. 终身教育经典文献. 北京：高等教育出版社，2006：213.

一些主要发达国家）纷纷出台相关法规，将实施终身教育与终身学习、建设学习型社会作为国家未来可持续发展的宏大方略，并予以支持，如美国的《终身学习法》（1976）和《美国2000年教育目标法》（1994）、日本的《终身学习振兴法》（1990）、韩国的《终身教育法》（1999）等。这些相关法规的制定使学习型社会由理念转化为行动，在一定程度上推进了这些国家学习型社会建设的进程。近年来，学习型城市建设活动也在世界各地蔚然兴起，如英国实施的建设学习型城市网络行动、德国推行的“学习型地区网络计划”和“地方学习计划”，都将学习作为打造城市未来的关键通道，积极推进“网络学习型社会”的构建。据了解，目前全世界有1000个左右的城市正处于学习型城市的建设中。

无疑，以学习求发展，以学习提升综合国力，以学习型社会带动经济社会的发展，已经成为一个不争的事实。我国于20世纪末开始倡导和践行学习型城市建设的理念，主要以开展社区教育为基础，以创设终身学习活动为载体，以开展学习型组织的“五个创建”为抓手，并将学习型城市创建纳入区域经济社会发展战略统筹规划，出台政策，制定评估标准，以评促建。

总之，在当今世界终身学习文化潮流的大背景下，学习型社会所具有的无限能量和深厚底蕴，以及其强大的衍生功能——“促进经济社会发展与综合国力增强，促进国际竞争力”，已然成为世界性和全球性共识，并演化为战略行动。建设学习型社会就是要通过确立一种全新的教育理念，实行教育制度和教育体制变革，促进教育方法、教育手段和模式变革，为社会民众终身学习提供便利；就是要通过营造“人人是学习之人，时时是学习之机，处处是学习之所”的学习文化氛围，影响社会民众不断学习，带动数以亿计的社会民众将提升和完善自身素质作为自觉自愿的行动；就是要开发人力资源，提高全民的学习力，培养大批高素质人才队伍，将人口红利转化为人力资本，从源头上提升国家的综合实力和国际竞争力。

二、学习型社会是小康社会形成的条件和保障

教育不仅具有促进教育本体生长的强大功能，还具有牵引力、辐射性和延展性，即促进社会肌体其他子系统生长壮大的功能。以终身教育、终身学习为内核的学习型社会是小康社会形成的条件和保障。回溯我国小康社会政策目标的历史变迁可以看出，它是一个历史递进的过程，也是以建设学习型社会作为前提、条件和保障的过程。如今，全面建成小康社会的目标已经基本实现。事实证明，这

些目标的落地与初步实现均离不开学习型社会建设理念和行动实践为其提供原动力和能量输入。

具体而言，学习型社会服务于小康社会目标的作用主要体现在服务于经济、政治、文化、社会、生态文明五位一体的建设。

（一）经济维度：促进创新与产业发展

学习型社会是以学习求发展的社会，也是不断创新的社会。创新是一个国家和社会可持续发展的不竭动力和源泉。一个国家、一个社会，有创新才会有新的希望、新的发展。创新的基础则来自学习，学习力催动创新力，创新力激发源源不断的技术成果的诞生，从而促进技术成果转化为现实的生产力，推动产业的发展和经济的繁荣。

学习型社会的核心旨归是追求经济社会的可持续发展。通过构建服务全民终身学习的教育体系，疏瀹人才成长的通道，提高全社会民众的学习力创新能力，从而增强经济发展的核心竞争力，带动经济的增长。比如，学习型企业的创建中，通过培育组织学习文化，构建员工全员学习制度机制——包括学习保障机制、学习考核机制、学习激励机制、学习培训机制等，鼓励员工不断学习，更新知识结构，提高自身素质，最大限度地发挥自己的潜能，可以为我国企业发展提供坚实的人力资本后盾，培养一大批高素质的企业经营管理人才和高技术技能人才，从而增强企业的创新力和持续发展的动力。

再如，党的十九大提出“实施乡村振兴战略”，我国乡村振兴战略的实施迫切需要加大农村社会各方面的改革步伐。如要求农业产业结构调整升级——大力发展农业产业链，提升价值链、完善利益链，同时需要大力发展农业文化产业、乡村特色文化产业，这对新型农业劳动力数量、质量、结构、类型提出了新要求。农村社区教育作为终身教育体系的重要组成部分，作为联结农村产业需求和人力资本供给的枢纽，可以针对现代农业产业链发展要求，开展特色产业项目开发与技术技能培训，如面向农村劳动力开展现代农业（如农产品加工技术、储存技术、交通运输技术等）教育与培训、农业文化产业（如“农家乐”绿色文化、特色观光农业产业等）教育与培训以及乡村旅游产业（包括传统村落历史文化旅游、民俗文化旅游、红色文化旅游等）教育与培训等，从而实现人才链与产业链的深度对接，激活农村经济发展的内生因子，形成新的经济增长点。

（二）政治维度：助推政治民主的实现

民主的原意就是“人民的统治”，即人民当家作主。[①]同样，民主政治以人民为基石，以人权保障为内核，这与终身学习“培养理性的人”的最终价值诉求和“实现教育民主”的意蕴是相吻合的。终身学习在一定意义上可以助推政治民主化的实现。

随着社会结构的变革，公民逐渐由单位人转变为社会人。新公共服务理论提出：“新公共服务，强调不断引导人行使公民义务、承担公民责任，强调政府要持续重点关注社会各阶层的公民心声。”[②]学习型社会以培养公民责任意识、民主意识等为深层次目标。真正意义上的公民应具备参与和责任意识，意即公民行使民主权利的同时要对社区问题承担个人责任，这是一个合格、积极公民的基本条件，也是民主社会和民主政治最基本的要素。同时，政府必须对公民的需求做出反应和提供帮助，包括提供终身学习实施过程中的保障服务，让公民享受民主成果的同时积极自觉地参与到社区建设和活动中，构成民主社会的良性循环。

学习型社会以民为本，倡导对人权、民权的维护，通过宣传教育，促使公民个体的权利意识逐渐觉醒，帮助公民参与政治生活。如通过面向社区民众开展普法教育，向民众传播法律意识和民主政治理念，激发民众的主人翁意识、责任意识，促进社会公民对共同体生活的自觉参与，促进基层集体民主商议与议会制的实施，推进社区公共治理与和谐共治。再如通过面向社区基层干部进行业务培训，如党性教育、行政管理、组织管理等，可以为基层培养高素质的工作人员和领导班子，提升工作者队伍整体素质，促进基层民主决策和政治民主和谐，提高服务质量和效率。

另外，学习型社会以保障全体国民的教育权为原则，对经费投入、场地设施、数字化平台和工作者队伍的“四位一体”的终身学习服务体系进行系统化构建，为公民随时随地学习“充电”与素质提升提供必要的资源和平台，提高公民参与政治生活的能力和水平，加快社会整体的政治民主化进程，从而使我国小康社会建设进入高质量、高水平、实质性推进阶段。

（三）社会维度：催动社会的和谐与稳定

和谐是辩证统一，是事物间的共融共生。和谐稳定是一个社会的秩序特征，

---

① 冯建军. 论教育的外部民主与内部民主. 全球教育展望，2009，38（04）：48-52+66.

② 顾丽梅. 治理与自治：城市政府比较研究. 上海：上海三联书店，2006：94-95.

其最终旨归在于保证公民的幸福感和安全感。其中，幸福感是指社会公民对其生活状况的满意程度，以社会公平为基础，[①]体现为全体社会公民有平等的发展机会，能共享发展成果。安全感是指个体对周围的人、事和环境的信任程度，与社会凝聚力有关，[②]体现为社会关系的连接互动，即社会个体间互相尊重、互相包容、互相支持。

《国家中长期教育改革和发展规划纲要（2010—2020 年）》的战略目标之一就是要形成惠及全民的公平教育。坚持教育的公益性和普惠性，保障公民依法享有接受良好教育的机会。而学习型社会的核心特征是“以学习求发展、全民向学、全民终身学习”，宗旨是“人人皆学，时时能学，处处可学”，倡导教育机会的均等性和包容性，强调对公民个人受教育权、学习权利的保护——无论性别、年龄、种族、经济情况如何，都有平等接受教育的权利；保障所有社会民众拥有平等的学习发展机会——通过构建服务全民终身学习的教育体系，最大限度地确保全体人民享有充分的终身学习机会、优质化多样化的学习资源以及无处不在的学习空间，从而根本上保障全体公民的学习权和受教育权，使公民可以在规则平等的条件下通过自治性因素的发挥来改变自己的命运和不利处境，增强生活自信、生命尊严，提升幸福感和获得感。

学习型社会的第一目标就是要让个体享有生命的尊严，强调包容性发展和民主性发展，即促使将那些处于不利地位的被排斥者和被边缘化的人都包容到社会政治生活中。社会弱势群体是任何社会都存在的普遍现象，特别在我国社会转型变革时期，新市民、外来人口、流动人口子女、失独者、老年人、残障者、五保户、下岗职工、失业人员、城市贫民等大量存在。这些弱势群体的共同特征是贫困性、低层次性、脆弱性和边缘化。正是由于上述特征，其不可避免地会受到社会歧视，自身也会产生自卑心理。尤其是在我国社会转型、各种社会矛盾凸显的时期，弱势群体心理素质差、承受能力弱、经济基础薄弱，不可避免地成为社会结构中的不安定因素。弱势群体往往无法依靠自身力量改变弱势地位，教育关怀便显得尤为重要。学习型社会建设中，国家和社会通过有组织地采取相关的措施，对弱势群体施以教育援助，可以以教育输血的方式实现弱势群体不弱的目标。

---

① 郭永玉，胡小勇. 个人幸福・社会公平・世界和平——心理学家的人文情怀. 华东师范大学学报（教育科学版），2015，33（02）：55-64.

② 桑宁霞，高迪.《终身学习法》的价值取向研究——基于中国《终身学习法》诞生必要性的视野. 河北大学成人教育学院学报，2018，20（02）：5-11.

学习型社会具有五项特征：学习被当作终身的一种连续不断的活动；学习者把自己的进步当作个人的责任；学习的评价是肯定成绩；个人能力和共同价值观、团组活动与学习知识一样重要；学习是一种合作关系，学习是学生、家长、老师、雇主和社会之间共同的合作改进过程。显然，这五项特征中，共享的价值观、参与、团队合作作为学习型社会的核心要素尤其突出。学习型社会通过培育终身学习文化，如定期组织公共活动，使公民养成参与重要学习活动的习惯，将终身学习作为典型生活方式和生活态度，不断提高文化素质；不断完善自我、实现自身价值，增强意义感。而且通过共同参与重要公共事件，还可以增进彼此团结和互助，促进“精神共同体”的形成。

（四）文化维度：催发社会公共文化事业的繁荣

文化是知识、意义与价值的聚合体，是一个国家软实力的集中体现，有导向、价值引领和精神聚合的作用。

2015 年 1 月 14 日，中共中央办公厅、国务院办公厅印发的《关于加快构建现代公共文化服务体系的意见》指出，构建现代公共文化服务体系，是保障和改善民生的重要举措，是全面深化文化体制改革、促进文化事业繁荣发展的必然要求，是弘扬社会主义核心价值观、建设社会主义文化强国的重大任务。该意见指出：到 2020 年，基本建成覆盖城乡、便捷高效、保基本、促公平的现代公共文化服务体系；公共文化设施网络全面覆盖、互联互通，公共文化服务的内容和手段更加丰富，服务质量显著提升，公共文化管理、运行和保障机制进一步完善，政府、市场、社会共同参与公共文化服务体系建设的格局逐步形成，人民群众基本文化权益得到更好保障，基本公共文化服务均等化水平稳步提高。

学习型社会建设有助于催发社会文化的繁荣。首先体现在对中国特色社会主义核心价值观的引领上。如社区教育中通过开展爱党爱国、勇于奉献、帮贫救困、遵纪守法、家庭和睦、邻里互助、明礼诚信、尊老爱幼等活动，提升社区居民的精神风貌，让积极向上、文明健康、开拓团结进取的精神理念和新文化、新风尚进入千家万户，起到陶冶人、化育人的作用。同时，通过定期不定期地组织各类文艺会演，利用各种节日开展各类主题活动，不仅可以丰富社区居民的业余文化生活、陶冶社区居民的精神情操与提升个体生活品位和人格品位，还可以激发社区居民爱家乡、爱社区的情怀，营造团结、和谐、文明的社区氛围。

其次体现在对优秀传统文化的继承和发展上。如在社区教育中，通过对乡土文化的甄别筛选，开发具有本土文化韵味的特色项目和课程，可以培养社区居民的家园感和归属感。近年来一些地方在社区教育中，尤其重视以文化为牵引，开发能彰显地域文化魅力的特色项目与特色课程，这些特色项目和课程起到了很好的文化认同和文化传承作用，增强了社区居民的凝聚力，尤其极大地推动了乡风文明建设。乡风是特定乡村的村民在生活中共同遵循的行为规范，包括人们的价值观念、风俗礼节、精神风貌和行为习惯等。乡风文明是乡风在新时代发展到较高阶段或层次的状态，是乡村振兴的灵魂和根本。

我国农村地区尤其是经济落后地区由于经济发展落后致使精神文明、乡风文化建设滞后，农民精神需求匮乏。根据美国学者奥斯卡·刘易斯的贫困文化理论，贫困地区贫困群体在与贫困环境相适应过程中会潜移默化地养成一种对自然的屈服感和安于现状、听天由命、不思进取的生活态度，并内化为贫困群体的一种思维定势和行为准则，从而形成一种习惯与传统文化，被称为“贫困亚文化”。这种“贫困亚文化”不仅会强化现有的贫困状态，还会在区域内和代际产生复制和传承。

“乡风文明”建设的任务主要体现在三个方面：一是加强思想道德建设，如加强农民的社会公德、职业道德、家庭美德、个人品德建设， 强化农民的社会责任意识、规则意识、集体意识、主人翁意识；二是推进优秀传统农耕文化的保护和传承，培养人文情怀和人文精神；三是移风易俗，抵制封建迷信活动。农村社区教育对于促进乡风文明建设起着重要的基础性作用。如农村社区教育通过宣讲法律法规、开展丰富多彩的文化活动、挖掘优秀的乡土文化和民间艺术等举措，对村民加强思想道德教育、法律法规教育、精神文明教育，增强农民对乡村振兴主体地位的认识，引导农民自立自强，培养良好家风、社风、民风，推进移风易俗，从而促进乡村人文精神的弘扬和精神文明建设。

（五）生态维度：促进环境治理与经济的可持续发展

学习型社会不仅有助于推动经济的增长，还有助于推动环境治理与经济的可持续发展。经济发展与经济增长不可同日而语，经济增长属于量化的范畴，其衡量指标是 GDP（国内生产总值）的增长。而经济发展不仅包括经济增长，还包括经济在质上的提升，其衡量指标是 GNH（国民幸福总值）。GNH 作为一个衡量国民幸福程度的综合性指标，其主要由四大要素构成——经济增长、政府善治、文化发展和环境保护。其中，环境保护关乎人居环境、人与自然的和谐、生活的舒适度，是实现包容性增长不可或缺的指标，是经济可持续发展的重要体现。具体而言，经济的可持续发展意味着经济发展在注重数量（如 GDP）增长的同时，突破以往单纯追求经济效率，更关注人与自然的和谐。①

工业文明以来，世界各国在高举人类中心主义旗帜，奉行经济至上政策、大力发展生产力的同时，固然创造了巨大的物质财富，迎来了物质文明的盛宴，但也带来了环境污染、价值观混乱、人文缺失等社会问题。为此，推崇人与自然和谐相处的人文主义理念备受青睐，为国际社会所倡导。自2000年以来，UNESCO召开了五届国际学习型城市大会，几乎每届大会宣言中都提出环境保护与可持续发展问题，要求超越功利主义，回归人文主义怀抱，促进经济发展与生态人文的和谐共生。经济的可持续发展决定于人们思想和行为的根本性改变，唯有通过全民终身学习才能真正促成这种改变。换言之，建设学习型社会是实现经济可持续发展的应然路径，学习型社会建设中通过树立终身学习理念，营造终身学习文化，使人们确立可持续发展的观念，改变不可持续的行为方式，从而在根本上解决这些问题。②

比如在社区教育中，可以面向社区民众开展关于环境保护的知识讲座，普及环保文化知识，以及通过社校联动利用寒暑假组织青少年开展环保知识竞赛、环保小创意及环保小发明活动，推广环保理念；农村成人教育中，通过面向村民开展无公害绿色产品生产、消费，生态保护、环境污染防治等环保理念的宣传，开展环境治理、环保知识与环保技术应用方面的教育与培训，帮助农村村民树立绿色生产、绿色消费、绿色生活的环境保护意识，提高其环保素养以及解决和应对环境问题的能力；在学习型企业创建中，注重以绿色、环保为价值引领，开展企业环境保护知识的学习与绿色文化打造活动，培养企业员工的环保意识等。

通过开展以绿色、生态、环境保护为主题的全方位的终身教育活动，最终使社会民众生态文明素养得到提升，整个社会的绿色文化环境得到净化，从而实现经济的可持续发展。

第三节　小康社会背景下中国学习型社会政策的变迁

政策是政党、政府等政治实体在一定历史时期为了实现一定的教育目的和任

① 朱敏. 加强经济发展和文化繁荣：学习型城市建设的物质与精神支撑. 高等继续教育学报，2014，27(01)：9-12.

② 张创伟，高志敏. 全球、全民与全面：《可持续学习型城市墨西哥城声明》述评. 教育研究，2017，38(04)：136-145.

务而协调教育内外关系所规定的具有一定方向性和指导性的行动准则和依据[①]，是政党和国家为完成一定时期的政治目标和任务而制定的战略性行动纲领，具有对社会实践的引导、调控、规范和保障作用。中国学习型社会的实践发展很大程度上仰赖于党和政府相关政策的倡导和助推。在我国，正是得益于政策的引领，立足于推进建设小康建设社会目标的实现，经过几十年的发展，学习型社会作为一种理念已经走向人们的生活，融入国家经济社会发展战略。如今，建设学习型社会已经成为新时代背景下国家繁荣各项事业、促进社会和谐进步的最强音。总体而言，小康社会建设背景下中国学习型社会政策的历史演进经历了以下四个阶段。

一、理念的孕育：恢复与发展，服务经济建设（1978—1992 年）

1978 年 12 月，党的十一届三中全会做出将党和国家的工作重心转移到经济建设上来和实行改革开放的重大决策，我国各行各业掀起了改革的热潮，教育领域也与时俱进，开放进取，寻求新的发展出路。这一时期，相关教育政策纷纷出台，其政策价值诉求主要体现为经济建设的恢复与发展。其政策主基调可以从以下几种教育类型的发展得以彰显，从而为学习型社会理念的孕育提供了一定的适宜土壤。

（一）职工教育：确立制度，着力“双补”

教育改革政策的号角，首先在职工教育领域吹响。积极恢复和促进企事业单位的职工教育，建立职工教育与培训制度是这一时期的主要任务。[②]1979 年 9 月，教育部召开全国职工教育工作会议，提出要主抓以青工“双补”（文化课和专业技术课双向补偿教育）为中心的企业职工教育，以为企业生产力发展奠定坚实的后备力量。随后，相关政策陆续出台，如《中共中央 国务院关于加强职工教育工作的决定》（1981）、《全国职工教育管理委员会 教育部 国家劳动总局 中华全国总工会 共青团中央关于切实搞好青壮年职工文化、技术补课工作的联合通知》（1982）、《国家教育委员会、劳动部、人事部、国家经济体制改革委员会、全国总工会关于开展岗位培训若干问题的意见》（1989）。在对“双补”工作做出进一步指示部署的同时，又对职工教育与岗位培训制度作出了全面规定。政策的策

① 朱敏，高志敏. 终身教育、终身学习与学习型社会的全球发展回溯与未来思考. 开放教育研究，2014，20（01）：50-66.

② 朱新均. 我国成人教育发展现状与展望. 中国成人教育，2008（24）：5-9.

动与倡导，推动了全国范围内各行各业企事业单位职工教育的蓬勃发展，由此，岗位培训在全国展开试点，并逐步推广，为经济的恢复与发展筑牢人才基础。

（二）农村成人教育：全面开启

1978 年，《中共中央关于加快农业发展若干问题的决定（草案）》颁布，以此为契机，大力发展农村成人初、中等教育乃至高等教育的序幕拉开。村农民技术学习班—乡农民初级文化技术学校—县农民中专技术学校（培训中心，或农业技术学校）三级农村成人教育办学体系逐步形成。各地以三级农村成人教育办学机构为载体开始面向农民开展不同层次、类型的教育与培训。同时，为了培养大批新型农村建设者，为农业现代化发展培养后备力量，1987 年，我国开始大力开展农村综合教育改革，推行三教统筹、农科教结合。1988 年，国家教委印发《关于组织实施“燎原计划”的请示》，对农村教育改革做出全面指示，对“燎原计划”的基本任务、主要目标和实施办法做了明确说明。为了更好地指导农村教育改革实验，实施“燎原计划”，1989 年，国家教委印发《关于在全国建立百县农村教育综合改革实验区的通知》，通过在各地建立实验区，极大地推动了农村教育综合改革的发展，之后形成了典型经验的辐射推广。

（三）成人高等教育：“四轮”并驱

这一时期，面对一大批被“文化大革命”耽搁的社会成人对高等教育的渴求，党和政府给予高度的政策关怀，推动了我国各级各类成人高等教育蓬勃发展。致力于服务社会经济建设，电大、函授、夜大、自学考试四大类教育四轮并驱，并行发展。基于内外环境的动态变化，这一时期的成人高等教育政策分为恢复发展期和整顿期。

1. 恢复发展期（1978—1987 年）

1979 年，《教育部、中央广播事业局关于全国广播电视大学工作会议的报告》发布，此后，广播电视教育迅速普及到除西藏以外的所有省份。1980 年，《教育部关于大力发展高等学校函授教育和夜大学的意见》第一次对高等学校函授教育和夜大学的方针任务、办学形式、教学工作、人员编制和经费、毕业生的使用和待遇，以及组织领导等问题做出全面规定。1981 年，《教育部关于高等教育自学考试试行办法》颁布，标志着我国高等教育自学考试制度的诞生。1987 年，国家教委颁布《普通高等学校函授教育暂行工作条例》，这是我国函授教育史上第一个带有法规性质的综合性指导文件，首次以行政法规的形式对函授教育的各个方面做出权威性规定。

2. 整顿期（1988—1991 年）

1988 年，我国开始对成人高等教育进行整顿。基于文凭热导致的成人高等教育办学机构出现的“三乱”（乱办班、乱收费、乱发证）现象，国家教委于 1990 年初部署了成人高等教育的治理整顿工作。同年，《国家教委关于普通高等学校成人教育治理整顿工作的若干意见》下发，指出要进一步端正办学指导思想，加强管理，控制规模，保证质量，使高等学校成人教育步入规范化、制度化的轨道。1990 年，国家教委在《关于印发〈普通高等学校举办非学历教育管理暂行规定〉的通知》中，对普通高等学校开展大学后继续教育和其他各类培训进修辅导的发展进行了规范。

（四）社区教育：初露星火

在相关教育政策引领下，社区教育开始在部分城市初露星火，而且国家及地方层面的社区教育政策也开始出炉，昭示着社区教育历史春天的到来。1985 年，《中共中央关于教育体制改革的决定》出台，奏响了新时期教育改革的集结号，其中提及的成人教育的有关要求为之后社区教育的发展提供了一定的政策引擎。1985 年底，上海闵行吴泾地区由企业牵头，建立了由企业所属工厂、商店、医院、机关和学校共同组成的“社会支教基金会”。上海真如中学在真如镇人民政府的支持下，由学校牵头，成立了“真如中学社区教育委员会”，该委员会理事单位由学校附近的企业、部队、商店、镇政府等组成，该委员会的职责是共同研究解决青少年教育问题以及学校办学困难问题。[①]之后，全国部分市区如沈阳市、天津市、北京市西城区、成都市青羊区等地，也陆续成立社区教育委员会，开展社区教育，由此拉开了 20 世纪 80 年代中期中国社区教育的序幕。实践又反过来作用于政策，催发了政策的进一步出台。1988 年，《中共中央关于改革和加强中小学德育工作的通知》提出，要采取多种方式加强学校和社会的联系，城市的区或街道可通过试点，逐步建立社区（社会）教育委员会一类的社会组织，以组织、协调社会各界支持、关心学校工作，优化社会教育环境。

社区教育委员会的诞生改变了长期以来中心城市的教育由政府部门统一包揽

---

① 沈金荣，等. 社区教育的发展和展望. 上海：上海大学出版社，2009：42-45.

的局面，给中小学教育事业的发展带来了动力。[①]

至 1990 年 5 月，上海市基本上完成了区、街道（镇）两级社区教育委员会的组织建设工作。[②]

（五）老年教育：初露峥嵘

1983 年 6 月，我国第一所老年大学——山东省红十字会老年大学成立，次年 3 月，我国第一所民办老年大学——广州市岭海老人大学成立。此后，老年大学在各地陆续建立。与此同时，各地基层街道、乡镇开始创建老年学校，开展形式多样的老年教育活动。到 1990 年底，老年学校达 2300 多所，初步形成全国老年教育网络。[③]除了专门的老年大学、老年学校，一些老年教育民间组织——老年教育协会、老年大学协会和老年教育研究会也陆续成立，推动老年教育的发展。

这一时期学习型社会建设在教育领域的特点表现为：第一，立足服务于国家经济建设对人才的需要，各级各类教育开始复兴，并加快改革的步伐，满足了被“文化大革命”耽误的一代社会各类成人群体（包括工人、农民、社会青年等）对知识的向往，对自我文化素养、技术技能提升的诉求。第二，两大教育开始兴起：一是社区教育初露端倪，主要聚焦于青少年的校外德育教育；二是伴随着干部退休制度的建立，老年人群受到关注，老年教育徐徐开启。总之，相关教育政策的出台拉开了教育社会化、社会教育化的序幕，由此奠定了学习型社会理念生成的文化生态。

二、理念的破土：规范完善，制度化推进（1993—2000 年）

我国于 20 世纪 90 年代开始全面引入国际先进教育思想和文化理念。1993 年，在中共中央、国务院关于《中国教育改革和发展纲要》的实施意见中首次正式提出了终身教育的概念。就本质而言，终身教育是学习型社会的内核，终身教育的提出，标志着学习型社会理念开始破土萌芽。1995 年颁布的《中华人民共和国教育法》第十一条规定，国家要逐步“建立和完善终身教育体系”；第四十一条规定，“国家鼓励学校及其他教育机构、社会组织采取措施，为公民接受终身

① 赵艳立，徐玲. 改革开放以来我国社区教育政策的演进. 中国成人教育，2011（19）：31-33.

② 小林文人，末本诚，吴遵民. 当代社区教育新视野. 上海：上海教育出版社，2003：277.

③ 岳瑛. 中国老年教育发展的背景和历史回顾. 天津市教科院学报，2016（02）：47-50.

教育创造条件”。伴随着终身教育与终身学习理念的深入，1998 年发布的《面向 21 世纪教育振兴行动计划》中明确提出到 2010 年基本建立起终身学习体系，为国家知识创新体系以及现代化建设提供充足的人才支持和知识贡献。

这一时期，服务于终身教育体系的构建，各级各类教育也开始进入规范完善、制度化轨道。

（一）职工教育：力抓岗位技术培训

基于企业转换经营机制、经济快速发展对职工素质提出的新要求，致力于培养“四新”人才（即对新技术、新工艺、新设备、新材料的应用），这一时期的职工教育的重点是抓职业岗位技术培训，并重视企业职工培训制度建设。1993 年，《中国教育改革和发展纲要》立足于推进职业技术教育，强调要推行“先培训，后就业”的制度，对初中后、高中后毕业生进行职业技术培训，对在职职工实行岗前培训。1996 年，劳动部、国家经贸委印发《企业职工培训规定》，该规定立足于提高职工队伍的整体素质，对企业职工培训的有关方面做出了规定，内容涉及企业和职工的责任、培训保障以及违规方面的处罚责令等方面。由此可以看出，这一时期的职工教育从学历补偿为主转向非学历培训提升为主。

（二）农村成人教育：“绿色证书”培训制度

致力于服务于农村经济转型发展的新要求，这一时期农村成人教育的政策内容主要聚焦于“绿色证书”培训制度。1994 年，致力于农业现代化发展对专业化人才的新要求，农业部《关于实施“绿色证书工程”的意见》中指出，“绿色证书”的培训对象，主要是具有初、高中文化程度的乡、村农业社会化服务体系的人员，村干部、专业户、科技示范户和一些技术性较强岗位的从业农民；取得“绿色证书”的农民必须达到岗位规范规定的标准。1998 年颁布的《面向 21 世纪教育振兴行动计划》立足于服务农村经济转型发展对大量从事农业产业的人才的需要，提出要用 3—5 年，使全国大多数农村地区义务教育阶段的毕业生或肄业生能够在从业前后接受一定方式的职业技术培训，包括“绿色证书”培训。截至 2000 年底，通过考核并获得“绿色证书”的农民达到近 1000 万人，培养了大批农业技术精英人才。[①]

① 丁红玲，韩瑜茜. 新中国成立 70 年来我国农村职业教育发展的历史演进及未来展望. 中国成人教育，2019（23）：92-96.

（三）成人高等教育：规范管理

1992 年，伴随着我国市场经济体制的确立，成人教育价值理念也发生了变化，教育产业化、教育即产业、教育即经济风靡整个社会，导致实践中一些成人教育办学机构重规模、轻内涵，重效益、轻质量，管理混乱，社会公信力低下，严重影响了成人教育的发展。[①]为促进成人教育健康有序地发展，1993 年，国家教委印发《关于进一步改革和发展成人高等教育的意见》，提出进一步深化改革和加强管理的总体目标及十项政策措施。2000 年，教育部印发《高等职业学校、高等专科学校和成人高等学校教学管理要点》，进一步对成人高等教育教学管理（包括教学的计划、运行、质量、评估及师资队伍管理）做了全面系统的规定。

（四）社区教育：正式启动

这一时期，企业改制步伐的加快进一步推动了社区改制，从而推动了社区建设。加强城市社区建设已经成为不可逆转的社会潮流。社区教育作为社区建设、社区发展的重要组成部分受到国家的高度重视，国家层面的政策纷纷出台。2000 年 4 月，教育部职业教育与成人教育司印发《关于在部分地区开展社区教育实验工作的通知》，正式拉开了在部分地区开展社区教育实验的序幕。2000 年 11 月，《民政部关于在全国推进城市社区建设的意见》第一次正式将社区教育纳入社区建设的范畴，强调了社区教育在推进社区建设工作中的重要地位，要求在推进城市社区建设中要大力开展社区教育。在相关政策的感召下，社区教育在终身教育体系大系统、社区建设大系统中的重要地位日益彰显，社区教育进入正式推展期。

（五）老年教育：力抓机构建设

为了推进老年教育的发展，这一时期老年教育的中心任务是抓机构建设，为此，党和政府出台了一系列的政策。如 1994 年中央十部委联合印发的《中国老龄工作七年发展纲要（1994—2000 年）》中专门强调要加强老年大学、老年学校建设。1996 年颁布的《中华人民共和国老年人权益保障法》从赋权的角度提出，“老年人有继续受教育的权利。国家发展老年教育，把老年教育纳入终身教育体系，

① 李亚楠. 从“成事”到“成人”：我国教育信息化政策的价值走向新趋势. 教育理论与实践，2016，36（31）：21-25.

鼓励社会办好各类老年学校”。在政策的支持与关怀下，各地纷纷增建老年大学、老年学校，加快推进老年教育机构建设的步伐。据悉，仅 1996 年一年，全国老年大学、老年学校就增长至 8300 余所，在校学员 70 万人。[①]这一阶段，老年教育多渠道、多层次办学的格局基本形成。

这一时期学习型社会建设在终身教育领域的特点表现为：教育类型开始呈现出多元化，终身教育体系初露端倪；终身教育强调制度化建设，相关的教育制度体系开始形成，如职工教育的“三证”制度、农村成人教育的“绿色证书”培训制度、成人高等教育的质量评估建设等。

另外，这一时期，在终身教育政策理念的感召下，一些城市开始以学习文化作为激发城市发展的内动力，提出建设学习型城市的愿景目标和行动方略。1999 年 9 月，上海率先提出“努力把上海建成适应新时代的学习型城市”。2001 年，北京提出“争取用 10 年左右的时间在全国率先建成学习化城市”。此后，包括太原、天津、重庆、广州、武汉、杭州、济南、常州、南京、大连、义乌、青岛、九江、珠海、成都、昆山、常德、合肥、天水等在内的 60 多个城市都把创建学习型城市作为全面提高市民素质、增强城市综合竞争力、落实科学发展观、促进社会进步与和谐的一项事关全局的重大举措，相继出台了很多有关学习型城市建设的文件和政策。

三、理念的确立：立体化推展，全面起航（2001—2009 年）

进入 21 世纪，伴随着科技进步、知识经济的风起云涌，世界范围内终身教育、终身学习浪潮的涌入，构建终身教育体系、建设学习型社会成为我国的基本国策。

我国“学习型社会”概念的首次提出是在 2001 年 5 月，由江泽民在亚太经合组织人力资源能力建设高峰会议的讲话中提出来的。[②]这是基于世界资源开发重心转变的历史背景。因为当今世界已进入以人才资本为依托的经济发展时期，有效开发人才资源是我国面临的紧迫课题。之后不久，“学习型”一词很快得到广泛响应，由此拉开了我国建设学习型社会的序幕。

2002 年，党的十六大报告第一次明确提出，要“形成全民学习、终身学习的

① 董之鹰. 试析我国改革开放以来老年教育的发展历程. 社会科学管理与评论，2009（01）：77-82.

② 江泽民. 加强人力资源能力建设 共促亚太地区发展繁荣——在亚太经合组织人力资源能力建设高峰会议上的讲话. 2001-05-15. https://news.sina.com.cn/c/252740.html.

学习型社会，促进人的全面发展”[①]。2004 年，《中共中央关于加强党的执政能力建设的决定》提出，要“营造全民学习、终身学习的浓厚氛围，推动建立学习型社会”。2007 年，党的十七大报告再次明确提出，要“建设全民学习、终身学习的学习型社会”[②]。这是学习型社会进入全面发展阶段的里程碑，至此，学习型社会建设工作开始进入正式推进阶段。在教育领域，各类教育也被纳入终身教育体系大怀抱，进入全面发展期。与此相适应，政策层面也进入系统规划和全面推进期。

（一）职工教育：两大工程

立足于建设学习型社会，从中央到地方都大力提倡开展职工教育，大力推广学习型企业创建和高技能人才建设两大工程。

一是学习型企业创建。2003 年 7 月，教育部印发《关于进一步推进学习型企业创建工作暨推荐创建学习型企业成绩突出单位的通知》，同年 12 月，全国总工会、中央文明办、国家发改委等十部委和社会团体联合在全国启动了旨在全面提高职工队伍素质的“创争”活动，并迅速在全国各地掀起热潮，呈现出燎原之势。至此，建立学习型企业，打造企业快速学习力，聚合和释放组织成员的团队学习能量，成为企业进行变革与再造、谋求求生存与求发展的有效工具和法宝。

二是高技能人才培育工程。2006 年，中共中央办公厅、国务院办公厅印发《关于进一步加强高技能人才工作的意见》，明确提出高技能人才工作的指导思想和目标任务，强调完善高技能人才培养体系，大力加强高技能人才培养工作，动员全社会以企业行业为主体，开辟高技能人才培养的多种途径，支持和鼓励职工参加技能培训。之后，高技能人才的培养工作步入快车道。

（二）农村成人教育：两大重音符

这一时期，农村成人教育主要聚焦两大重音符——农村实用人才培训和农村劳动力转移培训。一方面，2002 年，《教育部关于进一步加强农村成人教育的若干意见》颁发，提出以实用技术培训为重点，增强农业劳动力掌握和运用先进实

---

① 江泽民. 全面建设小康社会，开创中国特色社会主义事业新局面——江泽民在中国共产党第十六次全国代表大会上的报告. 2012-11-08. http://www.gov.cn/test/2008-08/01/content_1061490.htm.

② 胡锦涛. 高举中国特色社会主义伟大旗帜 为夺取全面建设小康社会新胜利而奋斗——在中国共产党第十七次全国代表大会上的报告. 2007-10-15. https://fuwu.12371.cn/2012/06/11/ARTI1339412115437623.shtml.

用技术的能力。2006年，《中华人民共和国国民经济和社会发展第十一个五年规划纲要》提出，加快发展农村教育、技能培训和文化事业，培养造就有文化、懂技术、会经营的新型农民。2006年，农业部启动“百万中专生计划”，要求农广校与各职业院校充分发挥中等人才培养的阵地作用，为农村培养百万具有中专学历的农村实用人才。2009年，全国12.94万所农村成人文化技术培训学校（机构）和35.33万个教学点（班）开展了农村实用技术培训，农村实用技术培训4130.67万人，[①]大大促进了农业增效、农民增收和农村生产力的发展。另一方面，致力于推进城镇化进程，2004年，教育部印发《农村劳动力转移培训计划》，并组织实施“农村劳动力转移培训阳光工程”，旨在提高农村劳动力素质和就业技能，促进其向非农产业和城镇转移，实现稳定就业。在相关政策的关怀下，我国农村劳动力素质和技能水平得到了一定程度的提高。

（三）成人高等教育：深化管理

致力于进一步发挥成人教育在终身教育体系构建中的重要作用，这一时期，成人高等教育发展的政策导向是在前一阶段的基础上，继续深化管理，提升内涵和质量。

一方面，注重全方位的内涵和质量的提升。在教育部的政策指示下，省市教育主管部门纷纷出台相关政策，开始整顿办学机构的招生和办学秩序，实施对成人高等教育办学机构办学质量评估与全面质量监控，要求办学机构树立社会化服务理念，加强自身质量管理，提高社会信誉，增强社会效应。

另一方面，着力对成人高等教育自学考试进行深化改革。教育部通过印发一系列文件，如《教育部关于进一步加强高等教育自学考试工作若干问题的意见》（2003）、《教育部办公厅关于加强和改进高等教育自学考试专业建设的若干意见》（2004）、《教育部关于进一步加强部属高等学校成人高等教育和继续教育管理的通知》（2007）、《教育部关于加强成人高等教育招生和办学秩序管理的通知》（2007）等，对自学考试从人才培养目标模式到专业建设、课程设置及课程考试标准、助学工作，再到考试命题、考试实施、检查与评估，再到社会化服务体系建设等做出了规定和要求，大大推进了实践中自学考试工作的健康规范发展。

---

① 教育部办公厅关于教育系统农村实用技术培训2009年工作总结及2010年工作计划的通报. 2010-04-07. http://www.moe.gov.cn/srcsite/A07/s7055/201004/t20100407_91706.html.

（四）社区教育：实验推进

伴随着终身教育、学习型社会与学习型城市建设在全国范围内的开展，作为终身教育主阵地的社区教育日益受到政府的关注。这一时期主要以推进社区教育试点实验、典型示范为抓手，正式进入对社区教育实验的推展阶段。

先是2000年教育部印发《关于在部分地区开展社区教育实验工作的通知》。次年，教育部在北京召开社区教育实践经验工作交流会议，确定28个社区教育实验区。2003年，教育部又确立33个全国社区教育实验区。2004年，《教育部关于推进社区教育工作的若干意见》印发，第一次系统全面地阐述了中国社区教育工作的指导思想、原则、目标、主要任务、工作措施及保障，提出不仅要扩大实验区的数量，而且要加强示范区建设。同时对今后的工作做了总体性的部署，成为我国社区教育政策史诗演进历程中的重要乐章。2006年，20个全国社区教育实验区确立。2007年，第四批33个全国社区教育实验区确立。

2008年，《教育部关于确定全国社区教育示范区的通知》印发，其中公布了首批34个示范区。2009年8月，教育部对全国社区教育实验区做出调整，又增加一批工作力度大的省级社区教育实验区，全国实验区总数为98个。社区教育管理体制基本上建立，初步形成社区学院—社区学校—教学点三级教育网络，各类学习型组织（学习型城区、学习型街道、学习型社区、学习型机关、学习型单位）创建工作也取得了实质性的进展。

（五）老年教育：理念升华

老年教育作为成人继续教育的重要组成部分，在我国兴起于20世纪80年代，20世纪90年代初步形成办学与教育体系，真正的发展则是在21世纪。伴随着构建终身教育体系、建设学习型社会步伐的加快，国家层面有关老龄事业的政策陆续出现，包括《中国老龄事业发展“十一五”规划》（2006）、《中国老龄事业的发展》白皮书（2006）、《中共中央 国务院关于加强新时代老龄工作的意见》（2021）等。

这些政策的出台标志着我国老年教育进入一个全新的发展阶段。这一时期，党和政府开始对老年人进行全方位的人文关怀，倡导建立全方位的老年服务体系，除了倡导对老年人提供生活福利、生活照料、医疗保健等方面的生活服务保障以外，尤其倡导关注老年人的精神养老，提倡加大老年教育发展步伐，重视发展多种类型的老年教育（包括广播、电视、网络和函授教育），鼓励社会力量办学。在相关政策的策动下，老年教育进入新的发展阶段，老年教育类型与形式开始呈现多样化趋势。同时，社区老年教育初露峥嵘，社区作为老年教育主阵地的功能日益凸显。

（六）远程教育：异军突起

我国远程教育发轫于 20 世纪 90 年代末在部分高校进行的远程教育试点工程。以 1999 年教育部印发《关于启动现代远程教育第一批普通高校试点工作的几点意见》为标志。之后，试点工程不断推进。进入 21 世纪，伴随着试点单位数量和规模的不断增加，一些普通高校的网络学院、远程继续教育学院、开放大学、广播电视大学不仅开展成人本专科的学历教育，还面向农村和西部贫困地区各行各业的广大民众以及弱势群体开展各类职业与资格证书培训。伴随着构建终身教育体系与建设学习型城市步伐的加快，各地纷纷利用现代信息技术，建立区域性终身学习网/市民学习网、数字图书馆、数字文化馆等，打造服务社会民众学习的线上服务平台。

同时，党和政府的远程教育政策视角开始向农村拓展，如 2006 年中共中央办公厅、国务院办公厅印发的《2006—2020 年国家信息化发展战略》提出，持续推进农村现代远程教育，实现优质教育资源共享，促进教育均衡发展。2008 年颁布的《中共中央关于推进农村改革发展若干重大问题的决定》着眼于培养新型农民，提出健全县域职业教育培训网络，加强农民技能培训，广泛培养农村实用人才。

总体而言，这一时期学习型社会建设在终身教育领域的特点表现为：终身教育类型趋向多元，现代终身教育体系基本形成。尤其是党和政府把终身教育作为民生兜底工程给予了高度重视，如通过政策引领和项目牵引，实施对农民的实用技术培训和农村劳动力转移培训，并开始关注老年人的生存境遇和生活样态的改善，将老年教育统摄到老年社会服务保障体系中予以关照。

与此同时，这一时期还有一个重要特点，那就是伴随着教育系统内部的变革与再造，学习型城市的创建活动开始兴起。2002 年党的十六大正式提出形成学习型社会的奋斗目标以来，学习型城市的创建工作在各地展开。2005 年，教育部发起在全国开展“全民终身学习活动周”的号召和指示，引燃了学习型城市建设的理念火种，使学习型城市建设工作有了初步的制度载体。之后，各地开始以全民终身学习活动周、全民终身学习大讲堂、各种学习节和读书节为载体，以学习型城市的“五个创建”（即城市各类学习型组织的创建）为抓手、终身教育体系构建为支撑，系统推进学习型城市的创建工作。2007，党的十七大明确提出，要建设全民学习、终身学习的学习型社会。这是学习型城市进入全面发展阶段的里程碑，至此，全国各地学习型城市的创建工作进入全面推展阶段。

四、理念的深化：立足服务，聚焦三大重音符（2010 年至今）

2010 年颁布的《国家中长期教育改革和发展规划纲要（2010—2020 年）》，规划了未来 10 年中国教育改革发展要实现的愿景，提出了“到 2020 年，基本实现教育现代化，基本形成学习型社会，进入人力资源强国行列”的战略目标，为我国描绘了一幅教育改革发展的美好蓝图。该纲要紧扣国情，实事求是，目的明确，令人鼓舞，是引领我国教育事业可持续发展的标志性政策事件，至此，学习型社会推进工作进入深化期。

（一）着力现代教育体系的目标建构

立足于推进我国早日进入人力资源强国和人才强国行列，成为社会主义现代化强国，2019 年，中共中央、国务院印发《中国教育现代化 2035》，明确 2035 年主要发展目标是“建成服务全民终身学习的现代教育体系、普及有质量的学前教育、实现优质均衡的义务教育、全面普及高中阶段教育、职业教育服务能力显著提升、高等教育竞争力明显提升、残疾儿童少年享有适合的教育、形成全社会共同参与的教育治理新格局”。

不难看出，2035 战略规划把服务全民终身学习的现代教育体系放在了主要发展目标的首位。具体而言，2035 年我国教育目标主要可分为三大板块：第一板块是建成服务全民终身学习的现代教育体系，该体系将涵盖正规教育、非正规教育、非正式学习方方面面；第二板块是着力打造国民教育重点领域，夯实学前教育、义务教育、高中教育、职业教育、高等教育和特殊教育的基础；第三板块是形成全社会共同参与的教育治理新格局，确保教育治理现代化、法治化迈上新的台阶。①

2019 年 10 月，党的十九届四中全会立足于中国特色社会主义发展对新时代人才培养的需要，明确指出，“坚持和完善统筹城乡的民生保障制度，满足人民日益增长的美好生活需要。增进人民福祉、促进人的全面发展是我们党立党为公、执政为民的本质要求……要健全有利于更充分更高质量就业的促进机制，构建服

① 张力. 21 世纪正在从“终身教育”向“终身学习”演进. 2019-08-06. https://ishare.ifeng.com/c/s/7ovJgvIdzYP.

务全民终身学习的教育体系”[①]，“这就要求我们立足当前，着眼长远，积极构建服务全民终身学习的教育体系，保障全民享有终身学习的机会”[②]。这是因为，教育是关乎国计民生的事业，人民对美好生活的向往，必然包含着对高质量、高品位教育的期待。这就要求建立起服务全民终身学习的教育体系，赋予每个人以平等的受教育权利，让教育资源均衡配置，让教育发展成果公平地惠及每个社会公民。

构建服务全民终身学习的教育体系，意味着首先要确保教育资源在地域和空间上的均衡分配，推进城乡各级各类教育一体化发展，如需要聚焦短板，大力推进农村学前教育、义务教育、成人教育、社区教育、老年教育，缩小城乡差别；其次要推进网络教育基础设施建设，构建包含智能学习、交互式学习的新型教育体系；最后要着力形成全社会共同参与的教育治理新格局，要打破传统的学校教育单一格局，建立“学校—社会—家庭”教育治理新格局。[③]通过学校教育与社会教育、家庭教育的密切配合与良性互动，形成全社会共治的教育文化生态。

（二）教育体系的深化提升与重点聚焦

这一时期，伴随着我国学习型社会建设进程的加快、经济的发展以及科技、信息技术的发展，我国服务全民终身学习的教育体系构建进入深化提升与重点聚焦阶段。

一方面，深化提升表现为如下特点。首先，深化提升了成人教育的内涵，廓清了其范畴。成人教育被纳入“继续教育”的范畴。《国家中长期教育改革和发展规划纲要（2010—2020年）》在国家层面明确了继续教育的内涵，并明确指出“继续教育是面向学校教育之后所有社会成员的教育活动，特别是成人教育活动，是终身学习体系的重要组成部分”。至此，成人教育被明确地纳入继续教育的范畴。

其次，以任务为导向，彰显了继续教育在终身教育与学习型社会建设中的重要地位作用：强调要加快继续教育的转型发展，大力发展非学历继续教育；打通继续教育与其他各级各类教育系统的沟通桥梁，建立学分积累与互认制度；广泛

---

① 中国共产党第十九届中央委员会第四次全体会议公报. 2019-10-31. https://www.12371.cn/2019/10/31/ARTI1572515554956816.shtml.

② 构建服务全民终身学习的教育体系——五论深入学习贯彻党的十九届四中全会精神. 2019-11-13. http://www.moe.gov.cn/jyb_xwfb/s5148/201911/t20191113_407988.html.

③ 戴菁. 构建服务全民终身学习的教育体系. 2019-12-20. http://www.npc.gov.cn/npc/c30834/201912/2f2a5365657e4146b77badb3403b32c4.shtml.

开展城乡社区教育、重视老年教育、发展面向农村的职业教育。2017 年，党的十九大报告进一步指出新时代中国特色社会主义思想和基本方略，指出“办好继续教育，加快建设学习型社会，大力提高国民素质”①。

另一方面，重点聚焦主要体现为对以下五大领域的重视与关怀。

（1）职工教育。这一时期职工教育进一步走向深入，体现为对劳动者职业技能和职业素质的关怀。一是关注技能提升。2010 年 10 月，《国务院关于加强职业培训促进就业的意见》极大地推进了一些大中型企业面向职工的就业技能培训、工作场所的岗位技能培训以及创业能力的培训工作。二是关注人才成长，重点对高技能人才培养予以关注。2011 年，《高技能人才队伍建设中长期规划（2010—2020 年）》对高技能人才队伍建设与培养培训体系做出了全面系统的规划，推动了地方高技能人才培养工程建设。各地通过出台政策、建章立制、探索人才培养新模式（如校校合作、校企合作），培养了大批高技能人才，为地方经济发展注入活力。三是关注全面素质的提升与培养。2015 年，《全国职工素质建设工程五年规划（2015—2019 年）》立足于培养高素质的职工队伍，对职工教育人才培养目标做出了新的定位，在一定程度上促进了职工教育内容方向和培养模式的转变。2018 年，《国务院关于推行终身职业技能培训制度的意见》将终身职业教育由理念升华为制度。

（2）农村成人教育。致力于推进城乡融合，促进乡村振兴，这一阶段的农村成人教育政策更为突出对农民的深切关怀，对农民的社会角色定位由上个阶段的“新型农民”转为“新型职业农民”，提高了农民的职业化、专业化社会角色地位。为此，重点强调对新型职业农民的培育工程建设。

2015 年，中共中央、国务院印发《关于加大改革创新力度加快农业现代化建设的若干意见》，该意见立足于加快农村现代化建设步伐，提出积极发展农业职业教育，大力培养新型职业农民。

2016 年，《中共中央 国务院关于落实发展新理念加快农业现代化 实现全面小康目标的若干意见》从全面实现小康社会的战略目标高度，提出各地区各部门要牢固树立和深入贯彻落实创新、协调、绿色、开放、共享的发展理念，大力推进农业现代化，确保亿万农民与全国人民一道迈入全面小康社会；加快培育新型职业农民，基本形成职业农民教育培训体系；建立健全职业农民扶持制度，相关

① 习近平. 决胜全面建成小康社会 夺取新时代中国特色社会主义伟大胜利——在中国共产党第十九次全国代表大会上的报告. 2017-10-18. http://www.gov.cn/zhuanti/2017-10/27/content_5234876.htm.

政策向符合条件的职业农民倾斜。

2017年，《中共中央 国务院关于深入推进农业供给侧结构性改革 加快培育农业农村发展新动能的若干意见》立足于供给侧结构性改革，提出要开发农村人力资源，并制定分类培养计划，以优化农业从业者结构，培养适应现代农业发展需要的新农民。

2018年，《中共中央 国务院关于实施乡村振兴战略的意见》从实施乡村振兴战略的角度，进一步提出大力培育新型职业农民，实施新型职业农民培育工程。

这些政策的出台为新型职业农民的培育营造了良好的政策环境，主要呈现三个特点。第一，新型职业农民的内涵不断丰富与发展。“新型职业农民”这一概念既不同于传统农民，也不同于新型农民和职业农民，反映了现代农业发展对农民专业化发展提出的新要求。第二，新型职业农民的培育对象不断拓展。从对在农村从业的村干部、农村种植养殖大户、大学生村官的教育培训等到对新型农业经营主体培育，再到鼓励、吸引返乡农民工涉农创业、对大学生到农村就业创业培训。第三，扶持新型职业农民教育培训的政策越来越全面。这些政策是从农村土地改革、改善农村生活、教育培训资金投入、教育培训补贴、创业扶持等方面，多方面、全方位扶持了新型职业农民教育培训工作。

（3）社区教育。致力于推进学习型城市建设，这一阶段的社区教育政策继续倡导加强社区教育实验区、示范区建设。在政策的推动和引领下，截至2016年，教育部已遴选设立了122个全国社区教育实验区和127个全国社区教育示范区。[①]同时，更为强调社会化推进和社区教育治理体系建设。2014年，教育部等七部门印发《关于推进学习型城市建设的意见》，致力于推进学习型城市建设发展进程，提出了以社区教育为契机、深化社区教育工作的思路，即以社会化推进为目标，以多元主体参与为推进机制，构建社区教育公共治理新格局。该意见要求广泛开展城乡社区教育，推动社会治理创新，“培育多元社区教育主体，支持社区居民自主学习、自我教育，进一步激发城乡社区教育活力。建立社区教育联席会议、社区教育理事会等制度，完善社区教育多元参与协商、合作机制，提高社区治理能力，推动社会治理创新”。

2016年7月，《教育部等九部门关于进一步推进社区教育发展的意见》进一步提出要培育多元主体，引导各级各类学校和社会力量积极参与社区教育；鼓励高等学校、职业学校开设社区教育相关专业，鼓励引导相关专业毕业生从事社区

① 朱容影. 高职院校与地方联办社区学院的可行性研究. 福建高教研究，2009（02）：2-5.

教育工作。2017 年 1 月，《国家教育事业发展“十三五”规划》立足于加快完善和实现终身教育体系构建目标，提出要建设覆盖全国城乡、开放便捷的终身学习公共服务体系，还要整合资源，健全城乡一体的社区教育办学网络，广泛开展城乡社区教育，促进学校教育资源服务社区居民。

（4）老年教育。致力于构建惠及全民的终身教育培训体系，老年教育在这一阶段受到国家政府的热切关注。2016 年，《老年教育发展规划（2016—2020 年）》对我国老年教育进行了战略性、导向性系统规划和部署。2017 年《国务院关于印发“十三五”国家老龄事业发展和养老体系建设规划的通知》指出要开展养教结合试点，提升老年教育机构的基础能力。2017 年，《国家教育事业发展“十三五”规划》强调，要推进老年教育机构逐步纳入地方公共服务体系，完善老年人学习服务体系，办好老年大学，有效扩大老年教育资源供给。地方性有关老年教育的政策法规也纷纷出炉，如《上海市老年教育发展“十三五”规划》《安徽省老年教育条例》等。

至此，老年教育由边缘化走向中心。一是推进养教结合，实现理念创新。各地创建了内容丰富形式多样的模式，如睦邻点共学养老、书院式养老、游学体验、送教上门等，体现了对老年人群的深切的人文关照。二是推进老年人学习服务体系建设，扩大老年学习资源服务供给。老年大学办学规模（尤其是高校办老年大学数量）开始增加，社区老年大学、社区老年学校数量急剧增加。

（5）远程教育。这一时期立足于推进教育信息化与现代化的发展步伐，为广大社会民众提供个性化、便捷化、高效化的教育服务，党和政府十分关注现代远程教育。2010 年，《国家中长期教育改革和发展规划纲要（2010—2020 年）》提出，要大力发展现代远程教育，建设以卫星、电视和互联网等为载体的远程开放继续教育及公共服务平台，为学习者提供方便、灵活、个性化的学习条件。2016 年，《教育部关于办好开放大学的意见》又专门就开放大学的管理体制建设、基础设施建设、优质课程建设、师资队伍建设、学分银行建设等做了规划和部署。

在政策的关怀下，截至 2022 年，全国已有 45 所开放大学相继成立，地方性省市级的数字化网络学习平台也已建立。远程开放教育拓展了学习空间，网络学习、移动学习渐成新时尚，成为民众学习的新选择，在很大程度上为社会民众提供了平等、开放、便利、超时空共享的学习机会，保障了其学习权利的实现。

这一时期学习型社会建设在终身教育领域的特点表现为：第一，各级各类教育重视内涵和质量的提升；第二，立足于增加终身教育的资源供给，倡导多元主体办学和公共治理，以及社会化服务体系建设；第三，伴随着从国家到地方数字化学习服务平台的建立，各级各类教育开始与数字化远程教育接轨和融通，实现教育形式和手段的转型升级。

（三）学习型城市建设的内涵式发展

致力于推进学习型城市建设进一步走向深化，2014 年教育部等七部门印发的《关于推进学习型城市建设的意见》对学习型城市建设工作作出了战略部署，总体目标中提出“到 2020 年，东中西部地区市（地）级以上城市开展创建学习型城市工作覆盖率分别达到 90%、80%和 70%；各区域都要有一大批县级城市开展创建工作”。该意见还同时提出要大力开展学习型城市的质量监测工作，指出要“建立健全终身学习的统计信息体系，研制监测评估指标体系，支持社会组织等第三方开展学习型城市建设与发展状况评价和监测活动”。

实践中，基于推进学习型城市建设质量的提升，教育部委托中国成人教育协会在北京、上海、杭州、成都、武汉、长沙、宁波、太原等八个城市开展学习型城市建设监测项目实践，启动首批监测工作——探索学习型城市测评工作机制，验证监测指标体系，引导并加快推进我国学习型城市建设。这标志着学习型城市建设由求规模、重形式的外延式发展进入求质量、要成效的内涵式发展阶段。地方层面上许多城市如上海、北京、天津、广州、宁波、杭州、常州、深圳、成都、太原等地也陆续出台了有关学习型城市建设的系列文件，为学习型城市建设提供政策引领。

至此，各地纷纷通过当地政府发文，制定学习型城市各类学习型组织创建标准和评估质量体系，引领学习型城市建设工作走向深入，推动学习型城市创建工作由外延式发展走向内涵式发展。而且，2013 年国家教育发展战略学会终身教育委员会和全国学习型城市建设评价指标体系研究制定小组已经拟定了《全国学习型城市评价指标体系（试行）》，该指标体系已陆续进入实施阶段。

第四章　小康社会背景下中国学习型社会理论探索

学习型社会作为一种洋溢着学习文化魅力的生动的字眼和美好的社会理想，其在实践中的推展离不开理论的引领。小康社会建设背景下中国学习型社会建设由理念转为行动，一路走来，得益于理论的不断探索和滋养。本章首先对小康社会建设背景下中国学习型社会理论研究历程进行分析，然后对中国学习型社会代表性思想进行具体介绍。

第一节　小康社会背景下中国学习型社会理论研究历程

总体而言，小康社会建设背景下中国对学习型社会的理论研究肇始于20世纪90年代，主要经历了三个发展阶段。

一、第一阶段：研究的起步（1988—2001年）

进入20世纪90年代，随着国外学习型社会浪潮的涌入，我国学术界开始对学习型社会理论进行研究探索。

（一）研究机构情况

研究机构是组织科研队伍开展学习型社会研究的重要阵地。这一时期的研究机构建设情况如下。

1. 专业研究所、研究中心建设情况

这一时期，一些成人教育与继续教育研究机构开始建立，致力于终身教育与学习型社会的研究。除了国家层面于1990年成立的教育部职业技术教育中心研究所，以及华东师范大学于1981年成立的第一个成人高等教育研究室以外，一些地方也成立了相关研究机构，如2000年四川师范大学成立成人教育研究所、2001年山西大学成立继续教育研究中心等。尤其是1998年广州沃尔德终身教育研究院的成立，标志着终身教育与学习型社会专门研究机构的诞生，由此，学习型社会研究开始受到学界的关注。

2. 专业学位点情况

这一时期，高校职成教硕士点乃至博士点也开始建立。继华东师范大学于1993年成立全国第一个成人教育学硕士点，华中师范大学（1996）、曲阜师范大学（1998）、北京师范大学（2000）、同济大学（2000）、西南大学（2000）、四川师范大学（2001）等也先后成立了成人教育学硕士点，天津大学（1998）、南京师范大学（2001）、湖南师范大学（2001）、吉林农业大学（2001）先后成立了职业技术教育学硕士点。尤其是2001年华东师范大学还成立了全国第一个职业技术教育学博士点。这些成人教育和职业教育专业学位点成为学习型社会建设研究的重要阵地，为学习型社会研究注入新生力量。

（二）学术组织——专业协会①情况

各类相关协会包括成人教育协会、职业教育协会、继续教育协会、社区教育协会是开展学术交流、引领学术研究方向、推动理论服务于实践不可或缺的重要力量。

这一时期，除了自20世纪80年代开始从国家到地方成立的各种成人教育协会和职业教育协会（大约43个，其中，中国成人教育协会于1981年成立）之外，1998—2001年，各地的成人教育协会、职业教育协会继续大幅度增加。例如，福建省继续教育协会（1988），天津市职业教育与成人教育学会（1998），汕头市职业与成人教育协会、南京市成人教育学会、广东省成人教育协会②（1999），广州市成人教育协会、中山市成人教育协会、韶关市成人教育协会、北京市密云县成人教育学会、七台河市成人教育学会、鸡西市成人教育学会、武汉市职业教

① 也包括学会。为行文简便，本书统称为协会。
② 该协会于1981年成立，1999年经广东省民政厅批准为“法人社会团体”。

育与成人教育协会（2000），北京市石景山区成人教育学会（2001）。

与此同时，继续教育协会、社区教育协会开始在一些地方初露端倪。例如，乌鲁木齐市继续教育协会（1999）、广州市继续教育协会（2000）、北京市西城区社区家庭教育协会（2001）等。

（三）研究成果情况

这一时期属于学习型社会研究的起步阶段，其研究成果较少，知网统计数据包括著作2部、学术论文238篇。最早出现的具有代表性的论文有1988年麻生诚和董文芳在《北京成人教育》杂志上发表的“关于向终身学习体系的转变”，1988年肖玮在《现代远距离教育》杂志上发表的“日本的‘终身学习社会’”，1989年喻立森在《高等师范教育研究》杂志上发表的“未来的学习化社会与当今的师范教育改革”。这一时期，除了最早出现的学习型社会专著——谢国东和赖立于1997年在四川教育出版社出版的《构建学习社会》之外，还有李毓平、陈龙、宁正法主编的2001年由苏州大学出版社出版的《叩开学习化社会的大门——新世纪成人教育理论研究与实践》。

这一时期的学术论文主要聚焦于以下四个方面：一是基本理论研究，如学习型社会的基本内涵、特征，学习化社会与相关概念（终身教育、终身学习、制度化教育、高等教育）的辨析等；二是学习型社会建设中各类教育（如大学教育、远程教育、社区教育、成人教育、职业教育）肩负的使命研究；三是学习型社会建设中的终身教育体系研究，包括终身教育体系的构建研究及各类教育（如远程教育、社区教育、高等教育、继续教育）在终身教育体系构建中的功能作用；四是对国外学习型社会的研究。

这一阶段研究领域的特点表现为：一是研究机构开始出现并崭露头角，学术组织发展势头良好，研究队伍初步形成；二是研究成果数量较少；三是研究视角逼仄，主要定睛于基础理论研究，应用研究较少。

二、第二阶段：研究的快速发展（2002—2009年）

2002—2009年，随着党的十六大、十七大不断对学习型社会建设的政策倡导，我国学习型社会建设进入实践探索期。与此相适应，我国学习型社会理论研究也进入快速发展期。

（一）研究机构情况

1. 专业研究所、研究中心、研究院情况

这一时期，各地又增设了一些专业研究中心和研究所乃至研究院。如华东师范大学职业教育与成人教育研究所（2002）、湖北省社会科学院荆门分院职业继续教育研究所（2002）、河南社区教育研究中心（2007）、浙江省社区教育指导中心（2008）、青羊区社会工作发展研究中心（2008）。同时，终身教育研究院在一些地方开始建立，如2009年厦门市终身教育研究院成立。

2. 专业学位点情况

这一时期，立足于推进终身教育与学习型社会建设，一些高校开始建立成人教育学和职业技术教育学硕士点。如华南师范大学（2003）、山西大学（2003）、河南大学（2003）、陕西师范大学（2004）、江西师范大学（2005）、云南师范大学（2006）、上海师范大学（2007）等陆续成立成人教育学硕士点，湖南农业大学（2003）、河北师范大学（2003）、天津职业技术师范大学（2004）、河北科技师范学院（2005）、东北财经大学（2005）、上海师范大学（2005）等陆续成立职业技术教育学硕士点。

与此同时，相关博士点也开始增加，如华东师范大学（2004）成立成人教育学博士点，北京师范大学（2005）、天津大学（2006）、南京师范大学（2007）等成立职业技术教育学博士点。

（二）学术组织——专业协会情况

这一时期成人教育协会在各地继续增加。如上海市黄浦区成人教育协会、佛山市成人教育协会、重庆市成人高等教育协会（2002），杭州市成人教育协会、上海市闵行区成人教育协会（2003）。而且，伴随着1998年教育部机构改革，成人教育司、职业教育司合并为“职业教育与成人教育司”，各地也纷纷成立职业教育与成人教育协会，如北京市门头沟区职成教育与民办教育协会、湖南省职业教育与成人教育学会（2003），内蒙古职业与成人教育协会、上海市宝山区职业与成人教育协会、钦州市职业教育与成人教育学会、益阳市职业教育与成人教育学会（2004），怀化市职业教育与成人教育学会（2007），珠海市职业与成人教育协会（2008）。

同时，继续教育协会、社区教育协会在各地继续增加，如云南昭通市继续教

育协会（2006），大连市社区教育协会（2007），安徽省继续教育协会、黑龙江省继续教育学会、湖南益阳市中小学教师继续教育研究会（2008）。

（三）研究成果情况

来自知网的统计数据显示，这一时期共出版著作46部，发表论文2929篇。研究内容涉猎多个方面，如学习型社会建设的策略与路径研究、学习型城市的研究、学习型社区的研究、学习型社会中的各类学习型组织研究、学习型社会与远程教育研究、学习型社会与高等教育研究、学习型社会与社区教育研究、社区学院研究、学习型社会与成人教育研究、学习型社会与继续教育研究、学习型社会与高职教育研究、学习型社会中的图书馆（包括高校图书馆）功能作用研究、赫钦斯的学习社会思想、兰森的学习型社会理论。

这一时期研究领域的特点表现为：第一，在全国高校，除了相关硕士学位点的数量继续增加外，相关博士点开始在一些师范类高校建立；第二，职业教育和成人教育协会、继续教育协会等学术组织也纷纷建立；第三，研究成果颇丰，在数量上有了大幅度增加，研究范围不断扩大，研究成果更多地关注应用研究。

三、第三阶段：研究的深化（2010年至今）

以《国家中长期教育改革和发展规划纲要（2010—2020年）》的出台为标志，我国学习型社会开始走向深化，步入兴盛与繁荣期，与此相对应，相关研究也不断深化。

（一）研究机构情况

1. 专业研究中心、终身教育研究院、终身教育研究基地情况

这一时期专业研究所在各地增设不多，专业研究中心尤其是社区教育研究中心在各地陆续成立，如江西省社区教育研究中心（2015），来宾市兴宾区社区教育研究培训中心、深圳市现代润泽社区教育指导中心（2016），广东省学习型社会建设协同创新研究中心（2018），浙江省终身教育研究与评价中心（2019），湖南省湘民社区治理研究中心（2020）等。独立设立的终身教育研究院进一步增多，如上海终身教育研究院（2012）、宁波至真终身教育研究院（2017）、河南省终身教育研究院（2019）。值得一提的是，北京师范大学还成立了首都学习型社会研究院（2011）。

另外，终身教育研究基地在各地也陆续建立，如江苏职业教育与终身教育研究基地（2011）、首都终身教育研究基地（2017）、德州学院宝莲华终身教育课题研究基地（2019）、中国教育发展战略学会终身学习专业委员会西南终身学习研究基地（2021）。

2. 专业学位点情况

这一时期，成人教育学和职业技术教育学硕士点在一些高校进一步增加，如湖北大学（2010）、江西科技师范大学（2011）、宁波大学（2011）、上海外国语大学（2012）、河北大学（2012）等分别成立成人教育学硕士点。山西大学（2011）、东南大学（2013）、贵州师范大学（2014）、广东技术师范大学（2016）等分别成立职业技术教育学硕士点。

成人教育学和职业技术教育学博士点数量的增加尤其明显。截至2021年，已经有成人教育学博士点9个，分别为北京师范大学、华中师范大学、浙江大学、东北师范大学、南京师范大学、华东师范大学、西北师范大学、华南师范大学、西南大学；职业技术教育学博士点10个，分别为北京师范大学、华中师范大学、西南大学、东北师范大学、南京师范大学、浙江大学、华东师范大学、天津大学、华南师范大学、西北师范大学。

（二）学术组织——专业协会情况

这一时期，成人教育、职业教育与成人教育、继续教育方面的协会在各地继续增加（例见表4-1），各地的社区教育协会也急剧增加（例见表4-2）。

表4-1 各地成立的成人教育、职业教育与成人教育、继续教育方面的协会举要（2010年至今）

类别	成立年份	协会名称
成人教育协会	2011	山东省成人教育协会、上海市青浦区成人教育协会
	2014	惠州市成人教育协会
	2021	济南市天桥区成人教育协会
职业教育与成人教育协会	2010	广安市职业教育与成人教育学会、四川省职业教育与成人教育学会
	2012	衡阳市职业教育与成人教育学会、遂宁市职业教育与成人教育学会
	2015	广元市职业教育与成人教育学会
	2016	嘉兴市职业教育与成人教育协会
继续教育协会	2013	南宁市继续教育研究会、深圳市继续教育协会、安阳市继续教育协会
	2017	丽江市继续教育协会

表 4-2　各地成立的社区教育协会举要（2010 年至今）

年份	协会名称
2012	徐州市鼓楼区牌楼街道办事处鼓楼花园社区未成年人教育协会
2013	成都市温江区天府街道社区教育协会、常州市天宁区朝二社区健康教育服务志愿者协会、荆门市家庭学校社区三结合教育研究会、广东省社区艺术教育学会
2014	瑞安市社区教育协会、常州市天宁区乾盛兰庭社区七彩儿童早教服务协会、徐州市鼓楼区牌楼街道办事处雅园社区未成年人教育协会、泗阳县众兴镇大兴社区留守儿童教育协会、乌鲁木齐市社区矫正心理协会、如东县社区矫正协会、徐州市鼓楼区牌楼街道绿健社区未成年人教育协会、德庆县城南社区老人协会、泗阳县众兴镇杨圩社区生殖健康教育协会、常州市天宁区九洲新世界社区防灾教育宣传协会
2015	海宁市袁花镇社区教育协会、深圳市宝安区社区教育协会、河北省社区服务教育培训协会、泗阳县王集镇徐渡社区留守儿童教育协会、东阳市社区矫正工作协会、深圳市龙华区民治街道北站社区家庭教育协会、河池市金城江区金城江街道（东风社区、桥卜社区、教育社区、新华社区、拉友社区）老年协会
2016	广州市社区教育研究会、永嘉县社区教育协会、厦门市同安区后田社区教育发展协会、泰州医药高新区凤凰街道社区及成人教育协会、盐城市亭湖区爻易养生太极协会
2017	巴楚县社区教育协会、芜湖市弋江区乐享社区公益协会、兴化市五岳社区家长协会、平江县心理教育协会
2018	包头市亲子教育公益协会、惠东县家庭教育协会、岳阳市社区服务业协会、磐石市社区教育志愿者协会
2019	邓州市社区教育交流协会、四川省社区文化教育服务与发展研究会
2020	厦门市同安区下山头社区教育发展协会
2021	清远市清城区社区教育研究会

有些地方还成立了家庭教育协会，如东莞市寮步家庭教育协会（2014）、鱼台县家庭教育协会（2016）、内蒙古家庭与社区教育学会（2019）、宣城市家庭教育协会（2020）、汾阳市家庭教育协会（2021），尤其是成立了终身教育协会，如延安市终身教育协会、延边女性终身教育协会（2016），河南省终身教育协会（2021）。

（三）研究成果情况

来自知网的统计数据显示，这一时期共出版著作 45 部，发表的学术论文共 2957 篇。学术领域对学习型社会的研究视角进一步拓展，具体包括：①学习型社会的相关制度研究，如学习型社会政策与立法研究、终身教育（学习）立法研究、国外终身教育（学习）立法研究；②学习型社会服务保障机制研究，如学习成果认证与转换机制研究、学分银行建设研究、国家资历框架建设等；③学习型社会服务体系研究，如学习型社会建设中的终身教育（学习）体系研究、学习型社会建设中的终身学习服务体系研究、服务全民终身学习的教育体系研究、学习型社会中远程教育公共服务体系建设研究；④学习型社会建设中的农村社区教育研究，如新型城镇化视域下农村社区教育研究、农村社区教育课程建设、农村社区教育工作者队伍建设、乡村振兴战略视域下的农村社区教育治理问题、农村民间组织参与社区教育问题等；⑤学习型社会中的老年教育研究；⑥学习型政党建设研究等。

与此同时，对于学习型城市建设的研究也进入深耕期，开始基于不同视角（如终身教育视域、社会管理视域、社会治理视域）研究学习型城市的系统创建问题，具体研究的主题包括：学习型城市建设中的各类教育——高等教育、高职教育、社区教育、继续教育的功能作用研究，学习型城市质量标准体系建设研究，国际学习型城市建设经验研究，以及学习型城市的个案研究等。

这一时期研究领域的主要特点表现为：①社区教育研究中心、终身教育研究院、终身教育研究基地在各地纷纷建立；②成人教育学和职业技术教育学博士点的数量开始增加；③各地的社区教育协会急剧增加，规模庞大，家庭教育协会也陆续建立；④研究视角呈现多元化，在质量上也有所提升；⑤开始关注学习型社会在社会治理中功能作用的研究；⑥重视对学习型社会建设中政府职能的研究，包括政府行动力、行政权能的研究，政府组织先锋作用的研究，以及学习型政党的研究。

第二节　小康社会背景下中国学习型社会理论研究的主要代表性思想

小康社会建设背景下中国学习型社会理论研究自 20 世纪 90 年代末兴起发展至今，经过 20 多年的深耕，不断地扬花吐穗，反哺实践，已经奠定了一定的文化基础。与此相适应，在学习型社会理论研究方面已经形成一些代表性思想。

一、关于学习型社会的代表性思想

学习型社会是教育与学习生活贯穿于任何时候、任何领域、任何过程的社会，是以学习求提升与发展的、学习机会均等的、每个人的潜能和价值得到最大限度释放和展示的美好的社会。关于学习型社会理念的代表性思想如下。

（一）厉以贤的观点

厉以贤认为，学习型社会是指以学习者为中心，以终身学习、终身教育体系和学习型组织为基础，以保障和实现满足社会全体成员各种学习需求，促进人的全面发展和获得社会自身可持续发展的社会。其中，全民学习权的保障、社会各种学习资源的有效整合、形成有利于学习的环境，是迈向学习型社会的关键；建立和完善终身学习、终身教育体系和学习型组织，是迈向学习型社会的基础；促进人的全面发展和获得社会的可持续发展，是发展学习型社会的出发点和归宿点。[①]

厉以贤把学习型社会的基本属性归结为以下四点：第一，学习性，即在学习型社会，学习成为社会生活的重要组成部分；第二，规范性，即在学习型社会，学习成为习惯、风尚和民德；第三，整合性，即学习型社会善于把各种教育类型整合起来，把各种教育机构与文化机构整合起来，把个人的学习和发展与社会的发展整合起来，从而将全民终身学习的学习型社会的理想最终变为现实；第四，参与性，即不仅个人主动参与学习，社会所有部门都参与并推进终身学习和终身教育，并且一切社会教育系统均向学习者开放。[②]

社区是社会的基本单位，因此，学习型社会建设的基础在社区，学习型社会建设最终要落脚到学习型社区建设上。厉以贤在《学习社会的理念与建设》一书中尤其从地理空间角度对学习型社区进行了重点研究，指出“学习型社区是一种以学习者为中心，以终身学习、终身教育体系为基础，以保障和满足社区成员各种学习权利与需求、获得人的全面发展与自我实现以及可持续发展的社区”[③]。他从广义的角度界定学习型社区，指出“结合中国主要以行政社区为主的特点，学习型社区一般指某个区、县或某个街道、村镇”[④]，即“包括学习型城市、学习型城区（县）、学习型街道（镇）、学习型小区、居委会（乡）等”[⑤]。他还认为学习型社区是学习型社会中的有机构成部分，发展学习型社区的目的是共同建设一个学习型社会，学习型社区是建设学习型社会的前提条件。[⑥]

① 厉以贤. 学习社会的理念与建设. 成都：四川教育出版社，2004：73.
② 厉以贤. 学习社会的理念与建设. 成都：四川教育出版社，2004：74-75.
③ 厉以贤. 学习社会的理念与建设. 成都：四川教育出版社，2004：223.
④ 厉以贤. 学习社会的理念与建设. 成都：四川教育出版社，2004：223.
⑤ 厉以贤. 学习社会的理念与建设. 成都：四川教育出版社，2004：199.
⑥ 厉以贤. 学习社会的理念与建设. 成都：四川教育出版社，2004：226.

关于学习型社区的特性，厉以贤总结出8个：学习机构的普遍性、学习资源的共享性、学习机会的广延性、学习参与的主动性、学习网络的开放性、学习行为的互动性、学习方法的科学性、学习成效的明显性。①

致力于建立学习型社区，厉以贤对学习型社区的愿景、目标、任务进行了分析。

（1）关于学习型社区的愿景。厉以贤指出学习型社区的愿景是创建文明和幸福型社区。其中，文明社区的标准可以从四个维度进行衡量：社区形象、社区文化、社区生活、社区风尚。②社区文明程度的提升必然带来幸福社区的形成和人们幸福指数的提升。厉以贤进一步指出，幸福型社区形成的关键是要为社区成员创造良好的生存条件和生活环境，换言之，“良好的自然与社会环境是社区幸福的具体体现，它为个人幸福提供了充分的条件”，创造优美的社区环境包括“绿化卫生的自然环境、安全舒适丰富多彩的生活环境、温馨和谐的社会（人际关系）环境”。③厉以贤进一步指出，实现幸福型社区这一共同愿景的途径有多种，“比如社区服务、社区医疗保健、社区治安、社区管理等。而社区学习是整合社区多方面力量和关系的润滑剂，也是实现共同愿景的必要途径”④。因为只有通过学习，社区成员的文明素质才能提升，才会自觉生发出环境意识和公共意识，维护社区环境；只有通过学习，社区成员的职业能力、生存能力、社会适应能力才能提升，才会拥有积极向上、乐观向上的精神风貌。

（2）关于学习型社区的目标。厉以贤从三个维度设计了学习型社区的目标。①教育目标：提供优质教育服务，实现人人有学习机会，社区文盲和低学历人越来越少，社区成员整体素质提升。②社会目标：社会民众的参与意识增强；社区居民能够更为有效地获得转岗或就业的机会；社区成员的社区参与度提高，凝聚力增强。③管理目标：社区服务完备、机构健全、设备设施先进齐全。⑤

同时，基于学习型社区目标的实现，厉以贤将学习型社区的指标体系分解为四个子系统。①组织管理：包括组织机构健全，管理工作踏实。②资源建设：包括社区教育基地建设完备，教育资源盘活共享。③社区教育机构建设：包括社区学校场地设施基本建设完备；课程科学规范，贴近社区居民的实际需求；师资充

---

① 厉以贤. 学习社会的理念与建设. 成都：四川教育出版社，2004：230-231.

② 厉以贤. 学习社会的理念与建设. 成都：四川教育出版社，2004：344-345.

③ 厉以贤. 学习社会的理念与建设. 成都：四川教育出版社，2004：345.

④ 厉以贤. 学习社会的理念与建设. 成都：四川教育出版社，2004：345-346.

⑤ 厉以贤. 学习社会的理念与建设. 成都：四川教育出版社，2004：346.

足，质量有保证。④绩效：包括社区学习活动人数和时间达到一定比例；社区成员学习效果良好、满意度提升；学习型小区、楼组和家庭都达到一定比例。[①]

（3）关于学习型社区的任务。厉以贤根据欧洲终身学习推展协会（European Lifelong Learning Initiative）制定的学习型城市十四项目标指标包括领导（leadership）、就业与就业能力（employment and employability）、渴望（aspiration）、资源（resource）、网络（network）、资讯（information）、需求与需要（need and requirement）、成长（growth）、更新管理（change management）、投资（investment）、科技（technology）、参与（involvement）、环境（environment）、家庭的策略（strategies for the family），结合我国的实际，制定出我国学习型社区建设五项任务，其内容涉及社区学习体系的建立、社区内各类学习型组织的形成、社区内各类显性的和隐性的学习资源与教育资源得到有效整合与充分利用、学习型社区建设中人力资源的储备、社区学习文化的形成。[②]同时，基于学习型社区任务的实现，厉以贤制定了学习型社区建设的主要行动步骤：开展学习需求调查和教育与学习资源情况摸底调查；建立社区教育中心，根据社区居民需求，规划社区学习活动；培训社区学习活动各类人才，包括领导人才、师资、志愿者；策划和开展各类学习与教育活动；利用和开发远程教育资源，为社区成员学习提供便利；建立社区学习档案；定期对社区学习进行检查和评价。[③]

（二）叶忠海的观点

叶忠海在综合分析了国内外学者和机构关于学习社会表述的基础上，对学习型社会做了如下表述：他认为学习型社会指的是以知识经济和知识社会为生存背景和发展空间，以学习和教育为最本质职能，以形成社会终身学习文化、社会化的终身学习和教育体系为基础，能保障和满足社会成员学习基本权利和终身学习需求，促进社会成员素质和生活质量的提高，确保社会可持续发展的一种新型社会。[④]

叶忠海认为学习型社会具有下列基本特征。

1. 学习理念的普遍性与学习行为的全员性、全程性

基于学习型社会是以学习求发展的社会，学习以不同的方式在各种不同的情

---

① 厉以贤. 学习社会的理念与建设. 成都：四川教育出版社，2004：346-347.

② 厉以贤. 学习社会的理念与建设. 成都：四川教育出版社，2004：227-228.

③ 厉以贤. 学习社会的理念与建设. 成都：四川教育出版社，2004：229.

④ 叶忠海. 学习型社会建设研究与探索. 上海：同济大学出版社，2013：4.

境中发生，包括工作场所、家中及其他任何团体活动或个人的情境里，而不仅是存在于正规教育的情境之中。叶忠海指出，“在学习型社会中，学习成为社会的核心理念，每个单位、每个组织、每个人具有较强烈的学习意识，把学习视作一种生活方式和手段，作为生活的有机组成部分……学习成为社会全体成员的自觉行为和终生行动，无论是组织和个人无不置身于持续学习之中，学习活动成为社会的时尚”①。

2. 学习机会的平等性

基于学习型社会的终极目标是增进民生福祉，叶忠海指出学习型社会具有强烈的教育民主性、全纳性和包容性，尤其强调保障社会不利群体的平等受教育权利，强调从不同层面开拓不利群体终身学习的机会——“在学习型社会中，每位社会成员特别是社会中处境不利的弱势人群和特殊人群，均有平等的受教育权和自主的教育选择权，真正体现学习型社会学习者的主体地位。”②

3. 学习和教育体系的社会性

基于在学习型社会，学习不仅是一种社会理念，更是一种社会责任，社会中的各个组织和机构在行使自己的专业职能的同时，也行使着学习和教育的职能。叶忠海指出，“整个社会构建成社会化的学习和教育体系，从而使学习和教育贯穿于所有民众、所有组织、所有经济社会活动之中，把教育的功能扩充到整个社会的各个方面”③，形成了良好的学习支持条件和环境。

4. 创新发展的特质性

基于人是主体，也是目的——学习的目的尽管是多重多面，包括经济、社会、文化等各层面，但学习的最终目的是人的全面发展，是人的潜能的不断开发与自我实现的达成，创新性则是人的自我实现的高级目标。为此，叶忠海尤其强调学习型社会创新发展的特质性，指出在学习型社会“学习和创新密切相关，学习是创新的基础，创新是学习的目的和动力，创新是学习型社会的灵魂”④。

5. 人际环境的和谐性

基于学习是社会进步的活力源，是促进社会文明与和谐发展的重要因子，叶

① 叶忠海. 学习型社会建设研究与探索. 上海：同济大学出版社，2013：4.
② 叶忠海. 学习型社会建设研究与探索. 上海：同济大学出版社，2013：4.
③ 叶忠海. 学习型社会建设研究与探索. 上海：同济大学出版社，2013：5.
④ 叶忠海. 学习型社会建设研究与探索. 上海：同济大学出版社，2013：5.

忠海进一步推断出，在学习型社会，“随着学习活动广泛而深入开展，文明程度得到较大幅度的提升，再加上学习机会的平等性，人们就业能力得以提升，从而有着更多的生存和发展空间，则必然带来社会人际环境的和谐度大幅度提高”[①]。

在此基础上，叶忠海还勾勒出学习型社会形成的基本标志，具体体现为下列七个方面。一是学习理念觉醒。“社会成员树立了终生学习理念，能自觉地学习。”二是学习和教育得到高度重视。“社会以学习作为核心理念，将学习和教育摆在优先发展的战略地位。”以学习求创新，以创新求发展，“创新成为社会发展的第一要务”。三是学习和教育的人文关怀得到彰显。“社会能处处时时为每个社会成员提供公平的学习机会，特别能保障和满足社会弱势人群的学习基本权利和终身学习需求。”四是全社会教育与学习资源得到有效开发和利用。“显性的教育机构教育资源，社区能充分共享；隐性（潜性）的社会非教育机构教育资源，社区能充分开发和利用。”五是参与学习和教育成为社会责任。“社会各单位组织重视履行学习和教育职能。各单位组织积极创建学习型组织，积极参与社区教育和创建学习型社区的活动。”六是“两个形成”。其一，“终身教育体系和终身学习服务体系的形成。社会构建了纵向衔接、横向沟通、纵横整合、内外协调、整体优化的终身教育体系；完成了信息网络学习工程，社会成员网络学习的参与率较大幅度提升”。其二，各类学习型组织的密布与形成。“各类学习型组织在城市创建基本普及，包括学习型政府、学习型社区、学习型企事业单位、学习型团体、学习型家庭等，有较高的覆盖率。”七是“四个提高”，包括：“社会成员整体素质和生活质量、社会凝聚力得到显著提高”；“社会的文明程度和文化品位得到明显提高”；知识化、信息化水平的提高，“社会基本实现知识化、信息化。知识对经济增长的贡献率，得到较大幅度的提升，分别达到或超过50%”；社会开放程度的提高，“社会的开放程度明显提高，国际化进程加快，多种先进文化相互连接和融合”。[②]

与此同时，基于文化作为一种行为导向和价值引领的作用，叶忠海尤其强调学习型社会以终身学习为导向的新学习文化的形成。他指出“所谓新学习文化是指以终身学习为核心理念和导向的，以创新与能力发展处于中心地位的学习文化”[③]。

按照叶忠海的分析，新学习文化的特点在于：一是其强调学习的终身性，“以

① 叶忠海. 学习型社会建设研究与探索. 上海：同济大学出版社，2013：17.
② 叶忠海. 学习型社会建设研究与探索. 上海：同济大学出版社，2013：17.
③ 叶忠海. 学习型社会建设研究与探索. 上海：同济大学出版社，2013：13.

终身学习为轴心”，即学习成为日常工作和生活的重要组成部分，是伴随终生的行为；二是强调人的主体性和发展性，以及学习的价值和创新，“以学习者为本，以能力发展和创新为重点”；三是基于组织学习的交互性价值、共生性价值所引致的聚合效应和规模效应，“强调组织学习文化的发展”；四是学习形式的多样性、灵动性和不拘一格，“多种学习形态并存并同等受重视”；五是学习与生活、工作的界限模糊，融为一体，学习成为一种习惯，成为基本的生活样态，学习行为随处发生，渗透于生活的不同情境、点点滴滴，“学习、生活、工作等多种文化相互连接和融合”；六是基于新媒体时代网络信息技术的广泛运用以及对学习方式带来的便利，“网上学习成为新学习文化的崭新特征”。[①]

总之，新学习文化作为对传统学习文化的新变革、新突破、新超越、新升华和新发展，“它具有强有力的渗透力，渗透于社会各领域、各方面，潜移默化影响到每个社会成员。当这种新学习文化内化为广大社会成员的日常意识和行为时，将会产生一种巨大的无形社会力量，推进着学习型社会的形成”[②]。

（三）高志敏的观点

高志敏认为，学习型社会是为促进社会和个人的全面发展而提供理想的社会学习环境的社会；学习型社会追求的远景是教育不受时空制约，形成理想的学习环境与网络，促进社会和个人的全面发展。[③]学习型社会达标的途径是个人成为学习型的个人，家庭成为学习型的家庭，组织成为学习型的组织，社区成为学习型的社区，政府成为学习型的政府。[④]学习型社会的要义集中体现在以下几个方面[⑤][⑥]。

第一，二维价值取向性。学习型社会不仅“给人的生活质量增添价值”，同时还将“维护社会的统合以及经济的成功”。

第二，全民学习性。学习型社会的前提是人人都能终身学习，人人都在终身学习。在学习型社会中，既要求有个体对学习的卷入，又要求有群体对学习的参与。为此，学习型社会拥有终身教育体系，实施终身教育制度。通过这个体系和制度，实现终身继续参与教育与训练。

---

① 叶忠海. 学习型社会建设研究与探索. 上海：同济大学出版社，2013：13.

② 叶忠海. 学习型社会建设研究与探索. 上海：同济大学出版社，2013：13.

③ 高志敏. 关于终身教育、终身学习与学习化社会理念的思考. 教育研究，2003（01）：79-85.

④ 高志敏. 关于终身教育与学习化社会理念的探讨. 教育研究，2001（03）：52-58.

⑤ 高志敏. 关于终身教育与学习化社会理念的探讨. 教育研究，2001（03）：52-58.

⑥ 高志敏. 关于终身教育、终身学习与学习化社会理念的思考. 教育研究，2003（01）：79-85.

第三，学习权利性。学习权是一项基本人权，在学习权上人人平等，生而有之。学习型社会的实质是保障学习者的学习权，共享教育机会，即学习型社会是维护公民学习权利的社会。在学习型社会里，所有公民，不论其出生、性别、种族、收入或居住地区等，一生之中皆应有接受教育、获得学习机会的权利。

第四，学习者中心性。学习型社会的基本策略是以学习者为中心。在学习型社会中，教育活动的基本策略变传统的“学校中心”“教师中心”为“学习者中心”。其中，教育与学习的网络多元、开放而且富有弹性，能够满足不同学习群体和个人的不同学习需求和发展需要（包括身心、智力、敏感性、审美意识、个人责任感、精神价值等方面的发展需要）。

第五，社会共同参与性。学习不仅是个体的责任义务，也是政府、组织的责任义务，各种社会机构和社会组织都成为学习组织。与此相适应，在学习型社会中，教育责任的主体从单一的政府责任转变为政府、社会、各组织及每个社会个体的责任，从而使社会的学习和教育资源得到有效整合。据此，高志敏指出，在学习型社会中，教育功能不再为学校所特有，相反，广泛而切实地“扩充到整个社会”。也就是说，受教育的机会远远超出传统的学习空间——学校，而扩展到“家庭、工作场所、图书馆、美术馆、博物馆和科学中心”，乃至“工作和生活中得以发展和成熟的一切场所”。

另外，高志敏还提出如下学习型社会构建的策略主张。

第一，确立法律支持系统。基于学习型社会首先要保障的是全民终身学习权，为确保每个人的学习权利都受到保障和维护，确保人人享有充分而公平的学习机会，学习可以在任何社会、任何时间、任何地方、以任何形态来进行。为此，高志敏提出要尽快出台并完善国家与地方终身教育法，建立我国终身教育、终身学习的法律支持系统。立法中要明确界定终身教育及体系的价值内涵、参与主体及责任分担、实施范围、受众目标、学习成果标准、沟通机制，并在经费、人员、机构、管理、研究等诸方面提出具体的保障与操作措施。同时，他建议完善终身教育的整个法制体系，加快成人教育、继续教育、社区教育、老年教育等专门领域的立法工作。[①]通过这些法律法规所应有的推动作用、导向作用、预示作用、保障作用、规范作用、评价作用，来确保终身教育、终身学习在更加有力的法律支持系统中得以启动与运行，能够在一种更为浓烈、有效的法律氛围中得到发展

① 高志敏，朱敏，傅蕾，等. 中国学习型社会与终身教育体系建设：“知”与“行”的重温与再探. 开放教育研究，2017（04）：50-64.

和完善。[①]

第二，确立组织支持系统。高志敏提出我国在构建终身教育体系、倡导终身学习与创建学习型社会进程中，需要在管理方面建立国家一级和地方一级专门的组织支持系统。其具体的设想是：在国家一级设立一个由多类人员组成的专门的终身教育与终身学习管理组织——或称国家“终身教育局”，或称国家“终身教育、终身学习推进委员会”。地方政府也要建立相应的管理组织。这个组织支持系统的具体职责包括：调查分析终身教育、终身学习的发展需求，预测和明确终身教育、终身学习的发展方向，研究拟定终身教育、终身学习的建设性方案或指导性意见，整合、发挥正规教育、非正规教育、非正式教育资源的功能，监测、评估终身教育、终身学习的成果，宣传推广终身教育、终身学习的成功经验等。[②]

第三，确立财政支持系统。立足于确保全体社会成员有终身接受教育的机会，倡导要确立必要的财政支持系统，即从财政上建立必要的经费投入制度。如各级政府应编制经费预算，“加大资金投入，以支持和保障终身教育、终身学习政策与规划的执行”；强化政策倾斜支持，尤其要“对失业群体、弱势群体、农村地区边远地区，以及直接关系经济发展和社会稳定的教育学习项目给予特别的资金分配政策倾斜，并进行必要的效益跟踪评估”；建立合理高效的财政资源配置制度，“把在终身教育、终身学习实践进程中可能形成的收益用来进一步促进它们的再生产和再发展”，以及“成立专门的法人组织，由其负责征收、筹募、配置、使用和管理终身教育、终身学习的经费”等，以疏通经费来源渠道，“促成财政资源的灵活配置和有效管理”。[③]

第四，打造教育空间支持系统。学习型社会的全民学习性和社会共同参与性要求社会一切教育资源实现开放与融通。为此，高志敏主张打造教育空间支持系统——为推进人人、时时、处处学习，通过整合资源，融合与拓展教育空间，贯通学校内外学习。其具体设想是：大力扶持并调动社会力量，充分整合并利用校外资源，如图书馆、科技馆、博物馆、美术馆、体育馆、少年宫等公共文化社会机构资源，工商企业、街道社区、各种文化传媒系统的教育培训资源等，以及加强各类学校和社区的联系、促进大学向校外人员开展校外学位教育、更大程度地打开开放大学之门等，突破传统学校围墙，打破学校内外相互隔离的格局，构筑

---

① 高志敏. 终身教育、终身学习与学习化社会. 上海：华东师范大学出版社，2005：172.

② 高志敏. 终身教育、终身学习与学习化社会. 上海：华东师范大学出版社，2005：175-176.

③ 高志敏. 终身教育、终身学习与学习化社会. 上海：华东师范大学出版社，2005：185-187.

具有全时空特征的终身教育空间。①

第五，设立时间支持系统。服务于全民终身学习，提出要尽快建立必要的时间支持系统，即对劳动者提供卷入教育、参与学习活动的时间保证支持系统。具体的设想是“通过立法形式建立一种对每个劳动者而言在其职业生涯过程中允许占用一定生产劳动时间来接受终身教育、推进终身学习的制度”，并进一步提出要遵循以下重要原则：“其一，突破行业特征之间的差异；其二，突破企业组织规模的大小；其三，突破企业组织效益的优劣；其四，突破企业组织属性之间的差异；其五，突破原有教育水准的限制；其六，突破现行职业地位的高低。”②

第六，确立认证支持系统。倡导在终身学习与学习化社会建设进程中，有必要对学习者的学习成果确立一种多元并能够相互认可的认证支持系统。具体设想就是“构建一种与学历认证相并行的资格认证制度”，主张要“形成一种与学历认证相沟通的资格认证格局”，并提出“使资格认证形成一种与学历认证相沟通的关键在于：资格认证应该具有与学历认证相同的水准与效力”，如资格认证可以促成个人进行职业生涯的成功转换，可以促成个人对正规教育系统的接轨与回归。③

第七，构筑人文关怀扶持系统。学习型社会是带有浓郁的民本性和人文关怀性的社会，表现为全方位地为保障社会不利群体的教育权利开绿灯、敞开通道，全方位地为其终身学习活动提供支持。为此，高志敏主张，未来，除了关照在职人员的终身学习外，还必须关照老年人口群体、流动人口群体、残疾人群体的终身学习。④他主张建立一种由政府、社区、学校、媒体、志愿者和就业（职业）中介共同参与的机制，其中由政府扮演财政政策支持的重要角色，由社区主要扮演组织协调乃至管理的角色，由学校主要扮演教学培训（包括课程开发、教学手段开发）的角色，由社会各界专家学者扮演指导咨询的角色，由媒体主要扮演舆论宣传、经验推介的角色，由职业（就业）中介机构扮演提供就业、创业信息，开辟就业、创业渠道的角色，以为这些生活境遇不利群体提供全方位援助。⑤

---

① 高志敏. 终身教育、终身学习与学习化社会. 上海：华东师范大学出版社，2005：201；高志敏，朱敏，傅蕾等. 中国学习型社会与终身教育体系建设：“知”与“行”的重温与再探. 开放教育研究，2017（04）：50-64.

② 高志敏. 终身教育、终身学习与学习化社会. 上海：华东师范大学出版社，2005：190-193.

③ 高志敏. 终身教育、终身学习与学习化社会. 上海：华东师范大学出版社，2005：179-180.

④ 高志敏，朱敏，傅蕾，等. 中国学习型社会与终身教育体系建设：“知”与“行”的重温与再探. 开放教育研究，2017（04）：50-64.

⑤ 高志敏. 终身教育、终身学习与学习化社会. 上海：华东师范大学出版社，2005：236.

（四）宋亦芳的观点

21世纪，人类已经进入数字化学习时代，依靠数字化学习资源和服务网络学习成为一种自然的、自发的、主动的行为，任何人可以在任何地方、任何时刻、使用手边可以取得的终端或工具来进行学习。无疑，数字化学习作为一种借助于新媒体信息技术进行学习的全新的模式，带来了学习方式的质的变革，使得学习进入便利化时代。建设学习型社会就是要通过搭建四通八达、遍布城乡的数字化开放学习网络，为社会成员提供无差异、无歧视、公平的、高质量的社会服务，为全民的终身学习提供最大的便利。

宋亦芳在《社区数字化学习概论》一书中首先对数字化学习与学习型社会之间的关系进行了分析，并指出在当今的信息化时代，数字化学习作为学习型社会的重要手段，可以大大提高学习者的学习效率、效果和质量。数字化学习与学习型社会之间有着极为密切的内在关系，例如数字化学习的特征与学习型社会的学习者中心性的要求是一致的——“以数字化学习为核心的信息技术与课程的整合强调学习是以学习者为中心的学习，以问题或主题为中心的”，“学习过程是进行通讯交流的，学习者之间是协商的合作的学习，是具有创造性和再生性的”。数字化学习的全程性与学习型社会学习的终身性是一致的——“数字化学习为公民各个年龄阶段直至终身学习提供了平台”，同时，数字化学习资源作为一个全方位传播知识、文化的信息库，从而可以使学习者主体找到很好的学习需求依托。数字化学习的开放性与学习型社会学习的全民性是一致的——数字化学习将各种数字化学习资源所承载的文化信息面向全体社会成员的无限开放，“是对各种受众者提供的全面服务”，真正体现学习型社会全民学习的全纳性和包容性。而且，“数字化学习可实现资源无时间限制地开放，为学习者提供了灵活的学习时间”，可以使学习者根据自己的需要“自主确定学习目标，规划学习进程，制定学习方案，运用学习资源和策略”，与学习型社会的学习的自主性也是一致的。[①]

其次，该书对数字化学习的内涵及构成要素进行了阐述，指出“数字化学习是指在教育领域建立互联网平台，人们通过网络进行学习的一种全新学习模式”[②]。数字化学习环境、数字化学习资源、数字化学习方式构成数字化学习的三大要素。其中，数字化学习环境“是学习者利用多媒体、网络等各种数字化设施，运用各种数字化学习资源，实现数字化交互与学习的场所，是支撑数字化学

① 宋亦芳. 社区数字化学习概论. 上海：上海科学技术出版社，2010：16-18.

② 宋亦芳. 社区数字化学习概论. 上海：上海科学技术出版社，2010：16.

习的外部条件的总和"[①]。数字化学习资源"是指经过数字技术加工处理，把各种学习内容依据一定的规范进行编辑的，可以在多媒体计算机上或网络环境下运行的供学习者自主、合作学习的，且可以实现共享的学习材料"[②]。数字化学习方式"是指学习者在数字化学习环境下，利用数字化学习资源，开展各种学习活动的基本行为"[③]。数字化学习方式具体表现为自主性式学习、集中式学习、互动式学习、探索式学习、组合式学习等。[④]

基于信息网络时代数字化学习资源对于满足社会民众便利化学习的重要性，宋亦芳还尤为关注学习型社会视域下的数字化资源建设问题。他指出，鉴于"在推进学习型社会建设过程中，数字化学习资源将大大提高当今以计算机网络为基础的远程学习效果和质量，有效拓展市民的学习空间，为学习者创造新的选择和机遇"[⑤]，为此需要系统构建数字化学习资源整合策略，具体包含以下三点[⑥]。

第一，实现数字化学习资源的高度共享。宋亦芳首先从概念上、技术上、操作上对数字化学习资源的共享进行了解读，然后提出数字化资源整合的策略，即通过网络整合资源，实现资源的检索、超级链接和网络互联；通过公共资源整合，如采取横向联合、社区与有关行业共建等，达到资源共用；通过共建共享整合资源，实现共同建设共同使用、一方购买多方使用、多方购买多方使用。

第二，加强数字化学习资源的快速传输，即立足于为数字化学习资源建立有效的通道并实现快速传输，要"将各种网络整合在一起，如有线网、无线网和卫星网等，自建和共享相结合，充分用好这些网络资源，避免不必要的重复建设"，同时"要努力实行交互式网络"。总体而言，要致力于推进数字化学习资源的传输速度和效果，一方面，政府要加大投入，加强网络基础设施建设，形成地区高性能的网络系统；另一方面，也可利用高速网络，如信息高速公路……形成高速度、大容量、多媒体的信息传输通道，实现图像、文字、声音、视频等多种信息的高速传送。

第三，保障数字化学习资源的有效运用。为了确保数字化学习资源运用由理念内化为行动，宋亦芳提出，首先要建立数字化学习资源的推进措施，如要"公开资源信息，形成由政府主导、民间组织积极参与、社会各方积极响应的沟通机

① 宋亦芳. 社区数字化学习概论. 上海：上海科学技术出版社，2010：28-29

② 宋亦芳. 社区数字化学习概论. 上海：上海科学技术出版社，2010：29.

③ 宋亦芳. 社区数字化学习概论. 上海：上海科学技术出版社，2010：31.

④ 宋亦芳. 社区数字化学习概论. 上海：上海科学技术出版社，2010：31-34.

⑤ 宋亦芳. 学习型社会视域下数字化学习资源整合策略分析. 中国成人教育，2012（07）：46-49.

⑥ 宋亦芳. 学习型社会视域下数字化学习资源整合策略分析. 中国成人教育，2012（07）：46-49.

制，扩大市民的知晓度”，“提高人们的信息素养，培养整合信息、利用信息、融入信息社会的态度和能力”等。其次要完善数字化学习资源的服务系统，主要包括平台支持服务和技术支持服务。最后要推广数字化学习资源的学习方式（包括自主式学习、集中式学习、互动式学习、探索式学习、组合式学习），旨在让学习者充分运用自身的能力和社会的支持，在浩瀚的数字化学习资源中享受数字化学习的快乐和自在。

另外，立足于夯实学习型社会建设的基础性阵地，将社区教育进一步引向深化，宋亦芳在其《社区数字化学习支持服务体系的建构研究》一文中，重点就社区数字化学习支持服务体系建构问题进行了系统研究。他先是对社区数字化学习支持服务体系的特点进行了分析：其一，社区数字化支持服务对象具有复杂性，“社区教育的学习对象在年龄结构、学历层次、能力水平、学习需要、学习内容等方面存在很大差异”，这便对社区数字化学习支持服务的要求更高、难度更大。其二，社区数字化支持服务机构具有多元性，“社区数字化学习支持服务不仅仅由学校提供，更需要社会各方的参与，共同开发、整合各种数字化学习平台和资源，如开放大学（或广播电视大学）、社区学院、教育等行政部门以及街道等都是支持服务的重要机构，而且这些机构需要相互协同”。其三，社区数字化支持服务方式具有灵活性，“在社区数字化学习支持服务方式上，既可以提供网络、资源支持服务，让学员自主学习、网上交流等；也可以提供集中网上学习环境，让学员之间相互交流；还可以提供网上、网上体验学习环境等等，让学员充分体验数字化学习的乐趣”。①

在此基础上，他提出社区数字化学习支持服务体系构建的着眼点，指出社区数字化学习支持服务体系的建构的着眼点要锁定三大要素——学习平台支持服务、学习资源支持服务和学习方式支持服务。

关于学习平台支持服务，宋亦芳指出，学习网站是支撑社区数字化学习的重要前提和条件。学习网站“关键是要适合社区教育发展的要求，比如可整合，就是能够与各类学习网站对接与互通，整合社区各类学习资源，扩大市民学习面；可交互，能够实现学习者与资源之间、学习者与教师之间的交流与沟通，提高学习效果；可活动，能够组织灵活多样的学习活动，实现虚拟学习活动与实体学习活动的结合，使市民寓学于乐”，等等。②

---

① 宋亦芳. 社区数字化学习支持服务体系的建构研究. 职教论坛，2016（09）：64-71.

② 宋亦芳. 社区数字化学习支持服务体系的建构研究. 职教论坛，2016（09）：64-71.

关于学习资源支持服务，宋亦芳指出，“鉴于参与社区教育学习对象的复杂性，如何满足不同对象的需求是学习资源支持服务关注的重点”，因为“社区教育通常是一种大众化、草根化的教育，要求学习资源更加简便、通俗，贴近市民生活；同时，社区教育学习者对学习资源的内容和形式要求差异较大”，“不同人群对于三分屏、视频、动画等形式的学习资源要求各异”，因此，要求学习资源的支持上“既要有针对性又要有可选择性”。[①]

关于学习方式支持服务，宋亦芳主张遵循需求导向，有的放矢，为满足学习者多样化的学习方式而提供各种支持服务。如针对集中式学习，要“由社区教育部门依托社区学校或信息苑，组织市民集中学习，实现共同学习和交流”；针对团队式学习，要“由团队负责人组织学习团队开展数字化学习，基于问题开展交流，并实现自主管理、自主学习”；针对体验式学习，要求“实现线上与线下体验互动，增强学习的体验感和认知度，提高虚拟化学习与实体化体验的有效结合”；针对移动学习，要求“运用移动设备开展各种学习，实现时时处处可学的愿景”。[②]

二、关于学习型社会的内核——终身教育、终身学习的代表性思想

学习型社会是以学习为核心、为原动力的社会，是一种社会发展的目标和愿景。终身教育是实现学习型社会的途径和手段，终身学习是学习型社会的生活样态。其中，终身教育是人在一生中受到的各种教育的总和，是社会各场合所提供的一切正规、非正规和非正式教育活动的总和，是一种在时间上具有延伸性、空间上具有包容性的教育制度，意即终身教育在时间上同个人的生命共始终，在空间上包括各类教育——学校教育、学前教育、成人教育、老年教育、家庭教育、社区教育等一系列教育。终身学习是一种个人学习权利和发展权利得以保障、个人学习主体地位得以彰显的社会福利理念，终身学习着重从学习者的主体角度出发，强调个人在一生中能持续学习，以实现个人在一生中各个时期、各个阶段的各种学习需求的满足，使个人的学习主体性和主动性在一生中不断获得满足与发展，确保学习权和发展权的实现。

终身教育和终身学习以其教育和学习行为的终身性、学习内容的广泛性、学习形式的灵活性、学习空间的广域性突破了正规的学校教育的节点，衔接了学校

① 宋亦芳. 社区数字化学习支持服务体系的建构研究. 职教论坛，2016（09）：64-71.

② 宋亦芳. 社区数字化学习支持服务体系的建构研究. 职教论坛，2016（09）：64-71.

后的继续教育，渗透于整个人生的生命旅程。不可否认，终身教育和终身学习是学习型社会的内核和本质特征。关于终身教育、终身学习的代表性思想如下：

（一）高志敏的观点①

高志敏着重从理论层面对终身教育、终身学习的基本要义及终身教育、终身学习与学习化社会之间的关系进行了研究。

在“关于终身教育终身学习与学习化社会理念的思考”一文里，高志敏首先对终身教育、终身学习的基本要义做了阐释。关于终身教育的要义，高志敏指出，终身教育是对现行教育制度的超越和升华，即旨在超越百年传统学校教育之“凡”，脱落现行教育及其各种形式之间壁垒森严之“俗”，实现教育彻底变革；终身教育“是改革现行教育制度，构建未来教育体系的原则”；终身教育覆盖人的发展的全部，即终身教育不仅要考虑给予其“精神面包”的终身保障，同时还应当关照人作为身体、情感、性别、社会及精神等的存在而发展的全部需要，确保所给予的“精神面包”达到“营养平衡”。

关于终身学习的要义，高志敏指出，终身学习的意蕴在于其是一种生存方式，“没有终身学习就无所谓人的一生的社会存在，就无所谓人的一生的生存质量”；终身学习是一种主体转移，彰显学习者的主体地位；终身学习关照学习者的自主性，如要求“重每个学习者特有的认知方式和特点”、特有的学习方式和学习习惯；终身学习是一个终身的过程，是人一生终身生涯中没有理由拒绝的需要履行的责任和任务。而且，基于个体成长过程中发展任务的多元，终身学习的内容也是全方位的。“终身学习的目的在于建立自信和能力，适应社会变化”。

接着，高志敏从趋同点和趋异点两个方面对终身教育、终身学习与学习化社会的关系作了系统分析。他指出，一方面，从终身教育、终身学习与学习化社会的趋同点来看，集中表现为：①共同主张教与学内容的广泛性和全面性。其中，终身教育倡导“教育既要贯穿人的发展的一生，又要覆盖人的发展的全部”；终身学习推崇“学习不仅是持续一生的过程，还是多方面学习的过程”；学习社会主张“以学习者为中心，满足不同个体与群体的不同学习需要”，包括身心、智力、敏感性、审美意识、个人责任感、精神价值等方面的发展的需要。②共同主张教与学空间的开放性和社会性。其中，终身教育倡导“使教育成为有效而便捷的一体化体系，使人们可以方便地获得教育与学习的机会”；终身学习推崇

① 高志敏. 关于终身教育、终身学习与学习化社会理念的思考. 教育研究，2003（01）：79-85.

“终身学习可以发生在人类生活的所有空间”；学习化社会主张“学习——学校教育的超越；教育——社会各方的参与”。③共同主张教与学目的的双重性，即终身教育、终身学习、学习型社会的终极目的都是为了促进社会和个人的全面发展。

另一方面，从终身教育、终身学习与学习化社会的趋异点来看，主要表现在以下三个方面：①目标指向上的不同。终身教育的目标倾向于实现对现行教育制度（即“闭锁僵硬、一次性、终结性教育”）的超越，推崇“去构建一种充分考虑社会和人生发展需要的，具有持续而全面、有机而开放之显著特征的教育体系”。终身学习的“目标则倾向于实现一种对传统教育范畴的超越”，学习是“一个事关生存责任和生存方式的问题”。学习化社会的目标则是提供理想的社会学习环境，确保社会成员人人学习权利得到保障，即“为了实现一种社会形态的超越，变少数人拥有学习权利、部分人参与学习活动为学习权利人人保障、学习活动人人介入的理想社会”。②战略选择上的不同。终身教育更多地从社会的角度出发，“把建立为所有公民开放的终身教育体系作为战略首选”。终身学习则更多地从个人（或社会各种基本组织）的角度出发，把引导每个公民提升其学习的自觉性和学习力作为战略首选。学习型社会则是将合理地清除学习障碍，公平地提供教育机会作为核心战略，具体可通过“奉行先进开放的终身教育制度，倡导个体和群体对学习自觉而有效的卷入”来实现。③实践重点上的不同。终身教育更多地将目光集中于改革传统的教育制度。终身学习更多地将注意力放在了确立学习者主体地位、关注学习者需要、提高学习的能力等。学习型社会除了关注上述两方面以外，还强调落实学习者的学习权利、构建多元开放的学习网络、动员社会各方的共同参与、促进各类学习型组织的建立等。①

（二）桑宁霞的观点

桑宁霞着重从实践应用层面对终身教育、终身学习在实践中的推进问题进行了系统研究，具体包括终身教育与终身学习政策法规建设研究和终身学习资源建设研究。

1. 关于终身教育与终身学习政策法规建设问题

政策是助力一种文化、一种理念在群众中达成共识、并转化为行动的引擎，具有感召性、引领性、导向性功能。法规是助推政策主张在实践中得到全面贯彻

① 高志敏. 关于终身教育、终身学习与学习化社会理念的思考. 教育研究，2003（01）：79-85.

落实的有力支撑，具有权威性和保障性。而任何一项政策法规的制定都是基于特定历史时期的时代背景，服务于特定历史时期经济社会的发展。桑宁霞尤为关注我国学习型社会建设中的终身教育与终身学习政策法规建设问题的研究。

（1）关于终身教育政策法规建设问题。桑宁霞在对我国终身教育政策法规的历史变迁脉络进行了系统梳理，提出了探索、确立、深化和完善"四阶段论"，然后在此基础上，从身份确认、价值取向、内容体系和保障措施四个维度对我国终身教育政策法规的演变逻辑进行了深入分析，并归纳出其特点，具体表现为：①身份确认从理念导入向纳入公共服务体系转化。即由"起初的理念导入逐渐转向内涵拓展，逐步发展为教育的上位概念指导相关实践改革"，"随后主动整合各界学习资源，为全员、全程、全时学习创造条件"，其公共服务性日益彰显。②价值取向从工具性"补充"价值向生活、生命价值转化，即"价值取向从起初注重实用性，逐渐萌生出个体发展意识，再到重视全民学习"，强调教育的公平性和普惠性，经历了一个从工具性、实用性的"补充"向生活性、生命性价值的转化。③内容体系从教育改革向多方参与纵深拓展转化。即纵观终身教育政策法规内容，终身教育的内涵体系不断拓展，从成人教育内部（职业与就业培训）发展到整个教育系统，从成人教育内部发展到教育系统，乃至拓展到社会多方参与，社会各项资源的开放，"最后迈向资源互通与学习型社会构建，终身教育政策法规逐步向纵深方向发展"。最后，致力于提高政策法规的制度保障水平，桑宁霞对我国终身教育政策法规的未来发展提出了建议思路，如提出要重视从国内外立法的经验中汲取养料，催生国家层面终身学习法的诞生；再如要因地制宜，以特定教育类型为切入点，寻求建立健全终身教育政策法规的突破口，比如可以从社区教育、老年教育入手，强化专项政策法规建设，丰富不同类型教育的政策法规内容；又如要增强终身教育政策法规日后发展的实施性与操作性，即要求终身教育政策法规制定的实施细则要更加"多样、清晰、完善、具体、明确"，以有利于其落实，推动实践发展。[①]

（2）关于终身学习政策建设问题。在"我国终身学习政策的演化逻辑与展望"一文中，桑宁霞首先对我国终身学习政策的历史变迁脉络进行了系统梳理，提出了酝酿、确立、发展和完善"四阶段论"，然后在此基础上，从价值理念、内容体系、实施保障三个维度对我国终身学习政策的演化逻辑进行了深入分析并归纳出其特点，具体表现为：①在价值理念上，从终身性向服务性转化，即"终身学

① 桑宁霞，郑苗苗．中国终身教育政策法规发展研究（1978—至今）．中国成人教育，2019（10）：7-12.

习政策从以终身教育为切入点，注重终身性，到不断丰富终身学习内涵，强调主体性，再到建设学习型社会，注重全民性，最后到深化成熟阶段，重视服务性与个性化”。不言而喻，“终身学习政策的价值内涵逐渐丰富提升，且具有更高的价值视域”。②在内容体系上，从学校培训向社会内外联动转变，即终身学习政策内容从强调学校培训责任转向倡导教育改革，“重视教育资源开放”；从“倡导全社会拓宽学习渠道”，再到倡导建立终身学习“立交桥”，“实现教育社会内外资源联动开放”，“终身学习政策在内容体系方面不断增加厚度与广度，呈现出逐渐提升的趋势”。③在实施保障上，从原则导引向国家战略转变。即“政策中对终身学习活动的保障也日益多元化，从理念引入到资源开放、平台建设、机构设置，到全社会学习氛围浓厚，公民积极参加社区学习活动，再到终身学习相关法规建立，都体现出终身学习政策保障多样性的特点”。最后，致力于提高政策水平，服务于全民终身学习服务体系建设和学习型社会建设，桑宁霞对我国未来终身学习政策建构提出了建议思路，如提出政策制定中要凸显终身学习的公共服务性，尤其是对要政府在终身学习服务中的责任（包括各职能部门职责的定位）进行定义和诠释，强化政府权威性和行政职能的发挥。再如提出要加快政府职能转变，充分调动社会力量参与公共治理，指出“政府应积极改革职能，加快从全能向权能转变的步伐，重塑公共服务的形象”，“要将终身学习政策制定和政府治理改革相结合，不断探索多元治理模式”，“进而提升政府公共治理能力，提高终身学习政策制定水平”。①

2. 关于终身学习资源建设问题

学习型社会背景下，终身学习作为21世纪的生存与发展理念，关乎个体生存命运与职业生涯的发展；关乎个体人格的健康成长、内在精神世界的充盈，以及生命的精彩。这就需要整个社会为个体终身学习提供丰裕的资源，建构完善的资源服务保障体系。关于终身学习的资源建设问题，桑宁霞主要从两个方面进行了系统研究。

一是基于对各国终身学习法的文本解读的基础上，倡导发挥政府的主体角色和资源统筹力。桑宁霞在《角色、视野、能力：政府统筹终身学习资源研究——基于各国终身学习法的文本解读》一文中，指出“各国终身学习法规定了终身学习资源统筹的主体、范围和路径，体现了政府在终身学习资源统筹中的应有的角色、视野和能力”。为此，需要发挥政府在终身学习资源统筹中的主体地位，助力有

① 桑宁霞，郑苗苗. 我国终身学习政策的演化逻辑与展望. 河北大学成人教育学院学报，2019（02）：12-18.

效供给。具体包括：①明确主体角色，发挥政府在终身学习资源统筹中的主体地位。“国际上的终身学习法无一不确立了政府在终身学习资源统筹上的主体地位，体现着政府作为公共服务供给主体的角色。”政府在终身学习资源统筹中的主体地位体现为领导者、提供者和支持者，如“在终身学习的管理体制上，政府的各级管理机构居于领导地位；在终身学习的经费来源上，政府的资金投入是主体并牵引各方投资；在终身学习的参与机制中，政府调动多方参与、促成相互合作”。②扩大统筹视野，调动社会各方参与供给。基于政府的行政权能的权威性，其在调动终身学习资源和终身学习各类服务供给主体方面具有明显的优势。“国际上的终身学习法将各类终身学习资源及其提供部门都纳入了统筹的范围，规定了政府统筹的视野”就是很好的例证。终身学习资源包括终身教育工作者、终身学习经费、终身学习设施及终身学习网络系统。终身学习各类服务供给主体包括教育部门、社会文化部门、产业部门和社团组织。③提升统筹能力，拓展资源统筹路径。“国际上的终身学习法规定了政府统筹终身学习资源的路径，包括依法引入市场参与机制、依法确立多元参与主体、依法实施教育改革和依法建立学习机制。”这些经验均值得借鉴。[①]

二是基于对国内外终身教育和终身学习实践经验的提炼，提出终身学习资源整合的有效模式。桑宁霞在《终身学习资源整合模式研究》一文中，通过对国内外终身教育和终身学习实践经验进行梳理和提炼，归纳总结出以下几种终身学习资源整合的有效模式：①组织引领式，即通过政府下发各种政策文件、各级主要领导带头参与、政府提供经费保障，调动区域和行业力量参与终身学习与服务的供给。②统合联动式，即通过建立空间立体思维，采取区域网络资源统合式、区域组织联盟联动式、网络平台统合联动式，发挥对多元终身学习资源的统合、凝聚作用。③协调推动式，即通过采取主管部门协调推动式、合作伙伴协调推动式来推动各利益相关方之间资源的互动融通，发挥聚合力。④合作互动式，即通过采取学校与社区的合作互动式、企校区的合作互动式、社区与驻地机构合作互动式、社会文化机构的合作互动式，使终身学习各利益相关方彼此互动，相互合作，实现了资源共享、多方共赢。⑤帮扶带动式，即基于“不同群体的终身学习参与机会和参与能力存在差异，不同地区的终身学习资源分布和发展不均衡”，本着教育机会均等的民本化资源配置宗旨，采取帮扶带动困难群体式、帮扶带动落后

① 桑宁霞，岳蓉. 角色、视野、能力：政府统筹终身学习资源研究——基于各国终身学习法的文本解读. 中国成人教育，2020（07）：3-8.

地区式，使终身学习资源配置更加和谐健康。[①]

三、关于学习型社会的基石——学习型组织的代表性思想

学习型组织是学习型社会的基石。我国对学习型组织理论的研究肇始于 20 世纪 90 年代，最早引入和研究的是国外学习型企业理论。进入 21 世纪以后，伴随着学习型社会的提出，才正式进入对于各类学习型组织的研究阶段。在中国，“学习型组织”中的“组织”的一词是个大概念，可广泛运用于各类“组织”之中，总而言之，大至城市小至家庭都在运用。学习型社会的典型特征就是各类学习型组织的普遍形成。学习型组织具体可分为地域型的学习型组织、法人单位型的学习型组织以及自组织型的学习共同体等三类。从地域范畴来看，学习型组织包括学习型的市、县（市、区）、街道（乡镇）、社区（村）、小区等。从法人单位范畴来看，学习型组织包括学习型的政府机关、学习型企业、学习型军队、学习型学校、学习型医院等。从自组织范畴来看，学习型组织包括以非正规、非正式形式存在的民间自组织，如学习型家庭及各类学习型社团等学习共同体。

（一）叶忠海关于学习型组织的思想

1. 关于组织学习的思想

叶忠海认为组织学习在提高学习效率、效能和成效方面具有重要作用。在组织学习中，通过组织成员之间的智能互动、共享、融合，可以提高组织智能、组织文化、组织结构力，从而提高组织及其成员的创新力和发展力。他将组织学习的内涵做了如下表述：“组织学习是指以组织整体为主体，以组织可持续发展为共同目标，通过组织成员的互动交流，共享知识、信息和经验，形成组织成员共通性的心智模式—组织智能和组织浓厚的学习氛围—组织文化，从而调节和提高组织结构力和组织效率，保持与其所处的变化着的环境动态平衡的过程。”[②]

叶忠海指出，优化的组织学习的组织智能大于其组织成员个体智能之和。优化的组织学习其内在机理表现为五个方面：①组织学习目标的适宜确定，即在目标的效价性、挑战性与可行性三者最佳结合点上来确定组织学习的目标。②组织晶核的带头作用，即组织的核心领导成员，尤其是一把手在学习中的示范引领带头作用。③组织学习内容的科学设计，即组织学习内容的设计要满足组织的可持

① 桑宁霞，岳蓉. 终身学习资源整合模式研究. 中国成人教育，2020（11）：3-7.

② 叶忠海. 学习型社会建设研究与探索. 上海：同济大学出版社，2013：104.

续发展和组织成员终身发展的学习需要。④组织学习方式的变革，即变革学习的思维方式（由线性的思维方式转变为系统思维方式）和学习的组织方式（由单一式个体学习转变为互动式团队学习）。⑤组织学习文化的形成，即包括建立“共同愿意”、形成共同价值观、强调团队精神、推动互动式学习等。这种成熟的组织学习文化所聚合形成的“组织学习文化能”，对该组织发展具有全程性、穿透性的影响力，是优化的组织学习功能的体现。[①]

2. 关于学习型组织建设的思想

基于组织学习的具体途径是建立学习型组织，叶忠海重点对学习型组织建设问题进行了系统研究，指出“学习型组织是学习型社会的基石，学习型社会就是由一个个学习型组织组成，没有一个个学习型组织的创建，也就没有学习型社会”[②]。

叶忠海将学习型组织分为学习型家庭、学习型企业、学习型机关、学习型社区。其中，学习型家庭是学习型社会的细胞，具有亲缘关系性，其目的在于提高家庭的成员素质和生活质量，形成新型的和谐幸福家庭；学习型企业是学习型社会的要件，具有经济实体性，其目的在于保障和促进员工发展以及企业可持续发展；学习型机关是学习型社会的首脑，具有行政实体性，其目的在于促进机关及成员素质和效率的提升，形成社会民众满意的服务机关；学习型社区是学习型社会的基础，具有地缘关系性，其目的在于促进社区成员终身发展和社区科学发展。[③]

叶忠海进一步指出，立足于有效推进各类学习型组织建设，要首先厘清各类学习型组织建设的基础和特征，其中，学习型家庭建设以家庭成员终身学习为基础，以家庭与成员共享互动，形成家庭学习文化为特征；学习型企业建设以员工组织学习体系和团队学习为基础，以生产（工作）与学习整体性推进，形成企业先进文化为特征；学习型机关建设主要以互动共享的组织学习系统为基础，以实现工作与学习一体化，形成民本位，服务文化为特征；学习型社区建设以社区终身教育网络和学习型家庭、楼组和小区为基础，以社区民间组织积极参与，形成社区学习文化为特征。[④]

① 叶忠海．学习型社会建设研究与探索．上海：同济大学出版社，2013：104-105.

② 叶忠海．学习型社会建设研究与探索．上海：同济大学出版社，2013：14.

③ 叶忠海．学习型社会建设研究与探索．上海：同济大学出版社，2013：102.

④ 叶忠海．学习型社会建设研究与探索．上海：同济大学出版社，2013：102.

叶忠海指出，要根据不同类型学习型组织的性质和特点，把握各类学习型组织建设的基本要点，进行系统推进。其中，学习型家庭建设应把握主体性原则、间接性原则、差异性原则、示范性原则，并正确处理学习硬件与学习软件、个体学与共同学、共性与个性等关系。学习型企业建设应围绕“学习—变革—创新—发展”这一主线，将建设企业先进学习文化贯穿创建学习型企业的始终。学习型机关建设应把握的基本要点在于：确立服务理念，清除“官本位文化”，建设“民本位服务文化”，增强为民服务意识和“四个尊重”的意识等。学习型社区建设应把握的基本要点在于“大力推进社区教育的发展，拓展广度，深化深度，提升高度；着力推进社区内各类学习型组织建设和学习团队的生成；发展社区数字化学习”。[①]

此外，叶忠海尤为关注学习型组织建设中的非正式学习型组织——学习共同体的建设问题，专门对学习共同体建设的基本问题进行了系统研究。

第一，他对共同体和学习共同体的意涵进行了解析，认为共同体一般指以某种共同价值和共同利益为联系纽带组成的社会群体。其以创造实践为主要活动内容，以知识创新和建构为共同目标，“是知识社会成长和发展的社会基础”。“学习共同体是指以学习为核心理念和主要实践活动，以自主、协商、共享为基本特征，为实现共同目标而构成的一种充满活力、富有成效的非传统的社会群体。”[②]

第二，他对学习共同体与学习型组织的关系进行了分析，指出两者均以实现共同目标或共同愿景而组合在一起，均以学习为核心理念，均重视参与的价值。然而，两者也存在明显的差别。学习型组织存在于正式组织体系中，其所追求的是正式组织框架内的变革和完善，而学习共同体主要是跨组织系统的自组织，其所追求的则是共同体内部的更新和发展。而且两者的运作的机制也不同，学习型组织的运行更多体现为正式组织的规则规定，而学习共同体的运行则是基于共同体成员协商而成的规范制度。[③]

第三，他对学习型社会中的学习共同体生成的价值进行了分析，指出学习共同体是构建学习型社会的充满活力和富有生命力的“社会学习基因”，不仅有助于夯实终身学习的社会基础，还有助于形成终身学习的文化氛围。而且，学习共同体“强调资源共享和成果分享；强调相互学习、相互协作和相互支持”；强调“成员之间的意义协商和身份建构”，这些均“有利于学习共同体成员的

① 叶忠海. 学习型社会建设研究与探索. 上海：同济大学出版社，2013：102-103.

② 叶忠海. 学习型社会建设研究与探索. 上海：同济大学出版社，2013：61.

③ 叶忠海. 学习型社会建设研究与探索. 上海：同济大学出版社，2013：62.

成长和发展”，显然与学习型社会所倡导的“以学习者为中心”的主旨是一致的。[①]

第四，他提出学习共同体的生成原则和把握要点。其中，学习共同体生成需要遵循的原则体现为：主体性原则（即强调学习的自主性、能动性和创造性）、民主性原则（即强调成员间的平等性、协商性）、共享性原则（即强调共享共同的事业、共同体资源、共同体成果等）。学习共同体生成需要把握的要点体现为：协商取得成员间共同的思想认识、协商形成成员间共同的目标追求、协商设计成员间共识的学习实践方案、协商确定成员的身份建构及其运作的内在关系、协商制定成员间公认的学习实践激励措施。[②]

（二）汪国新、项秉健关于社区学习共同体的思想

汪国新、项秉健长期致力于学习型社会中社区学习共同体的研究，并于2019年出版了《社区学习共同体》一书。在该书中，基于21世纪的三大困境[③]——“学习无‘初心’、人生无‘自己’和城市无‘社区’”，对社区学习共同体进行了系统研究，对社区学习共同体的价值进行了新定位，提出社区学习共同体可以回应学习的困境，纠正学习工具化的偏向，体现学习的本真；回应人生的困境，弥补人生价值感的缺失，实现人的生命成长；回应城市的困境，拯救城市社区的缺席，让重拾共同体生活成为可能。

该书从教育学、心理学、社会学、生命学、管理学、文化学、文化生态学等多个学科对社区学习共同体展开“全景式”探幽与俯瞰，其主要内容包括五大部分。

（1）社区学习共同体的核心要素。该书指出社区学习共同体的四大核心要素即四大支柱为本质意志、共同学习、守望相助、生命成长。这四大要素相互关联、互为条件，共同构成社区学习共同体的逻辑架构，展现其本质内涵。[④]其中，“本质意志”以心灵为起点，是天生的中意，无涉社会功利，却与人的身体、生活、生命潜能息息相关。“共同学习”基于共学互助、交互学习、相互介入，可以引致态度的变化——形成共同兴趣的空间、满足自我实现和互利共生的需求、引发情绪性体验。“守望相助”突破了人与人之间以物的关系为纽带的人际模式，以

① 叶忠海. 学习型社会建设研究与探索. 上海：同济大学出版社，2013：63.

② 叶忠海. 学习型社会建设研究与探索. 上海：同济大学出版社，2013：63-64.

③ 汪国新，项秉健. 社区学习共同体. 杭州：浙江大学出版社，2019：31-43.

④ 汪国新，项秉健. 社区学习共同体. 杭州：浙江大学出版社，2019：57-82.

精神和心灵契约为纽带，构建温馨、舒适、温暖、惬意的人伦家园，可以满足归属感，消除生活的孤独感和无助感。“生命成长”意谓社区学习共同体可以成就成员内在的精神世界的成长，使其求真之心、爱美之心、向善之心得以扩充和延伸，使其生命富有生机，充满诗意。

（2）社区学习共同体的学习机制。社区学习共同体的共同学习的机制即同自觉、共做主、互为师、自评价。①其中，“同自觉”意谓自觉自愿，源自成员真我的本质意志的驱使，是体现生命性价值的学习。“共做主”意谓一方面学习表现为自主学习，同时又表现为一种协作学习、带有特定情绪和情感温度的共同学习，体现为平等互爱的人际关系。“互为师”意谓基于共同体内每个人都是学习资源的携带者和创生者，成员之间互学互教，互相提供学习服务，使学习资源在多向互动中迅速增长，生生不息，从而形成有利于学习资源流动、生成的活性机制。“自评价”是基于社区学习共同体的学习，是自觉、自主、自给的学习，因此，对学习评价方式必然是自我评价，评价并非表现为外在的绩效性的功利性评价，而表现为内在生命性价值体验得到满足的自我体验性评价。

（3）社区学习共同体的生长机理。该书首先提出衡量社区学习共同体成熟度的三个维度——中意度、参与度和友情度，然后，以此三个维度为依据，将社区学习共同体生命阶段划分为启动期、形成期、成熟期三个阶段，并分别提出每个阶段的发展策略。②该书主张在启动期应注重潜在学习动机的发现，如发现潜在学习动机和学习人群、制订社区学习共同体发展规划、重视核心成员的培育等；在形成期，应注重为成员提供彼此交流、相互吸引的融洽关系环境，如增强价值认同感、开展有规律的学习活动、在骨干成员间建立联系等；在成熟期，应注重中意度、友情度和参与度的高度协调，如注意保持组织活力、确保边界开放与稳定、调适学习活动的强度与节奏、形成独特的社区学习共同体文化等。

（4）社区学习共同体的养护与培育，即推进与发展策略。基于文化生态学的视角，该书指出社区学习共同体是由民间自发形成的自由生长的生命体，它是内生的，是由内而外生发出来的，是从土地上长出来的，是长在居民群众中的一粒粒“种子”，不是居高临下、自上而下的教育供给，不需要外在的强制和干预。但政府在社区学习共同体的成长发展中不是无所作为的，可以在社区学习共同体的成长生态环境上给予养护和培育，为其提供阳光、水分和湿地，呵护、帮助其

---

① 汪国新，项秉健. 社区学习共同体. 杭州：浙江大学出版社，2019：87-117.

② 汪国新，项秉健. 社区学习共同体. 杭州：浙江大学出版社，2019：125-148.

自由生长和良性发展。养护和培育遵循的原则是“支持而不包办、扶持而不控制、助推而不实行目标管理、养护而不拔苗助长”[①]。具体措施包括：一是建立助力机制，制定确保居民学习权利的公共服务政策、构建部门协作机制、构建经费助力机制。二是打造“湿地池塘”，如打造“公共客厅”（密布公共空间）、变“供给”理念模式为“服务”理念模式、鼓励社会组织的参与服务意识等。三是建立负面清单，正视和规避社区学习共同体培育中存在的突出问题，如目标管理与人为干预、收编与包办控制、比赛排名、物质激励等规训式、功利性做法，矫正实践中的错误理念和行动。

（5）未来展望。针对现实中学习的异化、时空坐标上成人教育价值取向的异化，以及现代文明病、城市病造成的人的灵魂走失、人际关系冷漠疏离等生存窘境，该书提出要重拾社区学习共同体，重建温情脉脉的共同体生活，在社区学习共同体中实现人的生命性价值。[②]人的生命性价值是由人的本质意志决定的，生命的本质意志在于获得生命内在心性的完善、潜能的实现和归属感的提升，如此，才能活出属于自己的真正的生命“味道”。实现生命性价值的内在条件是基于本质意志的生命自觉与心灵自由，实现生命性价值的重要条件是人具有群体的归属感和故乡的归根感，即人需要精神的家园和心灵的故乡，而唯有社区学习共同体可以更好地帮助人实现生命性价值。换言之，社区学习共同体是实现生命性价值的理想路径，它符合人性向真向善向美的意趣，符合人类生存、发展、延续的宏阔旨趣。

四、关于学习型社会中的支撑——终身教育体系的代表性思想

终身教育体系是一个各级各类教育互通、互融、纵横交错高效运行的有机系统。具体而言，一个以服务全体公民终身学习为目的，以各级各类教育发育成熟及互通与衔接为支撑，以相关制度保障为基础、社会各方参与的运行高效、开放的系统，是学习型社会的重要支撑。

关于终身教育体系，有如下代表性观点。

（一）厉以贤的观点

立足于推进终身教育体系的构建，厉以贤首先对终身教育体系的内涵进行了

① 汪国新，项秉健. 社区学习共同体. 杭州：浙江大学出版社，2019：154-173.

② 汪国新，项秉健. 社区学习共同体. 杭州：浙江大学出版社，2019：266-287.

阐释，指出终身教育体系是“正规教育、非正规教育和非正式教育的整合协调和互动”。其中，正规教育主要指的是各级各类学历教育。非正规教育主要指各级各类非学历的职业培训和继续教育等，如“各种在职培训、转岗转业培训、受行业委托的职业资格教育、再就业教育、在业和退休人员继续教育、居民的社区教育、青少年的校外教育等”。非正式教育是指通过各种非正式的读书活动或休闲娱乐活动接受的教育，如“通过各种媒体如报纸、杂志、电视、电影、戏剧、计算机网络等方式接受的教育，或者通过参与图书馆、文化宫、俱乐部、体育场馆、展览会、读书会和各种形式接受的教育”。①

厉以贤进一步指出，鉴于终身教育包含正规教育、非正规教育、非正式教育三个部分，其目标是提高全体成员的素质和迈向学习型社会，因此，构建终身教育体系的关键就是整合正规、非正规、非正式三类教育的实体，重组教育资源，优化资源配置。而就目前而言，“我国现有的教育资源有三大类，即学校教育资源、企事业单位（行业）教育资源和社会社区教育资源”，而“这三类教育资源分属于不同的主体，其所有制性质也并不相同”，为此，合理配置并重组这三大类教育资源，推动三大类教育系统——学校教育系统、企事业单位（行业）教育系统、社会（社区）教育系统的整合、协调和互动，是构建终身教育体系的重中之重。②

同时他提出，未来“加强终身教育实体建设的方向是：多功能、多样性、开放性、综合性、社区性、网络化”，为此要大力发展各级各类教育，包括学前教育、成人教育、老年教育、家庭教育、社区教育等。尤其是要大力发展社区教育，加快社区学院建设的步伐，这是因为社区学院具有正规与非正规教育的办学方式、功能多样的办学内容、灵活开放的办学形式，在实施终身教育过程中扮演着重要的角色。③

（二）陈乃林的观点

1. 关于终身教育体系的内涵解析

陈乃林指出，终身教育体系是一种“正规教育、非正规教育与非正式教育之间，纵向贯通（贯穿于人生全程）、横向覆盖（扩展到社会生活的各个方面）、纵横整合的社会化的教育结构体系”④，这个体系既包括“纵向贯通、横向沟通、

① 厉以贤. 终身教育的理念及在我国实施的政策措施. 北京大学教育评论，2004（02）：58-62.

② 厉以贤. 终身教育的理念及在我国实施的政策措施. 北京大学教育评论，2004（02）：58-62.

③ 厉以贤. 终身教育的理念及在我国实施的政策措施. 北京大学教育评论，2004（02）：58-62.

④ 陈乃林. 构建终身教育体系：成人教育大有作为. 高等函授学报（哲学社会科学版），2008（07）：3-4.

斜线联通、纵横交错、系统整合的现代学校教育体系，也包括学校教育、社会教育、家庭教育、企业行业教育、社会机构培训，或者说正规教育与非正规教育、学历教育与非学历教育，以及非正式学习之间有条件的沟通衔接”[①]，是“一种新的能够适应各式各样学习的教育制度体系”[②]。“终身教育体系具有终身性、开放性、整合性、发展性等特点，是对传统的以学校教育为轴心的教育体系的根本性变革”[③]，是从经济到政治、社会、文化等各个领域综合起来的系统变革[④]。

2. 关于终身教育体系的基本架构

基于终身教育体系在学习型社会建设中的重要作用，陈乃林具体勾勒出一个纵向衔接、横向沟通、纵横整合、自主选择的终身教育体系基本架构的理想框架，其中，纵向衔接，即建立从早期教育、青少年学校教育、成人继续教育、老年人休闲与自我完善教育的纵向贯通体系；横向沟通，即建立正规教育、非正规教育、非正式教育，或学校教育、企业教育、社会（社区）教育、家庭教育的横向沟通体系；纵横整合，即形成立交桥式的教育通道，便于社会成员从任一点上进入可以找到自己需要的任一层次、类型、形式的教育学习机会；自主选择，即教育的内容、形式、时限、地点、渠道等，形成社会化、有序化的教育学习超市，学习者自主选择，进出比较方便。同时指出，为了推进这一基本架构的形成，要夯实现代学校教育制度的基础，发挥其主干作用，强化非正规教育、非正式教育的主体作用，尤其要大力发展城乡社区教育，培育各类社区学习型组织包括学习共同体，并“以多层次、多形式、多种媒体综合运用的公共学习资源平台为支持”。[⑤]

3. 关于终身教育体系构建的基本要点[⑥]

立足于加快终身教育体系构建的步伐，陈乃林提出新时代背景下终身教育体系构建的基本要点。

第一，坚持以人为本，教育惠民。鉴于终身教育体系的构建是以社会成员的全面发展、终身发展和自我完善为目的，陈乃林强调，新时代背景下“十四五”开局，终身教育体系的构建，必须坚持以人为本，教育惠民，“必须要坚持习近平总书记提出的以人民为中心的发展思想”，“必须惠及 14 亿中国人民”，这是

① 陈乃林. “十四五”时期我国构建终身教育体系前瞻. 宁波大学学报（教育科学版），2021（05）：11-15.

② 陈乃林. “十四五”时期我国构建终身教育体系前瞻. 宁波大学学报（教育科学版），2021（05）：11-15.

③ 陈乃林. 构建终身教育体系：成人教育大有作为. 高等函授学报（哲学社会科学版），2008（07）：3-4.

④ 陈乃林. “十四五”时期我国构建终身教育体系前瞻. 宁波大学学报（教育科学版），2021（05）：11-15.

⑤ 陈乃林. 关于构建终身教育体系若干问题的探究. 江苏广播电视大学学报，2011（04）：11-15.

⑥ 陈乃林. “十四五”时期我国构建终身教育体系前瞻. 宁波大学学报（教育科学版），2021（05）：11-15.

构建终身教育体系的根本出发点和落脚点。教育惠民的要旨在于坚持惠民包容，弱势优先；坚持需求为本，重视服务的多样化、个性化；坚持生命至上，兼顾生存、生活、生命质量的提升；坚持制度创新，“以制度保障公共基本服务”等，以促进社会成员全面、充分、自由及终身的发展，不断提高人民群众的获得感、幸福感。

第二，实施终身教育立法。陈乃林认为构建终身教育体系，既要有顶层设计，又要重视实践推进，“要把终身学习立法作为一个重点问题纳入推进机制”；立法中“必须把终身教育的本质内涵和体系架构科学规范地表述清楚”，要把学校教育纳入终身教育体系大系统，以弥补几部地方性终身教育法规把终身教育界定为除学校教育以外的教育领域的漏洞。他还指出，服务于终身教育体系的建构，要推进系统化制度建设，包括“要构建更加开放畅通的教育通道，完善弹性学习及继续教育制度，为人才成长创造制度环境”；“建立基于社会成员个人学习的电子档案，逐步健全国家学分银行制度和学习成果认证制度”；建立国家资历框架，推进学历教育与非学历教育的有效衔接与沟通。

第三，坚持需求导向和问题导向。陈乃林指出，新时代背景下，我国脱贫攻坚战取得了全面胜利。可以说，我国的目前的社会生产力水平“总体上已经基本具备了构建终身教育体系的物质基础”；社会主要矛盾已经发生了新变化，体现为“人民对美好生活的向往与期盼日益多样化、个性化、优质化”终身教育服务的需求，要坚持需求问题导向和问题导向相结合，下大力气“建设一个全新的面向全民、而不只是部分人群，贯穿终身、而不是局限于某个阶段，覆盖全面、全方位内容形式、而不是片面的终身教育学习体系，以此来适应新时代 14 亿人民群众的教育学习需求”。此外，还要强化全民终身学习意识，营造终身学习文化，以“认知度、认同度、参与度、满意度”作为衡量终身学习文化的尺度。①

第四，坚持分类指导。陈乃林指出“贯彻党和国家构建全民终身学习体系的总体部署，必须紧密结合各地实际，实行分类指导原则，有计划、分步骤推进”。例如，可以针对我国各地经济发展水平的不同，“分层次提出对标达标的路线图和实施方案，进行过程监控和工作指导”，“可选择若干社会经济发展水平比较高的省市区，开展构建终身学习体系示范区试点”，“优先先行先试，摸索经验”。他还认为“要强化职业院校、高等学校继续教育与社会培训服务功能”，大力开展各种类型、多种形式的行业教育、企业教育、社区教育、老年教育，推动学习

① 陈乃林.“十四五”时期我国构建终身教育体系前瞻. 宁波大学学报（教育科学版），2021（05）：11-15.

共同体团队建设；组织线上线下相结合的学习，“促进各类人员各按步伐协调发展、全面发展、终身发展”。[①]

（三）吴遵民的观点

吴遵民指出，“终身教育体系是指基于人的一生发展必须得到教育持续支持与服务的理念，在个体成长的各个阶段，通过整合社会各种教育资源，并加强社会、学校及家庭之间教育融合与衔接的途径，建立一个面向全体民众且围绕个人人生全过程的连续与统一的教育体系”，“是为达到一定教育目标所构建的各级各类教育的有机与综合的教育系统”。[②]

关于我国终身教育体系的构建，吴遵民指出关键应着力解决如下问题。

第一，关于各种教育资源的整合问题。吴遵民指出，基于终身教育体系构建的本质是“为人一生不同阶段的发展提供教育帮助”，为此，需要通过整合社会各种教育资源（包括学校与学校外教育资源），建立开放、融通、高效、便捷的终身教育体系，为社会民众时时、处处学习提供持续支持与服务。要“对学校与学校外教育的资源进行有效统合，即在两者之间架起有机联结的‘立交桥’”，打通校内教育与校外教育的壁垒。要对教育体制机制进行统整与变革，换言之，就是要消除体制机制障碍性问题，尤其要理顺非正规教育的部门归属问题和行政管辖问题，解决“学校外各种因历史原因、行政组织的归属原因乃至利益关系的博弈原因而造成的纵向割裂、横向阻断”的体制机制弊端，从而“使各种原本互不关联、互不融合的教育资源得以连接、贯通并加以有效利用，达到协调与统合的目的”，确保校内与校外、正规教育与非正规教育的有效衔接与沟通，为人一生发展的需要提供条件和保障。[③]

第二，关于终身教育推展机构建设问题。吴遵民指出，目前终身教育体系构建存在的核心与关键的问题“乃是国家层面缺乏实质性的行政推动机构”。他认为我国对于终身教育体系的构建虽然在理念层面上已经基本达成共识，但在具体实践层面由于行政机构缺失和主管部门的缺位而无法深入推进与落实。他指出，近年来，虽然国家在教育部设立了继续教育办公室，并赋予其推动终身教育具体事务的权限，然而继续教育作为对学校后教育的一种延续和衔接，不能囊括整个终身教育，换言之，其只是终身教育体系中的一个基本组成部分，属于终身教育

① 陈乃林．“十四五”时期我国构建终身教育体系前瞻．宁波大学学报（教育科学版），2021（05）：11-15.

② 吴遵民．终身教育的基本概念．江苏开放大学学报，2016（01）：75-79.

③ 吴遵民．中国终身教育体系为何难以构建？现代远程教育研究，2014（03）：27-31+38.

体系的范畴，是一个下位概念，势必难以承担终身教育体系构建的重任。为此建议进行机构调整与再造，即“在教育部专设终身教育推进办公室”，“将终身教育的定位从成人教育继续教育的狭小范围拓展到整个教育领域”，由此方有可能突破长久以来由于体制机制壁垒所导致的各类教育资源难以有效整合的困境。[①]

第三，关于政府职能与教育资源的公平配置问题。吴遵民主张要发挥政府职能，行使政府公权力，促使教育资源配置趋向于科学化与公平化。鉴于建立服务于全民终身学习的现代教育体系，要求确保每一个公民的受教育权，为其提供人生成长与发展过程中所需要的各种教育资源和教育机会。[②]为此，需要政府行使行政职能，发挥其在教育公共资源福利方面的调配作用，“承担起教育公平与资源均衡有效配置的责任与义务，而不是一味地由市场来调配”[③]。因为市场虽然在教育资源配置中效率更高，但其消极作用也是显而易见的，如容易导致教育资源分配不公，引起不正当的恶性竞争、不公平竞争，最终使“贫者更贫、富者更富。”，两极分化更为严重[④]，从而影响社会稳定。这就要求“在现代教育体系的构建中，政府应给予弱势群体更大的关切”[⑤]，通过各种扶持性政策，实行政策倾斜，营造普惠、人文、公平的教育资源分配环境，可以预见，“一旦教育资源的利用与配置能够达到公平与融通的境界，那么，学习社会的形成也就具有了坚实的基础”[⑥]。

第四，关于法治建设问题。吴遵民指出，致力于推进教育的现代化建设，服务全民终身学习，虽然我国近年来已经出台了不少相关政策措施，但“对现代终身教育体系的构建，却仍然停留在表层推进的阶段”。而且，目前虽然出台了一些地方性法规，“但基本上都是从宏观的视野对终身教育进行的表象性描述或象征性地提出一些推进举措，其不仅可操作性不强”，而且法律层面的“整体意义和约束力不强”，这使得我国终身教育体系的构建在实践推进中举步维艰，阻力重重，刚性支撑力不足。因此，需要制定国家层面的终身教育法，通过立法介入，

① 吴遵民. 中国终身教育体系为何难以构建？现代远程教育研究，2014（03）：27-31+38.

② 吴遵民. 服务于全民终身学习的现代化教育体系构建的研究与思考. 北京宣武红旗业余大学学报，2020（01）：3-8.

③ 吴遵民. 中国终身教育体系为何难以构建？现代远程教育研究，2014（03）：27-31+38.

④ 吴遵民. 中国终身教育体系为何难以构建？现代远程教育研究，2014（03）：27-31+38.

⑤ 吴遵民. 服务于全民终身学习的现代化教育体系构建的研究与思考. 北京宣武红旗业余大学学报，2020（01）：3-8.

⑥ 吴遵民. 服务于全民终身学习的现代化教育体系构建的研究与思考. 北京宣武红旗业余大学学报，2020（01）：3-8.

为终身教育体系的运行保驾护航，确保各类教育资源得到有效整合，确保公民终身学习权利与机会得到有效维护，从而保证服务全民终身学习的现代教育体系朝向正确、健康的方向发展。[①]

第五，关于民众终身学习主体意识与社会文化环境优化问题。吴遵民指出，终身教育体系的构建需要调动全社会民众的终身学习意识、培养全民终身学习理念，激发社会活力，形成良好的终身教育、终身学习文化环境。鉴于目前我国民众对终身教育、终身学习的自觉意识、主体意识、参与意识、责任意识比较薄弱，为此，应着力“培育民众终身学习主体意识和优化社会文化环境”，如强化民众终身学习“权利”意识，引导社会民众树立自觉参与意识；完善终身教育设施，建立健全终身教育、终身学习机构，密布基层终身学习网点，“尤其是在街道等基层，让民众学有处所，学有场地”；开掘各种教育资源，“为民众参加终身学习提供多样化的机会”。[②]

---

① 吴遵民. 服务于全民终身学习的现代化教育体系构建的研究与思考. 北京宣武红旗业余大学学报，2020（01）：3-8.

② 吴遵民. 中国终身教育体系整体构建的策略与思考. 江苏开放大学学报，2015（06）：5-9.

第五章　小康社会背景下中国学习型社会建设的行动实践

学习型社会与小康社会二者有着天然的联系，小康社会的实现以学习型社会的形成为前提，而学习型社会的形成又以小康社会的实现为衡量标准。本章对小康社会建设背景下中国学习型社会建设的现状进行了介绍，对成效与经验进行了总结和提炼，并对存在的问题进行了剖析与反思，最后提出建设性对策建议。

第一节　小康社会背景下中国学习型社会建设的现状

自从党的十二大提出建设小康社会以来，党的十六大正式提出全面建设小康社会的奋斗目标，并把创建学习型社会作为其奋斗目标写进党代会报告，之后，学习型社会建设便成为小康社会建设的重要任务和有机组成部分受到党和政府的热切关注和政策的持续关怀。目前，就我国学习型社会建设的现状而言，具体体现为如下几个方面。

一、政府统筹，制定发展目标和政策措施

学习型社会建设是一项庞大的社会工程，需要政府统筹，制定发展目标和政策措施，全面引领。

中国政府自 20 世纪 80 年代启动社区教育伊始，正式拉开终身教育的序幕，开启学习型社会建设的航程，之后，不断播撒政策阳光，使学习型社会这一浩荡长歌逐渐深入民心；20 世纪 90 年代提出构建终身教育体系的相关政策；进入 21

世纪正式提出学习型社会建设的目标与政策倡导。迄今，有关部门已出台 50 多部重要政策。国家层面关于学习型社会的重要政策法规如表 5-1 所示。

表 5-1　国家层面学习型社会重要政策举要（1995—2020 年）

时间	颁布单位	文件名称	目标内容
1995	全国人大	《中华人民共和国教育法》	推进教育改革，促进各级各类教育协调发展，建立和完善终身教育体系
1999	国务院	《面向 21 世纪教育振兴行动计划》	开展社区教育的实验工作，逐步建立和完善终身教育体系。到 2010 年，要基本建立起终身学习体系
2001	全国人大	《中华人民共和国国民经济和社会发展第十个五年计划纲要》	逐步形成大众化、社会化的终身教育体系
2002	中共中央	《全面建设小康社会，开创中国特色社会主义事业新局面——江泽民在中国共产党第十六次全国代表大会上的报告》	形成全民学习、终身学习的学习型社会，促进人的全面发展
2006	全国人大	《中华人民共和国国民经济和社会发展第十一个五年规划纲要》	加快教育结构调整，促进教育全面协调发展，建设学习型社会
2007	中共中央	《高举中国特色社会主义伟大旗帜，为夺取全面建设小康社会新胜利而奋斗——在中国共产党第十七次全国代表大会上的报告》	现代国民教育体系更加完善，终身教育体系基本形成；努力使全体人民学有所教；建设全民学习、终身学习的学习型社会
2010	国务院	《国家中长期教育改革和发展规划纲要（2010—2020 年）》	到 2020 年，基本实现教育现代化，基本形成学习型社会，进入人力资源强国行列
2011	全国人大	《中华人民共和国国民经济和社会发展第十二个五年规划纲要》	加快发展继续教育，建设全民学习、终身学习的学习型社会
2012	中共中央	《坚定不移沿着中国特色社会主义道路前进 为全面建成小康社会而奋斗——在中国共产党第十八次全国代表大会上的报告》	积极发展继续教育，完善终身教育体系，建设学习型社会
2014	教育部等七部门	《关于推进学习型城市建设的意见》	在全国各类城市广泛开展学习型城市创建工作，形成一大批终身教育体系基本完善、各级各类教育协调发展、学习机会开放多样、学习资源丰富共享的学习型城市，充分发挥这些城市在学习型社会建设中的引领和示范作用
2016	全国人大	《中华人民共和国国民经济和社会发展第十三个五年规划纲要》	加快学习型社会建设。大力发展继续教育，构建惠及全民的终身教育培训体系。建立个人学习账号和学分累计制度，畅通继续教育、终身学习通道，制定国家资历框架，推进非学历教育学习成果、职业技能等级学分转换互认

续表

时间	颁布单位	文件名称	目标内容
2017	中共中央	《决胜全面建成小康社会 夺取新时代中国特色社会主义伟大胜利——在中国共产党第十九次全国代表大会上的报告》	建设教育强国是中华民族伟大复兴的基础工程，必须把教育事业放在优先位置，办好继续教育，加快建设学习型社会，大力提高国民素质
2019	中共中央、国务院	《中国教育现代化 2035》	总体实现教育现代化，迈入教育强国行列，推动我国成为学习大国、人力资源强国和人才强国，为到本世纪中叶建成富强民主文明和谐美丽的社会主义现代化强国奠定坚实基础
2019	中共中央	《中国共产党第十九届中央委员会第四次全体会议公报》	坚持和完善统筹城乡的民生保障制度，满足人民日益增长的美好生活需要。构建服务全民终身学习的教育体系，完善覆盖全民的社会保障体系，强化提高人民健康水平的制度保障

在地方层面上，台湾、福建、上海、太原、河北、宁波等地已相继颁布地方终身教育促进条例。到了 20 世纪末，在地方层面相继制定了推进学习型城市建设的政策——1999 年上海市率先提出建设学习型城市的目标，2000 年北京市提出要在全国“率先建起终身学习和学习型社会基本框架”的发展目标。此后，广州、郑州、南京、杭州、太原、重庆、武汉、成都、常州、西安、珠海、昆山等一些城市相继做出创建学习型城市的决定，通过下发文件，做出具体创建的政策指示与战略部署，并成立工作小组，在人财物各方面给予必要保障。据不完全统计，现全国已有上百个地级以上的城市正在积极行动，创建学习型城市，并积累了宝贵的经验。

1999 年，上海市率先在全国启动学习型城市建设工作。2006 年，《关于推进上海学习型社会建设的指导意见》发布。2011 年，《上海市终身教育促进条例》颁布实施。

2002 年，北京市提出“构建学习化社会”的目标。2007 年，《中共北京市委关于大力推进首都学习型城市建设的决定》发布。2012 年 6 月，《北京市学习型城市建设工作“十二五”规划》发布，并评定西城区为北京市首个“建设学习型城市工作示范区”。

2013 年 7 月 8 日，“全国学习型城市建设联盟”成立大会在北京举行，确立了联盟的首批成员单位。

2013 年 10 月 21 日，国际学习型城市大会在北京召开。会议主题为“全民终身学习：城市的包容、繁荣和可持续发展”。UNESCO总干事伊琳娜·博科娃女士，中国国务院副总理刘延东、教育部部长袁贵仁出席会议并讲话。中国政府向大会提交了《中国学习型城市建设发展报告》。大会通过了《北京宣言》和《学习型城市的主要特征》，对世界学习型城市建设具有重要意义。

目前，国家层面，已成立了由教育部职业教育与成人教育司的继续教育机构负责的学习型社会建设与终身教育推进机构——中国教育发展战略学会终身教育工作委员会、全国学习型城市咨询指导小组。地方层面也成立学习型社会建设与终身教育促进委员会等机构，福建、上海、太原、河北、宁波等地更是以法的形式明确了终身教育促进委员会的职能与职责。

二、实验与示范引领，广泛开展社区教育

社区教育作为区别于传统正规学校教育的开放式的社会教育类型，具有教育面向的全员性、教育对象的全纳性和普惠性、教育内容的普适性、教育机会的民主性和平等性、教育主体的多元性与广泛参与性等特点，是学习型社会建设的重要途径。我国社区教育自从20世纪80年代中期发轫以来，通过建立一定的实验区、示范区，在实践中已经取得一定的进展。

（一）政府主导，全面引领

政府在社区教育中起着规划、设计、倡导、发动和组织的功能。社区教育活动的开展离不开政府的主导和全面引领。

1. 政策关怀，持续推进

政策是指国家机关、政党及其他政治团体在特定时期为实现或服务于一定社会政治、经济、文化目标所采取的政治行为或者规定的行为准则，它是一系列法令、措施的总称，是政治实体在一定时期内依据内外环境变化为实现一定的政治目标而制定的具有方向性、指导性、准则性的文件；是制度的载体，行动的指南。我国社区教育发轫于20世纪80年代中期,进入90年代,国家开始关注社区教育，并出台了一系列政策，进行持续推进。从1998年《面向21世纪教育振兴行动计划》、2000年《关于在部分地区开展社区教育实验工作的通知》对社区教育实验工作的提出，到2004年《教育部关于推进社区教育工作的若干意见》对社区教育工作全面开展的系统部署，再到2008年《教育部关于确定全国社区教育示范区的通知》对社区教育示范区建设工作的规划，乃至2016年《教育部等九部门关于进

一步推进社区教育发展的意见》推进社区教育公共治理，社区教育政策的关注点从外延到内涵，从粗放到集约，不断升华。而且，部分地区还出台了相关的法律法规，为社区教育的规范化、科学化、有序化开展提供了法律依据。

2. 形成四级管理机构和四级教育培训网络

目前，我国社区教育已经形成以政府统筹，教育部门主导，有关部门配合、社会力量（各机关单位和企事业单位）参与的治理格局。在此格局下，社区教育四级管理机构和四级培训网络初步形成。如太原市通过由市委市政府领导、教育部门牵头，相关职能部门配合，组建了自上而下的社区教育管理委员会，下设办公室，由专人负责。同时通过整合资源，已经建立市、县（市、区）、街道（乡镇）、社区（村落）四级社区教育培训机构。截至 2021 年，全市已建成 1 个市级社区大学、6 个城区社区学院，并在 10 个县（市、区）和部分行业建立了 17 个分院、3 个行业社区学院、1 个市级社区教育实验中心、97 个街道（乡镇）社区教育中心、695 个社区（村）学校，基本形成了全市社区教育四级培训网络。其中，市一级依托太原市广播电视大学建立太原社区大学，太原社区大学是全市社区教育教学指导中心、科研中心和培训中心，对全市社区教育教学活动起着指导、示范、辐射、协调、服务的龙头作用；区一级建立了社区学院，学院有专职在编工作人员专门负责学院日常管理工作，是全区社区教育的主战场；街道一级成立社区学校，同时，驻地行业、企事业单位等建起了多个社区教育中心，社区教育中心对街道居民开展形式多样、内容丰富的全方位教育；社区一级依托公办学校、民办学校、行业企业培训机构建了社区分校。社区分校满足社区居民多元化的学习需求，为不同教育群体提供教育服务。

（二）运行模式多元，形成本土化特色

我国现代意义的社区教育是一个舶来品，主要引自发达国家。经过多年的实践探索，因地制宜，我国目前已经形成具有本土化特色的社区教育运行模式，具体包括以下五种类型。

1. 以社区学院为龙头的辐射型

以社区学院为龙头的辐射型是指社区学院作为区域性社区教育专门机构，发挥引领、沟通、协调的龙头作用，面向区域各类人群开展文化类、职业类、休闲类教育。我国的社区学院与国外不同，社区学院既有举办学历、非学历、非正规教育的功能，又兼具代替政府行使区域社区教育宏观管理的功能，包括组织、统

筹、指导区域内各层面开展社区教育活动。社区学院除了开展学历教育和非学历教育外，还开展项目研发、课题研发、课程与教材开发，培训社区教育工作者队伍，组织、统筹、指导区域内各层面社区教育活动的开展等。

2. 以街道为中心的统筹型

以街道为中心的统筹型是指社区教育活动主要由党政部门的派出机构——街道办事处统一筹划、组织和协调，以所辖的行政区域作为社区教育的管理范围，举办各种教育活动和文化活动。以街道为中心的统筹型是目前我国社区教育发展采取的主要形式，这种模式有利于发挥街道办事处组织居民的主导作用，并充分调动街道、社区内自有的教育资源服务于社区教育。

3. 以学校为中心的互惠型

以学校为中心的互惠型是由教育系统内部发起的，同时由学校之间、学校和社区内企事业单位之间进行合作，将学校资源面向社区开放，实现学校教育功能拓展的一种模式。如社区内的中小学校通过与街道社区协商，由社区为青少年提供课外活动、课外学习教育基地的机会，开展面向青少年的校外教育活动；或者由学校开放场地设施，面向社区居民开展一系列教育与文化活动。

4. 以驻地单位为中心的集合型

以驻地单位为中心的集合型是指由驻区各行各业有影响力并热心社区教育的企事业单位，利用其影响力开展社区教育活动。此种模式往往适合拥有较大规模企业的社区，由该社区的大型企业资助社区开展一定的社区教育活动。如北大资源集团将常规活动与主题活动相互结合，通过提供“资源家”社区综合网络服务平台，针对社区居民开展“元旦茶话会”“网球比赛”“寻找小野人”“书画展”“社区文化沙龙”等活动，形成一系列“新文化社区实践活动”的新亮点。

5. 以社团为主的自主型

以社团为主的自主型是由民间社团本着自觉、自愿、自主的原则，自发组建面向社区居民开展社区教育活动。其中包括两种类型：一种是服务型，属于公益性社会组织，如社区老年人协会、环保协会、社区治安队、社区爱心协会以服务社区教育与社区治理为宗旨，为社区居民提供专业性教育服务；另一种是兴趣爱好型，属于互益性社会组织，如社区居民中基于共同的志趣爱好自发组织而成的兴趣小组，其特点是自主学习、互帮互学，共同成长。当然，这两种类型的社团组织，其活动的开展及健康成长都离不开政府的培育和支持。

（三）以学习型城市建设为契机，创建学习型社区

近年来，伴随着学习型城市建设工作的持续推进，创建学习型社区便成为社区教育活动开展的基础性工作。

1. 以聚焦“三关”为主题，创建学习型社区

“三关”是指关心青少年、关爱老年人、关注困难群体。“三关”是社区教育人文关怀的体现，也是社区教育民主化理念的体现。一是关心青少年。如太原市解南一社区立足于“关心青少年成长”这一主题，配合学校德育教育，把书本知识与社会实践能力培养有机结合，服务青少年成长，邀请老红军、老革命为青少年讲述革命传统故事和英雄事迹，鼓励青少年爱祖国、爱劳动、爱环境；邀请派出所民警为青少年进行“未成年人犯罪的预防和自我保护”知识讲座，增强青少年自我保护、自我防范意识。二是关爱老年人。如上海市长宁区程家桥社区除开设老年人喜欢的休闲类课程、外语类课程、计算机课程之外，还特别推出了大力弘扬中华传统文化的课程，以及健康养生类课程，极大地丰富了社区老年人的生活。广州市荔湾区逢源街根据街道老人较多的特点，把老年教育作为教育的重点，积极开展舞蹈班、唱歌班、书法班、插花班、双语培训班、剪纸班等各种各样丰富多彩的学习活动，满足了老年人的个性化诉求。三是关注困难群体。如宁波市骆驼街道中街社区重视下岗再就业人员的再就业培训，社区聘请专业的就业指导人员，为社区居民量体裁衣，针对不同人员的需要开设电脑扫盲、插花、厨艺、家政等培训课程，提升其生存技能。

2. 以优化人文环境为抓手，创建学习型社区

社区是一定区域内的居民生活工作的场域，是仅次于家庭的次生态家园，为此，营造和谐文明、关爱友善、积极向上的社区人文环境便成为创建学习型社区的重要抓手。如上海市嘉定镇街道为满足社区居民多元化需求，开创性地设置了“百姓睦邻点”，为社区居民提供相互学习、交流和沟通的精神家园。诸如“老爸爸聊天室”是面向一群情趣相投的中老年男士组成，大家聊国家事、社区生活事、百姓身边事，更聊共同关心的事。“外来媳妇”睦邻点是以外来流动人员为主，积极推进邻里相处之道，关注本地居民与新上海人如何和睦相处，以及学习讨论生育观、女性健康知识等。另外，街道还成立了“睦邻会所”，制定“睦邻会所会员守则”“睦邻会所活动制度”等规章制度。百姓睦邻点的设立吸引社区居民积极参与其中，陶冶了居民的生活情趣和精神情操，提升了居民的生活品位，

满足了社区居民的归属感，营造了健康和谐的社区人际环境和生活环境。

3. 以和谐共建为契机，创建学习型社区

社区不仅是一个拥有一定的人口、服务设施、单位机构的地理区域，还是一个生活共同体，为此，社区与驻地单位和谐共建便成为社区建设的重要任务。具体做法为，社区通过与驻地单位签订协议，由驻地单位开放场地设施，面向社区居民开展各项教育与文化活动，共同打造学习型社区，形成了文明和谐、健康向上的社区文化氛围。如浙江省宁波市海曙区社区与企业联动，共同开展“星级家政员”、计算机操作员、企业的车间和班组管理、后备管理干部和现场改善等技能培训。其中，由社区与企业双方协定，社区负责师资、培训场地、设施设备及教育管理等，企业负责教育计划、学员组织等，有计划地开展“星级家政员”的培训工作。

（四）典型示范，项目引领

典型是旗帜，是灯塔，是方向；典型是楷模，是希望，是力量。典型具有感召、示范、引领和辐射的作用。社区教育开展中需要通过典型的感召力和示范引领作用，最终使典型以星星之火形成燎原之势。各地在社区教育中注重对涌现出的优秀典型进行表彰，通过表彰典型、展示典型、激励典型，发挥典型的示范、引领和辐射作用。

1. 特色活动项目创新

特色活动项目是指由社区居民、社区基层干部、社区教育专家基于社区居民个体精神性诉求和社区和谐发展的治理性诉求共同研发出来的具有一定主题内涵的社区教育内容。如太原市涧河街道锦绣苑社区为了丰富居民的文化生活，积极创新社区教育活动项目，以节日为载体，开展丰富多彩的文体活动。如“三八”节组织妇女开展拔河、跳绳比赛，“六一”儿童节面向青少年举办“庆六一，快乐成长”的活动，“七一”节举办大型文艺会演，“九九重阳节”举办戏曲演唱会等，通过形式多样的活动项目创新，丰富了社区教育的内涵。

2. 特色课程创新

所谓特色课程，是指将具有地域性人文元素（包括历史遗迹、历史传说、名人轶事、风俗礼仪、风土人情、传统工艺等方面的内容）编排而形成的课程。如四川省成都市武侯区依托其三国蜀汉文化的历史底蕴，开发了“话三国说蜀将”

“三国时期著名战争”“川剧”等特色课程，激发了社区居民的社区认同感和自豪感。浙江省宁波市北仑区新碶街道开发的“人文新碶”课程，讲述了新碶的人文地理、方言俗语、非物质文化遗产、名人名家、风土人情等，通过描述新碶的发展变化和风土人情，让当地居民进一步了解该街道的前世今生和发展脉络，激发社区居民的家乡感和归属感。浙江省宁波市北仑区郭巨街道开发的“郭巨民俗”是民俗文化特色课程的典型代表。“郭巨民俗”搜集、整理了郭巨的人文历史和抗倭史实，将郭巨的乡土文化和民俗风情逐步分类建档，通过相互交流与探讨，详细、完整地整理了郭巨800多年来形成的民间风俗文化素材，起到了很好的文化传承作用。上海市长宁区新泾镇开设的“撕纸画技法”是一门既体现民间传统艺术又紧跟时代发展的课程，深受社区居民的欢迎。该特色课程的开设既充实了社区教育课程资源、丰富了课程形式，又传承和扩大了民间艺术的影响力。

三、应对人口老龄化，实施养教结合老年教育

根据2021年国家统计局公布的第七次人口普查数据显示：我国60岁及以上人口已达2.64亿人，占总人口的18.7%。其中，65岁及以上人口比重达到13.50%。预计“十四五”时期，这一数字将突破3亿，我国将从轻度老龄化进入中度老龄化阶段。[①]人口老龄化视域下，推行积极养老，开展养教结合，对老年人施以人本关怀，已经被纳入民生兜底工程，成为我国政府推进和谐社会构建的重要战略举措。

具体来看，近年来，我国养教结合老年教育的举措如下。

（一）政策持续推进

伴随着人口老龄化社会的到来，近年来我国政府陆续出台了相关政策，2012年，16部门联合印发《关于进一步加强老年文化建设的意见》，“倡导全社会树立积极老龄化理念，以积极的态度、积极的政策、积极的行动应对人口老龄化，提出全社会要正确对待和接纳老年人，尊重老年人的社会价值，扩大老年人社会参与，营造敬老爱老助老的良好社会氛围”[②]。

《中华人民共和国老年人权益保障法》第七十一条指出：“老年人有继续受教

① 沈慧. 拿什么守护“夕阳红”. 经济日报，2021-10-25（9）.

② 16部门要求加强老年文化建设 让“银发族”更快乐. 2012-10-18. http://www.gov.cn/jrzg/2012-10/18/content_2246552.htm.

育的权利。国家发展老年教育，把老年教育纳入终身教育体系，鼓励社会办好各类老年学校。各级人民政府对老年教育应当加强领导，统一规划，加大投入。”

2016 年，《教育部等九部门关于进一步推进社区教育发展的意见》印发，将老年人群作为重点人群予以教育政策关怀，提出“大力发展老年教育。将老年教育作为社区教育的重点任务，结合多层次养老服务体系建设，改善基层社区老年人的学习环境，完善老年人社区学习网络。建设一批在本区域发挥示范作用的乡镇（街道）老年人学习场所和老年大学。努力提高老年教育的参与率和满意度”。

2016 年，《老年教育发展规划纲要（2016—2020 年）》印发，这是我国第一部老年教育专项规划，明确提出探索养教结合新模式，扩大老年教育资源供给，优先发展城乡社区老年教育。

2017 年，党的十九大报告指出，要积极应对人口老龄化，构建养老、孝老、敬老政策体系和社会环境，推进医养结合，加快老龄事业和产业发展。①

2019 年，《中共中央关于坚持和完善中国特色社会主义制度 推进国家治理体系和治理能力现代化若干重大问题的决定》提出，要积极应对人口老龄化，加快建设居家社区机构相协调、医养康养相结合的养老服务体系。

2021 年，《中共中央 国务院关于加强新时代老龄工作的意见》进一步提出，要扩大老年教育资源供给，将老年教育纳入终身教育体系；创新机制，推动部门、行业企业、高校举办的老年大学面向社会开放办学；发挥社区党组织作用，引导老年人践行积极老龄观。至此，老年教育由边缘化走向中心。

（二）建立了一定的办学机构网络

目前我国已经初步形成了多类型、多层次、多形式的老年教育办学机构网络。各级政府、有关部门和企事业单位（学校、企业）创办了一批老年大学（学校），截至 2016 年底，全国各级各类老年大学、老年学校达到 7 万多所，在校学员 800 万余人。②

政府举办老年大学（学校）是我国开展老年教育的主要形式，也是老年人接受教育的主要机构。经过 30 多年的发展，我国各地政府举办的老年教育机构基本上覆盖了省（区）、地（市）、县（区）、乡（镇、街道）、村（社区），形成

---

① 习近平. 决胜全面建成小康社会　夺取新时代中国特色社会主义伟大胜利——在中国共产党第十九次全国代表大会上的报告. 2017-10-18. http://www.gov.cn/zhuanti/2017-10/27/content_5234876.htm.

② 王祖敏. 全国现有老年学校 7 万多所 逾千万学员老有所学. 2018-12-27. https://baijiahao.baidu.com/s?id=1620965986092867219&wfr=spider&for=pc.

了相对独立的老年教育网络。以上海市为例，2018 年底，上海共有老年教育机构 290 所，初步形成了比较成熟的老年学校教育网络系统——上海市政府举办的老年教育机构中有市级老年大学 4 所，市级老年大学系统校及分校 43 所，区县老年大学 22 所，街镇老年学校 221 所，居、村委会办学点 5503 个。[①]通过统筹协调，将区域内的社区学校、社区老年活动中心或老年大学进行协调整合与统合，实行资源共享，打造“十分钟学习圈”，保证社区老年人步行十分钟或骑行十分钟到达教学点，以提高老年教育机构的覆盖率。

高校是社会教育文化资源的聚集地、辐射源，拥有雄厚的教育场地设施、优秀的师资和浓厚的学术氛围，是开展老年教育的重要阵地。现阶段我国高校办老年大学有百余所。

社区办老年大学（学校）是老年教育向基层延伸的重要实施方式。伴随着学习型城市建设与社区教育的发展，我国目前一些社区教育实验区和示范区已经形成了以区（县）社区学院为龙头、以街道（乡镇）社区学校为骨干、以居委（村）教学点为基础的三级社区教育培训网络，与此同时，社区教育机构与社区老年教育机构互融共享，社区老年大学（学校）数量也日益增加。

企业单位开办的老年大学是老年教育发展的重要力量，近年来，企业单位开办老年大学的数量不断增多，有研究数据显示，大型企业办老年大学共 472 所。[②]

此外，还建立了远程教育机构，如建立了自上而下的广播电视大学和广播电视学校，有些地区的广播电视大学还专门建立了老年学院，为老年人提供学习便利。

（三）政府牵头，养教结盟

近年来在一些学习型城市先进区已经探索出一条养教结盟、合作式办学的新路子。具体举措为：政府牵头，统筹协调，推动养老机构与教育机构建立养教结合联盟，共同参与办学。如上海奉贤区在区委、区政府的政策引领及相关职能部门的配合下，全区 27 家养老机构分别与 10 所老年学校、24 所幼儿园结对，建立工作小组，制定工作计划，共同商定课程开设、师资配备、教材选用以及开展具体活动的形式与方法等。浙江瑞安市政府、民政部门整合教育部门、老年大学和职教集团教育资源，对接城区 5 个街道 10 家养老机构，建立养教联盟，开展老年

---

① 陈乐，夏荔. 沪苏浙皖签约推动老年教育发展. 2019-05-11. http://edu.eastday.com/node2/jypd/n5/20190511/u1ai23471. html.

② 杨晨，李学书. 多元办学形势下老年教育微观管理发展与创新研究. 职教论坛，2016（18）：57-62.

教育活动，并通过下发文件使城区内幼儿园、小学和中学与养老机构结对合作，为养老机构的住养老人举办各种形式多样、内容丰富多彩的联谊会，满足老年人的精神文化需要，促使养老机构由单一的养老功能向养教一体化功能转变。①

此外，由政府出资，“赛场选马”，购买市场上优质的第三方社会培训机构的教育服务，由社会教育培训机构深入社区面向老年人开展菜单式教学。如宁波市江北区的文教、甬江等街道引入市场机制，与宁波市启华教育培训机构、长者生活网络服务有限公司签订购买服务合同，开展合作，引导和鼓励社会力量参与养教结合老年教育办学。②

（四）多方联动，送教上门

注重整合多方资源，多方联动，采取相关机构开展“送师资、送课程、送资源、送活动、送信息、送志愿者”六送服务，为老年教育提供强有力的支持。

一是街镇老年学校与养老机构结对子，开展送教服务。如上海嘉定区徐行镇老年学校向养老机构输送特色课程“徐行草编”，赢得老人们的欢迎。上海市奉贤区奉城镇老年学校与3家村级养老机构结对，根据其实际需要，分别赠送了50寸电视机、教材、节目等。

二是开放大学向社区或养老机构输送学习资源。如江苏省的省开放大学与地方开放大学、社区或养老机构三方进行合作，由省开放大学负责推送数字化资源，地方开放大学组织日常的面授教学，社区或养老机构负责日常管理与硬件设施的维护，三方资源共享，优势互补，共同开展老年教育服务，推动老年教育事业的发展。③

三是公办、民办幼儿园与养老机构对接，开展不同形式的联谊活动，丰富老年人的文化娱乐生活。如浙江瑞安市政府、民政部门整合教育资源，组织城区内幼儿园与养老机构结对合作，为养老机构的住养老人举办精彩多样的联谊会，满足老年人的精神文化需要。

四是行业、企业自觉行动，融入公益活动，为老年人输送优质课程。如上海市相宜本草企业专门请来专家教授为上海虹口区第二社会福利院老年人开展如何预防衰老的讲座。

---

① 徐凡弟. 养教结合的老年教育模式新探——以瑞安市为例. 广西广播电视大学学报，2019（05）：74-76.

② 邬晶晶. 教养结合的老年教育实现路径研究——以宁波市为例. 宁波广播电视大学学报，2018（04）：1-7.

③ 丁晓华. 养教联动 探索老年教育新途径——江苏老年教育与养老结合的实践探索. 职教论坛，2019（05）：122-125.

五是社会组织发挥自身优势，服务老年教育，如上海市长宁区图书馆开放资源，依托自身丰富优质的学习资源，为老年人送书上门、送影上门，甚至在养老院设置流动书架，并不断更新图书、影视资源，为老年人送去丰赡的精神盛宴。

（五）功能拓展，释放潜能

伴随着我国人口老龄化形势的日益严峻，一些养老机构开始转变理念，延伸服务领域，拓展功能，在传统养老服务的基础上，开辟序列服务，实行转型升级，开启“书院式养老”模式，打造集康养-学养为一体的新养老文化。

在硬件设施方面，设有健身房、棋牌室、手工活动室、茶艺室、图书室等一站式养老文化活动空间，为入住老人提供专属的健身、康复、养生、休闲娱乐、充实精神生活于一体的配套服务设施。

在课程设置方面，贴近老年人的生活需要，因人制宜，除了开设健康养生类课程外，还开设陶冶身心、提高生活品位和精神品位的课程，如手工制作、茶道、花艺、绘画、书法、摄影、钢琴、诗歌朗诵、声乐、舞蹈等，并实行点单制，提供精准配送服务。

在教育活动开展方面，以需求为导向，聘请或邀请高校、老年大学、医疗卫生机构的专家学者，各行各业的志愿者、知名民间艺人，为老年人提供高品质的精神大餐。如宁波市一些养老机构在为老年人提供养老服务的同时，面向不同年龄层次和类型的老年人提供不同的教育服务：针对低龄老年人，推行书院式养老，提供休闲娱乐型、学术型、生存技能型、生活艺能型等系列课程，开展常规式教学；针对高龄老年人，为其提供养生保健、文化娱乐类课程；针对失智老年人，为其开展园艺治疗以及趣味游戏等有益于老年人身心健康的活动。[①]

可以预见，实行在老年养护院、城市社会福利院、农村敬老院等养老服务机构中，设立固定的学习场所，配备教学设施设备；通过开设课程、举办讲座、展示学习成果等形式，推进养教一体化，开展书院式养老，对未来的养老格局将起到不可估量的作用，它不仅是对传统养老理念的颠覆，更是攸关当代长者的心灵栖息，关乎其生活质量和生存质量。

（六）盘活资源，打造“十分钟学习圈”

打造“十分钟学习圈”即坚持民本化、便民化服务，通过盘活区域内教育资

① 郇晶晶. 教养结合的老年教育实现路径研究——以宁波市为例. 宁波广播电视大学学报，2018（04）：1-7.

源，在老年人居住地附近建立社区教学点等，把教育文化资源送到老年人“家门口”，使老年人在居“家”养老的同时步行十分钟就可以享受到“教育”福利，实现了真正意义上的服务到“家”与“惠民”。该模式是解决我国目前老年教育资源短缺的理想途径，它使社区教育服务站点星罗棋布地散布于社区的各个角落，扩大了社区教育的覆盖面。而且，该模式根据区域内教育文化基础设施的拥有量来分配教育资源，实现了教育资源的充分利用与潜能的有效释放，避免了教育资源的浪费。

目前这一模式已暗香浮动，开始在一些省会城市悄然兴起，活动模式、活动内容和活动形式多样，形成了特色化和品牌化。如北京市朝阳区社区老年大学在10多个街道设立了教学点，方便了老年人居家养老就近学习，为老年人提供了学习便利。重庆市增设社区学校服务站点，打造“十分钟学习圈”，把大学教育送到老年人家门口（社区）。济南市通过整合中小学教育资源，密布社区教育学院分院服务站点，打造“十分钟学习圈”，满足老年人多元学习需求。太原市立足于深化养教结合，以方便老年人居家养老“人人、时时、处处”学习为宗旨，在密布老年人学习圈教学网点的同时，创设了“天天课堂”这一学习载体，力抓“学习圈”在服务功能上的“三个深化”：一是学习资源供给服务功能上的深化，通过构建“线下开课—线上发布—报纸公布”三个环节相互衔接、合力呈现的聚焦式传播平台，深度满足老年学习者“人人可学”的需求。二是时间功能上的深化，通过全天候开展活动，增强活动频次，深度满足老年学习者“时时可学”的需求；三是区域服务功能上的深化，要求每个社区、每个村，在每周均要举办一次“天天课堂”活动，深度满足老年学习者“处处可学”的需求。①

（七）游学体验，寓教于乐

区别于传统的灌输式教学，老年游学通过依托游学项目，使“游”与“学”相融合，有利于激发老年人的学习兴趣，愉悦身心，立体化地学习与体验，丰富老年人的晚年生活。江苏省南通市积极开发老年游学特色项目，以区域独特的人文资源如港口文化、历史名城、长寿之乡、纺织之乡等为载体，设计人文行走路线，组织老年人进行游学体验，丰富了老年人的生活世界和精神阅历。老年开放大学致力于老年教育形式的创新，采用市场化运作，与国内知名旅行企业合作，开发特色文化元素，设计以“漫游、乐学、静居”为价值理念的游学线路，提供

---

① 马兆兴. 太原市终身学习文化的培育. 太原：山西人民出版社，2015：77.

定制化服务，使老年人在游学中开阔了视野，增长了知识，提升了文化品位，增添了生活情趣与个人魅力。[①]

（八）“连点成圆”，孵化学共体

近些年来，共学养老社区老年学习共同体（以下简称共学养老学共体）作为一种接地气、零成本、广辐射的新型养老模式在一些社区教育示范区（尤其是东南沿海发达城市，如江浙一带）初露星火，焕发出勃勃生机，产生了一定的社会效应。其主要通过“连点成圆”，即通过“原子”裂变，由组织中的核心成员传帮带，示范引领、孵化出更多的新的学共体，让社会上更多的老年人受益。这种方式不仅有助于充实老年人的晚年生活，还可以有效消解人口老龄化带来的潜在不安定因素，促进和谐社会建设。

共学养老学共体形式主要有两种：一种是组建社区睦邻点。社区“睦邻点”是由社区老年成员自发组建的邻里互助（生活互助、学习互助）、自主活动、自我服务便民惠民服务站点。“睦邻点”一般设在老年人生活的社区内，类型多样，包括时事政治类、养生保健类、文化娱乐类、生活服务类等，不仅培养了邻里亲情，还充实了老年人的闲暇生活。目前在江浙一带，“睦邻点”已经成为新型养老模式的特色亮点。如截至2016年底，上海市各类“睦邻点”已达3000多个。[②]另一种是组建老年学习社团。主要通过教育机构内部（如老年大学）培育或民间自发结社，由政府提供阳光、湿地进行养护，搭建服务平台，营造环境。老年学习社团通过开展不同主题的学习活动，激发了老年人的学习积极性，实现了从被动的组织学习到灵动的自主学习的积极转变。

（九）依托多媒体，提供线上服务

现代化信息技术蓬勃发展，对老年人的生活与学习产生了深刻的影响，它以清晰、直观、趣味、超时空的方式向老年人展现海量丰富的学习资源，大大满足了老年人的学习需求。

一是老年大学建立养教结合线上服务平台。如上海远程老年大学通过互联网、电视网的形式为老年受众提供网上教育服务，其在上海教育电视台《银龄

---

① 景圣琪，马素萍，高洪波. 基于供给侧教育改革的老年教育创新实践与探索——以南通市老年教育为例. 南京广播电视大学学报，2017（03）：1-4.

② 丁红玲，潘妤婕. 养教结合老年教育：价值意义与推进模式展望. 高等继续教育学报，2020，33（04）：46-51.

课堂》栏目播出的课程几乎涵盖了老年人生活的方方面面，大大激发了老年人的学习兴趣。

二是养老机构建立在线学习平台。上海闵行区养老机构以智慧养老服务为宗旨，构建老年学习网，该学习网是一个集学习、管理、统计、查询、互动等多功能于一体的在线学习平台，使养老机构老年人可以根据自己的喜好随时随地进行在线课程学习。①

三是政府牵头以多媒体为载体实施老年民生便捷服务工程。如四川锦江区政府主导、锦江妇幼保健院医疗管理集团参与，引入社会力量投资800余万元，建立了锦江区“长者通”呼援中心，为老年人提供紧急救助、家政服务、健康服务、教育服务等六大类30余项服务，给他们的生活学习带来了极大的便利。②

四、四轮驱动，大力发展农村成人教育

农村成人教育在提高农村劳动力素质、促进农村经济社会发展中起着重要的基石作用。伴随着我国全面建设小康社会和新型城镇化进程的加快，提高农民生活水平和生活质量，实现农业现代化，实现乡村振兴，成为农村成人教育的主要任务。我国农村成人教育主要通过举办四大工程——实行“四轮驱动”，进行系统推展。

（一）农村实用人才培训工程

服务于农村经济发展对于农业现代化科技人才的需要，在国家政策的倡导下，各地以实际、实训、实效为原则，大范围建立农村文化技术学校、中高等职业技术院校等，大力培养农村经济发展所需要的实用型人才。广泛采用课堂教学、田间示范、巡回服务等形式，面向农村社会成人开展全方位、多形式、多门类（涉及农村种植、养殖、栽培、加工业等）的现代农业技术培训活动。

（1）实施“绿色证书”培训制度。“绿色证书”培训制度是指具有初、高中文化程度的乡、村农业社会化服务体系的人员，以及村干部、专业户、科技示范户和一些技术性较强岗位的从业农民，通过相关知识和技能的考核，达到从业标准，可以获得国家颁发的“绿色证书”。截至2006年8月，全国有31个省份的

① 李峰. 养教结合背景下老年多样化学习探索——以上海市闵行区为例. 职教通讯，2016（19）：51-53+61.

② 陶兰琼，滕丽，张琳. “养教结合”终身学习工程的实践探索——来自四川省锦江区的案例. 北京广播电视大学学报，2014（06）：40-43.

2000多个县组织开展了“绿色证书”培训工作，有2000多万农民参加培训，1000多万农民获得“绿色证书”，培养了大批农业技术精英人才。[①]

（2）实施“新型农民科技培训素质工程”。立足于服务农村区域经济发展，围绕当地主导产业，开展以提高农民农业科技素养为目标的培训活动。

（3）实行“校际联盟计划”[②]。借助互联网平台，以广播电视大学网络远程教育资源为依托，以农业院校和农林科研所为龙头，整合高校资源，开展以高校为主体的农业科技教育培训与科技推广，形成覆盖县乡村的实用型和开放型的农民实用技术教育培训网络，为掌握农业科学技术与农民终身学习提供便利。

（4）实施农民现代科普知识普及惠民工程。利用农民科技培训学校和科技书屋，相关涉农部门联动，建立科普惠农服务站，为农民提供便利的学习服务。

（5）启用“百万中专生计划”。致力于为农村经济发展对实用型人才的需要，要求农广校与各职业院校充分发挥中等人才培养的阵地作用，在培养模式、专业课程、教学形式等方面，积极探索与创新，为农村培养100万具有中专学历的农村实用人才。

截至2009年，全国中等职业学校招生873.6万人，其中教育行政部门和集体举办的农村成人文化技术学校培训4007.18万人[③]，大大促进了农业增产增效、农民增收和农村生产力的发展。

（二）农村劳动力转移培训工程

随着城镇化的不断推进，大量农民工开始进城务工，出现了“民工潮”现象，在此背景下，如何推进农村劳动力转移便成为党和国家关注的焦点。2004年，教育部印发《农村劳动力转移培训计划》，同年组织实施“农村劳动力转移培训阳光工程”。

在对农村劳动力的培训形式上，坚持学历证书和职业资格证书并重、职前培训与职后培训并举，采用产教融合、集团化办学、城乡结合等灵活多样的办学方式。在培训内容上，不仅注重对农民进行现代农业科学技术技能和素养的培养，还注重对农民现代信息技术素养的培养，以及职业道德、公民精神、法制精神的

---

① 国务院办公厅 组织实施“绿色证书”工程. 2006-08-27. http://www.gov.cn/ztzl/2006-08/27/content_370783.htm.

② 曲铁华，王怡. 嬗变与思考：新中国60年农村职业教育回眸. 河北师范大学学报（教育科学版），2011（07）：5-10.

③ 教育部办公厅关于教育系统农村实用技术培训2009年工作总结及2010年工作计划的通报. 2010-04-07. http://www.moe.gov.cn/srcsite/A07/s7055/201004/t20100407_91706.html.

培养。在培训管理上，强调仍然坚持“绿色证书”制度，不断提高农民的就业和创业能力。在培训教育体系上，以就业为导向，创新为动力，依托各教育机构，充分利用职业教育培训资源，建立了省、市、县、乡四级培训体系，健全了全方位、多渠道、多层次的劳务输出组织网络。在投入资金机制上，建立了专项资金和配套资金，并形成了有效的补贴制度，中央和地方安排的财政补助资金通过发放培训券的方式，直接补助给了受训农民，让农民得到了实惠。在培训模式上，采取通过“订单培训”模式，实行校企联合、校校联合、校乡联合，有的放矢地对农民工进行专业化培训，促进了农村劳动力的有序转移。

据教育部网站通报，2009 年教育系统实行农村劳动力转移培训（包括技能性培训）4249.31 万人次。[①]相关政策大大提高了农民的职业技能水平和外出就业能力——大多数受训农民获得了 8 个月以上的稳定就业岗位，而且形成了若干劳务品牌和创业品牌。

（三）新型职业农民培育工程

为进一步增强农业农村发展活力，提高农民社会地位，新型职业农民培育成为农村职业教育的重要任务。2013 年，《新型职业农民培育试点工作方案》把新型职业农民培育放在了突出地位，该方案第一次对新型职业农民的内涵进行了明确定位，指出新型职业农民是指以农业为职业、具有一定的专业技能、收入主要来自农业的现代农业从业者。2017 年，《“十三五”全国新型职业农民培育发展规划》进一步立足于“加快构建一支有文化、懂技术、善经营、会管理的新型职业农民队伍，为农业现代化建设提供坚实的人力基础和保障”，强调要遵循坚持政府主导、坚持市场机制、坚持立足产业、坚持精准培育的基本原则，加大新型职业农民的培育力度。

新型职业农民培育的目标是科技兴农、富农强农。致力于新型职业农民队伍的生成和发展壮大，各地积极建立“一主多元”（即党委政府主导，农业部门牵头，相关部门密切配合，各类教育培训机构和社会力量广泛参与）的新型职业农民培育体系，通过整合和利用各类涉农相关教育资源（农广校、涉农院校、科研院所等资源等），对各类新型职业农民（生产经营型、专业技能型、专业服务型）进行相应的农业经营管理、农业生产技术、农业服务技能方面的培训。倡导“做

---

① 09 年教育系统开展劳动力转移培训 4249.31 万人次. 2010-03-09. http://www.gov.cn/jrzg/2010-03/09/content_1551857.htm.

中学”，推进校企合作、产教融合，利用企业、农业学校、农业合作社等建立实训基地和田间学校，对新型职业农民进行全方位能力培养。同时，在培训管理机制上，建立常态化的培训制度，实施动态认定管理，持续追踪监管。积极进行政策扶持，通过政策福利物资扶持等吸引各级各类农民参与。

（四）教育精准扶贫工程

立足于推进教育强民，服务于全面建成小康社会的理想目标，从 2011 年开始，党和国家开始进行顶层设计，出台了一系列有关精准扶贫的政策，如《中国农村扶贫开发纲要（2011—2020 年）》《关于实施教育扶贫工程的意见》《贯彻落实〈职业教育东西协作行动计划（2016—2020 年）〉实施方案》等，其基本宗旨是要充分发挥教育在扶贫开发中的重要作用，将教育扶贫作为脱贫攻坚的优先任务；倡导通过教育输血，提供贫困人口的就业创业造血能力，提高农村实用技术和劳动力转移培训水平，引领贫困农民脱贫致富。

教育精准扶贫在目标上强调一个“准”字，即做到精确识别、精准帮扶、精准管理“三位一体”。同时，在扶贫目标价值取向上强调，不仅满足贫困地区农民个体自身发展的需要，还要与当地产业结构和经济发展相适应。在具体实践中，主要采取产教融合，通过使当地职业学校和企业相互合作，与当地产业对接，与贫困户对接，共同面向农村贫困地区和贫困农民，为农村地区贫困人口提供基础文化教育和技术技能培训，为农业产业链的短板提供支持。

这一时期，国家还推行了“雨露计划”和“技能脱贫千校行动”。“雨露计划”即利用中等职业教育、劳动力转移培训、农业实用技术培训等，对贫困人口实施救助，帮助贫困青年劳动力进行就业和创业。据教育部统计，2018 年底，全国帮助贫困家庭培养劳动力，推动就业的人数已经达到 500 多万人，同时给予劳动力补助资金 110 多亿元。[①]“技能脱贫千校行动”即在东部地区的支持下兜底式招收西部地区贫困家庭优质生源去往东部地区接受职业教育，培训结束后在东部地区直接吸纳人才，提供稳定就业。据统计，截至 2018 年，院校招收的贫困家庭学生已有 6.42 万人，同时对贫困劳动人口实行的职业培训也有 14.94 万人次。[②]

2021 年 2 月 25 日，中华民族的历史翻开崭新篇章，在北京举行的全国脱贫攻坚总结表彰大会上，习近平总书记庄严宣告：我国脱贫攻坚战取得了全面胜利！

---

① 陈超，袁杰. 农村职业教育对精准扶贫的价值研究. 法治与社会，2018（11）：178-179.

② 人力资源社会保障部、国务院扶贫办. 两部门推进技能脱贫千校行动实施“造血式”扶贫. 2019-01-21. https://baike. so. com/doc/28622825-30082788. html.

在以习近平同志为核心的党中央坚强领导下，告别绝对贫困。①

五、试点学分银行，搭建终身学习立交桥

建设学习型社会，需要建立终身学习服务机制，包括各级各类教育与学习无障碍沟通、融通的机制，以确保终身学习服务到位，人们的形形色色的教育与学习需求得到满足，生命成长与成才、自我发展与完善、自我价值实现的诉求得以充分满足。这就需要建立一个四通八达的、各种类型学习成果认定通行无障碍的立交桥，这个立交桥的有效载体便是"学分银行"。"学分银行"即借助银行的功能机制和运行机理，建立一种学习成果的存储、认定、转换、兑换机制，为各级各类教育，以及来自不同渠道的学习成果获得者提供认定与转换的保障。

十多年来，致力于终身教育体系构建，无论是在国家层面还是在地方层面，均持续推进学分银行的建设工作，并已取得了一定的进展，初露"荧荧之光"。如上海、北京、重庆等城市积极探索建立"学分银行"，开始试点，实现学习成果的存储、认定、转换和兑现机制。

上海率先推进，于 2012 年建立学分银行，实行各类学分的认证、积累和转换，致力于构建普职渗透、中高贯通、学历教育与非学历教育融通的终身教育体系。目前，上海已将"逐步建立终身教育学分累积与转换制度，实现不同类型学习成果的互认和衔接"正式写入《上海市终身教育促进条例》，而且市教委终身教育处已经联合本市高校的力量对 15 个专业非学历证书开展了认证工作，形成了对 200 余种非学历证书的认定成果，其中 183 种证书通过了专家组认定。②

北京市西城区于 2011 年 4 月 27 日启动市民终身学习成果认证制度，市民可以通过积累的学分，获得学习费用减免、升学就业优先以及商品优惠等相应奖励。市民终身学习成果认证制度类似"学分银行"，凡在西城区工作、学习、生活的全体人员、各类学习型组织均可申请西城区"市民终身学习成果认证"学习账户。截至 2016 年，北京的学分银行已建立支持联盟，已有 16 个城市加入城市支持联盟，15 个行业、部委加入行业支持联盟，27 所高校加入大学支持联盟，5 个大型企业加入企业支持联盟。③

---

① 新华社论习近平总书记在全国脱贫攻坚总结表彰大会重要讲话. 2021-02-25. http://www.xinhuanet.com/nzzt/139/.

② 王宏. 学分银行构建的初步尝试——上海普通高校成人高等教育非学历证书认证研究. 开放教育研究，2012，18（04）：44-49.

③ 李成霞. 关于我国"学分银行"建设现状的梳理. 教育教学论坛，2016（41）：8-9.

截至2020年，重庆市的学分银行平台已建立终身学习档案52万余个，登记、认证各类教育学习成果近170万个，完成包括非学历教育学习成果在内的各类学习成果的认证与转换1000余人次。[①]

“国家开放大学2013年7月启动学习成果认证服务体系建设试点工作，在全国建立了47个学习成果认证分中心（认证点），覆盖30个省市地区、17个行业。”[②]2015年12月，继续教育学习成果认证、积累与转换试点工作推进会在北京召开，会上6所开放大学共同发起《加快推进学分银行建设联合行动倡议》，表明我国学习成果认证积累与转换制度从前期的顶层设计及局部探索，正式转入全面试点阶段。

同时，教育部委托国家开放大学在学分银行建设方面取得了实质性进展。[③]近年来，伴随着学习型社会建设走向深入，服务全民终身学习、构建终身教育体系理念的清晰，以及来自理论与实践的呼声的高涨，国家教育体制改革领导小组办公室正在加快积极组织全国相关专家、教育部有关部门和国家开放大学的承建单位中央广播电视大学，致力于国家学分银行的研究和设计工作。可以预见，学分银行的建立，将搭建起一座能够惠及十几亿人口多种学习需求的四通八达的立交桥。在这座立交桥上，各级各类教育可以衔接和沟通，最大限度地满足社会成员对学习的多种需要。

六、整合资源，搭建终身学习服务平台

学习型社会建设需要基础性资源提供保障，即线上线下资源。目前，在全国一些大中城市已经基本建成线上线下服务平台，为终身教育活动的开展提供了重要的支撑保障。

（一）线上资源建设

线上资源是指将各种学习内容经过数字化处理，在多媒体计算机或网络环境下运行，以供社区学习者自主学习的载体，包括视频、文本、图片、交互式课件等。线上服务是缓解终身教育“供需矛盾”的重要途径，它以现代信息技术为支

① 樊树林．“学分银行”让终身学习充满获得感．2020-04-13．http://scdyx.wenming.cn/wmwp/202004/t20200413_3139138.html.

② 高志敏，朱敏，傅蕾，等．中国学习型社会与终身教育体系建设：“知”与“行”的重温与再探．开放教育研究，2017（04）：50-64.

③ 张竺鹏，陈乃林．我国学习型社会建设的现状，评析与对策建议．中国成人教育，2016（18）：16-18.

撑，突破时间、空间的限制，使学习者可以随时随地获取学习资源与服务便利，包括与教师进行线上互动、沟通与交流，获取学习帮助。近年来，我国终身学习线上服务平台建设取得了一定的进展。

1. *启动数字化学习港项目*

为了发挥远程教育的优势、推动终身教育体系和学习型社会的建设，教育部高等教育司于 2006 年启动“数字化学习港与终身学习社会的建设与示范”教改项目。项目选择了 7 个基层单位建设示范性学习中心，其中乡镇型 2 个，社区型 3 个，企业及行业型 2 个，着力对数字化学习及服务运行模式进行探索研究。数字化学习港重点打造社区数字化学习中心，“具有促进社区和谐发展，提升社区建设与教育水平，增进社区成员间相互沟通与理解的作用”[①]。

该项目作为纳入“高等学校教学质量与教学改革工程”统一管理的教改项目，由中央广播电视大学牵头组织，浙江大学、清华大学等高校参与实施，于 2008 年 4 月 21 日结题验收。该项目选择了 7 个基层单位建设示范性学习中心，即在宁波市北仑区小港街道、北京市平谷区镇罗营镇建成了两个乡镇型学习中心，在天津市南开区欣苑小区、广州市海珠区南华西街、西安市碑林区三学街建成了三个社区型学习中心，在深圳 TCL 集团和山东胜利油田分别建成了企业型和行业型的学习中心。该项目主要通过需求调研，从实际出发，进行学习模式、服务模式、管理模式与运行机制等方面的探索与研究。

2. *建立终身学习网*

经过多年的建设，终身学习数字化平台已经遍布全国各地。北京市充分利用终身学习网站为市民提供开放式的远程教育服务，建立了北京市学习型城市网站，提供了数百课程的学习资源。全市各城区都建立了区域性的学习型城区终身学习网站和社区教育网站，部分街道社区教育中心还建设了数字化图书馆，为社区内青少年校外学习、老年教育、市民终身学习的需要创造了条件。为了更好地服务“三农”，北京市教委和区县共同投资在远郊区县、乡（镇）、村建立了 300 多个远程学习站点，依托北京智农天地网，充分利用现代信息技术手段对农村地区开展远程教育，满足了部分农民终身学习的需求，受到农民的广泛欢迎。[②]

---

① 叶军，贺兰芳，丁雪梅. 社区数字化学习中心长效管理机制研究. 中国电化教育，2008（06）：32-36.

② 中国成人教育协会. 中国学习型城市建设发展报告. 杭州：西泠印社出版社，2015：65.

上海市学习网由上海市教委主管、上海远程教育集团承建，是上海终身教育与终身学习服务平台，上海市学习网主要包括工作动态、学习资源、学习交流、学习服务和统计信息等栏目，为广大市民提供集课件搜索、课件学习、课件交流、课件测试、课件评价、学习记录查看、区级子平台等功能于一体的统一门户，是一个具有查询、学习、管理和统计等功能的大型在线学习平台。“上海学习网作为面向全体市民的市级学习网，2021 年有在线课程 3 万多门，电子书刊 7 万多册，有声图书 6000 个，网上学习活动 300 多个，学习团队 3600 多个，汇集 234 所各类学校开班信息 14 390 条，汇集 2327 名专、兼职教师信息。同时，链接了上海 16 区的学习网，实现了市、区平台互通；添加了上海老年教育慕课平台、上海老年学习团队在线平台、上海市民终身学习体验基地平台等。”①

杭州市建设学习型城市网络学习的主平台“学在杭州网”（www.xzhzw.cn），网站主要体现“宣”“教”两种功能。“宣”主要以杭州学习型城市建设的动态信息、经验成就、理论研究等内容为主。“教”主要为广大市民提供文字图片、音频视频等可看性强的学习内容。网站开设了学习动态、经典论述、历史视野、网络学堂、一起来阅读、杭州人文、科普园地等多个栏目。有些栏目对学习资源进行了整合，如《网络学堂》栏目整合了钱塘论坛、万松讲堂、西湖文化讲坛、文澜大讲堂等特色讲坛的视频资源，建立了学习素材库，提供一站式的视频学习服务。“学在杭州网”以网络传播为手段，服务市民，促进市民学习和交流，推动学习型城市创建，将学习过程生动化、趣味化，为杭州市民提供了一个全媒体网络学习平台。②

3. 开通在线学习平台

在线学习平台是指利用互联网技术，面向社会全体成员提供在线学习服务，具有学习环境的自由性、学习空间的开放性、学习内容的可选择性，学习过程的体验性。学习者可以随时随地、采用各种方式、利用各种场景进行学习，获得一种更为人性化的临场感的体验，实现真正的泛在学习。近年来，在线教育发展迅速，适合不同人群学习的在线学习平台层出不穷，如腾讯课堂、沪江学习平台、钉钉在线等网校平台等，这些平台功能更为多元化，服务更为人性化，已经渗透到人们生活的各个领域。截至 2021 年 6 月，我国网民规模达 10.11 亿，较 2020

① 宋亦芳. 社区在线学习空间的理论意蕴与实践逻辑. 职教论坛，2021（03）：95-104.

② 中国成人教育协会. 中国学习型城市建设发展报告. 杭州：西泠印社出版社，2015：133-134.

年 12 月增长 2175 万，互联网普及率达 71.6%。十亿用户接入互联网，形成了全球最为庞大、生机勃勃的数字社会。①

2019 年，上海市长宁区“学在数字长宁”4.0 版——学习云上线，实现了“平台在云上、资源在云上、课堂在云上、互动在云上、体验在云上、数据在云上”的运行方式，极大地提升了平台的运行效果。②

2020 年，上海市民终身学习体验基地平台开设体验站点 11 个，设立了专题活动、参观场馆、讲座与公开课、互动课程、亲子活动、成果展示、DIY 制作、沙龙活动 8 个体验项目，学习者普遍反映可以自主学习、临场感好，在体验中学到了知识。③

上海开发的线上人文行走资源，借助于在线学习平台，视频、图片、语音等同步呈现，使许多老上海人便捷而高效地获得了人文景观的系统知识。上海老年教育慕课平台，汇聚了时尚、健康、艺术、文化、生活等五大类的大量优质课程，使老年朋友们相约云间，足不出户共享资源，一起学习、一起讨论，共同成长。“上海市在疫情期间整合九类精品资源，开通了市民终身学习云空间，为市民提供丰富、可选的网上课程，帮助学习者足不出户自主学习、按需点播，体现了‘泛在、可选’的个性化学习需求。”④

江苏省南京市设立了数字化学习的主平台——南京学习在线网站，将“互联网+”融入终身教育，开通了官方微信号，打造了终身学习课程库，将线上的学习资源按照市民的学习需要分类，打造了诸如“市民学堂”“南京学习在线”“名师公益讲座”等学习载体，覆盖全市 11 个区，丰富了在线学习资源，满足了市民的学习需求，已逐步成为南京市民心目中的终身学习活动品牌。

常州市除了建成了市级层面的终身学习网络平台“终身学习在线网”（www.czcu.net）外，城区层面如钟楼区、天宁区、新北区、武进区、戚墅堰区也纷纷开通区域性的终身学习平台。平台上既有生动的教师讲课视频、课件、文字材料，又有丰富的教育资源，包括道德讲堂、文化素养、现代生活、教育辅导、职业技能、休闲娱乐等，以满足市民的学习与生活需求，保证市民学习的方便与快捷，提高社会学习者的学习积极性。

---

① CNNIC：2021 年第 48 次《中国互联网络发展状况统计报告》. 2021-08-27. http://www.199it.com/archives/1302411.html.

② 宋亦芳. 终身教育信息化发展的特征图谱分析. 职教论坛，2020（09）：91-98.

③ 宋亦芳. 社区在线学习空间的理论意蕴与实践逻辑. 职教论坛，2021（03）：95-104.

④ 宋亦芳. 社区在线学习空间的理论意蕴与实践逻辑. 职教论坛，2021（03）：95-104.

“山东终身学习在线”2016年上线后，已搭建成为“开放式、智能化、超便利”的终身学习超市，形成了“一体两翼”的基础架构。

4. 实施数字化学习先行区项目

2009年，中国成人教育协会社区教育专业委员会制定《数字化学习社区（先行区）建设基本标准（试行）》，开始在社区教育领域实施全国数字化学习先行区建设项目，在先行区积极探索市民信息网络化学习方式，以推进社区教育全国数字化学习。先行区的建设目标是：到2015年，全国建设100个数字化学习先行区。从分布状况来看，先行区地区占31个省份的41.94%，其中，江苏、上海和浙江占先行区比例为59.02%，天津和四川占19.67%，约16%的地区几乎占了先行区总数的80%，截至2011年，已形成全国数字化学习先行区39个、全国城乡社区数字化学习示范基地1个和实验基地9个。到2016年，全国各地已经有61个区被确定为“全国数字化学习先行区”。[①]

2018年1月，中国成人教育协会社区教育专业委员会进一步下发《关于申报全国数字化学习先行区的通知》，又确定北京市大兴区等25个区（县）为“全国数字化学习先行区”，使得先行区推进工作呈现逐渐扩大的态势。2018年，第一届 NERC 杯全国社区教育“互联网+”优秀项目评选活动举办，上海市长宁区“云视课堂”等10个项目入选；2019年“第五届 NERC 杯全国社区教育优秀微课程评选”，来自24个省份116个地市400多个区县的3100多个作品参评，数量和质量达到最高。经过持续不断的推进，目前共创建全国数字化学习先行区96个。[②]

通过先行区12年的推进，在一些地区初步形成了一定的代表性的数字化学习平台，形成了购买、自建、共建、共享等多元化资源建设模式。

（二）线下资源建设

线下资源是指终身学习场地设施，以及工作者队伍。近年来，各地主要通过政府统筹、教育主导、部门联动，宣传发动，进行自上而下的资源整合，强化终身学习线下资源建设。

如2016年上海市静安区出台《静安区关于加强社区文化活动中心管理的办法》，要求公共文化场馆全部开放并参与到社区教育中，为社区居民终身学习提

① 宋亦芳. 论我国社区数字化学习的形成与发展. 职教论坛，2013（09）：60-65.

② 宋亦芳. 终身教育信息化发展的特征图谱分析. 职教论坛，2020（09）：91-98.

供相应的服务。在此政策的倡导下，文学艺术界联合会、上海歌剧院、上海戏剧学院、中福会少年宫、华东医院、华山医院等单位的资源纷纷向街道社区开放——这些单位的专家定期走进上海市静安街道社区，开展“同心讲堂”系列讲座，不仅让居民不出社区就能享受到社区教育服务，而且形成了社区民众、社会组织、企事业单位参与社区教育的格局。

宁波市镇海区利用区域得天独厚的优势文化资源，建立社区教育基地，对社区居民进行宣传教育。自 1997 年以来，其相继成立镇海口海防历史纪念馆、宁波帮文化公园、宁波帮博物馆、镇海籍院士风采馆、陈逸飞纪念馆、中国防控博览园等社区教育基地，这些基地涵盖爱国主义教育、商帮文化教育、海防文化教育等，成为社区教育的重要载体①；提高了社区居民对本土地域文化的了解，增强了社区居民的家园感和主人翁意识。

大连市发挥市青少年宫、市青年读书协会、市青联培训中心、市青少年学习基地等学习场所的作用，为全市青少年学习知识、提高素质提供阵地，在城区建立区、街道、社区三级青少年读书网络，建立“新世纪书屋”“读书角”“共青团窗口”等读书场所；各街道、社区利用社区学院、社区讲坛、市民学校等阵地，根据居民学习需求，也开设“小巷讲坛”“学习超市”等学习载体品牌活动，极大地方便了居民的学习要求；在农村，依托青年科技图书站建立县、乡、村三级青年读书网络，为农村青年学科技、用科技，走科技致富之路提供学习平台。

成都市新都区创立巴蜀古今家居游学项目，实现体验学习，将香迪红馆等博物馆作为学习空间，通过“游、学、做、品”，让市民亲身体验巴蜀古今家居的文化魅力。②

太原市小店区坚持把志愿者服务与社会实践、科技文化服务相结合，以服务社区教育发展为基本内容，以开展共建活动为组织载体，通过制定激励政策，广纳人才，将区域内热心社区教育、乐于奉献、有一技之长的能人志士组成志愿者队伍，开展美化环境、援助孤残、义务服务、义务家教、知识培训等形式多样的公益性活动，满足了社区居民多方面的诉求。其中，八一社区以“八一心愿”为主题，通过成立多支志愿者服务队，如孝老爱亲志愿服务队、党员先锋志愿服务队、消防安全志愿服务队、快乐文体志愿服务队、七彩童年志愿服务队等，开展社区志愿服务活动，其特色尤为突出，成为社区教育志愿者队伍融入社区治理的

---

① 社区教育“学习圈”课题组. 社区教育“学习圈”建设的研究与实践——基于镇海的实践分析. 杭州：浙江大学出版社，2014：124.

② 宋亦芳. 互联网时代如何理解学习空间？上开教学名师 ETTM，在线漫谈，第四期. 2021-05-04.

一道靓丽的风景。

上海市社区教育志愿者服务在 2020 年特殊时期创新方法服务方式——采用“互联网+”特色服务方法。上海开放大学老年教育分队积极响应停课不停学的号召，开展志愿服务云教育。华东师范大学老年大学依托专业志愿者团队，开设“心理健康与隔代教育”“互联网+老年教育”等特色课程，并源源不断地输入社区，深受社区成员的欢迎。高校大学生进社区分队创设“教育百分之百”项目，引导青年助学志愿者参与社区教育；社区科普教育分队发挥专家资源和全媒体传播优势，助力社区健康教育。

上海市长宁区启动数字化学习志愿者赋能项目，帮助市民参与在线云视课程；黄浦区打造滨江红色岸线，分层培育人文行走导学志愿者；徐汇区“光启 e 学堂”、青浦区“红色志愿团”等都积极发挥着志愿服务的作用，推进社区治理，成为疫情期间一抹温暖的亮色。①目前，徐汇区已将志愿助学升级为“志愿享学服务”，实现了理念的提档升级。“传承海派红色基因 培育黄浦导学志愿者”等 12 个志愿服务项目荣获“2019 年度上海社区教育志愿服务品牌项目”。浦东新区工作站等 21 家单位荣获“2019 年度上海社区教育优秀志愿服务工作站”。

七、创建多元生动的活动载体，营造城市终身学习文化

“学习从来就不是一个人孤立进行的活动，人类个体的学习活动只有在社会文化环境中才能得以进行，每个社会成员的学习活动难解难分地融为一体，构成了整个社会的学习。”②致力于学习型社会的建设，近年来，各地主要通过以下途径营建终身学习文化。

（一）“全民终身学习活动周”形成常态机制

全民终身学习活动周是在 UNESCO 关于开展“每日学习一小时”和“联合国成人学习周”等活动的倡议背景下，由教育部职业教育与成人教育司、中国教科文组织全国委员会秘书处、中国成人教育协会联合组织发起的。

2005 年 10 月 15 日，由中国成人教育协会、中国教科文全委会发起，福建省和北京、上海、天津等 10 个城市共同举办的首届“全民终身学习活动周”在北京西城区德胜社区教育学校拉开序幕。该活动的主题为“全民学习、终身学习、造

① 上海社区教育助学志愿者超 6 万人. 2020-12-03. http://sh.people.com.cn/n2/2020/1203/c134768-34454355.html.

② 桑新民. 学习究竟是什么？多学科视野中的学习研究论纲. 开放教育研究，2005（01）：8-17.

就人生，振兴中华”，旨在通过学习活动周这样的形式，大力宣传终身教育思想，提倡树立全民终身教育、终身学习的观念，促进更多的人和社会机构积极参与到全民终身学习中来，使学习成为人们生活的一部分。在此后的一个月中，各地组织开展了形式多样、内容丰富的群众性学习活动。如上海市组织了“学习创造和谐——学习型城市建设论坛”“终身学习和我——成就报告会”“学习‘新概念’行动——学术讲座与实验实践”等；广州市举办了以“全民终身学习，构建和谐社区”为主题的文艺表演，开展了美术、外语、职业技能等专项培训示范和服务活动；武汉市组织开展了“学习进万家”现场经验交流会，组织有关专家、终身学习成功人士、学习型家庭代表作演讲报告等。

据不完全统计，每年学习活动周期间，各省会城市要组织近百场各类教育培训活动，吸引广大市民参与到了学习活动中来。2005—2021 年，由教育部组织举办的全民终身学习活动周已成功举办了 17 届，规模一年比一年大，内容一年比一年丰富，活动的水平也一年比一年高。截至 2020 年，该活动已基本覆盖全国各省区市的 249 个地级单位、1810 个县级单位。[①]经过多年的发展，这一活动已成为我国推动全民终身学习的重要载体、推进终身教育体系建设和学习型社会建设的一大品牌，具有广泛的社会影响。

（二）全民阅读文化正在兴起

1995 年，UNESCO 将每年的 4 月 23 日（为纪念伟大的文学家莎士比亚、塞万提斯和维加等）定为“世界阅读日”，借此鼓励全球的阅读风气和习惯，引导人们（特别是青少年）重新发现阅读的乐趣。世界上许多国家都举办有类似的活动，如日本有“读书协会”“日本读书周”，法国有“图书节”“图书与阅读月”，美国有“读者年”“图书馆周”等。

1997 年 1 月，为提高公民的思想道德素质和科学文化素质，满足人民群众日益增长的物质文化生活的需要，中宣部、文化部等部门联合发出《关于在全国组织实施“知识工程”的通知》，提出实施“倡导全民读书、建设阅读社会”的“知识工程”，以此倡导读书、传播知识，推动社会文明与进步。

2000 年，全国知识工程领导小组进一步把每年的 12 月定为“全民读书月”。

2004 年 4 月 23 日，全国知识工程领导小组、文化部、中国图书馆学会、国

① 全民阅读、智慧助老！教育部启动 2021 年全民终身学习活动周. 2021-11-23. https://caea.org.cn/newsinfo/2143787.html.

家图书馆等组织的“世界读书日”活动在全国范围开展，这是我国首次大范围、大规模地宣传、组织“世界读书日”主体活动。由此开始，国家相关部门连续多年倡导各地继续开展丰富多彩的全民阅读活动。

2006 年，中宣部、中央文明办等 11 部门联合发出《关于开展全民阅读活动的倡议书》，提出“在 2006 年 4 月 23 日世界读书日来临前夕，开展爱读书、读好书的全民阅读活动”。

2012 年党的十八大报告中历史性地写入开展全民阅读活动，标志着全民阅读已提升到国家战略层面。

2016 年，国家新闻出版广电总局印发《全民阅读“十三五”时期发展规划》，这是我国第一部全民阅读的国家专项规划，具有战略性、指导性意义。该规划推出的重点工程和项目设计带动了各地各部门一大批子工程和子项目的实施，为全民阅读活动取得实效奠定了重要的制度基础。

截至 2020 年 4 月，副省级及以上层面已先后有 9 省（江苏、湖北、辽宁、四川、黑龙江、吉林、河南、广东、贵州）2 市（深圳、宁波）人民代表大会常务委员会或政府颁布了共 11 部促进全民阅读的专门性法规或规章。[①]近年来，随着“知识工程”全民读书活动的深入开展，我国各地多个城市也相继举办了“读书节”“读书周”“读书月”“读书季”等活动。这些各具特色的活动，将各种书博会、书展、书市与全民阅读活动有机结合，打造城市“书香”品牌，营造了浓厚的全民阅读文化氛围。

（三）创新特色载体品牌

营建终身学习文化需要调动各方资源，使各层和各方组织协调参与，创新特色活动载体品牌，以起到特色品牌的辐射效应和示范引领效应。

山西省成人教育协会立足于推进新时代中国特色社会主义文化建设，自 2019 年 1 月成立朗诵教育专业委员会以来，致力于积极推广诵读文化，通过广纳人才，组建了诵读团队，借助微信平台开展诵读活动，形成了鲜明的诵读教学特色，不仅培养了大批优秀诵读者，而且通过 4 个微信公众号进行广泛传播，产生了良好的社会效果和效应，形成了一定的社会美誉度，收到了来自省内外群众的来信好评。山西省成人教育协会的公益诵读教学活动被中国成人教育协会认定为“2020

① 卢海弘. 加快建设学习型社会进程中的全民阅读战略研究：政府履责的视角. 终身教育研究，2020（05）：62-67.

年终身学习品牌项目”。

南京市鼓楼区注重挖掘该区的将军文化资源，为了进一步将老一辈的精神火炬传承下来，让更多的人了解其艰辛历程，珍惜今天，创造未来，2007 年，鼓楼区颐和路街道工委在上级部门的支持下，投资百万元兴建将军馆。2009 年 9 月 29 日，全国首家社区将军馆——颐和路社区将军馆建成开馆，集中展示了居住在鼓楼区颐和路社区 30 位共和国将军的光辉事迹，产生了积极的社会影响。为进一步展示“将军文化”，宣传和弘扬共和国老将军的光辉风采，在颐和路社区将军馆的基础上，鼓楼区人民政府编撰、江苏美术出版社出版了“红色将军系列连环画”三册。

北京市在学习载体的创建中注重各职能部门的协同联动。如北京市教委举办多种形式的“市民大讲堂”，北京市新闻出版局实施“读书益民工程”，北京市妇联借助“巧娘工作室”“女性素质工程”等品牌，积极实施增强素质的“学习型家庭”创建行动等。

武汉市注重挖掘地域文化资源，打造具有地域特色的终身学习品牌，凭借其作为长江文明重要集成地所孕育的盘龙文化、知音文化、手艺文化、楚文化、三国文化、木兰文化、工商都会文化，依托读书之城、博物馆之城、艺术之城、设计创意之城、大学之城等“文化五城”建设，大力发展文化事业和文化产业，将汉派文化融入市民生活和城市发展，形成独具魅力的学习型城市的靓丽风景。

大连市在学习型城市建设中，注重学习载体的创建，在全市设立“大连世纪青年讲坛”，开通“大连青年外语网络”等。

（四）创设体验式学习环境

体验式学习是一种行动主义导向的学习观，亦即“做中学”，是智力技能与动作技能的完美结合，容易激发学习主体的主观能动性，使学习活动充满生机和灵动、富有情趣。创设体验式学习环境，就是将学习活动置于一定的物理环境情境当中，让学习主体亲自动手，手脑并用，亲身体验，真正实现学习生活化，生活学习化。体验式学习把学习活动变成一种集知识性、趣味性、游戏性为一体的、动静结合、心智技能与技术技能相统一、相辅相成的充满乐趣的意义活动，真正实现了学习者从“被压迫者”到“解放者”的角色转换，实现了对生命的人本关怀。

如北京市海淀区中关村学院（北京市海淀区职工大学）以全国教育规划课题“常青藤”社区终身学习系统建设为引领，统筹整合学习需求和学习服务，创建了以学习中国传统文化为核心内容的“中关村学院社区教育体验学习中心”，通过开发体验学习项目，改变了社区教育教学模式与学习方式的普教化范式，深受机关团体、企事业单位和学生、社区居民欢迎。该中心以体验式学习课程为特色，是一个集学习、示范、传播、交流、研究等多功能于一体的区域性文化学习服务中心。该中心将自身教育资源和社会资源加以整合，进行再设计，已经开设了书法、国画、插花艺术、厨艺、中西面点、茶艺、葡萄酒、摄影、陶艺、民乐等不同门类、不同层次的课程和体验活动，受到不同学习需求、不同年龄段学习者的欢迎。其终身学习系统及体验学堂被评为“北京市学习品牌”，位列国家开放大学认定的全国 5 家体验式学习基地之首。

上海市作为学习型城市建设和社区教育开展最早的城市，在体验式学习创新方面成就卓著。2021 年 11 月 6 日，“悦享学习新体验 赋能城市软实力”2021 年上海市民终身学习体验基地嘉年华体验式学习项目工程正式拉开序幕。该项目采取线上、线下相结合的形式，由 10 大市级基地 80 余个站点共同打造，汇聚多层次、多样式的体验式学习活动近 300 项，体验项目主题包罗万象、丰富多彩，从自然生态到科普启蒙，从体育健身到健康养生，从经典时尚到生活艺术，旨在进一步彰显体验学习风采，营造终身学习文化，为市民提供了集现场实践、互动、体验于一体的全方位服务。尤其是目前“上海市民终身学习体验基地体验云”全面升级，在提供站点 VR 导览、站点地图查询、体验活动导航等功能的基础上，更新三个虚拟体验展厅，开设了体验式学习六大专题空间，极大地扩展了学习资源，让体验学习更形象、更直观，让市民足不出户即可遍览所有体验站点、尽享线上特色项目。[①]

八、创建各类学习型组织，提升社会整体学习力

创建城市学习型组织是开展学习型城市创建活动的基础工程。这是因为学习型城市的基本构成要件是学习型组织。目前我国学习型组织建设工作正如火如荼地开展着，也取得了一定成效——就地域型的学习型组织而言，建立起了学习型县（市、区）为引领，学习型街道（乡镇）为主导，学习型社区村（居）为基础的三级学习型组织网络。就法人单位型学习型组织而言，已经涌现出一批批学习型机关和学习型企业。另外，近年来，在一些发达城市，自组织型社区学习共同

① 任鹏. 2020 年上海市民终身学习体验基地云端嘉年华开幕. 2021-11-08. https://difang.gmw.cn/sh/2020-11/08/content_34349522.htm.

体也成为城市学习文化的一大亮点，活跃了全民终身学习文化氛围，在一定程度上推动了学习型城市建设。

（一）创建学习型县（市、区），激活区域文化力

县（市、区）是学习型城市建设的区域性统筹规划者、组织实施者和主要推动者，县（市、区）能够站在区域发展的整体格局，立足于区域实际，通过将创建工作与区域经济建设、政治建设、文化建设、社会建设，以及生态文明建设等方方面面紧密结合起来，科学决策整体规划。一些城市在学习型城市创建中，把学习型县（市、区）建设纳入区县经济社会发展总体规划、社区建设规划和教育发展规划，通过学习型县（市、区）建设，形成了富有特色的区域性学习、创建工作理念，推动了各类学习型组织的建设。

目前，一些学习型城市示范区基本上培育起各具特色的区域文化，激发了区域创造力，增强了区域凝聚力，全面提高了区域的持续竞争力。如太原市杏花岭区、小店区和迎泽区作为全国社区教育示范区和实验区，在全市学习型城市建设中起着示范引领作用。杏花岭区发挥政府统筹作用优势，实现区域内教育，文化资源全面整合，推进学习型城区建设。小店区构建五位一体推进机制，建立立体交互资源体系，实现了创建工作跨越式发展。迎泽区科学定位，分类推进学习型组织建设，赋予建设创建文化新的时代内涵，激发了创建工作的活力，呈现学习型城区创建的蓬勃优势。

（二）创建学习型街道（乡镇），增强区域凝聚力

街道（乡镇）是区域学习型社会建设的组织者和推动者。街道（乡镇）的核心作用是通过统筹领导，整合所辖区域内的各种教育文化资源，创新学习载体，为本地区营造一种良好的学习氛围，为社区居民提供良好的学习条件，创造良好的学习软环境和硬环境，让居民乐于学习，进而在学习的过程中更加热爱学习，让学习的乐趣和成果吸引人们进一步去学习，从而引导区域社会成员在学习中增长知识，陶冶情操，提高思想道德、科学文化素质、职业技能素养和文明素养，增强对区域文化的认同感和凝聚力。

如太原市古交市东曲街道办事处针对辖区的下岗失业人员、进城务工人员、农转非人员的求职意向，积极开展有效的职业技能培训工作。一是开展广泛深入的职业指导培训，通过采取召开座谈会、举办培训班等措施，帮助失业人员转

变就业观念，提高择业技巧。二是开展职业技能培训，先后为 300 余名失业人员进行了职业技能培训，使这些人员掌握一技之长，提升了求职能力。太原市小店区平阳路街道根据辖区内外来人口多的特点，特为外来人口开设了各种知识讲座，同时还组建了老年合唱队、时装队、戏剧票友会、老年书画沙龙、老年舞蹈健身队、读书读报小组、英语学习小组等活动团队，定期在社区内各个角落开展丰富多彩的教育与文化活动，丰富了社区成员业余文化生活，使“学习生活化”“生活学习化”二者融为一体，体现了学习型社区全新的生活理念和精神风貌。

（三）创建学习型社区（村），提高居民幸福感

社区是守望相助的家园，是人们归属感和安全感之所在，然而现代社会的高速发展，生活的快节奏，使得人们在社区栖息却难以找到家的感觉。人们彼此疏离，缺少联系，缺少互动，缺少交往。温情和温暖没有了，寒暄和问候没有了，必要的联系和礼貌也没有了。而学习型社区（村）的创建通过以社区教育为抓手，面向区域社会成员开展内容丰富、形式多样的教育与文化活动，可以拉近了人们之间的距离，满足人们的多样化学习诉求，让社会成员重新找到了“根”和“家”的感觉。

1. 开发教育主题，开展不同内容丰富的教育活动

如太原市万柏林区兴华街道漪汾苑社区利用各种传统节日对社区居民开展教育活动，以中华民族的优秀文化陶冶社区居民的人文精神，增强社区居民的凝聚力和向心力。太原市小店区平阳路街道亲贤社区借助社区文化艺术节，开展丰富多彩的社区文化活动，着力打造文明和谐的社区文化，在社区形成了尊老爱幼、团结互助、勤奋学习、人人思进的良好氛围。太原市万柏林区万柏林街道和平社区将国学文化元素融入社区教育内容当中，丰富社区教育内涵，打造出以国学礼仪为特色的社区教育的经典品牌，该社区以国学文化培训为契机，创办“国学礼仪”培训社，让“国学礼仪”走进社区。“国学礼仪”培训社设立了“国学堂”“礼仪班”“音乐室”，在假期和课余时间为未成年人开设各类社会实践活动，其他时间里面向社区中老年人群分期、分类组织“国学礼仪”的学习。通过对社区居民进行“国学礼仪”教育，使社区居民了解到我国源远流长、博大精深的传统文化，在国学礼仪实践中体验，在体验中成长，进而升华道德情操。

2. 驻地联动，齐心协力抓教育

学习型社区建设中注重整合驻地单位资源，通过社区与驻地联动推动社区教

育发展。太原市迎泽区老军营街道劲松社区充分利用驻地单位煤化所老干部学习活动场所，以驻地科研人员为依托，聘请驻地专家为居民进行科普教育培训，实现了辖区内教育资源为社区居民学习活动服务的目标。太原宁化府社区同辖区内的新东方培训学校签订协议，在民办培训机构里设立社区教育学校，为社区居民提供学习活动场所，定时定点地向社区居民开放，进行公益培训，大大拓展了社区居民学习的阵地，有力地推进了学习型社区的创建。

3. 立足本土，进行模式创新

创建学习型社区，尤其强调挖掘、盘活区域本土优势资源，因地制宜，在模式创新上下功夫。如广州市荔湾区整合西关传统文化创建“民俗文化与现代文明特色学习型社区”；海珠区妇联通过创建“百分妈妈会所”，实施妈妈素质教育工程；太原市杏花岭区涧河街道锦绣园社区开展三大主题活动——“我做一流省城人，我为太原添光彩”“感受经典传统文化，继承中华优良传统”“廉洁自律常记心中，情为民系利为民谋”，打造“文化一条路”等。

（四）创建学习型机关，提升机关学习力

创建学习型机关，是全面提高机关干部队伍整体素质、构建独具特色的机关文化的内在要求，也是发挥机关在学习型组织创建中的表率作用，带动所辖系统整体学习、持续学习，为推进社会主义精神文明、政治文明和生态文明建设的内在要求。创建学习型机关，需要从机关自身以及本系统的实际出发，科学地制定“面向系统、整体带动、系统发力”的创建规划、实施方案和评估办法，科学地确定创建的目标、路径和方法，并予以创新性地实践，形成自己的“创建”特色。

近年来，全国各地创建学习型机关的基本做法是：营造“工作学习化，学习工作化”的学习文化；着眼于全面提高机关干部职工的政治理论素养、思想道德水准、科学文化素质和业务水平，打造政治坚定、业务精湛、作风过硬的机关干部队伍，倡导在工作中学习，在学习中工作，在工作中提升，面向全体机关干部开展全员学习活动；以学习为核心推动机关转变职能，增强服务意识，提高服务水平，形成勤政廉洁、务实高效的服务型机关。如北京市药监工商税务系统立足于创建勤政廉洁、务实高效的服务型机关，围绕提高依法行政服务能力，结合机关工作岗位要求和改革重点开展学习型机关的创建活动，推进机关职能转变和管理创新，同时，建立常态化的培训机制，鼓励支持机关工作人员参加各类提高履职水平的学习培训，培养具有服务意识、创新意识、创新思维和创新能力的机关

工作人员。

（五）创建学习型企业，催动企业创新力

学习型城市是一个复杂的系统，它需要各个子系统的配合协调。企业作为社会经济的基本单位，是构成学习型城市系统的重要组成部分。企业兴旺发达的不竭之源来自企业的素质，企业素质的提升则需要企业持续的学习和修炼来实现。企业通过建立学习型企业，不断学习和创新，可以提高应变和抵御风险的能力，以便迅速调整自己的内部结构和战略方向，从而在复杂多变的市场环境中立于不败之地。

着眼于企业素质的提升，一些城市市委、市政府高度重视学习型企业的创建工作，下发了政策文件，制定了创建学习型企业的任务要求和标准，使创建学习型企业制度化、科学化和规范化。通过积极开展创建学习型企业活动，开展全员培训，以学习力提升创新力，从而为企业的发展注入生机和活力。

各地学习型企业创建的基本做法包括：一是积极开展形式多样的岗位创新活动，将创新活动与岗位实践有机融合，如广泛开展职工科技革新竞赛、岗位练兵、技术比武、技能展示、小发明创造、合理化建议等，提升员工创新能力，为企业可持续发展输入能动源。二是注重培养和树立典型，以榜样的力量影响和带动员工，激励员工勤奋学习、岗位成才、努力成才，如建立技能鉴定激励机制、学习明星奖励机制、技术骨干奖励机制、导师带徒互促机制，营造企业尊重知识、尊重人才、尊重创造的浓厚氛围。三是建立全员岗位培训体系，采取自办培训、以会代训、远程培训、外送培训等方式进行全员培训。

（六）创建社区学习共同体，激发基层活力

学习型城市既要有正规的、正式的带有组织边界的学习型组织，也要有非正规、非正式的无组织边界的学习共同体。近年来，随着学习型城市建设工作的全面推进，社区学习共同体作为一种由社区居民自我发起，自我参与、自我组织管理、自我评估的草根学习团体得以迅速普及发展。

“社区学习共同体”是指在社区范围内的居民基于共同的兴趣、爱好及学习需求，在平等、互助的原则下，通过心灵契约的形式，共同构成的非正式学习团体。[1]社区学习共同体的类型包括文体活动类、社区服务类、慈善帮扶类、社区

---

① 汪国新. 社区学习共同体的培育策略. 职教论坛，2012（03）：47-50.

维权类等。社区学习共同体通过自我组织、自我教育、自我管理开展各种学习与文化活动，丰富了社区居民的闲暇生活，活跃了社区文化氛围，极大地促进了社区民众素质的提高和和谐社会的构建。

自创建学习型城市以来，我国已有不少城市地方政府开始积极行动，通过出台有关吸引培育社区学习共同体的相关政策，如场地设施扶持、经费扶持、培训扶持、人力资本扶持等，着力培育培植社区学习共同体。

上海市杨浦区采取“三区联动”式，整体推进社区学习共同体创建工作，即通过政府统筹，教育牵头，部门协同，统合辖区内的资源，引领公共社区、大学校区、企业园区协同联动，共同打造区域社区学习共同体，推进了城区终身学习与学习共同体的生成。上海市芷江西路街道实施“聋哑人学习团队建设的实践与思考”项目实验，通过培育“无声沙龙”学习圈，促进了和谐社区的建设。

杭州市大力实施社区共学养老项目工程，通过出台政策，提供湿地、阳光的方式，为社区老年学习共同体发展提供良好的生态给养，促使社区老年学习共同体由“设计型”向“生长型”转变。截至 2019 年，该社区已建立 8 个“社区共学养老基地”。老年学习共同体成员通过在一起共同学习，互助互学，不但提升了居民的生活品质，而且形成了居民之间亲密无间、彼此关爱的社区人伦氛围，同时解决了社区教育供需错位——政府供给与居民文化消费需求之间的矛盾，从而推动了社区的和谐共治与稳定繁荣。

南京市建邺区社区培训学院实施“培育和引导社会民间组织，推进主体性社区教育发展”的项目实验，通过培育一些典型的社团组织——社区环保协会、社区残疾人协会、雨花石协会等，充分发挥其在地方特色课程开发、挖掘社区资源等方面的作用，服务社区教育。

镇江市润州工业园区社区教育中心实施“发挥社区民间社团教育功能”项目实验，通过培育一些社区内具有代表性的学习团队，如秧歌队、体育健身队、舞蹈队、蔬菜协会等，发挥示范引领作用。

第二节　小康社会背景下中国学习型社会建设的成效与经验

立足于推进小康社会建设目标的实现，中国学习型社会建设经过了 30 多年的探索历程，已经取得一定的成效，积累了具有中国特色的基本经验。

一、中国学习型社会建设的成效

（一）教育结构的体制性改革取得重大突破

学习型社会建设的主体是教育领域，需要协调各级各类教育，使教育体系内部得到优化，从而高效、高质量地为全体社会民众提供充分的学习机会。目前，教育结构的体制性改革已经取得了重大突破。

1. 学前教育与特殊教育日益普及

为了实现学前教育的普及和普惠目标，不断加强学前教育改革步伐，着力构建以普惠性资源为主体的学前教育公共服务体系。2020 年，全国共有幼儿园 29.17 万所。入园幼儿 1791.40 万人，在园幼儿 4818.26 万人。其中，普惠性幼儿园在园幼儿 4082.83 万人，占全国在园幼儿的 84.74%。学前教育毛入学率达到 85.2%。

致力于推进教育公平，特殊教育不断扩容。2020 年，全国共有特殊教育学校 2244 所，比上年增加 52 所。2020 年，招收各种形式的特殊教育学生 14.90 万人，比上年增加 0.48 万人。在校生 88.08 万人，比上年增加 8.62 万人。特殊教育学校共有专任教师 6.62 万人，比上年增长 0.38 万人。①

2. 九年义务教育全面普及

致力于推进城乡基础教育均衡普惠性发展，不断加强城镇教育资源配置，缩小县域内城乡教育差距，义务教育阶段城市学校数和在校生规模得到较快增长。据统计，2020 年，全国共有义务教育阶段学校 21.08 万所，招生 3440.19 万人，在校生约 1.56 亿人。九年义务教育巩固率为 95.2%，全国共有普通小学 15.80 万所，小学招生 1808.09 万人，在校生 10 725.35 万人，小学学龄儿童净入学率 99.96%，小学共有专任教师 643.42 万人。全国共有初中 5.28 万所。初中招生 1632.10 万人，在校生 4914.09 万人。初中阶段毛入学率为 102.5%。②国民受教育程度大幅度提升，教育公平迈出了重大步伐。

3. 高中阶段教育提档升级

立足于加快高中阶段教育普及攻坚，推动普通高中优质特色发展，基本实现全国高中阶段教育普及水平小幅提高，学校办学条件得到进一步改善。2020 年，

① 2020 年全国教育事业发展统计公报. 2021-08-27. http://www.moe.gov.cn/jyb_sjzl/sjzl_fztjgb/202108/t20210827_555004. html.

② 2020 年全国教育事业发展统计公报. 2021-08-27. http://www.moe.gov.cn/jyb_sjzl/sjzl_fztjgb/202108/t20210827_555004. html.

全国高中阶段（高中阶段包括普通高中、成人高中、中等职业学校。其中，中等职业学校包括普通中等专业学校、职业高中、技工学校和成人中等专业学校）共有学校 2.45 万所，招生 1521.10 万人，在校生 4163.02 万人。高中阶段毛入学率 91.2%。全国共有普通高中 1.42 万所，招生 876.44 万人，在校生 2494.45 万人。全国共有中等职业学校 9896 所，招生 644.66 万人，在校生 1663.37 万人，达到普及高中阶段教育的基本要求。[①]

4. 高等教育办学水平不断改善

近年来，高等教育稳步发展，结构逐步优化，办学条件和办学水平得到进一步改善。2020 年，全国共有普通高校 2738 所。其中，本科院校 1270 所（含本科层次职业学校 21 所），高职（专科）院校 1468 所。各种形式的高等教育在学总规模 4183 万人，高等教育毛入学率 54.4%。全国普通本专科共招生 967.45 万人，在校生 3285.29 万人。研究生招生 110.66 万人，在学研究生 313.96 万人。全国共招收成人本专科 363.76 万人，在校生 777.29 万人。网络本专科招生 277.91 万人，在校生 846.45 万人。高等教育大众化程度进一步提高，接近普及化水平。[②]

5. 民办教育繁荣兴盛

根据教育部网站发布的《2020 年全国教育事业发展统计公报》数据显示：全国共有各级各类民办学校 18.67 万所，占全国比重为 34.76%，在校生 5564.45 万人。其中，民办幼儿园 16.80 万所，在园幼儿 2378.55 万人；民办普通小学 6187 所，在校生 966.03 万人；民办初中 6041 所，在校生 718.96 万人；民办普通高中 3694 所，在校生 401.29 万人；民办中等职业学校 1953 所，在校生 249.40 万人；民办普通高校 771 所（含独立学院 241 所），在校生 791.34 万人，硕士研究生招生 1260 人，在学 2556 人。[③]

6. 农村成人教育促进了农村劳动力素质的提升

改革开放以来，党和政府立足于推进农业现代化，对作为农业生产劳动力的主力——乡村务农的农业劳动者“农民”寄予厚望，投注深切的关怀，出台了一

---

① 2020 年全国教育事业发展统计公报. 2021-08-27. http://www.moe.gov.cn/jyb_sjzl/sjzl_fztjgb/202108/t20210827_555004. html.

② 2020 年全国教育事业发展统计公报. 2021-08-27. http://www.moe.gov.cn/jyb_sjzl/sjzl_fztjgb/202108/t20210827_555004. html.

③ 2020 年全国教育事业发展统计公报. 2021-08-27. http://www.moe.gov.cn/jyb_sjzl/sjzl_fztjgb/202108/t20210827_555004. html

系列农村成人教育政策，对农村成人教育的发展起到了强大的助推作用。总体来看，政策主要聚焦于农村实用技术人才培训、农村劳动力转移培训、新型职业农民培育、职业教育精准扶贫以及农村职业教育资源建设（包括师资队伍建设、经费投入、基础能力建设）。在一系列政策的引领下，从一开始的试点工作的推展，到后来的培养、认证、服务体系的建立，再到全面规划，实施乡村振兴战略，表现出对农村社会成人生存境遇的极大关注与重视，推动农村成人教育不断走向深入。在政策的推动下，全国各地开展多层次多形式的农业农村实用技术培训。

据统计：农村实用人才队伍中中专以上学历占比由 2004 年的 3.9%上升到 2015 年的 7%，农村实用人才队伍的学历结构得到明显改善，“百万中专生计划”发挥了重要作用。[①]新型职业农民人数实现了增长，截至 2017 年底，全国新型职业农民人数突破 1400 万人，比 2012 年增加 58.6%，成效极为显著。[②]2018 年，农业农村实用技术培训累计投入 4.63 亿元，培训达 938 万人次。[③]中央财政安排的新型职业农民专项培育资金从 2012 年的 11 亿元增加至 2017 年的 15 亿元，增长了 36.4%。[④]

7. 社区教育日益广泛

我国社区教育自 20 世纪 80 年代发展以来，作为学校教育的延伸、社会教育的主阵地，在服务社会民众终身教育与终身学习、促进学习型社会建设中发挥了坚实的作用。各地把社区教育纳入社会经济及教育发展规划。2010 年开始进入城乡广泛开展社区教育的新阶段，初步形成了政府统筹，教育主导，部门联动，社会参与的社区教育发展格局。通过打造区域性社区教育实验基地，开展特色项目实验，并搭建成果交流与展示平台，以评促建，引领社区教育规范化发展。

截至 2016 年，教育部已设立 122 个全国社区教育实验区和 127 个示范区，各省共设立 500 多个省级社区教育实验区和示范区。[⑤]通过开展社区教育，一方面，

---

① 齐国，邵明旭，常青. 培养农村实用人才 助力农村经济社会发展——农村实用人才培养“百万中专生计划”总结. 农民科技培训，2017（12）：7-8.

② 张亿钧，朱建文，李想. 新型职业农民培育保障体系：政策回顾、效果评价和完善路径. 职教论坛，2019（06）：91-96.

③ 2019 年全国高素质农民发展报告. 2019-11-01. http://www.ngx.net.cn/ztzl/2019xxnmlt/qwfb/2019qgxxzynm/201 911/t20191101_211627.html.

④ 张亿钧，朱建文，李想. 新型职业农民培育保障体系：政策回顾、效果评价和完善路径. 职教论坛，2019（06）：91-96.

⑤《教育部等九部门关于进一步推进社区教育发展的意见》有关情况. 2016-07-29. http://www.moe.gov.cn/jyb_xwfb/xw_fbh/moe_2069/xwfbh_2016n/xwfb_160729/160729_sfcl/201607/t20160729_273303. html.

提升了教育服务区域居民学习的能力，使社区民众通过参与社区教育，丰富了生活，提高了技能，产生了获得感，提升了幸福指数；另一方面，促进了区域经济社会发展与和谐社会的构建。

8. 老年教育异军突起

近年来，伴随着人口老龄化进程的加快，我国老年人群学习需求明显增加，老年教育快速发展。据中国老年大学协会统计：截至 2018 年底，全国共有 7 万多所老年大学，在校学员超过 800 万人[①]，基本形成了全方位、多层次、多形式的老年教育网络机构。在办学体制上，主要体现为党政主导、社会参与、全民关怀的多元化办学格局——主要包括政府举办的老年大学（学校）、高校举办的老年大学、社区开办的老年大学（学校）以及企业单位开办的老年大学。

另外，从财政支出情况来看，2020 年，全国教育经费总投入为 53 014 亿元，比上年增长 5.65%。其中，国家财政性教育经费（主要包括一般公共预算安排的教育经费、政府性基金预算安排的教育经费、国有及国有控股企业办学中的企业拨款、校办产业和社会服务收入用于教育的经费等）为 42 891 亿元，比上年增长 7.10%。教育经费在各级教育间的分配情况为：全国学前教育经费总投入为 4203 亿元，比上年增长 2.39%；全国义务教育经费总投入为 24 295 亿元，比上年增长 6.55%；全国高中阶段教育经费总投入为 8428 亿元，比上年增长 9.14%。其中，中等职业教育经费总投入为 2872 亿元，比上年增长 9.97%；全国高等教育经费总投入为 13 999 亿元，比上年增长 3.99%。其中，普通高职高专教育经费总投入为 2758 亿元，比上年增长 14.73%；全国其他教育经费总投入为 2090 亿元，比上年增长 0.09%。[②]

（二）数字化学习资源建设突飞猛进

1. 数字化学习资源日益丰富

充分利用多媒体数字化技术，形成了一定的数字化学习服务平台，在很大程度上为广大社会成员提供了平等开放便利超时空的学习机会，保障了社会成员的学习权利。

---

① 中国老年教育“十四五”规划展望：让老年教育跑出“加速度”. 2020-07-15. https://m.sohu.com/a/407700730_350221?_trans_=010004_pcwzy.

② 教育部 2020 年全国教育经费执行情况统计快报. 2021-04-27. http://www.moe.gov.cn/jyb_xwfb/gzdt_gzdt/s5987/202104/t20210427_528812. html.

一是依托开放大学建立远程学习网，满足全体社会民众的学习需求。全国 6 所开放大学相继成立。其中，已建立 1 所国家开放大学和 5 所省级开放大学。明确了开放大学的战略转型及科学定位——服务全民终身学习，建立了地方性终身学习平台，整合了一系列数字化资源，提供了一大批终身学习项目。如北京市依托开放大学，建立了全市市民终身学习远程服务中心，开通了市学习型城市网站。上海市依托开放大学已建立起全市终身教育资源库，构建了服务覆盖全市城乡的市民学习平台。深圳市支持学习的互联网普及率位居全国首位。天津市建设了上百个数字化学习超市和配套教室。目前，开放大学已成为全民终身教育体系的重要平台，既满足了社会成员多样化的终身学习需求，又服务于当地学习型城市建设中的各类学习型组织创建。

二是建立数字化网络学习平台，提供丰富的网上学习资源。许多城市如北京、上海、天津、广州、长沙等建立了终身学习数字化服务平台，如“北京学习型城市网”“天津终身学习网”“上海终身学习网”“广州数字化学习港”“长沙终身教育学习网”“长春市数字化学习港”“常州终身学习在线”等。各学习型城市、社区教育实验区、示范区创建了大量的网上学习资源。

2009 年开始，教育部依托中国成人教育协会社区教育专业委员会开展全国数字化学习先行区的评估工作，据中国成人教育协会社区教育专业委员会社区数字化评估专家宋亦芳教授调查结果统计数据显示：截至 2017 年，我国共建立了 96 个全国数字化学习先行区和 7 个全国城乡社区数字化学习实验基地。[①]

全国各省市社区网站平台基本建成。省级社区教育网站基本实现了全覆盖，并形成了“省—市—区县”网站群。[②]“上海市终身学习网网站点击量突破 2.3 亿次，注册学习人数 443 万，发表互动话题 651 万余条，实现百度收录量超 20 万条，谷歌收录量达 30.3 万条，谷歌指数突破 6，品牌与影响力显著提升；老年慕课平台开设 158 门课，2020 年疫情期间吸引学员 5 万多；上海老年学习团队在线平台 2020 年开设直播课堂 38 门，吸引学员 1 万多；上海市民终身学习体验基地平台开展体验项目 251 项，体验活动 433 个，人数达 5 万多。”[③]

① 宋亦芳. 社区在线学习空间的理论意蕴与实践逻辑. 职教论坛，2021（03）：95-104.

② 教育部社区教育研究培训中心. 中国社区教育发展报告（2015—2017）. 北京：国家开放大学出版社，2019：94.

③ 宋亦芳. 社区在线学习空间的理论意蕴与实践逻辑. 职教论坛，2021（03）：95-104.

2. 学习者网络学习参与率不断提升

远程开放教育拓展了学习空间，网络学习、移动学习渐成新时尚，成为民众学习的新选择。截至 2020 年 12 月，中国网民规模达 9.89 亿（手机网民为 9.86 亿），互联网普及率达 70.4%，较 2020 年 3 月提升 5.9 个百分点；在网络覆盖方面，贫困地区通信“最后一公里”被打通，截至 2020 年 11 月，贫困村通光纤比例达 98%；2020 年全年移动互联网用户接入流量 1656 亿 GB，同比增长 35.7%；网络直播用户规模达 6.17 亿，网民使用率 62.4%；短视频用户规模达 8.73 亿，网民使用率达 88.3%。[①]

（三）终身学习文化氛围初步形成

1. 公共文化服务基础设施建设不断完善

2007 年农家书屋工程启动，截至 2018 年底，全国共有农家书屋 58.7 万家。农家书屋工程实施以来，共向广大农村配送图书突破 11 亿册，农民人均图书拥有量从 0.13 册增加到 1.63 册。湖南省农家书屋工程建设累计投入资金 10.71 亿元，建成农家书屋 44 058 个。[②]边远地区建成卫星数字农家书屋 3.5 万家。[③]8 亿农民群众读书难、看报难问题在一定程度上获得缓解，体现了城乡基本公共文化服务均等化的方向。[④]

国家新闻出版广电总局和财政部自 2013 年开始实施实体书店扶持试点工作，同时推出批发和零售环节，免除增值税等政策。据统计：截至 2016 年，中央财政投入超过 3 亿的专项资金，扶持了全国 210 余家具有良好文化影响力的实体书店。每年仅增值税减免就为实体书店减轻税负 50 亿元。2020 年，北京市共有 161 家书店获得项目资金扶持，有 13 家书店被评为“2020 年度北京市最美书店”，94 家书店被评为“2020 年度北京市特色书店”。[⑤]据由中国书刊发行业协会和百道新闻出版研究院合作发布的《2020—2021 年中国实体书店产业报

---

① 第 47 次《中国互联网络发展状况统计报告》. 2021-02-03. http://www.cac.gov.cn/2021-02/03/c_1613923423079314.htm.

② 点亮梦想，传承文明——农家书屋助推乡村发展. 2019-04-03. http://news.gxnews.com.cn/staticpages/20190403/newgx5ca467ee-18192557.shtml

③ 吴尚之. 推出精品力作，走向出版强国. 2017-11-07. http://media.people.com.cn/n1/2017/1107/c40606-29630692.html.

④ 卢海弘. 加快建设学习型社会进程中的全民阅读战略研究：政府履责的视角. 终身教育研究，2020（05）：62-67.

⑤ 首批 161 家实体书店获资金扶持. 2020-04-01. http://culture.people.com.cn/n1/2020/0401/c1013-31656868.html.

告》调查结果显示：2020 年全国有 4061 个书店店面和网点面世，纯新增店面和网点约 2488 个。[①]

截至 2016 年，全国出版物发行网点达 215 994 个，比 2012 年底增长 24.1%[②]；在人流密集的公共场所建立城乡阅报栏（屏）7.2 万余个，已实现全国所有县级以上公共图书馆向公众免费开放。[③]

截至 2016 年，老少边贫地区和特殊群体文化需求得到更好保障。“东风工程”累计投入资金 30 多亿元，实施范围扩至 14 个省份，持续开展向民族地区赠书报刊等活动。国家新疆民文出版基地、国家内蒙古民文出版基地和国家吉林民文出版基地相继建立，极大缓解了民族地区农牧区缺少书刊的问题。盲文出版结构更加优化，盲用数字出版系列系统初步建立。“百社千校”阅读活动累计捐赠图书 400 万册，汇集 500 多万中小学生。[④]

上述农家书屋、实体书店、出版发行网点、公共图书馆及图书配备等方面的完善，为全民阅读开展提供了日益完善的基础设施，成为进一步推进全民阅读的重要硬件条件。[⑤]

2. 全民阅读活动初步形成

根据相关年份的全国国民阅读调查报告，2005—2018 年，我国成人图书阅读率由 48.7%增长到 59.0%，增长了 10.3 个百分点；成年人数字化阅读方式（网络在线阅读、手机阅读、电子阅读、pad 阅读等）接触率由 27.8%增长到 76.2%，增长了 1.7 倍。[⑥]

2008—2018 年，未成年人图书阅读率始终维持在 80%以上[⑦]。“大众喜爱的

---

① 韩寒，滕贤慧. 2020 全国新增店面网点 4061 家 实体书店面临格局之变. 2020-04-11. https://m.gmw.cn/baijia/2021-04/11/1302224158. html.

② 吴尚之. 推出精品力作，走向出版强国. 2017-11-07. http://media.people.com.cn/n1/2017/1107/c40606-29630692. html.

③ 谢蕊. 阅读点亮中国梦——十年来我国全民阅读活动蓬勃开展成效显著. 2016-03-23. http://sxbj.wenming.cn/rdxw/201603/t20160323_2427135. html.

④ 吴尚之. 推出精品力作，走向出版强国. 2017-11-07. http://media.people.com.cn/n1/2017/1107/c40606-29630692. html.

⑤ 卢海弘. 加快建设学习型社会进程中的全民阅读战略研究：政府履责的视角. 终身教育研究，2020（05）：62-67.

⑥ 全国国民阅读调查显示国民阅读率持续走低. 2006-04-21. https://www.cctv.com/news/science/20060421/103212.shtml；韩晓东. 2018 国民阅读率：成年保持增长 未成年人下降明显. 2019-04-17. 中华读书报（1）.

⑦ 中国新闻出版研究院全国国民阅读调查课题组. 第十六次全国国民阅读调查报告. 新阅读，2019（05）：45-47.

50 种图书”“向青少年推荐百种优秀图书”“向少年儿童推荐百种优秀报刊”等出版物推荐活动切实提高了广大读者的阅读水平。

“书香中国”成为重要的文化品牌。还有一些地方性的品牌正在形成，比如“北京阅读季”“三秦书月”“南国书香节”“西湖读书节”等大批阅读活动品牌。①这些品牌阅读活动，营造了良好的全民阅读文化氛围，成为学习型社会建设的重要载体。

3. 全民终身学习活动周影响力不断扩大

2005—2021 年以来，教育部已在全国连续举办了 17 届全民终身学习活动周，助推终身教育和终身学习理念在社会民众心目中的形成。参与活动的范围不断扩大、参与城市数不断增加、活动影响力不断扩大——截至 2020 年，该活动已基本覆盖全国各省份的 249 个地级单位、1810 个县级单位。②参与群众数增加、典型案例层出不穷——2013—2017 年遴选确定百姓学习之星 589 位，终身学习品牌项目 387 个，优秀成人继续教育学院（培训机构）179 个。活动内容不断丰富，活动重心不断下移，活动实效不断显现，营造了良好的全社会学习氛围，极大调动了全民学习、终身学习的热情。③

同时，由宣传文化部门牵头的 400 多个城市举办读书节、读书月、读书季活动和终身学习活动周，形成互补互促、共同发展的良好格局。④例如，上海市作为现代化国际大都市，近年来精心策划与组织实施了全民终身学习活动周、东方讲坛、上海书展、读书节、科技节、市民文化节、百万家庭网上行等一系列覆盖面广、特色鲜明的群众性学习活动，在全社会形成了浓厚的终身学习文化氛围。

（四）形成了不同的学习型城市创建特色

我国自 20 世纪末由上海率先开启学习型城市建设工作以来，各地学习型城市建设独具特色，彰显魅力。

上海市学习型城市的特色集中体现为包容与公平，其学习型城市建设的推进策略体现为全方位的监测与保障。上海市自 1999 年在全国率先建设学习型城市以

① 吴尚之. 推出精品力作，走向出版强国. 2017-11-07. http://media.people.com.cn/n1/2017/1107/c40606-29630692. html.

② 全民阅读、智慧助老！教育部启动 2021 年全民终身学习活动周. 2021-11-23. https://caea.org.cn/newsinfo/2143787.html.

③ 卢彩晨. 改革开放 40 年来学习型社会建设的政策演进与展望. 职业技术教育，2018（33）：20-25.

④ 卢彩晨. 改革开放 40 年来学习型社会建设的政策演进与展望. 职业技术教育，2018（33）：20-25.

来，在“学习的城市、卓越的未来”这一共同愿景下，已形成了以“政府推动、各部门协作、社会多方力量合力推进、市民主动参与”为特点的学习型城市建设的模式。目前已形成完整的终身教育网络：①社区教育资源丰富。截至 2019 年，上海有区级社区学院/老年大学 81 所，街镇社区学校/老年学校 212 所，村居委学习点 5800 多个，还有数以万计的楼组/睦邻点/宅基课堂，以及多元的社会学习场所。市民终身学习体验基地 130 个、市民终身学习人文行走有 270 个点、30 条主题线路。2021 年上海市社区教育实验项目共 164 项目。[①]②继续教育资源也非常丰富。截至 2019 年，有 1 所开放大学，61 所高校继续教育学院，19 所高校开设自学考试。如今在上海，终身学习网络已成为市民终身学习的新天地——“上海学习网”注册用户数已达 443 万，在线课程 3 万多门，老年人、青少年、白领、一线职工及外来务工人员、残障人士都能得到便捷的学习机会。[②]2021 年，上海市首次荣获联合国教科文组织学习型城市奖[③]。

北京市坚持政府主导，将学习型城市建设与区域经济、社会、文化、生态文明建设相结合，与推进区域社会治理能力现代化相结合，促进区域内教育功能全面发挥和特色发展。通过不断修订和完善系列化类型的学习型组织建设评估基本指标，实行规范引导。同时不断完善终身学习制度，构建人才成长立交桥。目前北京市西城区已建立了市民学习成果认证制度，并已经改版“京学网”。2020 年，北京市学分银行正式成立。同时，北京市建立了北京市学习型城市网站，网站已开发集网上学习、成果测评、学分累计、咨询指导、需求调研、经验交流等功能的首都市民终身学习平台，年点击率超过 150 万人次。[④]

（五）促进了经济社会的可持续发展

1. 促进了城市科技创新力的提升

学习型城市创建对城市经济社会发展起着先导性、服务性、引领性作用，可以全面提升城市市民的综合素质，聚合人力资本，提高城市的科技创新能力，从而推动传统产业的转型升级、新兴产业的发展，推动经济发展方式的转变，促进

① 上海市教育委员会. 关于公布 2021 年度上海市社区教育实验项目验收结果的通知. 2022-01-07. https://edu.sh.gov.cn/xxgk2_zdgz_zsjy_01/20220107/d4ba80a3621549e58213ac432c7eec14. html.

② 季昕.点赞国际学习型城市大会分享“上海经验”. 2019-10-09. https://www.sohu.com/a/345820218_391459.

③ 上海市教育委员会. 上海首次荣获联合国教科文组织学习型城市奖. 2021-10-28. https://edu.sh.gov.cn/xwzx_bsxw/20211028/35de281641d840ddabcc9e6097fbd8aa. html.

④ 张翠珠. 北京学习型城市建设的实施措施. 2020-06-16. https://www.caea.org.cn/newsinfo/488068.html.

了城市经济的稳定增长。

例如，深圳市将发展学习型城市与自主创新型城市建设有机地结合起来，该市以学习为内核，以创新为根本动力，铸造深圳科技产业根基，通过创办虚拟大学园，发展创业企业大学，提升企业的自主创新能力，促进科研成果转化为现实生产力。2019 年，深圳专利申请量在全国大中城市排名第一。其中，国内专利申请量为 26.2 万件，占全国专利申请量的 6.23%，在全国大中城市排名第一，同比增长 14.39%。截至 2020 年 8 月，深圳市累计软件著作权申请量达 53.4 万件，累计专利申请量达 141.3 万件，分别占全国的 12.01%和 7.27%。2011—2020 年，深圳市信息传输业共新注册 19.9 万家，平均每年增加 1.8 万家，占深圳特区成立以来（1981—2020 年）信息传输业企业新注册总量的 84.67%，占近 40 年深圳企业新注册总量的 3.68%。2019 年，全国信息传输业相关新注册企业共计 48 万家，深圳相关新注册企业 1.5 万家，约占全国 3.22%。2019 年，软件产业统计年报数据显示，深圳市软件产业产值 14 556.1 亿元，其中，软件业务收入 7337 亿元，同比增长 11.4%，居全国第四。①

2. 促进了城市和谐社会的构建

创建学习型城市有助于城市社会的和谐稳定。一则在于创建学习型城市可以提高城市市民的文明素养，形成文明礼让、互敬互爱、诚实守信、崇公守法、团结进取的社会风尚。二则在于创建学习型城市是关乎民生的社会兜底工程，可以提高市民的创业、就业与再就业能力。具体而言，政府通过给予处境不利人群教育扶持与人本关怀，使其得到学习的滋养，可以提高个体生存与发展的造血能力及可持续发展能力，从而消除贫困，确保社会公平。

太原市在学习型城市创建中，倡导文明和谐学习型社区的打造，以打造特色“楼艺”文化为抓手，力抓“平安家园、爱心家园、风清家园”三大人文环境打造，通过环境育人，增强居民和睦相处、互帮互学、共建美好家园的意识，走出了一条创建文明和谐社区的新路径。同时还倡导团队式学习，强调社区成员、专家、学习者之间的交流、对话与合作，倡导学习者的经验、体验和感受。这种高度民主、开放的学习方式，使得学习者学习主体意识更强，学习过程更民主，学习态度更加自觉，学习兴趣、积极性更高。如杏花岭区涧河街道同煦苑社区在开展社区教育中，关注社区居民共享式学习，定期开展学习交流活动，如开展包括

① 赵泽. 深圳特区40年：企业大数据见证深圳科技创新成就. 2020-08-26. https://finance.sina.com.cn/china/gncj/2020-08-26/doc-iivhvpwy3148374.shtml?tj=none&tr=9.

政策法规、家风家训、敬老孝老、烹饪知识、营养保健，面塑技术、编织技巧，家庭装饰等方面的互动交流学习，强化了社区居民自我教育、自我管理、自我完善的能力，提升了社区居民的整体素质，极大地促进了社区各项工作的开展。

同时，太原市还将创建学习型城市与建设创业型城市紧密结合，通过政府统筹，教育部门牵头，各职能部门协同，齐抓共管，在全市建立起四级再就业培训服务体系，面向社会各类人群开展职业技术技能培训。2021 年，太原市城镇新增就业人数 8.53 万人，4.43 万名城镇失业人员实现再就业，其中，就业困难人员再就业 0.69 万人。①

3. 促进了生态文明建设

学习型城市是政治、经济、科技、文化、教育、生态等全面发展的城市，不仅提倡人的素养和文明程度的提升，还倡导城市的硬件设施、人居环境的良好。中国在学习型城市建设中十分重视城市生态文明创建，将生态文明、生态经济、生态环境、生态文化的发展作为学习型城市建设的重要目标。通过媒体宣传、政策引导来开展生态文明教育，使广大社会成员树立生态文明意识，提高生态文明素养，改善生态文明行为，可有效促进城市生态文明的发展和城镇居民宜居水平的提高。许多城市如武汉、珠海、克拉玛依等把建设学习型城市与建设生态文明城市紧密结合，这些城市均先后荣获联合国人居署颁发的“国际改善居住环境最佳范例奖”“国家级生态示范区国家园林城市”“国家环保模范城市”等荣誉。

（六）促进了社会民众的全面发展

1. 促进了社会民众素质的提升

建设学习型社会的根本目的是服务于人的全面发展，通过倡导全民终身学习，把终身学习作为一种生活理念和生活方式，从而提高社会民众的综合素质，包括知识素养、科技素养、技术技能素养、公民素养、文明素养、人文素养等。近二十多年来，一些地方在学习型社会建设中，通过政府主导，持续不断地推进，已经取得明显的成效，广大社会民众的文化程度和综合素质大大提高。

例如，据《珠海市第七次全国人口普查公报》显示：截至 2020 年 11 月 1 日零时，珠海常住人口 243.96 万，与 2010 年第六次全国人口普查时相比，每 10 万人中拥有大学文化程度的由 18 389 人上升为 25 752 人，比全省高出 10 053 人。

① 太原市统计局. 太原市 2021 年国民经济和社会发展统计公报. 2022-03-24. http://stats.taiyuan.gov.cn/doc/2022/03/24/1259320.shtml.

每 10 万人中拥有高中及以下文化程度人口均有所下降。15 岁及以上人口的平均受教育年限由 9.26 年提高至 11.46 年。文盲率由 1.40%下降为 1.03%，受教育程度得到极大提高。①不仅如此，珠海市民的公民责任意识和素养也得到提升，据统计显示：截至 2021 年，珠海市 243.96 万人口中有近 14 万志愿者为市民学习提供志愿服务，已创建了 21 个志愿者协会、10 个志愿者服务中心。②志愿者队伍规模日益扩大，志愿服务先进典型层出不穷，形成了“我为人人，人人为我”的良好社会氛围。

2. 促进了社会民众幸福感的增强

创建学习型社会是以学习为核心要素，以学习文化和学习力作为动力来引动、催发经济社会的全面发展。总体而言，学习型社会建设是一项系统工程，归根结底是一项民生工程，服务于社会成员生存、生活与发展。近年来，各地在学习型社会建设工作中，坚持以人为本，全方位打造服务全民终身学习的文化机制，以社区教育和学习型组织为主要抓手，以开发与实施终身学习文化品牌为载体，以打造全民终身学习平台为构架，力求满足社会民众不断增长的终身学习需求，不仅地方的发展活力和后劲以及美誉度不断提升，社会民众的幸福感和获得感也明显增强。

据国家统计局浙江调查总队最新发布的浙江省全省 11 市全体居民人均可支配收入的统计数据显示：2020 年，浙江居民人均可支配收入为 52 397 元（其中，杭州居民人均可支配收入为 61 879 元），比全国平均水平（32 189 元）多 20 208 元，居全国 31 个省份第 3 位。③2020 中国幸福城市论坛在杭州举行，2020 中国最具幸福感城市榜单揭晓，杭州再次荣获“中国最具幸福感城市”称号，成为全国唯一一座连续 14 年获此殊荣的城市。

3. 促进了地方社会人才队伍的壮大

人才作为人力资本是城市发展的动力和源泉，是学习型社会建设的主心骨和核心力量。各地在学习型社会建设中，把培养高素质人才，提高地方核心竞争力作为学习型社会建设的战略要义和目标追求，加大出台相关吸引人才的重要政策文件，筑巢引凤，并建立广覆盖、多层次、开放式教育培训网络，形成了开发、

① 《珠海市第七次全国人口普查公报》发布 人口数量持续增加 人口素质不断提升. 2021-05-18. http://www.zhuhai.gov.cn/sjb/xw/yw/content/post_2865597.html.

② 珠海市民政局. 珠海市志愿者服务组织一览表. 2021-01-07. http://www.zhuhai.gov.cn/smzj/gkmlpt/content/2/2706/post_2706789. html#101.

③ 国家统计局浙江调查总队. 2020 年杭州市人均可支配收入公布，你达标了吗？2021-02-08. https://www.sohu.com/a/449493419_698990.

挖掘人才的良好机制与环境。

例如，太原市致力于学习型城市建设，始终把人才工作作为基础性、战略性工程，实施创新驱动、人才兴市战略。2018 年，太原市委制定了《关于深化人才发展体制机制改革加快推进创新驱动转型升级的实施意见》，出台 50 余项含金量高、吸引力强的“硬核”政策，形成了 1+X 的人才政策体系。人才政策实施以来，全市引进人才及家属近 10 万人。致力于激发人才创新创造创业活力，为城市发展赋能增势，太原市注重为各类人才发展建载体搭平台，提供舞台，连续 3 年召开“时代新人・晋阳工匠”命名大会，选树“晋阳工匠”250 名并给予重奖。联合中科院、同济大学等科研院所，打造省级及以上众创空间 122 个、科技企业孵化器 28 个、重点实验室 80 个、工程技术研究中心 78 个。设立青年人才驿站 2 个、创新创业示范基地 11 家、技能大师工作室 20 个、名医名家名师工作室 301 个，着力培养本土人才队伍。出台激活用好本土人才 17 条举措，设立 2000 万元人民教育基金、4000 万元市属高校引才专项资金，对 1000 名乡村本土人才进行学历提升，选派 982 名科技特派员入户培训，着力提升本土人才素质。[①]通过高校集训、专题授课、课外实践，培养出了一大批服务高质量转型发展的优秀人才，为城市发展提供了不竭的动力和人才支撑。

（七）全面建成小康社会取得了决定性进展

1. 经济实力大幅跃升

从综合发展指标看，2020 年我国国内生产总值达到 1 015 986 亿元，首次突破 100 万亿大关，全年人均 GDP 达 72 447 元[②]，成为全球唯一实现经济正增长的主要经济体，我国经济总量占世界经济的比重预计超过 17%，经济恢复走在世界前列。2020 年，我国的城镇化率高达 63.89%[③]，比发达国家 80%的平均水平低了 16.11 个百分点。

2. 人民生活水平明显改善

据国家统计局网站发布消息显示：①2020 年，全国居民人均可支配收入 32 189

① 太原市委人才办. 山西太原：人才赋能转型发展. 2021-03-15. http://rsj.taiyuan.gov.cn/doc/2021/03/15/1065966.shtml.

② 国家统计局. 中华人民共和国 2020 年国民经济和社会发展统计公报. 2020-02-28. http://www.stats.gov.cn/tjsj/zxfb/202102/t20210227_1814154.html.

③ 陈功. 我国人口发展呈现新特点与新趋势——第七次全国人口普查公报解读. 2021-05-13. https://mp.weixin.qq.com/s?_biz=MjM5Njg5MjAwMg==&mid=2651381106&idx=1&sn=8a044ae4a07b7472e943c2af95aadf22&scene=0.

元，比上年名义增长 4.7%，扣除价格因素，实际增长 2.1%。其中，城镇居民人均可支配收入 43 834 元，比上年增长 3.5%，扣除价格因素，实际增长 1.2%。农村居民人均可支配收入 17 131 元，比上年增长 6.9%，扣除价格因素，实际增长 3.8%。②2020 年，全国居民人均可支配收入中位数 27 540 元，增长 3.8%，中位数是平均数的 85.6%。其中，城镇居民人均可支配收入中位数 40 378 元，增长 2.9%，是平均数的 92.1%。农村居民人均可支配收入中位数 15 204 元，增长 5.7%，是平均数的 88.7%。[①]③按收入来源分，2020 年，全国居民人均工资性收入 17 917 元，比上年增长 4.3%，占可支配收入的比重为 55.7%。人均经营净收入 5307 元，比上年增长 1.1%，占可支配收入的比重为 16.5%。人均财产净收入 2791 元，增长 6.6%，占可支配收入的比重为 8.7%。人均转移净收入 6173 元，增长 8.7%，占可支配收入的比重为 19.2%。[②]

2020 年，全年全国居民人均消费支出 21 210 元，比上年下降 1.6%，扣除价格因素，实际下降 4.0%。其中，人均服务性消费支出 9037 元，比上年下降 8.6%，占居民人均消费支出的比重为 42.6%。按常住地分，城镇居民人均消费支出 27 007 元，下降 3.8%，扣除价格因素，实际下降 6.0%。农村居民人均消费支出 13 713 元，增长 2.9%，扣除价格因素，实际下降 0.1%。全国居民恩格尔系数为 30.2%，其中城镇为 29.2%，农村为 32.7%。[③]

住房条件显著改善。2020 年，城镇和农村居民住宅建筑存量面积分别为 3 474 969 万平方米和 2 726 743 万平方米。同时，根据文献研究调研结果显示：城镇和农村住宅没有人居住的闲置率分别达到 15%和 25%。按此计算，城镇和农村住宅建筑面积实际数量分别为 3 996 214 万平方米和 3 408 429 万平方米。大中小平均，按照城镇建筑面积 100 平方米一套和农村 120 平方米一套，城镇和农村分别有 39 962 万套和 28 404 万套。[④]

3. 脱贫攻坚取得的决定性进展

正如习近平总书记在 2018 年打好精准脱贫攻坚战座谈会上的讲话中所指出

① 国家统计局. 中华人民共和国 2020 年国民经济和社会发展统计公报. 2021-02-28. http://www.stats.gov.cn/tjsj/zxfb/202102/t20210227_1814154.html.

② 国家统计局. 2020 年居民收入和消费支出情况. 2021-01-18. http://www.stats.gov.cn/xxgk/sjfb/zxfb2020/202101/t20210118_1812464.html.

③ 国家统计局. 中华人民共和国 2020 年国民经济和社会发展统计公报. 2021-02-28. http://www.stats.gov.cn/tjsj/zxfb/202102/t20210227_1814154.html.

④ 周天勇：中国城镇和农村到底有多少住宅. 2021-05-07. https://opinion.caixin.com/2021-05-07/101707695.html.

的，我国“创造了我国减贫史上最好成绩。全国现行标准下的农村贫困人口由2012年底的9899万人减少到2017年底的3046万人，5年累计减贫6853万人，减贫幅度达到70%左右。贫困发生率由2012年底的10.2%下降到2017年底的3.1%，下降7.1个百分点。年均脱贫人数1370万人，是1994年至2000年‘八七扶贫攻坚计划’实施期间年均脱贫人数639万的2.14倍，是2001年至2010年第一个十年扶贫纲要实施期间年均脱贫人数673万的2.04倍，也打破了以往新标准实施后脱贫人数逐年递减的格局。贫困县数量实现了首次减少，2016年有28个贫困县脱贫摘帽，初步评估，2017年考核验收结束后还会有100个贫困县退出，解决区域性整体贫困迈出坚实步伐”[①]。

4. 公共服务基本完善

九年义务教育全面普及，高等教育正在由大众化阶段进入普及化阶段。覆盖城乡居民的社会保障体系基本建立。据国家医保局统计数据显示：截至2020年底，全口径基本医疗保险参保人数达13.61亿，参保覆盖面稳定在95%以上。全年基本医疗保险基金（含生育保险）总收入24 638.61亿元、总支出20 949.26亿元，年末基本医疗保险（含生育保险）累计结存31 373.38亿元。2020年，医保扶贫累计资助7837.2万贫困人口（含动态调出）参加基本医疗保险，参保率稳定在99.9%以上。各项医保扶贫政策累计惠及贫困人口就医1.8亿人次，减轻贫困人口医疗费用负担1188.3亿元。[②]

5. 环境治理成果显著

党的十八大以来，我国投入各类环境污染治理的政策及执法力度是前所未有的，近年来是我国生态环境保护力度最大、举措最实、推进最快、成效最好的时期。我国空气污染治理的力度空前加大。据生态环境部提供的数据显示：通过实施秋冬季大气污染综合治理攻坚行动，2020年秋冬季，京津冀及周边地区、汾渭平原$PM_{2.5}$浓度比2016年同期分别下降37.5%和35.1%，重污染天数分别下降70%和65%，长三角地区基本消除重污染天气；截至2020年底，京津冀及周边地区、汾渭平原已完成约2500万户清洁取暖改造。[③]在开发利用可再生能源方面，中国

① 习近平. 在打好精准脱贫攻坚战座谈会上的讲话. 2018-02-12. http://www.gov.cn/xinwen/2020-04/30/content_5507726.htm.

② 2020年各项医保扶贫政策累计惠及贫困人口就医1.8亿人次 减轻医疗费用负担1188.3亿元. 2021-03-09. http://news. cctv.com/2021/03/09/ARTIaQeUCDz7moVhqZuMsy1O210309.shtml.

③ 李禾. 科学治污：减少重污染天气 降低PM2.5浓度. 2021-11-01. http://www.cnenergynews.cn/huanbao/2021/11/01/ detail_20211101109763. html.

处于世界领先位置，特别是在太阳能、风能和储能技术等领域。中国在植树造林方面也取得很大进展，在减少二氧化碳、遏制荒漠化领域发挥了积极作用。[①]

二、中国学习型社会建设的经验

（一）以政策为引擎，发挥政府的主导作用

政府作为国家机器的操控者、指挥者和维护者，在社会治理中起着施加影响、规定取向、统筹协调、整合资源的作用，集中体现为政策擎动，规范引领。学习型社会建设离不开政府政策层面的策动。中国学习型社会建设的政策内容总体上分为三大板块：一是以构建终身教育体系政策为支撑；二是以社区教育政策为基础；三是以学习型城市建设政策为导引（其中包括学习型城市建设中各类学习型组织创建政策、学习型城市质量评价政策）。具体表现为：

其一，关于终身教育体系的构建，国家层面的政策涉及的法规、文件如《中华人民共和国教育法》（1995 年）、《面向 21 世纪教育振兴行动计划》（1998 年）、《中华人民共和国国民经济和社会发展第十个五年计划纲要》（2001 年），以及党的十七大报告（2007 年）、党的十八大报告（2012 年）和党的十九届四中全会《关于坚持和完善中国特色社会主义制度 推进国家治理体系和治理能力现代化若干重大问题的决定》（2019 年）等，均提到构建终身教育体系的倡导指示。而且，福建、上海、太原、宁波还出台了与终身教育有关的法规。

其二，关于社区教育，无论是国家层面还是地方层面，都从未间断过政策策动。就国家层面的政策推进来看，由 20 世纪 80 年代末的一开始倡导建立社区教育委员会，到后来的倡导开展社区教育实验工作，再到后期的倡导建立社区教育公共治理体系，政策一路跟进，一以贯之。地方层面也陆续出台相关政策，上海市首开先河，上海市教育局出台《上海市社区教育工作暂行规定（草案）》（1992 年），倡导开展社区教育。之后，北京、天津、杭州、武汉、太原等多个城市纷纷出台社区教育相关政策，成都还颁布了《成都市社区教育促进条例》（2016 年）。

其三，关于学习型城市建设，政策的出台先是由地方发起，然后由国家统摄、系统规划，制定整体性推进政策。具体是先由部分直辖市城市提出了建设学习型城市目标，如 1999 年，上海市率先提出建设学习型城市的目标，2000 年，北京市提出“率先建起终身学习和学习型社会基本框架”。之后，一批省会城市计划

---

① 中国在环境治理上取得越来越大的成就. 2020-12-13. http://www.ahyouth.com/news/20201213/1504194.shtml.

单列市以及地级城市等60多个城市政府先后作出创建学习型城市的决定。尤其是2014年教育部等七部门印发的《关于推进学习型城市建设的意见》具有里程碑意义，该意见作为国家层面上学习型城市建设的专门性、纲领性文件，高屋建瓴，对今后我国学习型城市建设做出了总体部署，标志着我国学习型城市建设进入规范化发展阶段。在政策的引领和助推下，截至2017年，我国已有近百个城市启动学习型城市建设，初步探索了若干富有中国特色的学习型城市建设路径和经验。[①]

（二）以社区教育为主阵地，开展内容丰富与主题多样的教育活动

社区教育是一种不同于传统的正规学校教育、家庭教育的、开放式的面向社区全体成员开展教育活动的一种教育类型。社区教育既是学校教育和家庭教育的延伸，又是社会教育的深化，大力发展社区教育不仅有助于提高社会成员的人文素质，促进社区治理，维护社会安定与和谐；也有助于提升社会成员的职业技能水平与就业、创业能力，解决民生问题；还有助于聚合人力资本，促进经济社会的发展。

各地在社区教育活动开展中，通过开发各种精品特色课程和项目品牌，打造多元生动的学习主体活动，营造了浓郁的社区学习文化氛围。具体活动内容丰富多彩。其中，有以健康为主题开展的文体教育活动，使居民增强健身意识，树立健康生活观念；有以推进绿色转型为主题开展的“健康生活从‘低碳’开始”的形式多样的活动，使“低碳”意识深入人心；有以传统节日为载体开展的文化活动，通过挖掘和提炼传统节日的内在价值，发挥其对社区居民的道德情操和文明礼仪的浸染功能；等等。这些特色课程和项目品牌极大地丰富了社区教育的内涵，起到了很好的化育社会民众身心、提升精神生活品质的正能量作用。

例如，太原市小店区推出了《太原人物》《汾东民间游戏》《汾东艺术文化》《民间习俗》《汾东古韵》等地域文化系列图书，受到居民的一致好评。该区还与时俱进，适应数字化学习需求，紧紧抓住小店区域特色文化，开发制作“小店牺汤”“小店元宵”特色饮食微型课程，集地方饮食文化、制作工艺于其中，并获全国社区教育微课程制作优秀奖。又如，成都市武侯区注重挖掘三国蜀汉文化，在社区教育课程建设上，相继开发了“话三国说蜀将”“川剧”“话三国说蜀迹”“三国时期著名战争”等特色课程。这些特色品牌在一定程度上起到了典型示范、引领作用和辐射效应。

① 卢彩晨. 改革开放40年来学习型社会建设的政策演进与展望. 职业技术教育，2018（33）：22-25.

（三）以城市各类学习型组织创建为基石，激发多元生动的社会活力

学习型组织是学习型城市创建的基石，学习型城市就是由一个个学习型组织组成，没有一个个学习型组织的形成，也就没有学习型城市。学习型组织的创建需要从开展“五类”学习型组织的创建开始，包括创建学习型县（市、区）、学习型街道（乡镇）、学习型社区（村）、学习型机关和学习型企业等。

如太原市在学习型城市建设中，以各类学习型组织的创建为抓手，形成了千园竞秀，百花竞放、各具特色的创建品牌。

其中，在城区层面，有杏花岭区的“统筹协调，多方参与，整合共享”模式，迎泽区的“健全机制，分类推进”模式，小店区的“五位一体，合力推进”模式。

在街道（乡镇）层面，有杏花岭区涧河街道的“多元化催生、立体化延伸”模式,杏花岭区三桥街道的“无围墙市民学校”模式,尖草坪区汇丰街道的“‘五位一体’系统化建构”模式，阳曲县黄寨镇的“三教统筹、村校一体”模式。

在社区层面，有杏花岭区坝陵桥街道坝陵北街社区的“睦邻点”、杏花岭区敦化坊街道胜利东街社区的“虎啸诗社”、小店区黄陵街道民航社区的“四点半学校”与“红色家园”。

在机关层面，有市农委的“阳光工程”、市残联的“实名制职业技能培训工程”、市妇联“文明家庭建设工程”。

在企业层面，有以打造书香文化龙头、培育知识型员工、提升企业发展力的杜尔坪矿；以国学教育为核心、发挥中华传统文化育人功能的太原第一监狱；以“四力”建设为抓手、进行整体化推进的电力勘测设计院等。这些企业在创建学习型企业中勇于探索，不断创新，迸发出勃勃生机和活力。

（四）以终身学习文化活动为载体，营造氛围

终身学习文化是指社会民众在参与终身学习的过程中形成的一种文化，包括终身学习的理念、态度、价值观、行动与习惯等，它涵盖透过终身学习而产生的一切创新与改变，以及整个社会的学习风气及学习力。在终身学习文化里，学习犹如空气一样无处不在，个体通过不断学习，践行“学会认知，学会做事、学会共同生活，学会生存”的终身学习行为，激发内在潜能，实现个性发展与自我价值，形成美善人格，进而影响整个社会。建设学习型社会需要重视终身学习文化氛围的营造与活动载体的创建。

要创新学习载体，通过举办全民终身学习活动周活动、全民终身学习大讲堂活动，以及举办各种读书会、演讲会等形式，开展主题多样、内容丰富的教育活动，提供满足民众需要的高水准、高品质的教育产品。同时开展各种文化活动，为社会成员提供温馨的精神家园，如通过开展琴棋书画、文艺会演、各类文体比赛等丰富多彩、形式多样的休闲娱乐活动，丰富社会成员的业余文化生活。

如沈阳市举办以“沈阳机关先导讲坛”“名家讲堂”“辽海·沈阳讲坛”为代表的万余场大型讲座，组建“草根宣传团”，创设“中华经典美文晨读”等品牌，受益市民百万余人。武汉市除了开展“市民大讲堂”“科技周”“学习周”等系列活动外，还积极推进“文化五城”建设，取得了积极的社会效应。长沙市先后开展以“市民素质提升工程”“科普日”为代表的各种学习活动，举办精品讲堂和流动讲堂（每年送课到基层 2000 余场），建设“城乡一体化”“红色”学习场，并举办大型学习竞赛活动，吸引上万人参与。深圳市举办“读书月”“市民文化大讲堂”“社会科学普及周”等活动，并举办“新职工、新市民、大培训、大提升”“全民素质提升计划”等项目工程，普遍提升外来人口的学历水平与职业技能。西安市开展“全民读书”、文化科技卫生“三下乡”等学习活动，举办“自然科学与市民”“社会科学与市民”系列科普知识讲座，产生了良好的社会影响。郑州市的学习品牌“绿城读书节”“道德讲堂”也富有特色，明显地提升了市民的文明素质。

（五）重视服务平台的搭建，立体化打造

学习型社会的建设需要挖掘和整合政府、企事业单位、群众团体以及社会培训机构的教育资源，建立网络化、立体化的终身学习服务平台，为社会成员提供便捷、个性化、全方位的学习服务，实现教育资源共享。立足于为社会成员提供良好的“人人皆知，时时能学，处处可学”的终身学习文化环境，各地在实际创建工作中，积极加强天网、地网、人网等三网建设。

从天网建设情况来看，一些城市纷纷建立了市民终身学习网，构建起了覆盖城乡的终身学习平台，为社会民众提供免费学习资源。如长春市已建成“长春数字化学习港”，开通“长春全民学习网”，建成近百个社区数字化学习服务中心。马鞍山市已建立“一个平台、六个网站”的数字教育资源，建成 6 个数字化学习港和 10 多个学习型网吧。太原市已建成“太原终身学习网”（www.tystudy.cn），构建起覆盖全市城乡的免费市民公共学习平台，截至 2021 年，已为市民提供学前教育、中小学教育、职业教育、高等教育、农村成人教育、职工教育、干部教育、

社区教育等八大类教育和走进太原、全民学习大讲堂、百家讲坛、纪录频道、健康养生等五类专题教育，共计 11 799 学时的免费学习资源，成为市民终身学习和学习型城市创建的重要网上平台。

从地网建设情况来看，部分地区通过深挖整合，加强社区教育场地设施建设，三大继续教育阵地在部分地区已初步建成：①社区教育方面，已完善了县（市、区）、街道（乡镇）、社区（村）三级社区教育机构。②在职工教育方面，职工培训学校建设已初具规模，基本达标。③在农村成人教育方面，县级职成教中心，乡级职成教中心，乡镇成人文化技术学校初具规模，基本达标。

从人网建设情况来看，各地在学习型城市建设中，通过采取招聘、选聘、培训、考核与激励等一系列措施，已初步形成一定的人才队伍体系，包括专兼职师资队伍、管理队伍和志愿者队伍。尤其是近年来伴随着社会公共治理理念的倡导，社区教育志愿者队伍发展势头良好，数量急剧增加。北京市“家校社合作育人基地”组织了一支 60 余人的志愿者队伍。上海社区教育助学志愿者超过 6 万人，为上海这个学习之城贡献力量。截至 2020 年，上海市志愿者协会社区教育志愿服务总队已在全市建立了 6 支志愿服务分队、41 个工作站、228 个服务点组成的社区教育志愿服务网络，拥有一支 6 万多人的社区教育助学志愿者队伍。

第三节　小康社会背景下中国学习型社会建设存在的问题

30 多年来，在小康社会建设宏大目标的指引下，中国学习型社会建设取得了一定的成效，但也存在一些问题，需要我们进行深入反思。

一、立法缺位

“终身学习是 21 世纪的生存概念”，这已然成为整个国际社会的一致共识。无论是基于实践意义的应对知识经济时代的挑战，还是基于人本主义的守护和关照人性，都需要通过立法来保障人们的终身学习权，以推进全民终身学习。

目前，终身学习、终身教育在一些国家已经立法和法定化，被纳入法制化轨道。已经立法的国家有法国、美国、日本、韩国。法国早在 1971 年就出台《终身职业教育法》，该法强调了终身职业培养的重要作用，要求把终身教育放在职业教育领域加以推动。美国于 1976 年出台《终身学习法》，该法不仅指出了终身学习涵盖的各类教育，还对其实施过程做了具体阐述，包括建立相关机构，增加校外学习机会，倡导更多的社会机构及社会组织参与进来。更为重要的是，为了推进美国学习型社会走向深入，美国又于 1994 年出台《美国 2000 年教育目标法》，该法属于美国终身教育大法，其立法的涵盖面更为全面，其中对每个人一生各阶段所要经历的各种教育形式作了具体阐述，并强调要致力于满足个体的各种学习需求，提供更加广泛的机会和渠道。日本于 1990 年出台《终身学习振兴法》，这是日本首部有关终身学习的立法，该法在立法目标、政府和各都道府县的责任、终身学习如何规划等方面都做了详细的规定。韩国于 1999 年颁布《终身教育法》，该法尤其对实施终身教育的机构做了详细规定，为个体参与学习拓宽了渠道，为公民学习机会的获得提供了法律支持。

我国政府自 21 世纪初开始致力于学习型城市建设政策的制定，经过 20 多年政策的历史演进，政策的关注点已经从最初的倾向于将学习视为城市发展的内动力工具和方法，发展到将学习型城市建设纳入整个城市的各项事业与经济社会的全面发展规划之中。但总体来看，政策文本还存在着对学习型城市建设参与和实施主体定位模糊与泛化、学习型城市建设任务与利益相关者分离（如责任、义务与赋权不明确）等问题，致使学习型城市建设推进过程较缓慢、质量差强人意。另外，截至 2022 年，我国个别地区（如福建省、上海市、太原市、宁波市等）已经出台了与终身教育有关的法规，地方立法的出台为地方学习型社会建设的有效运行提供了一定的保障，使得地方可以从根本上突破传统体制性和制度性障碍，凭借法律公器的强制，对终身教育资源进行整合与协调，以促进资源利用最大化和效用最优化，推动教育公平的实现。但是从全国范围来看，大部分地区尚未建立地方性法规，而且国家层面的终身教育专项法规尚未出台，立法缺位导致学习型社会社会化推进工作缺乏刚性支撑和制度撬动。

二、经费投入不足

经费犹如人自身的造血系统，是任何一项社会活动顺利开展的前提和基础。鉴于教育是立国之本，是决定一个国家繁荣昌盛、兴旺发达，一个民族生生不息、复兴与崛起的利器，因此对教育经费的投入至关重要。尤其是发展中国家，需要大力增加公共教育经费投入。

我国目前对终身教育经费投入总量不足，经费的问题依然困扰着我国终身教育的发展。具体表现为：一是政府对终身教育经费投入不足。目前，除了一些出台终身教育立法的省市外，大部分地区学习型社会建设与终身教育活动的开展缺乏来自政府的常态化的充沛的经费支持。二是经费投入渠道来源单一。我国终身教育的经费来源主要是政府拨款，其他的投资渠道并未开通，社会化投资渠道尚未激活。三是经费投入区域性差异较大。例如，就社区教育经费投入而言，总体来看，东南沿海地区经济发达，社区教育经费投入充足（年度人均经费投入少则5元，多则15元不等），而经济欠发达地区人均经费投入则难以保障，有些地方甚至人均1元钱的经费也难以落实到位，无法形成常态化的经费投入机制。

三、管理体制存在弊端

学习型社会建设是一个跨部门的庞大的社会系统工程，涉及社会的各个行业、各个领域，必须有相应的专门机构行使统一规划和管理协调的职责。我国目前虽然已经建立了由党委统筹、政府领导、教育主管、相关职能部门配合、社会广泛参与的学习型社会建设管理体制——学习型社会建设与终身教育促进委员会（或称学习型城市建设促进委员会），委员会办公室一般设在教育行政部门（即教育局）。但总体而言，学习型社会建设工作还缺乏统筹性，相关职能部门的配合度还不够。出于利益驱使，或者成本风险的考虑，在实际工作中，部门之间往往各行其是、各自为政，使得各类教育与培训资源得不到统合与共享，教育资源的聚合能量得不到释放，规模效应得不到发挥。管理体制的缺陷与弊端造成资源整合的困难，服务全民终身学习、教育服务供给普惠化与均等化、教育资源共享作为一种浪漫的理想终归难以落地。

究其原因在于：国家层面的终身教育与学习型社会建设推展机构缺位。终身教育与学习型社会建设是一项庞大的社会系统工程，不仅与教育部门有关，还与其他职能部门如民政部门、人社部门、宣传部门、科技部门、财政部门、司法部门、环保部门、老龄委乃至共青团、妇联等机构或部门有关，需要发挥政府各个职能部门的责任和职能。正如吴遵民和李政涛所言，“终身教育要做的是统合各级各类的教育，这显然不是单方面地靠教育的一两个部门就可以独立完成的事情，也更不是教育部下设某个机构就可以完成的任务”，因为终身教育的目的是“要把各种学习资源都规整到终身教育的领域，并链接为一个有序的系统，由此来服务于全民终身学习的需求”[①]。《中华人民共和国教育法》也规定“国家适应社会主义市场经济发展和社会进步的需要，推进教育改革，推动各级各类教育

---

① 吴遵民，李政涛. 中国践行终身教育的本土化之路. 终身教育研究，2021（01）：12-19.

协调发展、衔接融通，完善现代国民教育体系，健全终身教育体系，提高教育现代化水平”，明确了建立终身教育体系的主体是国家。既然主体是国家，那么政府部门中就应该有专门负责的机构。但一个全国性的学习型社会与终身教育推展机构尚未建立，学习型社会建设亟待建立一个全国性的跨部门、跨行业、跨领域的专门推展机构。

四、社区教育发展缓慢

（一）发展不平衡

我国社区教育发展呈现出一定的不平衡性。具体表现为以下两个方面。

1. 实验区、示范区与非实验区、非示范区发展不平衡

目前，社区教育实验区、示范区已经建立社区教育四级管理机构和四级教育培训网络，而非实验区、非示范区基本上还处于起步阶段，大部分地区尚未建立起四级培训网络，有的地方虽然建立了文化广场和多功能文化活动中心，但仅止于举办休闲娱乐类活动，社区教育活动形式单一。而且示范区发展不平衡，主要分布在长三角、华北和东北地区，而在中部、南部和西部省份，示范区较少。

2. 城乡发展不平衡

在一些城市的中心城区基本上已经完成了城市化，各方面资源包括社区教育资源充足——社区教育的服务平台、活动设施完备；社区教育的活动载体较为丰富，形式多样，居民参与意识也较强，尤其是已退休的老年人参与社区教育的热情和积极性较高。而在一些地处偏远的农村地区，尚未完成城镇化，经济发展较为缓慢，人们的生存压力大，青壮年人员外出打工，中老年人员留在村子里，业余生活单调。而且社区教育场地设施也较为匮乏，社区教育活动载体、活动项目较少，即使村子里偶然举办一些活动，村民们参加的积极性也较低。

（二）场地设施和数字化学习资源匮乏

目前，我国社区教育实验区、示范区虽然已经形成了四级社区教育培训机构网络，但就社区教育培训机构的密集程度和覆盖面而言，还远远不能满足社区居民的需求，且数字化学习资源也比较匮乏。笔者2020年通过对太原市4个城区——迎泽区、晋源区、小店区、杏花岭区社区居民对社区教育场地设施和数字化学

习资源的满意度分别进行调查，结果显示：太原市 4 个城区社区居民对社区教育的场地设施包括教育机构、文化活动场地、社区图书馆、开放式阅览室、书吧等公共文化设施和数字化学习资源的供给综合满意度均较低，其中，小店区满意度分别为 33.3%和 36.7%，杏花岭区满意度分别为 47.8%和 48.2%，迎泽区满意度分别为 37.3%和 39.3%，晋源区满意度分别为 29.3%和 31.4%。显然，四个区对场地设施和数字化学习资源的满意度均在 50%以下，社区教育场地设施供给不足，严重影响了居民参与社区教育的热情和积极性，也严重制约着社区教育的健康发展。

（三）社会化参与度低

1. 学校向社区开放度不够

我国目前学校办学理念还比较封闭，向社区开放程度还不够。据调查，很多社区工作者希望学校教育资源（包括学校的图书馆、活动场所、多媒体，以及师资）向社区开放，以与学校联手面向社区居民开展社区教育。但实际的情形是，学校的资源开放度较低，难以满足社区居民的需要。首先，从中小学校向社区的开放情况来看，虽然实验区、示范区在社区教育发展中，已经创建以“中小学校为中心的互惠型”模式，但从全国来看，中小学校向社区的开放程度还不高，学校与社区互动的频率较低，尚未形成常态化的互动机制。其次，从高校向社区的开放情况来看，大部分高校尚未树立服务社区、向社区开放的理念，仅止于大学生社团组织参加的社区志愿者活动。高校参与社区教育还处于浅表性介入，尚未深度渗透与对接。

2. 民间组织参与度不够

民间组织是指以非营利性为特征，从事社会公益事业，向社会提供公共产品或服务的非营利、非政府组织，如各种行业性协会、学术性学会协会、文化性沙龙、娱乐性兴趣社团和自组织等。具体可分为服务型（如社区医疗队、社区和事老协会、社区环保协会、治安协会等）、文化娱乐型（如社区合唱团、歌舞队、象棋协会、钓鱼协会等）和学术型（如社区教育课题研发、课程开发智库组织）等。

民间组织作为最接地气的群众性社团组织，是激活社区民众参与社区教育的载体，可以活跃社区文化，化解社会矛盾，促进和谐社区的构建。但就我国近年来开展社区教育的整体情况来看，公民的参与意识、自觉意识、志愿精神尚未被唤醒，民间组织对社区教育的参与度不高。具体来看，我国目前民间组织参与社区教育主要受着资源的制约，具体表现为以下三个方面。

一是民间组织参与社区教育场地设施资源匮乏。场地设施是民间组织参与社区教育、开展社区教育活动的基础性保障。但长期以来，场地设施供给不足是我国民间组织参与社区教育活动的瓶颈。就正规的民间组织和非正规的民间组织相比而言，前者的状况较好，受到政府的保护，承接政府委托的项目后，场地设施问题基本上可以得到解决；而后者往往得不到政府的重视和关照，成为游离于正规民间组织之外的边缘组织，活动场地设施捉襟见肘，由于硬件资源受限，得不到政府的扶持，最终影响了其发展壮大和可持续发展。

二是民间组织参与社区教育资金资源匮乏。我国参与社区教育的民间组织可分为两类：一类是正规的，活动或者自主安排，或者由政府安排，活动经费来源主要是会费，政府的财政补贴微乎其微，如社区老年人协会、残疾人协会等；另一类是非正规的，活动自主安排、经费自筹，如活跃于社区的一些生活休闲、健身娱乐类的自组织社团。总体而言，这两类组织都存在着资金制约，难以发展壮大。

三是民间组织参与社区教育人才资源匮乏。人才是民间组织参与社区教育的根本保障。民间组织的类型按照年龄层次结构来划分，可分为中老年团队、青年团队。其中，前者主要由离退休人员组成，有热心和奉献精神，但有特长的专业人员不多，有管理经验的管理人才也不多，且大多学历层次偏低，整体素质不高；后者主要由大学生志愿者组成，有一定的专业特长，有工作激情，但缺乏志愿服务方面的专业知识和专业能力，诸如在组织募捐、特色项目开发、特色项目管理等方面缺乏必备的专业化知识与技能，这在一定程度上制约了其参与社区教育的热情和积极性，造成其参与社区教育活动的短效行为。

五、老年教育发展薄弱

（一）优质资源短缺

我国目前老年教育潜在需求旺盛，但老年教育优质资源严重短缺。

一方面，基础设施资源短缺。老年大学、社区老年学校和老年教学点服务网点较少，没有形成广覆盖和密集性渗透。各级各类学校资源开放度低，服务于老年教育的责任和义务的理念缺失，老年教育资源的供给远远满足不了社会需求。资源供求矛盾（尤其在农村）较为突出，除了一些社区教育示范区、实验区的农村地区有一些多功能文化活动室、农家书屋等设施外，大部分农村地区设施匮乏，几乎没有什么老年人学习、教育与文化设施。

另一方面，老年教育人力资源短缺。目前我国老年教育的工作者总体数量不多，主要分布在老年大学（老年学院）、社区学院、社区老年大学等教育机构以及养老院、福利院、敬老院等养老机构。总体来看，从事生活服务类的多，从事教育服务类的少。从队伍内部情况来看，还存在组织较松散、活动随意性大等问题，这些问题严重影响了工作者队伍在老年教育公益性事业中功能作用的发挥。此外，老年远程教育资源严重短缺，存在着老年远程教育服务平台课程种类少、老年远程教育服务平台视频上传数量少、平台之间交互性较差等问题。

（二）社会办学疲软

老年教育作为公益性事业要求社会化参与，实行多元主体办学，但我国目前老年教育主要以政府投资办学为主，虽然也有高校和民间力量投资办学，但其办学规模往往较小，数量也有限。首先，高校参与率较低。目前，我国高校办老年大学（学院）的有近百所，但其中有相当一部分并非独立办学，仅为政府办学的下属分校，大部分高校并没有独立办老年大学。其次，我国民间力量办老年大学的规模和数量也较少，即便有，由于资金限制，也往往难以发展壮大，更难以与公立老年大学相提并论。民办老年大学自身条件的先天不足，导致其发展缓慢，举步维艰。社会办学热情不高的原因在于：一是老年教育是公共产品，其投资回报率低，风险大，收益没保障；二是相关政策尚不健全，还缺少相应的财政、税费、土地和服务等配套支持政策。

（三）养教结合老年教育制度化刚性支撑乏力

长期以来，养老机构与教育机构属于不同的领域，存在着门户壁垒。首先，养老机构受传统“养”的功能定位惯性思维定势的影响，实施“教”的积极性不高。其次，相关教育机构通常办学封闭，社会服务意识比较淡漠，对与养老机构结对、参与送教服务的积极性也不高。

养教结合需要制度杠杆的助推。客观上而言，近些年，致力于推进老年教育的发展，一些相关政策在国家和地方层面陆续出台，但总体来看，这些政策文件大多停留在倡导与号令层面，操作性往往较弱。如对养教结合主体——养老机构和教育机构在权利、责任、利益等方面没有明确规定，致使双方在对接与开展工作的许多环节时常出现无章可循、无据可依的现象。又如在各类政策和文件中基本上有鼓励企事业单位和社会力量积极参与老年教育的规定，但缺乏具体的财政、税费、土地和服务等配套政策的支持，致使再好的政策也难以在实践中真正落地并发挥效应。①

（四）民众参与意识淡薄

近年来从国家到地方均出台了一系列关于老年教育的政策，积极倡导和宣传老年教育，但民众参与意识普遍淡漠。2016 年，《老年教育发展规划纲要（2016—2020 年）》中明确提出，到 2020 年，“以各种形式经常性参与教育活动的老年人占老年人口总数的比例达到 20%以上”的目标。2021 年，《中共中央 国务院关于加强新时代老龄工作的意见》中强调要促进老年人的社会参与。

我国目前老年教育的参与率还较低，老年人群参与意识淡漠。其中有内在的原因，主要是受传统文化观念的影响，多数老年人认为进入老年期就该退出社会舞台，回归家庭生活，在家庭生活中找寻自己的位置。很多人或者是料理家务，帮子女带孩子；或者是完全的享乐主义，打打麻将下下棋，颐养天年；或者是彻底的悲观消极主义，过一天算一天，于空虚落寞中打发时日。

就家庭而言，部分子女思想陈旧，也认为老年人老了就应该收敛羽翼，做好分内事务，服务好家庭，从而忽视了老年人实现自我、追求自我价值的意愿，对老年人参与老年教育不给予支持。

就社会而言，老年人通常被视为弱势群体、边缘群体，“人老不中用”“思想落后”“反应迟钝”往往成为老年人的标签，在这种歧视性文化下，一些老年人也默认并被动地接受了这种消极文化，从而减弱了自身的参与意愿。诸如此类一些观念上的误区导致部分老年人主观上不愿意参与社会活动，对继续学习接受教育失去兴趣。

六、农村成人教育发展相对滞后

改革开放以来，我国农村成人教育已经取得了一定的成绩，但也存在一些问题。

---

① 许丽英，汪娟，吴卫炜. 养教结合的城市社区老年教育模式研究. 当代继续教育，2018，36（03）：26-30.

（一）办学目标定位与专业设置（以及教育内容）的适切性问题

农村成人教育服务“三农”性，决定了其办学目标的特定性——培养农村建设和农业发展所需要的技术技能人才。但受市场利益驱动，一些农村成人教育办学机构（如农村县职教中心、县级职业中专）目标定位偏离了本体轨道，其功能定位趋向单一化、离农化——紧紧围绕城镇化进程中农村劳动力转移开设相关专业，其原始功能——服务于新农村和农业现代化建设却逐渐被遗忘。这是由于随着政府对办学机构专业设置自主权的扩大、下放，受利益驱动，一些较为热门的专业如电子商务、计算机应用、会计电算化等专业等招生相对容易，且专业设置所需投入的场地、设施、师资的成本也相对较低，因此，一些农村职业学校开始放弃或压缩原有的开设成本较高的农业类特色专业，盲目扎堆、开设热门专业，致使开设的专业滞后于区域产业发展对人才的需求，导致学生毕业后难以就业。农村成人教育办学系统运行僵化、供给效率和供给品质低下已然成为不争的事实。

（二）培训内容的耦合性问题

就农村实用型人才的培训情况来看，培训内容的设计缺乏系统性，缺乏与现代农业一产、二产、三产包括农产品生产、加工业、服务业的链条式无缝对接。近年来，各个涉农部门和机构举办了各类培训项目工程，但往往脱离农民的实际需求，针对性、实效性较弱，如教育培训机构对于新型职业农民培训的不同对象提供的培训内容雷同，导致重复建设，供需严重错配。另外，培训方式单一，主要以传统的课堂讲授为主，实际操练性的现场指导、现场演示、现场交流互动的实践性教学方式却应用得较少，且省时省力、快速便捷、高效率的远程教育培训方式更是少被问津。

（三）资源配置问题

农村成人教育发展需要充足的财力、物力和人力资源，但长期以来，资源配置不到位，已经严重影响了农村成人教育的发展。具体表现为如下三点。

1. 财力资源投入不足

虽然从改革开放以来，党和国家逐渐开始重视起对教育的财政性经费投入，但对农村成人教育的财政性经费投入相对于其他类型的教育投入比例则较低。目前，我国农村成人教育的办学经费来源渠道主要是县市级政府拨款，这主要依据的是当地财政收入及地方教育投入，具有不稳定性。由于区域经济发展具有不平衡性和差异性，经济发达地区和欠发达地区在财政收入水平上差距巨大，导致农村成人教育在经费分配上差别也较大。

2. 物力资源投入不足

随着城镇化步伐的加快，我国农村成人教育任务艰巨，既要为城乡融合下的新农村建设和乡村振兴培养新型职业农民，又要承担大量的农村劳动力进城岗前职业技能培训的任务，但物力资源的制约却成为限制其发展的严重桎梏。目前我国虽然已经形成了县、乡镇、村三级农村成人教育网络，但总体来看，其覆盖面、渗透力不足。而且供给严重不平衡，表现为：一是城乡发展的不平衡，县职教中心和县级职业学校相对于乡镇和村一级，场地设施建设较好，而乡镇和村一级的成人文化技术学校场地不足，设施陈旧；二是区域发展不平衡，东部地区农村职成教机构设施的数量和质量水平远远高于中西部地区。

3. 师资力量匮乏

农村成人教育师资严重匮乏，表现为不仅总量不足、质量和层次低（学历和职称不达标率高），而且结构配置也极不合理：一是专业结构不合理，专业结构的脱农化严重，据相关年份的《中国统计年鉴》显示，2003—2015 年，农村成人教育机构教师数量增长较快的是加工制造业、交通运输业、能源开采业等第二产业类专业，而第一产业农林类专业增长缓慢，且 2010 年之后就一直处于负增长的态势；二是双师型教师长期匮乏，理论课教师与实习实验课教师比例失衡，前者较多，后者较少。城乡配置、区域配置也不均衡，城市配置高于农村，东部地区高于中西部地区。①

（四）社会化推进问题

农村成人教育是公益性事业，需要社会各相关利益主体的积极举办和参与，然而截至目前，社会化推进体制机制尚未建立起来。具体表现为以下两个方面。

1. 办学体制单一，难以调动社会活力

办学体制是一个国家办学主体的制度安排，其规定着办学主体是谁，是政府还是个人；办学机构由哪些组织或个人举办，是一元还是多元。长期以来，我国

① 李少伟. 中国农村职业教育资源配置问题及其优化策略. 中国职业技术教育，2018（21）：59-65.

农村成人教育办学体制基本上是政府一元化单一供给、单一投入办学体制，导致农村成人教育资源来源渠道单一，供给严重不足。虽然近年来党和政府已经开始通过政策发文鼓励多元主体投资举办农村成人教育，但截至目前，这一理想格局尚未实现。

2. 部门分割，缺乏统筹协调机制

农村成人教育是一种“跨界”教育，其实际运行涉及不同的职能部门，需要各部门协同联动，发挥其专业行政职能去部署、组织和实施。而长期以来，我国县域内农村成人教育资源分属于各个不同部门，如人保、农业、水利、林业、科技、扶贫、财政、发改委等，由于这些部门之间没有专属关系，往往分散决策、分散制订计划，部门之间往往难以形成有效的合作，导致农村成人教育办学资源分散，资源整合难度大，难以形成合力和发挥规模效应。

七、终身教育工作者队伍整体素质有待提高

终身教育工作者是开展终身教育的核心力量，终身教育工作者素质是终身教育发展软实力的集中体现。加强各级各类教育工作者的队伍建设是学习型社会服务全民终身学习有效开展的重要保障。

终身教育工作者的分类可以从不同角度来分类：从其来源行业分类，既包括在社区从事社区教育的工作者，也包括在学校、企事业单位、社会公共组织、社会教育培训机构从事成人教育、职业教育、职工教育、干部教育、社会培训的工作者，以及在农村从事农民教育的工作者等。从其教育类型归属分类，包括成人教育、职工教育、社区教育。其中，终身教育工作者中相当一部分是社区教育工作者，包括社区教育的专职人员、兼职人员及社会化过程中的志愿者队伍。从其专业技术岗位结构分类，包括终身教育教师、终身教育理论研究者、终身教育管理者、终身教育志愿者等。

目前，单就社区教育工作者来看，整体素质不高。社区教育工作者主要包括社区教育管理者和社区教育教师（包括专职教师和兼职教师）。

其中，社区教育管理者是各级教育主管部门专职或兼职负责社区教育管理事务的工作者——主要包括区教育局分管社区教育的领导，街道社区教育中心的管理人员，社区基层负责社区教育的管理人员等。

社区教育专职教师主要是指在各级社区教育机构（社区学院、社区学校、社区教学点）专职从事社区教育教学与管理工作的工作人员。具体包括社区教育机

构专职在编教师和由教育系统委派（借调）到社区教育机构的专职非在编教师。目前，我国社区教育专职教师岗位边界模糊，基本上属于“双肩挑”，既从事教学，又担任多头的教学管理、活动组织与管理、资料管理、课程开发、课题研发等事务。

社区教育兼职教师是指兼职从事社区教育教学的人员，社区教育兼职教师来源广泛，有来自各行各业的在职专业人员和退休人员。

我国目前社区教育工作者队伍的整体素质不容乐观。

首先，专业知识素养有待提高。我国社区教育工作者尤其是管理者专业文化底蕴先天不足，有相当一部分是由社区教育发展初期的社区、街道、居委会的成员演变而来的，这部分成员学历文化层次往往偏低，但却肩负着社区管理工作与社区教育工作的双重职能任务，没有接受过与社区教育学相关的专业知识培训与学习，理论知识欠缺，工作中明显感到力不从心。还有一部分主要是通过转岗等渠道而来的，多数没有社区教育专业学科背景，没有接受过正规、系统的专业学习熏陶，甚至接受短期的专业知识培训与学习也较少。

其次，专业能力和专业素养有待提高。专业能力素养即与人交往能力、抗风险能力、开拓进取精神等。我国社区教育教师大部分是兼职教师，专职教师较少。兼职教师由于缺乏社区教育实战经验，通常沿用传统的普通教育教学方式、方法与内容，导致教学方式、方法单一，照本宣科，教学内容枯燥，教学效果不尽如人意，大大降低了社区学习者的满意度，影响了社区居民的参与率。

最后，职业认同感和职业归属感有待加强。社区教育是满足人的归属感、关照人的精神家园的教育，从事社区教育工作是一项神圣的职业，作为社区教育工作者应该感到光荣和自豪。但目前，我国部分社区教育工作者自身对社区教育的本质和深层意义认识不到位，缺乏角色认同感。部分社区教育工作者对自身所从事的工作感到自卑。分配到社区的年轻的大学生由于社区教育工作的待遇、薪酬、升职等方面与自身期望不等同，工作热情和动力不足，缺乏责任感和敬业精神。

八、终身教育基础设施资源匮乏

终身教育是公益性事业，需要依靠社会各方形成合力，包括政府、学校、企事业单位、社会团体、公民都来积极参与和支持终身教育，包括参与办学、提供场地设施，才能尽快建成一个相对富有生机和活力的“学习型社会”。终身教育的基础设施可分为纯公益性公共文化设施、准公益性教育机构。其中，纯公益性公共文化设施包括少年宫、图书馆、博物馆、科技馆、美术馆、体育馆、社区多功能文化活动中心、农家书屋等。准公益性教育机构包括老年大学、社区学院（社区学校）、公办民办学历教育机构、民办非学历教育机构（如培训学校、培训公司）。目前，我国终身教育基础设施资源稀缺，供需缺口大。具体表现如下。

首先，就纯公益性公共文化设施而言，虽然近年来一些大中城市的少量公共文化设施（如图书馆、博物馆、科技馆、美术馆）已局部向社会开放，但总体来说，服务理念还跟不上，活动内容、活动项目类型较少，且缺乏常态化、长效性服务机制。部分县级市乡镇一级的公共文化场馆更少，可谓凤毛麟角，除了城中村、城市郊区的乡镇有多功能文化活动中心以外，在大部分偏远地区的农村，这些设施基本上阙如，间或有，向民众开放度也较低，活动内容和项目也极为稀少，乏善可陈。大部分村一级虽然设有农家书屋，但配套设施匮乏，藏书量有限，藏书品类也极少，难以满足村民的精神文化需求。

其次，就准公益性教育机构而言，社区教育三级网络密集度不够，渗透力不足。虽然伴随着学习型社会建设的推进，全国大部分地区社区教育四级网络已经建立，但社区学校、社区分校、社区教学点数量较少，且延伸、辐射到村一级的数量则更少。偏远地区的农村乡镇一级还没有设立老年大学、老年学校等专属老年教育机构。终身教育资源远远满足不了农村居民对提升生存与就业技能、丰富生活内容、提升生命品质的多样化的需求。

最后，终身教育基础设施在区域之间发展也不均衡，东部地区发展较好，中西部地区发展薄弱，比如，近年来江浙一带的街道社区在地方政府的统筹与指导下，通过出台政策，多方联动，整合资源，积极打造“十分钟学习圈”，建立了一定数量的社区教育服务站点、社区教育实验基地，并打造了一定数量的社区睦邻点。而中西部地区基本上处于沉寂状态，社区教育服务站点较少，资源整合工程尚未启动，各级各类学校基本上是封闭式办学，向社区居民开放度较低。

九、数字化学习支持服务体系尚未形成

数字化多媒体时代，“信息技术的发展为终身学习提供了有利条件，信息高速公路的建设，使每个个体都会以多种形式和内容进行终身学习”[①]。借助计算机和数字化网络技术的支撑，海量的信息如同“天府”——“注焉而不满，酌焉

① 陈德人，张尧学. 数字化学习港. 杭州：浙江大学出版社. 2009：18.

而不竭”，学习者所要做到的只是在“天府”中搴取自己所需的信息。

目前，我国数字化学习格局初步形成，已构建了一个由国家级的数字化学习港、省市级的数字化学习超市和遍布城乡的社区数字化学习中心组成的三级管理组织。但系统化的数字化学习服务体系尚未真正建立，表现为：①缺乏系统整合性。一个统摄和覆盖全国各地的数字化学习环境支持（包括硬件设施、技术和管理等资源支持服务）网络并未全面建立起来，数字化学习系统的整体性功能并未发挥出来。一是电大系统内部的整合度、电大与高校之间的整合度不够；二是卫星传播网、宽带互联网和教学辅导系统自国家到省级再到各县市级的贯穿度不够；三是从城市到农村的拓展延伸度不够。②缺乏资源共享性。我国目前各地基本上已经建立终身学习网，但数字化学习资源主要集中在教育资源库、数字图书馆、高校、科研院所、数字媒体企业、各类学习系统等。各类资源分属不同的系统部门，往往欠缺兼容性与整合性，处于离散和分割状态，难以充分满足社会民众的多样化需求。③缺乏规范性。目前，全国从省级到街道都在建设平台和资源，但基本处于一种“自由发展”的状况，资源建设缺乏统一规划、统一规范和标准，如各级学习平台单独规划居多，通常缺乏统一的技术标准，平台接口难以对接，信息不能互通，难以实现平台资源共享。学习资源分散制作，各自购买，重复建设，共享度不高。④缺乏渗透性，即数字化学习资源供给能力不足。表现为大部分地区的数字化网络技术水平还比较弱，有的是购买、有的是自建，但网络平台水准普遍不高。最基层的社区数字化学习中心分布还很少，数字化学习资源的服务接触度低。社区教育三级网络中信息化服务与需求错位，潜在学习者的有效需求得不到满足。⑤区域发展的不平衡性。自 2009 年，在教育部的指导下，中国成人教育协会社区教育专业委员会开展了数字化学习先行区推进工作。据中国社区教育专业委员会社区数字化评估专家宋亦芳教授统计数据显示：截至 2022 年 3 月，全国共有数字化学习先行区 96 个，但我国社区数字化学习的发展水平还很不平衡，先行区主要分布在东部地区、部分经济发达地区，有 40%以上的地区还没有先行区。[①]

十、终身学习激励与制度保障机制尚未建立

建设学习型社会，关键是要构建终身学习体系，实际上是搭建一个能够惠及

① 宋亦芳教授一直参与全国数字化学习评估工作，后来评估工作终止。这些数据是笔者通过微信的方式请教宋教授得到的统计结果。

十几亿人口多种学习需求的四通八达的立交桥。在这一立交桥上，各级各类教育可以衔接和沟通，最大限度地满足社会成员对学习的多种需要。学习者可以根据社会需要、个人兴趣和条件，跨学校、跨专业选择课程和学习方式。这就需要改变各类学校特别是普通学校和职业学校之间缺乏沟通和衔接的状况，构建人才通过多种途径学习成才的“立交桥”，使不同类型学习成果的互认和转换，为学习者成就个人理想铺路搭桥。但时至今日，我国尚未建立起这样一种统一的通兑和转换标准，主要原因在于以下两个方面。

一是还没有建立一个将各级各类教育统摄起来进行对比和对接的国家层面的资历框架。近年来建立国家资历框架是理论界关注的焦点。对这一问题研究经历了从介绍国外经验的国际比较研究发展到本土化研究；所涉及的研究范围不断扩大，从宏观的战略导向研究、策略研究进一步深化到微观的本体研究，如对国家资历框架的设计、标准的制定等。但总体而言，研究整体数量不足，研究质量有待提升，如对国外资历框架研究缺乏对规律的总结和提炼、对建构的元理论研究不够、对国家资历框架的本体设计与结构建构研究缺乏系统性。同时，实践中也存在一系列问题，如国家顶层政策法规缺位，教育部门与人社部门、行业部门的条块分割管理，资历框架建设的组织和领导机构尚未建立等。①

二是还没有建立起学习成果认证与转换机制。学习成果的认定与转换机制是“立交桥”建设的枢纽和关节，也是建立终身学习体系和制度的一个“突破口”。学分认定与转换的功能在于促使不同类型学习成果的互认和转换，为学习者成就个人理想铺路搭桥。

就目前学分认证、积累与转换在我国的发展现况来看还存在许多问题：①学分积累与建档的领域逼仄。目前，一些地区学分银行已开始启动，学分积累与建档已“暗香浮动”，但仅止于社区教育和网络学习中的文化休闲类的学习成绩的个人学习档案和个人学习账户的建立，学历教育、职业教育与培训的课程学分如何积分建档还是一个“盲区”。②学分认定与转换的标准缺失。学分认定与转换要求职业资格证书、技术等级证书与学历教育课程之间能够等值对换，普通高等教育与成人高等教育课程之间能够等值对换。但我国目前尚未建立这样一种统一的通兑和转换标准——学分认定与转换仅止于学历教育，即各高校之间通过建立区域教学联盟或区域教学共同体，签订协议，实行高校之间的课程学分互认互换。

① 王海东，邓小华. 我国学分银行与资历框架建设探索：进展、问题与对策. 中国远程教育，2019（12）：55-60+93.

学历教育与非学历教育之间、高等教育与职业教育之间、学历资格与职业资格之间学分如何互换还是一个难解的锁扣，亟待良钥。③学分认定与转换管理混乱。目前，各地在很多政策文件中有学分认定与转换的明文要求，但并未对如何认定和转换做出具体的操作实施方案，而且具体到各级办学机构，也各有各的独立的学分互认方法或政策。出现这种现象的主要原因在于监督和管理学分认定与转换的实体机构——学分认定管理机构尚未建立起来，最终导致学分认定与转换政策落地维艰。

第四节　小康社会背景下中国学习型社会建设的对策

学习型社会是以学习求发展的社会，以个体的学习来追求个体的发展，以组织的学习来追求组织的发展，以城市的学习来追求城市的发展。学习型社会对于小康社会建设的意义深远。鉴于我国学习型社会建设中存在的问题，国家需要制定今后的发展策略。

一、出台终身教育立法，提供刚性支撑

终身教育立法的宗旨为：一方面增强个人的生存、生活及可自由发展能力，另一方面增强国家的综合实力及可持续发展能力。

立法应遵循以下原则。

第一，人本性。要增进人的自由、民主、尊严和幸福，关照人的生存与发展。不仅关注劳动力市场人力资源的需求，还要更好地满足人的生命成长及闲暇生活的诉求。

第二，民主性。要关注社会各个群体的诉求，尤其要关注那些在社会中处于底层的弱势群体和边缘群体,使他们能平等地享有机会广泛地参与到教育培训中。通过对他们施以生存技能的无偿援助，提高其谋生本领，改变其不利处境，真正体现终身教育“无盲区”的全纳性、全覆盖性。

第三，连续性。要以我国现有的教育体系法律法规为依据，规范现存的教育体系之外的教育，即非正规教育内容，确保教育立法体系的延展性和衔接性。

第四，整合性。基于终身教育既包括正规的学校教育和学校教育以后的延伸教育，又涵括从家庭教育、学校教育到社区教育等各类教育，立法应注重整合性。

值得注意的是，整合并不是拾遗补缺，即并不是在现存的学校教育制度顶部“加上”非正规教育，也不是简单地叠加或同类项归并，而是有机地整合，是在整个教育制度发展途径上的一次根本性的统整，通过统整，建立一种更为合理适宜的、良性的教育生态系统。

立法建设的重点需要关注以下几个方面。

第一，突破终身教育实施主体的教育专属性，强化其实施主体的跨界性、综合性。明确终身教育组织和实施的部门和机构，如由市和区（市）县、乡（镇）人民政府统筹部署，教育部门主导，民政、人社、科技、文联、司法行政、农业、科协等部门、共青团、妇联、残联、老龄、文广新等部门归口管理，协同配合。明确不同部门、机构和组织在服务全民终身学习中的地位或角色，并为其赋权增能。

第二，规定不同利益相关者——政府机关、企业事业单位、民办非企业单位、民办教育培训机构以及社会组织等参与终身教育的责任和义务。如鼓励学校开放资源，鼓励民办非学历教育机构承担开展社区教育的责任等，鼓励民间社团组织举办社区教育或者开展自助自主式团队学习活动等。

第三，建立利益相关者参与终身教育的保障机制，包括宣传机制（强化社会媒体机构的宣传服务功能，营造终身教育文化氛围）、经费投入机制（如因地制宜，根据不同地区发展水平，按照一定比例提取终身教育专项经费。对终身教育的投资与办学主体、参与终身教育的利益相关者给予税收优惠、经费资助）、激励机制（如对在终身教育中做出突出贡献、成绩突出者包括单位、团体和个人给予表彰和奖励）、督导评价机制（如因地制宜制定终身教育评价标准）等。

第四，完善社会化服务体系建设，包括基础设施建设（如密布教育教学网点，打造十分钟学习圈，确保社区教育公共产品供给广覆盖、密渗透）、多媒体远程教育资源服务平台建设及工作者队伍建设（终身教育管理者、师资、志愿者队伍的专业化建设）等。

二、建立有效的经费投入机制，提供财力保障

我国是人口大国，教育资源供给和教育需求之间存在缺口，不仅正规教育存在供求矛盾，非正规教育也同样面临供求矛盾——一些农村富余劳动力、城市下岗、失业人员等，不能通过有效的培训实现就业和再就业。在教育中，经费是重

要的财力保障，我国要建设学习型社会，为各种人群终身学习提供教育机会，就亟须建立经费投入保障机制。具体路径如下。

（一）多措并举，加大政府投入

1. 设立终身教育专项经费

尽快建立终身教育专项投入制度。要设立国家经费投入统一标准，同时要因地制宜，按照各地经济发展水平，划分不同等级，由各地根据自身实际条件，申请不同等级的经费，制定相应的财政拨款的合理结构比例，并使其形成常态化制度，推动学习型社会建设。如韩国中央政府和地方政府致力于推进全民终身学习，制定了相应的经费资助，截至2015年，中央财政经费投入“种子支援资金”约达5182万美元，地方政府按照中央财政支持的额度给予不少于100%的配套资金。[①]

2. 设立终身学习国库补助金

国库补助金是中央政府为地方政府或民间组织开展终身学习活动、举办终身学习项目工程等提供的预算支援资金。如为了推进全国终身学习社会建设，日本中央政府特设了“地方终身学习振兴费补助金”；韩国为了支持地方政府推进终身学习事业，也建立了终身学习国库补助金制度。

3. 设立公共学习投资专项资金

公共学习投资资金是政府为鼓励雇主和个人投资学习而设立的专项资金，其主旨在于激发社会成员进行终身学习。如英国的“个人学习账户”制可谓英国政府推进学习型社会建设的标志性创举，政府在政策和资金上全力支持和帮助建立国家终身学习框架及创建全国性的能适应各种学习需要的远距离学习网络。[②]

4. 开征税金

政府作为当代终身学习经费的最大的筹措主体，还要利用税收杠杆、通过开征税金的方式来筹措终身学习经费。税金比例可以视各地的经济发展水平灵活制定，发达地区可以高一些，欠发达地区可以低一些，终身学习税种的开征不仅可以为终身学习提供固定的经费渠道来源，还可以增强纳税人的责任意识，更可以强化社会民众的终身学习意识。[③]

---

① 林晓凤，安宽洙. 韩国学习型城市的发展与建设. 中国远程教育，2016（07）：59-66.

② 贺志宏. 我国终身教育体系及其推进策略研究. 北京：首都师范大学出版社，2013：144.

③ 徐明祥，李兴洲. 构建我国终身教育体系的难点及对策. 教育研究，2001（03）：59-63.

（二）多元融资，建立柔性生态机制

为确保学习型社会建设有充足的财力支撑，政府应建立经费投入多元共同分担机制，设法改变过去由公共部门单方提供公共性质的商品及服务的局面，采用公私合作的模式，按照“谁受益谁付费”的原则，充分整合高校、科研院所、企事业单位、公共机构、非政府组织、非营利性组织、慈善机构等多方资源，探索多元稳定的社会资金筹措渠道。[①]

终身教育多元融资渠道的具体途径可采用设立基金、税收优惠及其他奖励等方式。如在德国，为推进学习型城市建设，政府在大量投资的同时，还积极吸引社会力量投入，强调公共基金的联合运行。日本《终身学习振兴法》第九条规定，如果民间组织事业者在终身教育活动中作出贡献的话，便可以在税收方面获得优厚待遇，或者资金债务保证可以得到援助。意大利还为投资终身学习的企业提供奖励，其中包括由社会合作伙伴提供的跨行业培训资金、在一定范围内运作的培训（通过雇主缴纳一定的费用来提供资助），并颁布相应法律，该法律从 2000 年起生效，承认终身学习普遍权利、引入培训休假计划和减税计划。英国也建立了由国家政府、地方政府、教育行政管理部门及伙伴机构组成的多元化经费投入机制，通过一系列优惠条件激发社会上各民间组织举办终身教育事业的内驱力，提高其发展活力。[②]

（三）市场介入，激发社会活力

为了激发社会活力，可通过引入市场竞争机制，采取政府购买服务的方式。任何机构、企业和个人都可以承担教育培训服务任务，政府可通过购买服务的方式，一视同仁地给予经费支持。如日本的“指定管理者制度”明确规定：允许地方政府将公共服务设施向私营企业的组织或者团体开放，并赋予其使用管理权。彰显了公共设施运营的市场化运作和民营化特色。要遵循经费投入负担的市场化原则，采取政府与市场共同分担的投入机制，在终身教育的财政责任的划分上，应按照各级教育中个人和社会收益率的大小来划分政府和市场的责任，即初等和中等教育应以政府投入为主，高等和职业教育应该以市场和个人为主。

同时要实施政策倾斜，对那些生活中处境不利的困难群体如低收入者、进城务工人员、经济落后地区劳动者、残疾人等施以教育关怀和援助。具体办法不仅

---

① 谭旭，张磊. 学习型城市建设的异域经验与借鉴. 职教论坛，2019（04）：75-80.

② 谭旭，张磊. 学习型城市建设的异域经验与借鉴. 职教论坛，2019（04）：75-80.

可以采取以政府直接补贴个人为主的教育与培训支付方式，还可以采取由政府间接资助补贴的方式,通过向这些困难群体发放“教育信用卡”的方式,使其将“教育信用卡”作为货币凭证在培训场所获得培训津贴，促进教育公平。

三、建立专门机构，协调推展

鉴于学习型社会建设是一个“跨界”工程，需要打破不同领域的壁垒、不同机构的属性差异、机构类型间的边界，处理和解决好不同机构间的利益冲突与难以调和的矛盾。[①]为此，需要建立一个由各领域、各界参与的统筹协调机构，综合协调与整合社会各部门、各行业、各领域学习资源，以推动各领域、各部门、政府机关、企事业单位、民间组织、个人提供场地资源、人力物力财力，充分参与到学习型社会建设当中。

一方面，建议在国家层面上设置一个由国务院牵头的跨部门的新型的组织管理机构——终身教育与学习型社会建设推展委员会，负责统揽协调全国终身教育与学习型社会建设工作，以为终身教育体系构建与学习型社会建设提供强有力的组织保障。该委员会由国务院牵头成立，以便总揽全局，可由国家领导人出任主任，比如可由国务院总理或副总理担任该委员会主任委员，由国家教育、人事、劳动和社会保障、财政、计划、经济、文化、广播电视、新闻出版等有关部、委、局负责人担任委员。委员会下设办公室挂靠教育部，作为委员会的办事机构，负责统一规划、管理协调教育内部和教育外部的有关实施终身教育体系的具体工作。

国家层面推展委员会的基本工作职责是规划指导、统筹协调、发布信息、督导评估、支持保障等。具体包括：①规划指导。研究和制定有关终身教育与学习型社会建设的政策法规；研究和编制国家终身教育与学习型社会建设的规划，推动实施计划；研究和设置终身教育与学习型社会建设的基本指标体系，提供全国性的基本指导和参照。②统筹协调。协调和促进各相关部门之间的沟通和合作，培养各种合作关系，加强相关利益者之间的有效合作，维护与利益相关者的关系，以提高终身教育与学习型社会的资源整合度和运行效率。③发布信息。提供政策导向性指南，如定期发布国家的终身教育与学习型社会建设进展报告；宣传和推广社会各方在终身教育与学习型社会建设方面的先进理念、工作经验和优秀成果。④督导评估。督导评估全国和地区终身教育与学习型社会建设的进展和不足，发现和消除在制度层面上的带有普遍性的各种障碍。⑤支持保障。保障学习型社会

① 程豪，李家成，匡颖，等. 反思与突破：学习型城市建设的高质量发展. 开放教育研究，2021，27（02）：42-50.

建设的财力，物力和人力。

另一方面，与此相适应，地方层面——省、市（地）、县、街（乡）各级政府也应建立相应的推展委员会，自上而下形成一个管理系统。地方推展委员会下设由教育行政主管部门负责的办公室，负责推进本地区终身教育与学习型社会建设工作。委员会可由教育行政部门负责，并由教育行政部门编列预算配合。其中，省级成立由省委、省政府及其主要职能部门组成的终身教育与学习型社会推展委员会，明确和落实各有关部门在创建工作中的职责，加强终身教育与学习型社会建设的统一领导、组织和协调。市、县（市、区）一级也要成立相应的推展委员会，确定成员单位的职责任务，加强对终身教育与学习型社会建设的领导和协调，并将终身教育与学习型社会建设纳入市、县（市、区）经济和社会发展规划，调动市、县（市、区）全民学习的积极性和创造性。基层街（乡）也成立相应的工作机构，因地制宜，合理安排、精心组织、广泛发动，积极动员驻地单位，社会各方面力量参与和支持建设工作。

地方推进委员会的基本工作职责包括：编制地方终身教育与学习型社会建设的政策法规，拟定推展计划；制订全国标准框架下的地方终身教育与学习型社会建设指标体系；统筹调配地方终身教育资源，推动地方各相关部门间的联系合作；审议地方终身教育与学习型社会建设的政策、计划及活动；协调、指导地方终身教育机构举办的终身学习活动，并提供其他相关咨询服务。地方终身教育推进委员会必须遵守国家终身学习推进委员会的基本工作要求，但也应有一定范围的灵活性，并保持和国家层面的积极沟通，组织协调地方相关部门，落实各项具体事务。

此外，值得注意的是，鉴于我国目前教育和学习资源分散在各个不同的领域，而不同领域的部门归属不同，从而会产生一些利益纠葛，导致实践中各级各类教育资源整合有一定的困难。为了有效整合资源，建议进行教育行政管理体制改革，将教育部原职业教育与成人教育司改组，尽快设立终身教育工作司（暨国务院终身教育协调机构办公室），依次地，将地方各级教育行政管理部门的职成处（科）改为终身教育处（科），使终身教育的体制机制得到实质性的完善。

四、多措并举，深化社区教育

（一）加强实验区、示范区标准化建设，提高社区教育质量水平

社区教育作为一种有别于学校围墙内的教育，是一种开放式大教育，与社会

生活、社会实践水乳交融，具有浓郁的生活性、实践性属性。在政策引导下，我国社区教育发展走的是一条通过实验项目推展的模式道路，即先从建立实验区、示范区开始，然后由众多实验区、示范区通过开展实验项目，边实验、边研究、边总结、边提升。不可否认，改革开放以来，在政策杠杆的撬动和方向引领下，我国社区教育取得了不小的进展，实验区和示范区的数量不断增加，但社区教育发育还不成熟，无论是实验区还是示范区，都还处于粗放式发展阶段，由于缺乏规范化、标准化建设理念，各地的实验区、示范区发展参差不齐，且存在大量非实验区、非示范区，社区教育还未在地域空间上全面展开。

致力于提升社区教育发展水平，今后，加强实验区、示范区规范化建设将是重头戏。要制定社区教育实验区、示范区的遴选和质量标准体系。标准制定原则包括：首先，标准制定应界定“宽”与“严”的适用范畴。基于实验区的实验试点功能属性，对其遴选和评估的标准要适当放宽；基于示范区的示范引领功能属性，对其遴选和评估的标准要以严为主。其次，注意区域差异性。标准制定在注重共性基础上，同时应考虑各地区经济文化发展的不平衡性以及特殊性，注意区域政策的倾斜，即对中西部欠发达地区的标准要放宽。最后，标准制定应发扬民主性，支持自下而上参与的积极性。

（二）统筹协调，打造线下线上服务平台

首先，要统筹布局，全方位部署，多方动员，凝聚整合力，推进终身学习站点网点建设。系统打造社区教育文化站点，如图书馆、体育馆、文化馆；进一步完善三级社区教育机构，如社区学院、社区学校、社区分校，增强其开放度，并着力增设十分钟学习圈，为居民人人学习、时时处处学习提供便利。

其次，要通过构建区域终身学习网、移动互联网，建立微信公众平台、网上交流展示和互动体验平台，以网络学习超市的方式为居民提供在线学习推荐等便捷性、人本性服务，开辟社区居民线上学习新空间。

最后，要倾力打造线下线上相互融通的终身学习立体化网络。具体做法是以传统媒体与网络媒体有机结合为信道支撑，以微课程与学习卡为交互纽带，有序构建“点”上有课程和学习活动开展，“线”上有网络课程延展，“面”上有互助平台跟进的三位一体的立体式推进模式，有效提升社区居民终身学习资源的共享度。①

① 马兆兴．太原市学习型城市建设终身学习文化的培育．太原：山西人民出版社，2015：67．

（三）鼓励学校向社区开放，拓展社区教育阵地

终身教育时代，学校教育不再是与世隔绝的“世外桃源”、与社区大环境和大生态隔离的“文化孤岛”，而是与社区建设、社区治理融为一体，成为与社区休戚与共的命运共同体，是社区这一微生态场域的有机构成部分。应鼓励中小学校向社区开放，可以采取无偿或有偿的方式鼓励中小学校场地设施资源向社区开放，服务社区居民，并与社区互动，共同开展青少年校外教育、社区成人教育和老年教育。

鉴于长期以来高校对社区教育的参与度比较低，尤其要鼓励高校向社区开放资源，发挥高校“人才库”“科技库”“思想库”的作用。具体可由相关部门牵头，以项目为牵引，建立与高校合作机制，服务社区教育与社区治理。

一是发挥人才库的作用。高校是社会精英人才的聚集地，拥有高素质、高密集的师资力量人才资源，这些人才资源是有助于社区发展的优势资源，特别是在社区教育工作者队伍素质较低、专业人才匮乏的情形下，这些师资力量可以作为兼职师资队伍补充到社区教育师资队伍中，提升队伍的整体素质。

二是发挥科技库的功能作用。高校是科技人才的聚集地，要由相关部门牵头，建立与高校合作伙伴关系，搭建科研成果转化应用的平台，服务于区域经济社会发展。

三是发挥思想库的功能作用，鼓励高校可以与城区、街道或社区负责社区教育的有关部门合作，提供社区教育课题研发、特色课程开发、教材开发咨询等服务；或者开展培训服务，通过开设专业课程，为社区教育工作者提供专业培训；或者面向社区居民开展专题讲座、论坛，满足社区居民的多样化的需要。

（四）激发基层活力，促进社区民间组织参与社区教育

长期以来，我国社区教育发展一直是政府行政导向，政府充当的是发号施令者、控制者的角色，而非引导者和指导者的角色。社区教育资源输出以政府单向能量输出为主。政府作为成人教育的主要资源供给方及组织管理者，对社会力量的动员较少。伴随着学习型社会建设步伐的加快，今后社区教育政策更强调社会公共治理与社会化推进，即强调社会多元主体聚合功能的发挥和能量的释放。基于社区民间组织在社区教育中的重要功能作用，要通过引导、鼓励和支持各种社会力量和个人兴办和组建社团，调动和激发社区民间组织的社区服务功能，建立社区与政府之间、社区居民相互之间的桥梁和纽带，开创社区教育公共治理

新模式。

一是要分类统计和加强管理。将社区民间组织摸底任务分解到社区，对辖区内现有的各类民间组织进行调查摸底，然后在调查摸底的基础上，对已在民政部门进行备案的社会团体、行业协会、民办非企业单位进行属地统计，了解掌握其开展活动的情况。对在乡街备案的社区民间组织，按照公益类、兴趣类、服务类、文体类规范名称，进行分类统计，纳入社区管理范围。

二是提供场地设施和经费扶持。鼓励群众组建各类具有社团和民办非企业性质、不以营利为目的从事公益事业、提供社区教育服务的群众性自治组织。市级（或区级）政府要出台相关政策文件，建立常态化的场地设施和经费扶持机制，如可协调驻地各级各类学校、行业企业培训机构、文化场馆为社区民间组织提供学习活动场所，支持社区民间组织正常开展活动；再如可以进行项目扶持，各街（乡）及社区（村）要将辖区内活动正常、群众欢迎的社区服务型、公益型民间组织列入社区教育活动项目扶持对象，予以经费补助。并将活动开展持续时间长、影响面广、群众参与度高、特色鲜明的民间组织开展的项目，列入社区教育特色品牌项目给予专项经费资助，进行重点支持和打造。

三是强化对人才队伍的专业化培训。加强对社区民间组织成员尤其是核心成员的培训，对于政府委托的社区服务类项目，在招标时，一定要考虑其承担者——组织成员的资质。要定期对社区民间组织成员尤其是公共服务类民间组织成员进行培训。培训方式可采取多种形式，可以是理论课，也可以是实践操作课（如搭建互相交流、技能展示观摩平台），也可以采取产教融合的方式，建立一定的实践基地，待学员经过一段时间的实习，实践操作技能完全提升，经过市场中介组织鉴定检验合格后再发给其上岗证书。

四是加强社区教育志愿者队伍建设。如制定明确的志愿者规章制度，指导和规范志愿者队伍参与社区教育的运行流程，包括招募、信息登记、培训、考核、奖惩；建立志愿者激励机制，如补贴奖励制度（食宿、交通、专项奖学金）、志愿者服务储蓄和通用兑换制度、日常生活福利制度，以及风险规避、侵权责任承担和责任限制、法律救济等权益保护制度。

五、提档升级，着力推进老年教育

（一）扩大资源供给，提供基础性保障

鉴于我国目前老年教育资源供给不足、老年教育基础能力薄弱的问题，需通

过政策策动、媒体宣传、制度杠杆（包括激励工具）撬动，激发老年教育资源供给潜在活力，疏瀹供给渠道。

一是完善老年教育的硬件设施。地方政府应将老年大学（学校）及老年教育文化场地纳入社会公共设施规划，制定老年教育文化基础设施建设标准。

二是整合社区内的教育资源，实行社企联动、社校联动，释放潜在教育资源能量。夯实四级社区老年教育与培训网络建设，尤其要注意加强基层社区老年教育机构建设，创建社区老年教育机构，密布服务站点，方便老年人在家门口就近学习。可引入市场机制，由政府扶持（如购买服务），鼓励社区内民办培训机构建立社区老年大学，提供有偿服务。

三是打造社区共学养老睦邻点。要深入基层加大宣传，鼓励社区居民自建睦邻点，同时通过协调、整合，利用区域企事业单位闲置场地，打造多个公共睦邻点（即公共客厅），并形成常态化激励机制，如给予睦邻点活动经费的支持、对核心成员进行业务指导与培训、搭建交流平台与成果展示平台，发挥“连点成圆”的辐射效应，使睦邻点成为老年人乐学共生、互助友爱的精神家园。

四是加强网络学习资源建设。推动开放大学面向老年人开展远程教育，为老年人线上学习提供便利。同时注意市场细分，加强对老年人数字化学习资源的开发，丰富老年终身学习的内涵，为老年人提供门类种类齐全的菜单式、超市化、多样化、个性化的学习服务支持。

五是加强工作者队伍建设。如在一些院校中设置相关专业，培养专业化程度高的工作者队伍；重视对老年教育工作者的继续教育培训，形成常态化的教育培训机制；加大对老年教育工作者队伍建设的专项经费投入，完善经费保障机制；规范对老年教育工作者队伍管理，提高管理水平。

（二）打造多元主体办学格局，推进老年教育社会化

2019 年，党的十九届四中全会提出坚持和完善中国特色社会主义制度、推进国家治理体系和治理能力现代化的重大意义和总体要求。不难看出，社会公共治理将是我国今后老年教育政策的价值目标取向。但我国老年教育一直沿用的是政府行政主导一元化的管理模式和供给体制机制，老年教育办学主体单一是制约我国老年教育发展的瓶颈。为此，需要转换思路，建立多元治理模式。

首先，鼓励普通高校和职业院校转变传统办学定位，树立社会服务的理念。强化普通高校开门办学、开展老年教育的责任义务，着力推进“无围墙老年大学”

建设，如在普通高校建立老年大学或老年学院，或者采取免费入学，并允许老年人以非注册学员的身份旁听大学课程和公开课讲座等，发挥高校优质资源服务于老年教育的功能。鼓励高职院校开设相关老年教育专业与课程，面向老年人开展非学历教育与培训，为老年人提供适切性服务。

其次，鼓励社会资本对老年教育进行投资，开办老年大学，以多种方式和形式开展老年教育。同时鼓励办学机构参与公益送教服务（如为养老机构送课程、送师资、送志愿者等），形成常态化机制。

最后，嵌入市场机制，由政府出资购买服务，并以招标的方式将项目外包给合适的民间组织或个人来承接项目，优化老年教育格局。

（三）加强法制化建设，为老年教育提供刚性支持

为进一步深化老年教育，要尽快加强立法建设，通过立法的形式，将老年教育纳入基本的养老保障体系，确保每个老年人享有受教育的基本权利。[①]建议立法建设的内容包括如下五个方面。

第一，对养老机构和老年教育机构在责权利方面做出明确规定，为双方合作提供政策指导。

第二，明确规定地方财政要设立专项资金，扶持各级各类养老机构和教育机构开展老年教育，改善其软硬件设施和办学条件，做到专款专用，并拓宽多元经费筹措渠道。

第三，建立社会化参与激励机制，如通过政府购买服务、项目委托等方式鼓励和支持企事业单位、社会组织参与老年教育，并给予相应的财政、税费、土地和融资等配套政策的支持，同时营建激励文化，对表现突出者给予嘉奖。

第四，加强老年教育工作者队伍建设。要求养老机构配备专门的老年教育师资，并实行聘任制与竞争上岗；规定老年教育机构要建立师资培训常态化机制，提高师资队伍整体素质；鼓励退休老年人走出家门，融入社会，参与社区教育志愿者服务，发挥专业才智和特长，实现自我价值。

第五，加强老年教育质量评价，并建立服务质量评价标准体系，同时采用多元主体（政府、老年成员个体、机构自评、第三方组织、社会）参与的评价方式，提高老年教育质量和社会效应。

---

① 张红兵. 养教结合社区老年教育模式研究. 成人教育，2020，40（12）：44-51.

（四）加强舆论宣传，营造敬老、爱老、助老的良好社会氛围

大力宣传老年教育新理念。老年教育理念应体现对老年人的尊重与人文关怀，包含“健康尊严、慈爱包容、乐天知命、自强不息、积极参与”等内涵。

一是借助各种媒体包括传统媒体、新媒体，以及社区布告栏、广告栏、街巷文化墙等宣传老年教育，提高老年人的社会地位，培育积极养老新文化。改变传统消极的养老观，使老年人重新进行自我定位，自尊自强自立。

二是引导社会树立老年人不再是社会的“累赘”而是社会重要的精神财富和人力资本的新风尚。要扭转以往视老年人为社会包袱的偏见，将老年教育作为维护老年人基本权益与挖掘可持续发展资源的重要手段。

三是积极倡导社会主义精神文明建设，引导相关利益者从经济人向社会伦理人的角色转变。大力宣传老年教育的公益性，引导养老机构及相关教育机构主动承担起社会的责任和义务，唤醒其作为公民组织的社会使命感。

四是积极探索养教结合老年教育新模式，地方相关部门要搭建成果展示平台，大力宣传与推广养教结合老年教育试验点（如上海、浙江、江苏、四川等）的先进经验，如书院式养老、老年游学与人文行走、共学养老学共体等典型模式，发挥示范引领与水波荡漾效应，进而引导养教主体拓展服务内涵，把养教结合老年教育作为自身的特色品牌，并发扬光大，引发社会化共识与行动。

五是倡导积极老龄化理念，搭建高效的老年人社会参与平台，包括：建立老年人二次就业、创业提供信息服务平台，如建立各类老年人才信息库、开设老年人就业指导信息网、开展老年人才招聘会等；建立老年人二次就业、创业社会化培训服务网络体系，帮助老年人二次就业；建立老年志愿者队伍服务保障体系，如打造一体化培训体系，形成培训主体多元化、培训内容系统化、培训方式多样化、培训阵地基地化；完善激励机制，建立“基本生活保障制度”“时间储蓄银行制度”“优秀表彰制度”等。

六、服务乡村振兴，大力发展农村成人教育

（一）以服务“三农”为本，完善农村成人教育服务体系

一是加强地方政府对农村成人教育专业设置的宏观调控。应在未来规划中，重视农林牧副渔类专业建设，适度提高农业产业的专业设置比例。制定优惠招生政策，如采取就业保障激励，由政府部门与行业企业对接，采取委托代培、订单

式培养的办法，鼓励学生主动报考涉农类专业。①

二是完善农村成人教育课程体系建设。服务于乡村振兴，农村成人学校和职业学校的课程设置，可以由涉农类办学机构课程专家、科研院所专家、智库专家，以及行业协会联手，根据乡村振兴对农村各类人才的需要，开发设计。其中，农村学历教育应从公共基础课、专业技能课、创业指导课、校本课程等方面设置；农村非学历教育与培训内容可从现代农业种养殖技术产业链、农业绿色生态产业链、乡土文化人文素养、乡村治理、生活服务等方面设置。

三是强化办学机构和教育培训机构自身理念的变革。坚持以需求为导向，在培训工作开展前，先组织人员深入基层对农村社会的具体情况进行细致入微的摸底调研，掌握农民真实的生存、生活状况，摸清农民的真实需求，然后再有的放矢制定适切性的培训内容及培训方式。②

四是以服务为宗旨，针对不同服务对象分层次、分类培训，并采用灵活多样的培训方式，如产教融合、校企合作、公司+学校+农户、学校+合作社+农户、学校+合作社+基地、送教下乡、送文化下乡等，以及现代化远程教育手段，为农村经济社会建设培养高素质人才。

（二）加强资源建设，提供基础保障

第一，加大各级政府对农村成人教育的财政投入。特别加大中央资金与政策倾斜力度，逐步形成稳定增长的长效投入机制。设立专项经费，用于农村职业教育基础设施建设和师资建设。拓宽筹资渠道，鼓励社会各界包括个人、企事业单位、民间组织的力量为农村成人教育提供支持。鼓励企业和民间组织建立农村职业教育基金。

第二，夯实三级教育培训网络。加大对县级职教中心的资源整合力度，搭建整合平台，构建起自上而下的科技信息传播、农技培训、生产示范、项目推广的立体高效服务网络体系，发挥县级职教中心对县域范围内农村成人教育机构的资源辐射效应。③加大乡镇、村一级的农村成人文化技术学校建设，并增设培训服务网点，打造十分钟服务圈，依托农村社区多功能文化活动中心（农村文化礼堂）、农技站、农合社等，为农村各级各类人群提供教育与培训服务。

第三，加强师资队伍建设。可选调科研院所的一部分科技人员、农技站

① 易莉．新农村建设背景下农民职业教育现状分析及其对策研究．农业经济，2014（02）：90-92.

② 易莉．新农村建设背景下农民职业教育现状分析及其对策研究．农业经济，2014（02）：90-92.

③ 易莉．新农村建设背景下农民职业教育现状分析及其对策研究．农业经济，2014（02）：90-92.

的技术人员，大学生村官、大学毕业生，担任专职或兼职教师，并实行政策优惠，给予薪资激励。有条件的高职院校或大专院校要增设一些涉农专业，定向培养，为农村职业教育开展输送人才，确保农村成人教育师资队伍的稳定和质量。①

（三）加强体制机制创新，进行社会化推展

加强部门协同合作与系统联动。要确立区域统筹的思想，充分发挥地市、区县政府的主导作用，建立各部门主管领导负责管理的目标责任制，实行“一把手工程”，推进各部门开展工作的效率、质量和规范性。在地市、区县范围内建立部门协调机制与机构，成立资源统筹管理委员会，负责统筹管理、统筹规划各级各类教育资源，可组建由政府主导，教育部门牵头，各部门主要领导参与构成的协调机构，统一协调各部门之间的利益分配，通过统筹协调，整合各部门资源，调动系统内功能的释放和潜能的最大限度的发挥。②

建立多元主体参与的办学体制。建立以政府办学为主体，社会各界（企业、事业单位、民间组织）共同参与的多元化办学格局。要通过一系列财政优惠政策（如税收优惠、财政补贴）、准入优惠政策和多媒体多渠道宣传，催动社会上更多具备办学资格和条件的机构参与农村成人教育办学，激发农村成人教育的社会活力。可以采取公办民营、民办民营或项目委托的方式，在市场上遴选实力雄厚、培训品质优良、社会口碑好的教育与培训机构开展农村劳动力培训，逐步实现政府角色的转变，激发社会活力。

（四）推进立法建设，提供制度化保障

法律具有刚性的制约因素和强制力，是助推我国农村成人教育发展的强有力的杠杆和根本保障。改革开放以来，我国农村成人教育得益于党和国家政策的关怀取得了一定的成绩，但一些政策毕竟有其难以克服的瓶颈，比如缺乏规范性和强制性。鉴于我国目前农村成人教育发展中制度体系（管理体系、保障体系、支持服务体系、监督体系）尚不完善，制度化供给缺位，当务之急是建立专门独立的农村成人教育法。

要通过建立相关的制度法规，以明确农村成人教育的办学方向和目标，规定

① 曲铁华，王怡．嬗变与思考：新中国 60 年农村职业教育回眸．河北师范大学学报（教育科学版），2011（07）：5-10.

② 李少伟．中国农村职业教育资源配置问题及其优化策略．中国职业技术教育，2018（21）：59-65.

农村成人教育办学主体的责权利关系，规范办学形式和办学方式，优化管理体制和运行机制，完善制度体系，确保农村成人教育健康有序发展。

立法的配套政策应主要包括：①各类人才（农业职业经理人、经纪人、乡村工匠、文化能人、非遗传承人等）的培育政策、培训政策（培训过程管理及效果与质量管理）、扶持政策（生活扶持、精神扶持、教育扶持）和认证政策（认定管理制度）等。②农村成人教育办学机构建设政策——包括场地设施、专业设置、课程、教材、师资、产教融合及质量评价等的规定。③农村成人教育师资队伍建设的政策——包括师资库建设、师资人员的遴选、聘任、培训、考核、激励、评估、资质和资格认定等。④农村成人教育的经费投入政策。这些配套政策的建立旨在为农村成人教育效率提高和质量提升构建制度基座。

七、加强终身教育工作者队伍建设，提供人才支持

正如吴遵民和李政涛所言，“终身教育就是一种关涉总体性的大教育、大思维、大框架，应该说它更需要专业性很强的理论人才，但现在最大的问题就是终身教育领域缺乏这样的专才”[①]。终身教育要走出瓶颈，获得健康发展，就必须加强工作者队伍建设，以为学习型社会提供坚实的人才保障。

（一）建立和完善专业培养服务体系

国外一些国家非常重视终身教育背景下教师、培训者、顾问、导师等新角色素质的提高。日本、韩国对于终身教育从业人员的培养早已经形成了比较成熟的学科体系。[②]例如，在韩国，国家对终身教育士培养的要求很严格，要求从事终身教育士作为终身教育专门人才必须具备三种能力：一是教育计划和课程开发能力；二是教育计划调整能力；三是学习需求分析能力。

鉴于我国终身教育工作者专业基础薄弱、缺乏终身教育工作相关的专业背景，要通过设置终身教育相关专业，培养专业人才，为终身教育培养优秀工作者队伍。

我国一些高校具有丰裕的终身教育资源，要以高校为“孵化”基地，培养终身教育专业人员。为了保证终身教育的正常开展，中央与地方政府教育行政部门及有关专业组织，应确认一批相关成人教育和终身教育的高等院校、研究院所等

① 吴遵民，李政涛. 中国践行终身教育的本土化之路. 终身教育研究，2021（01）：12-19.

② 吴遵民，李政涛. 中国践行终身教育的本土化之路. 终身教育研究，2021（01）：12-19.

作为专业教育培训基地，培养终身教育专业人员，并为其提供继续教育的机会。

要加大对社区教育、职工教育、干部教育、农民教育等终身教育专业人才的培养力度，将仅仅面向成人教育、职业教育的成人教育硕士和职业教育硕士培养的大门向终身教育工作者开放，使之成为终身教育工作者专业成长的摇篮。

基于社区教育在终身教育中的基础阵地作用，尤其要加大对社区教育工作者的队伍建设。可以依托高校，与高校建立长期联系与合作，比如可以长期聘请高校社区教育方面的专家学者为区域社区教育的客座教授，定期为社区学院教师和学生讲课等；也可以将社区学院设为高校终身教育相关专业学生的实训基地，和高校联手铸建人才培养的“蓄水池”，为社区教育领域输送源源不断的既具有理论素养又具有实践能力的高素质的后备力量。

（二）建立和完善专业资格制度体系

建立终身教育工作者职务职称系列，制定从事各类终身教育工作的专业技术职务专业标准——确定终身教育工作者的任职条件、权利、义务与责任等，对终身教育工作者的岗位规范、编制、培养任务及资格等做出明确的规定，为终身教育工作者的聘任、考核、培训、晋升和激励提供政策依据。①建立持证上岗制度，严格把好进入门槛。鉴于我国终身教育工作者多数是由其他行业转岗而来的，真正科班出身的工作人员少之又少，为保证终身教育工作的质量，必须严格规定终身教育行业准入门槛，建立持证上岗制度。如美国各州政府通过立法对终身教育工作者设立最低从业资格，属于强制性规范。1992 年，美国各州实行社会工作者执照制度，规定只有具有专业执照方可从事法定的专业服务，否则政府部门可依法取缔，如规定职业化的社会教育工作者首先要取得美国社会工作教育委员会（Council on Social Work Education，CSWE）承认的学士或硕士学位，还必须通过进一步的考试获取全美社会工作者协会（National Association of Social Workers，NASW）颁发的执照后方能从事社区教育工作。[①]②建立专业资格评估机构，规范从业资格。要依托国家终身教育民间终身教育专业学会组织设立专业评估机构，对终身教育工作者的资质进行评估，以规范终身教育工作者的评聘、任用、职务晋升，可效仿美国的做法。美国社会教育工作者专业组织有 NASW、CSWE 和 ASWB（Association of Social Work Boards，美国社会工作理事会联会）三支力量，

① 赵彦彬，花月. 美国社区教育工作者专业化的特点及其启示. 河北大学成人教育学院学报，2013（02）：83-88.

其中，NASW 主要制定专业伦理守则和工作标准，起着行业自律和专业支持的作用；CSWE 起着规范社会工作教育体系的作用；ASWB 则是规范全国社会工作职业的联合体。[①]

（三）建立和完善激励机制

鉴于我国一些终身教育工作者缺乏职业归属感，工作中出现职业倦怠、缺乏热情等问题，要通过物质激励和精神激励双向驱动，激发其工作积极性和动力；要建立合理的终身教育工作者薪酬制度，提高该行业的福利待遇；尤其要重视精神激励，通过开掘其职业心理资源，激发其职业兴趣、职业动机和职业情感，催动其主观能动性。

当务之急就是要通过立法建立一套新的终身教育工作者的激励制度。如“对有偿从事终身教育工作的兼职人员的任职资格及进修等问题，视其所从事教育培训工作的性质、范围、责任、规格、层次等，做出相应的规定”[②]，为科研方面表现突出的终身教育教师提供各种进修的机会。规定所有终身教育工作人员每年必须参加一定数量的培训。要制定终身教育工作者“带薪学习休假”制度，以为终身教育工作者进一步充电学习、提升专业水准提供条件保障。

同时，还要建立相关的奖励措施，如对终身教育工作中表现突出的优秀社区教育专职教师、优秀工作者以及先进志愿者要进行奖励，要通过社区学院、教育行政部门以及各种媒体对有贡献者进行表彰、颁发证书，并将其作为今后岗位职务、专业技术职称晋升的条件。

此外，还要挖潜志愿者力量。终身教育事业的发展离不开广大社会成员和人民群众的广泛参与和支持，离不开各行各业人才支持。要通过各种途径创设多样化的志愿者服务平台，如组建终身教育辅导员队伍、专家讲师团、社区心理保健咨询服务小组等。同时，要规范终身教育志愿者的选拔、培训、评价奖励等环节，使志愿者队伍训练有素，达到最优化。

八、整合资源，夯实基础设施建设

要对社会各类学习资源进行全方位优化整合，为一切愿意学习的组织和个人

① 赵彦彬，花月. 美国社区教育工作者专业化的特点及其启示. 河北大学成人教育学院学报，2013（02）：83-88.

② 李珺. 国内外终身教育立法情况比较研究. 河北大学成人教育学院学报，2007，9（03）：12-15.

所用，实现学习资源效用最大化。

首先，为了满足人们适应社会进步而产生的对终身学习的需求，应重视终身教育公共文化设施建设。国外一些发达国家致力于推进终身教育与学习型社会建设，比较重视对校外学习场所的建设，其经验值得我们借鉴。

日本政府投入资金，建设了大量作为校外学习场所的公民馆、博物馆、图书馆、少年自然之家、儿童文化中心、妇女教育会馆、体育设施、文化会馆等。20世纪80年代以来，日本都道府县和市町村等地方自治体还相继建立了各类地方生涯学习设施——生涯学习中心。生涯学习中心作为社会教育设施的延伸，是一种独特的综合性文化教育设施，其功能包括举办讲座、开展培训、提供学习咨询、开发学习材料与课程、评价认定社会学习成果等[①]，为社会成员终身学习提供全方位一揽子服务、一体化支持。

韩国则建立了很多平生（终身）教育的学习中心。[②]韩国南扬州立足于推进终身教育社会化，还成立了终身教育委员会。除了南扬州终身教育机构参与其中之外，还有一些其他组织和机构参与促进和运行终身学习倡议，如社会福利中心、博物馆、艺术画廊、基督教青年会、各种俱乐部和协会私立教育机构。[③]此外，北欧国家通过开设遍布大街小巷的图书馆或市民学习中心来普及民众教育。[④]

其次，要进一步加强社区教育四级网络机构建设。不可否认，目前我国已基本建立起了以市社区大学、区社区学院为龙头，街道（镇）社区学校为骨干，社区（村）社区分校为基础的社区教育四级网络，但往往止于一些社区教育发育较好的大城市，大部分城市还处于沉寂状态，而且在数量和规模上以及内涵建设上与学习型社会宏伟目标的要求差距还很大。为此，需要进一步整合资源，密布社会学习网点，为社会中的每个成员提供学习和交流的机会，为各层次的社会民众提供全方位的教育服务。

要充分发挥各级各类教育机构为全民学习和终身学习服务的功能，不仅要整合区域内的各种教育资源如大中小学、社区学院等专门的教育机构，还要整合政府、企事业单位、群众团体以及社会培训机构的教育资源，使其面向社会开放学习场所和教育设施。市、县（市、区）要进一步依托当地高等学校、广播电视大学、农业广播电视学校、中等职业学校、技工学校等具备条件的教育机构，建

① 周建高. 日本的生涯学习中心. 世界教育信息，2010（06）：61-64.

② 吴遵民，李政涛. 中国践行终身教育的本土化之路. 终身教育研究，2021（01）：12-19.

③ 吴亚婕，王默. 学习让城市更美好：全球12座学习型城市的实践. 开放学习研究，2016（03）：9-19+30.

④ 吴遵民，李政涛. 中国践行终身教育的本土化之路. 终身教育研究，2021（01）：12-19.

立集终身学习管理、指导、信息交流于一体的社区大学、社区学院。街道（乡镇）、社区（村）要充分利用闲置的中小学校和其他各类教育培训机构建立社区学校、社区分校，并增加数量规模。同时，要进一步改善四级社区教育网络的硬件设施和服务平台建设，如“日本放送大学有很多课程都与地区公民馆免费链接，周边的民众不用走出家门很远，就能享受到丰富的学习资源”①，值得借鉴。

其中值得注意的是，尤其要充分发挥民办非学历教育机构在社区教育中的重要作用。可尝试采用由当地教育主管部门统筹协调，以学校、社区互动渗透，相互融通，优势互补，实现双赢为出发点，遴选资质好的民办培训机构成立社区学院（学校），向社区居民开放，提供教育培训服务。可采取政府购买服务的形式，支持优质的民办非学历教育机构为市民提供服务。要通过建立行业协会，引导民办非学历教育机构开展适应社会发展需要的培训。要实行规范管理，理顺不同行政主体审批学校的办学资质，鼓励民间资本举办和提供终身教育服务，营造公平健康的办学环境。

九、积极行动，推进数字化学习服务体系建设

2018 年发布的《教育信息化 2.0 行动计划》指出，要积极推进“互联网+教育”，构建网络化、数字化、智能化、个性化、终身化的教育体系，建设人人皆学、处处能学、时时可学的学习型社会。“互联网+教育”背景下，需要进一步考虑的是：学习者如何更快捷、更方便地获得所需要的学习资源，如何实现学习资源的共享，如何利用宽带网络进行有效的在线交流是关键。正如《北京宣言》第七条“推广应用现代学习技术”中所指出的，“信息和通信技术（ICT），特别是互联网，为学习和教育开辟了新的可能性。现代城市必须有能力让所有公民和居民将这些用于学习和自我提升”②。

基于数字化时代数字化生存的需要，要充分发挥政府、学校和社会力量，整合社会资源，加强数字化学习网络平台建设，为社会成员时时、处处学习提供坚实的信息化支撑服务体系。“数字化学习服务体系建设就是要通过大力发展现代信息技术、建立覆盖全国城乡的、开放的现代远程教育网络和各种优质教育资源

① 吴遵民，李政涛．中国践行终身教育的本土化之路．终身教育研究，2021（01）：12-19.

② 建设学习型城市北京宣言——全民终身学习：城市的包容、繁荣与可持续发展．高等继续教育学报，2014，27（01）：2-5.

数据库，搭建国家和地区终身教育公共服务平台，为全体社会成员提供不受时空限制的、各种高质量的教育和学习服务。”[①]这就需要推进全国的现代教育数字化网络建设，通过打造四通八达、遍布城乡的现代数字化远程教育网络，向社会成员提供便捷、高质量、无差异、无歧视、公平的社会服务。

要建立由政府主导的数字化协作交流平台，形成条块结合、广泛参与、上下畅通、整合优化的运行体制。通过横向联合、纵向沟通，整合社会各方优质资源，提供给社会民众共享，让社会资源发挥更大的效能。要由政府统筹，教育部门主管，“支持建设一批市、区县市民终身学习网站；扶持一些高品质优质服务的社会学习培训网站；鼓励网络、电视、移动、卫星以及各类传播媒体和数字产品企业，为市民提供随时便捷、内容丰富、形式多样、学乐交融的信息化与数字化学习服务”[②]。如可采取设立统一的数字化学习支撑平台，下设社区数字化学习中心，统一资源配送方式；还可采取共建共享“资源圈”的办法，由社区与行业、高校之间、图书馆之间共建共享；或者由数字媒体企业、高校、科研单位、培训机构等组成“数字媒体联盟”，释放协同效能；也可通过引入市场机制，鼓励民间资本投资教育信息化建设，形成全社会协同共建的局面——具体可采用购买服务的方式，如一方购买多方使用、多方购买多方使用，实现各方互赢。

尤其值得注意的是，鉴于当前优质的教育资源大多集中于各类教育领域、科研领域和行业领域，彼此之间隶属不同的部门，往往存在互不兼容与无法共享的问题，因此需要发挥开放大学的作用。信息化时代，开放大学是数字化资源建设的主力和重要支柱，是学习型社会建设的重要载体，拥有庞大的办学网络，如国家开放大学从直属办学机构到省、市、区及教学点，形成了完备的教学组织和严密的教学管理系统，其网络触角已经辐射延伸到社会的各个层面、各个角落，包括城乡的基层社区。[③]而且，目前国家开放大学除了拥有覆盖全国的办学网络外，还拥有四大支持联盟及行业学院，并且拥有各种教育受众群体（既有学历教育的受众，也有非学历教育的受众）。无疑，开放大学承载着“有教无类、学有所教、个性定制、教育共享”的角色使命。更为重要的是，开放大学具有资源整合的功

---

① 中国教育发展战略学会终身教育工作委员会. 中国终身教育蓝皮书，二卷·2011. 北京：现代出版社，2012：9.

② 中国教育发展战略学会终身教育工作委员会. 中国终身教育蓝皮书，二卷·2011. 北京：现代出版社，2012：173.

③ 孟霞. 社区教育：电大发展的新领域. 辽宁广播电视大学学报，2011（03）：53-54.

能，能够充分整合汇聚社会各种优质教育资源。

要利用开放大学“天网、地网、人网”的天然优势，以合作共建共享为宗旨，打破传统的办学格局，整合社会各个层面、各个行业领域、教育机构以及企业的教育资源，形成一个利益共享、风险均担、合作共赢的教育互助与协作发展服务体系，以解决长期以来教育资源的体制性疏离和分散化局面。换言之，建立开放大学就是要搭建一个全社会优质课程资源集聚的共享平台和聚合高地，服务全民终身学习。要在中央和地方广播电视大学的基础上组建覆盖全国城乡的开放大学，形成全社会的资源共享系统。

要着力开发广播电视大学教育的开放性、交互性、超时空的天然能量源，实施远程教育整体系统流再造。要丰富教学与学习资源。如在学习资源建设上，在沿用传承传统资源的基础上，着力引进先进技术，开发新型媒体和最新形式的资源，如积极开发微课、慕课、移动学习资源等。积极引进雨课堂、云课堂等教育平台，推进学历教育与非学历教育在线教育资源共享，形成学习资源与信息技术同步发展的格局。要通过市场细分，针对目标群体设计不同类型的学习资源，以增强资源的接触度，提高资源共享的有效度。同时，还要重视师资队伍建设。立足于为办学提供人力资本支撑，树立社会化网络人才理念，通过校企合作、校校合作、校地合作，打造开放大学教师骨干队伍，如通过优惠的吸引人才政策，动员行政精英、学校精英、行业企业精英参与开放大学课题与项目开发、专业课程的编写等，以提高服务质量。[①]

十、两轮驱动，搭建人才成长立交桥

学习型社会建设的关键是要通过建立促使各级各类教育融会贯通的终身教育（学习）体系，搭建人才成长的立交桥。而“立交桥”形成的关键需要两轮驱动——建立完善的国家资历框架和先前学习成果认证制。

（一）推进国家资历框架的构建

要建立以学习成果为导向的综合性国家资历框架，将各级各类教育统摄起来、纳入同一资格认证框架体系进行比较和对接，在所有教育类型、层次和体系间建立起沟通的桥梁。国家资历框架是一个纵向分级、横向分类的资历等级系统，纵向上，它由资历和资历等级构成，包括初等教育、中等教育和高等教育三个层级；

① 朱一品. 开放大学在学习型城市建设中的职能及实现路径研究. 辽宁广播电视大学学报，2019（04）：61-63.

横向上，它包含不同的类型和领域，包括普通教育、职业教育和闲暇教育三种类型。前者体现了国家资历框架的整体性和系统性，后者体现了国家资历框架的行业性和跨界性。换言之，国家资格框架是将学历资格、职业资格、技能等级等各类资格统合起来而建立的一种横向沟通、纵向衔接的能力水平和学历水平相贯通的标准体系。作为测度和审核人们终身学习成果的新型资格框架，国家资历框架将资格标准按照知识、能力和技能分为从低级到高级的若干层次，每个层级水平与相应学历、职业资格相对应。

国家资格框架为学习者提供了清晰的职业资格晋升路径，为学历教育学分和非学历教育学分（包括各级各类证书）互换，以及不同层次的资格上升搭建了立交桥，以利于学习者成才。

当前，伴随着新时代背景下服务全民终身学习与促进教育公平理念的进一步深入，建立国家资历框架已被正式提上构建日程。当务之急，要加快国家资历框架建设的步伐。一方面，在宏观层面，要加快相关法律法规的制定与完善，如终身教育法、继续教育法、国家资历框架条例等新法的研制工作。要建立一个由国务院统帅的跨部门的国家资历框架建设指导委员会，统筹学历学位管理、职业资格管理和专业技术职务（资格）管理职能，领导协调各部门系统、各地区开展工作重点，研制国家资历基准框架及各行业的子框架标准。[①]另一方面，在微观层面，要进行国家资历框架横纵结构的搭建和标准内容的开发、制定和设计。首先要制定学习成果认证的基准框架，主要解决两个问题：级别确定和每个级别的描述维度。其次要制定各种资格认证标准，包括专业层面的标准化课程和课程认证规则，以及行业层面的基于岗位的行业能力标准和面向行业的单元模块规则等。

（二）推进先前学习成果认证制的构建

终身学习包括一个人一生中正规和非正规的、有意且不间断地以提高自己生活质量及社会生活质量而进行的学习形式，与此相适应，建立先前学习成果认证制度，就是要对学习者先前在校外参加的各种非正规、非正式的学习活动成果予以认可。因为人一生的学习大部分是通过非正规和非正式学习进行的，不仅是学校教育，学校教育之外的非正规的学习也是终身学习的重要组成部分，而且这

① 王海东，邓小华. 我国学分银行与资历框架建设探索：进展、问题与对策. 中国远程教育，2019（12）：55-60+93.

种学习更生动、更有意义，它能把生活中的新体验内化为知识和技能。正如吴遵民和李政涛所言："学校教育永远只是人的一个时期、一个阶段的学习，更多的学习是从学校走向社会以后，如果学习活动的成果在认定后能够继续用于工作的晋升、提薪或转岗并体现人生的价值，无疑对个人的终身学习而言是一种极大的激励。"[①]

实践中学分认定对正规学校教育机构的学历教育容易，难就难在对校外的非学历教育。目前，为了便于学生自由选课和发展个人兴趣，我国一些高校已经实行学分制，但非学历教育的学分如何认定还是一个"盲区"。这就需要完善学分银行制度，建立先前学习成果评价认证制。

首先，开放大学要设置学分标准，以学分作为获得学历证书的重要依据，特别是关于非学历教育的学分认证。同时建立与学分银行相配套的制度，比如实行注册入学与学分积累制弹性学制、实行课程超市积分制等。

其次，要建立校际教育共同体联盟，搭建学习资源超市平台，实行联盟内学校间的学分转换，方便学习者根据自身情况自由选校选名师选课。[②]根据学习者的实际情况设置单独的学分，确保学生学习的主动性和积极性。

再次，要建立学历教育和非学历教育之间的学分转换，比如应该彻底打破不同层次、不同学校和培训机构之间的壁垒，加强学分的有机转换，以便在各类教育之间建立起纵向和横向衔接的"立交桥"，形成学历教育、非学历教育、职业教育、高等教育之间的互通，形成教育资源的共享，为广大社会成员提供更加公平的教育。[③]

最后，加快建立相应的组织管理体系。建议尽快建立由教育部、有关部委、行业、院校、企业参与组成的国家学分银行管理委员会（含标准建设委员会和质量保障委员会），负责规划决策、审核与发布标准、监控质量等。[④]如负责制订先前学习评价政策，制订大学水平学习标准，指导各个机构或组织实施先前学习评价。同时探索设立日常管理机构，成立由国家相关职能机构，由各个行业、工会、学校及职业技能鉴定机构共同参与的学分认证管理机构。学分认证管理机构的主要功能是进行学分互认、折算、质量监督和管理，其业务范围还包括对各种

① 吴遵民，李政涛. 中国践行终身教育的本土化之路. 终身教育研究，2021（01）：12-19.

② 常素梅. 开放大学在学习型城市建设中的功能定位——以常州开放大学为例. 广西广播电视大学学报，2017（04）：27-30.

③ 朱一品. 开放大学在学习型城市建设中的职能及实现路径研究. 辽宁广播电视大学学报，2019（04）：61-63.

④ 王海东，邓小华. 我国学分银行与资历框架建设探索：进展、问题与对策. 中国远程教育，2019（12）：55-60+93.

资格标准进行明确规定，包括标准的要求、学习内容、证书类别及等级、适用范围、评估范围、学习量及晋升路径等，从而为各级各类学校、教育机构、技能培训等课程、专业和非学历教育等学习学分转换认定疏瀹通道。[①]

① 中国教育发展战略学会终身教育工作委员会. 中国终身教育蓝皮书，二卷・2011. 北京：现代出版社，2012：360.

第六章　小康社会背景下中国学习型社会理论与实践的未来展望

学习型社会作为人类对于未来理想社会形态的一种向往和追求，同时又是小康社会建设的目标、条件与保障，小康社会建设背景下学习型社会在实践中的践行既离不开理论的引领，也离不开实践的推进。本章主要从理论和实践两个层面对小康社会建设背景下中国学习型社会的未来发展趋势做一展望。

第一节　中国学习型社会理论研究的未来展望

我国学习型社会理论研究经历了一定的演进历程，从 20 世纪 90 年代的学习型社会元理论的研究，到进入 21 世纪的对终身教育体系中各类教育的相关研究，以及对学习型社会现实载体——学习型城市、学习型组织的研究，乃至 2010 年以来理论研究价值层面的升华——关注民生性、共同利益性与可持续发展性。在小康社会建设的伟大使命和大背景下，未来的理论研究视野将更为宏阔，研究内容将更为丰富，研究方法将更为灵活，研究基础将更为坚实，具体趋势如下。

一、高擎三大理念，深化价值空间

理论对实践起着价值导向和引领作用。学习型社会承载着智慧、力量、善性伦理，承载着人类对美好生活的向往。基于学习型社会内蕴丰富的价值意蕴和人文魅力，今后的理论研究将超越传统的功利主义取向，目标宗旨应是高擎三大理念，深化价值空间，体现多维取向的新人文主义关切。

第一，倡导民生性。它强调确保服务于社会民众的生存、生活、生命发展，体现为对人的全面发展的全方位关照，不仅要为不同生存境遇和生活境遇的人们提供服务站点、服务内容和服务形式，还要为处于生命不同发展阶段的人们提供教育机会和教育服务保障。它还强调每个人应具有均等的受教育权利和机会。这是因为，知识作为一种隐形的潜在的能量，是一切事物朝向正向、善性发展的根本和动力源，而知识能量的不断获取只有通过终身学习来实现。终身学习是个体素养提升、能力增强的活水源头。由此可以看出，服务于终身学习与生命成长的学习型社会建设是一项民生基础工程。正如 2015 年《墨西哥城声明》中所指出的，教育和终身学习对于促进并发展各类人群（如社区居民、社会处境不利人群）的相应能力更为重要。

第二，推崇利益共同性。我们生活在一个科技日新月异充斥着生活的时代，一个多元文化碰撞交汇的时代，也是一个在善意伦理中求发展、求创新的时代。学习型社会理念推崇全方位的终身学习与完善人格教育，要求教育不应该仅仅关注学习的技能，更应该关注尊重生命和人格尊严的价值取向，比如团结友爱、公民美德、正义感、正向的信念、崇高的信仰等。它要求教育要超越狭隘的功利主义，从多方面关注人生存发展的环境，为所有人提供发展自身潜能的机会，培养人们的分担意识，共同建设美好的未来。①

尤其是当今时代的语境下，为了应对复杂的社会变革，关乎人类可持续发展的新人文主义精神——“共同利益”理念备受青睐，“共同利益”理念超越了个人主义、经济主义、社团主义的狭隘处世观、工作观、生活观和生存观，是一种善意伦理观。与此相适应，它要求在学习型社会建设中，人们应秉持人类命运共同体的善意伦理观，遵循民主、公平与包容，关心他人，关心集体与社会，关心城市可持续发展，关心全人类共同面对的问题。具体到学习型城市发展中，则要求纳入治理、环境、可持续性、福利、文化、技术、经济和社会包容等共同的理念②，以共享文明成果。

第三，倡扬可持续发展性。我们所处的时代是一个剧烈变革的时代。错综复杂的矛盾与冲突达到了前所未有的程度，以经济增长为目标的社会发展模式在给人类带来巨大的文明盛宴的同时，也给人类带来空前的隐痛与文明的异化，如个人主义、排他主义世界观的盛行，与文化生态共荣法则背道而驰的种族文化和宗

① 徐莉，杨然，杨丽乐，等．“共同利益理念”对构建服务全民终身学习教育体系的启示．中国电化教育，2021（01）：50-57.

② 诺曼·朗沃斯，苑大勇．反思与创新：学习型城市理念演进及未来．开放学习研究，2017（02）：27-32+54.

教不宽容问题日益严重，自然资源的短缺，生态环境的恶化，等等，人类承受着史无前例的压力和挑战。学习社会的核心是以学习促发展，不仅包括人的可持续发展——人的生活质量与生命品质的提升，还包括社会的可持续发展——例如学习型社会理念对学习型城市建设起着价值导向作用，更关注城市发展问题，环境恶化、疾病、老龄化、资源匮乏等问题，更为强调学习型城市建设对于改善环境、生态和市民福祉的重要性。这在UNESCO召开的五次国际学习型城市大会所发布的五大宣言中均有体现，四次宣言的基本宗旨是一致的，体现为全纳、包容、确保公平，在社会、经济、文化和环境等所有方面实现可持续发展。

二、聚焦短板，进行重点领域深耕

长期以来，相对于普通教育序列而言，作为终身教育重要组成部分的继续教育板块——社区教育、农村成人教育、老年教育在实践中发展滞后，需要理论的深耕，以引领实践。如就社区教育领域而言，需要关注和深入研究的课题包括：社区教育融入社区治理、社区教育特色课程开发研究、社区教育现代化（如社区教育在线学习与教育、社区教育学习空间开发）。例如，就老年教育领域而言，需要关注和深入研究的课题包括养教结合老年教育、老年在线教育、老年学习共同体。再如，就农村教育领域而言，需要关注和深入研究的课题包括乡村振兴视域下新型职业农民培育研究、农村职业教育精准扶贫研究、农村社区教育研究、农村留守儿童教育研究、农村留守妇女教育研究。

三、对接信息化，深化数字化远程教育理论研究

伴随着信息化的发展，发展数字化远程教育是今后建设学习型社会的重头戏。数字化远程教育实践需要理论的引领。十多年来，国家层面非常重视数字化远程教育项目的开发与研究。“教育部有关部门已经启动了终身学习服务体系建设与示范项目。其中，涉及数字化远程教育方面的项目包括：终身学习公共服务平台模式研究及示范应用项目——探索依托广播电视大学的多网合一的终身学习服务平台建设模式和运行机制、数字化学习资源整合与共享机制等；高校继续教育示范基地建设项目——研究和实践高校继续教育基地的远程开放教育服务模式；普通高校继续教育数字化学习资源开放服务模式的研究及应用项目——探索整合与开放普通高校数字化学习资源的模式及机制，促进高校数字化学习资源向

社会开放。”[①]

近年来，学术界对于数字化远程教育方面的研究取得了一定的进展，但还存在一些薄弱环节亟待解决。

一是研究深度不够，如高校数字化学习服务体系的系统化建设及优化问题、社区数字化学习服务体系的系统化建设及优化问题等。正如宋亦芳教授所言：“社区教育信息化在教育信息化研究中存在缺位。通过 20 多年的研究，教育信息化既形成了成熟的教育技术理论和丰硕的研究成果，也出现了许多具有学术领导力和学科专长的代表人物。但是，学术界在关注高等教育、基础教育、职业教育以及行业教育信息化的同时，基本没有关注到社区教育信息化这一领域，这从专业设置、研究课题、研究论文中可见一斑。”[②]

二是研究广度不够，如对于企业数字化学习方面的研究关注不够。终身教育涵盖学校教育、社会教育和企业教育。研究数字化学习服务体系建设，视角不应局限于学校教育、社会教育，应延伸、拓展到企业。知识经济时代，“促进工作场所学习”已成为从业者积蓄能量，提升职业能力，在职场上获得高薪、进行职位晋升、扬厉精彩人生的必由之路，同时也是企业获取人力资本、实现可持续发展的必由之路。因此，今后，应更多地关注企业数字化学习体系建设研究，包括关于企业数字化学习技术、内容、管理、组织环境等方面的研究。

四、高扬公共治理，重视对利益相关者参与的研究

学习型城市建设是一个社会化大系统工程，学习资源的供应已经不仅仅局限于教育和培训领域，而是跨越了多个领域、多个部门，多个供应商，需要多个利益相关者包括公共部门、私人部门，如政府机关、学校、大学、医院、公司、企业、公民组织、社会团体、非营利组织的参与。这些利益相关者都是教育实体，不仅具有充沛的财力资源，闲置的场地设施，还聚合了丰富的人力资本和智力资本，是城市学习的供应商，能够直接促进资源、人才、机会、知识和经验的供给。缺少任何一个部门的参与都会降低学习型社会整个肌体的活力。伴随着世界范围内的提高城市治理能力的呼声一浪高过一浪，“人们越来越意识到地方公共事务的有效治理决不能仅仅依赖于地方政府，需要将视野扩展到地方政府与其他横向

① 中国教育发展战略学会终身教育工作委员会. 中国终身教育蓝皮书，二卷・2011. 北京：现代出版社，2012：14-15.

② 宋亦芳. 从 1.0 迈向 2.0：社区教育信息化研究回眸与展望. 河北师范大学学报（教育科学版），2018（04）：88-96.

和纵向的政府间关系、地方政府和私人部门、志愿部门和市民之间的关系。传统的由政府主导的地方公共舞台成为多重组织和个人与政府共同表演的场所”[①]。

近年来，国际领域致力于提高终身学习资源供给、培育终身学习文化，推进学习型城市建设，尤其关注对于利益相关者的研究，在这方面已经取得一定的研究进展，有的以著作形式呈现，有的以论文形式呈现，有的以项目研究成果报告的形式呈现。未来学习型社会建设的研究将更加关注利益相关者参与，更加关注学习型城市建设中的公共治理。为此，今后，对利益相关者参与研究将更多关注以下问题：第一，关于各利益相关者主体的角色与功能。如大学如何合理定位，以发挥其在终身学习服务中的智力资本、文化资本的作用；企业如何完善组织学习，在内部建立一个良好的资源供应体系，同时与其他组织之间建立良好的互动关系[②]；非营利组织的潜能如何调动，以释放其在终身学习中的金融资本、人力资本、社会资本的能量。第二，关于政府层面如何行动。例如如何建立一个行之有效的公共政策框架，对各利益相关主体进行有效整合，确保各利益相关主体功能的充分发挥；如何建立一种长效机制，确保各利益相关主体能动性的发挥。

五、拓展视角，重视跨学科研究

学习型社会作为一种理想社会的美好愿景，关乎人类前途和命运，承载着深远的历史意义。对于学习型社会的研究理应超越其内在价值和外在价值观，把它置于更广阔的语境中去理解与诠释，赋予其更伟大、更深远、更神圣的价值意义。与此相适应，学习型社会的研究也必然涵涉多个学科，除了教育学外，还应包括政治学、经济学、文化学、管理学（如城市管理学、组织管理学、行政管理学、公共管理学等）、新闻学、传播学、社会学、心理学、伦理学、哲学、法学、艺术学、体育学、环境学、生态学、人类学等。而且，从实然存在态来看，学习型社会本身是一个大的生态文化系统，由政治、经济、文化、科技、环境等多个子系统构成。近些年来虽然国内外研究领域在跨学科方面取得了一定的研究成果，但总体来看，大多囿于教育学的思维范式，跨界和跨域研究尚未真正铺开。如就国内研究来看，无论是学习型社会本体研究，还是相关研究，如终身教育研究、终身学习的研究、学习型城市的研究、社区教育的研究、老年教育的研究、农村

---

① 赫尔穆特·沃尔曼，埃克哈特·施罗德. 比较英德公共部门改革——主要传统与现代化的趋势. 王峰，林震，方琳译. 北京：北京大学出版社，2004：3.

② 欧阳忠明，李国颖，潘天君. 国际学习型城市建设研究：历程、现状与思考. 现代远距离教育，2016（04）：10-21.

成人教育的研究等大多是就教育谈教育，基于多学科的视角进行研究的成果较少。

今后，跨学科研究将成为主要趋势，通过跨学科研究可以拓宽研究疆域，体现“嫁接”优势，可以提供丰富的多学科理论滋养，从而提高理论研究成效，实现理论升华。例如基于政治学的视角，研究政府权能如何行使，公共政策如何高效，政府行动力如何提高；基于经济学的视角，研究终身学习资源如何优化配置，如何提高投入产出率；基于公共管理学的角度研究如何进行治理结构创新，如何设计良性的利益协调机制，调动社会各方参与；基于组织管理学的角度研究如何培育组织学习文化，提高组织学习力；基于社会学的角度研究如何设计切实的社会人文关怀制度框架，保障公民学习权；基于文化学的角度研究如何培植良好的终身学习文化，提高民众学习意识和社会化参与意识；基于环境学与生态学的角度研究如何建构完善的治理体系、科学的环境处理与监测机制，提高城市环境治理水平和效果等。

六、加强终身教育学学科建设，夯实理论生长根基

终身教育学是伴随着终身教育蓬勃发展而兴起的一门学科。基于终身教育是学习型社会的核心要素这一逻辑起点，学习型社会理论研究必然离不开终身教育学这一专业性、基础性学科的支撑，换言之，终身教育学是学习型社会理论话语体系生成的学理源头。然而，目前在我国，终身教育还只是一个研究领域，还没有形成自身独有的终身教育学学科体系，包括元理论体系、话语体系和方法体系，为此，今后应加强终身教育学学科建设。

一是要加强终身教育学元理论研究，如终身教育学的概念、终身教育学的研究对象、终身教育价值论、终身教育课程论、终身教育教学论、终身教育管理与评价、终身教育方法论等。二是要加强终身教育学相关学科研究，如终身教育哲学、终身教育社会学、终身教育心理学、终身教育文化学、终身教育管理学等。三是要加强终身教育学应用研究，如终身教育文化建设、终身教育政策法规建设、终身学习需求与监测体系建构、终身学习服务保障体系建设、终身学习评价与激励制度建设等。四是要加强终身教育学学科生长制度环境和文化环境建设，如增设终身教育学学位点（增设终身教育学专业和课程），加强专业化的学术组织和研究队伍建设；增设终身教育研究机构（如终身教育研究院、所）；设立终身教育研究基地；发展终身教育专业学会；强化终身教育学术话语体系生成的对话与文化平台建设，如打造一大批高品质、高美誉度、高影响力的专业学术期刊等。

七、立足实践，加强个案研究

理论与实践有着天然的联系，理论源于实践，最终要服务于实践。换言之，理论的生成离不开实践土壤的滋养，而且理论最终要反哺实践，即理论的甘露最终要拿到实践的岸边去检验。纵观近年来国内外对学习型社会的研究成果不难发现，大多侧重于质性研究，而基于实践的个案研究偏弱。其中，就国内个案研究情况来，有关学习型社会的个案研究不仅数量较少，且聚焦领域狭窄，在已有的个案研究中，涉及社区教育、老年教育、农村成人与职业教育方面的个案研究较少。无疑，拓宽学习型社会的个案研究领域是未来研究需要注意的问题。

另外，国际比较研究中的个案研究也较少，有关具体国别的学习型社会建设研究比较泛化，其内容脱离不了“老八股”模式，如制度层面的政策立法、经费保障、人员队伍建设研究，以及总体发展模式的归纳总结与提炼，而具体针对某个国家的某个城市、某个市镇、某个社区、某所学校、某个企业等在开展学习型城市（市、镇、社区）建设、终身教育、社区教育、职业教育、工作场所学习乃至农村成人教育方面的个案研究较少。

同时，在国际比较研究中对个案的研究区域不均衡，近年来就学习型城市的研究情况来看，大多数聚焦于对发达国家城市的个案介绍，例如对英国、法国、德国、瑞典、丹麦、澳大利亚、韩国、日本、新加坡等国的学习型城市个案研究，对欠发达国家和地区学习型城市建设的研究成果较少，而且研究中缺乏对不同国家共性特点的整合与提炼。

据此，今后需在研究范式上进行变革，多关注实证个案研究。正如宋亦芳教授在中国成人教育协会科研工作调研会上所言，要立足基层搞科研，多关注基层的实践创新，把最佳的实践经验提炼出来，同时科研工作也要服务好基层工作，成为基层发展的强劲动力。

八、建立合作联盟，开展跨领域、跨界合作研究

学习型社会是一项关乎全人类未来发展走向、关乎人类共同命运、利益福祉的理想愿景，需要全社会各行各业参与，开展跨领域合作研究，乃至跨界合作研究。换言之，对于有些富有现实价值与实践意义的实验课题，需要发挥团队的作用，然而，就我国目前学习型社会的研究队伍现状来看，现状不容乐观，研究人员往往孤军作战，还比较离散，缺乏合力，研究队伍还较零散，力量较薄弱，尚未形成团队。

目前主要研究力量集中在高校和科研院所，如高校成人教育、职业教育硕博点、终身教育研究院，而社区教育研究中心、社区教育专业委员会、社区学院及地方行政力量，如地方政府部门、县市区教育行政部门、政府相关行政职能部门如民政部门、人社局、科技局、农科局、司法局、老龄委、老干部局、妇联、残联、关工委等行政部门的资源力量尚未被调动起来。与此同时，社会基层力量也尚未调动起来，如县街道社区学校、社区居委会的工作者，社区学习团队中的核心成员、社会民间组织成员等。

为此，需要建立多元合作科研团队。建议由政府相关职能部或相关协会、相关专业委员会牵头，广泛吸纳、整合社会各方科研力量，整合各方学术资源、实践资源和智力资源，开展合作研究。如上海市作为我国学习型城市的先行者在这方面领先，由上海市社区教育专业委员会牵头成立的社区教育中青年研究团队——宋亦芳社区教育研究工作室，聚合上海市高校、科研院所优秀人才，本着学术研究为社会服务的宗旨，承担国家重点课题，开展学习型社会相关研究。目前，该团队承担的上海市终身教育研究会 2019 年度重点资助项目“教育现代化 2035 视域下社区教育发展研究”（SLERA1901）已经结项，并取得了可喜的成绩。今后要加强研究机构与研究机构之间、学术组织与实践组织之间的合作联盟与研究团队建设，或者借助国内学习型城市网络联盟，加强城市与城市之间的牵手联姻，开展实验项目合作研究。

九、放眼长宜，加强国际合作研究

进入 21 世纪，国际领域一直致力于跨国合作研究，通过国际合作进行项目研究和区域政策研究。如 2002 年国际教育规划研究院在亚洲、欧洲及亚太地区发起了一个致力于寻求终身学习政策科学化合理化的研究项目，并与韩国职业教育及培训研究院、澳大利亚全国职业教育研究中心，以及日本教育政策研究院进行合作。其中，项目研究涉及的主题包括三个方面：对终身学习的财政支出；资格认证与先前学习；终身学习的战略对教育体制产生的影响。[①]为了推进中国学习型社会理论研究质量的提升，以更好地服务于实践，今后开展国际合作研究将是学习型社会理论研究的趋势。要加强跨国合作研究团队的打造，如可以依托 UNESCO 终身学习研究所，借助其优势资源，国际学习型城市网络联盟，加强跨

① 郝克明，周满生. 终身教育经典文献，北京：高等教育出版社，2006：192-194.

国、跨城市的实验项目合作研究。[①]

十、植根实践厚土，建立科研基地

科研基地是特定领域科学文化诉求的表达和承载者，具有一定的地域、机构文化背景性。“科研基地”的终身教育科学研究工作，能够在特定的文化语境下，紧贴终身教育现实图景，深挖潜在诉求，寻找现实的“泉眼”，寻找研究的方向和选题，以演绎客观实情，并通过科研团队成员之间思想灵光的相互激荡、交汇和碰撞，产出高品质的、具有一定实践指导意义的研究成果，进而服务客观现实。

上海市在终身教育科研基地建设上走在了全国的前列，起到了很好的带头作用，上海市终身教育研究会社区教育专业委员会先后在 11 所社区学校设立社区教育科研基地，目前上海市学习型社会建设服务指导中心、上海市终身教育研究会社区教育专业委员会已在部分区先后成立了两批社区教育科研基地，如闵行区古美路街道社区学校、虹口区嘉兴路街道社区学校、黄浦区打浦桥街道社区学校、嘉定区南翔镇成人中等文化技术学校、浦东新区洋泾街道社区学校、杨浦区长白新村街道社区学校等。

显然，今后学习型社会科学研究要走向深入，并产生实效，必须密接“地气”，深植实践厚土，建立像社区教育科研基地这样的“产学研一体化”文化交流实体平台，从而避免理论研究中“画饼充饥”“空中楼阁”“形而上学”的惯性范式、惯性病灶。

十一、着力统整，发挥专业学术组织的作用

我国目前学习型社会研究专业学术组织有中国教育发展战略学会终身教育工作委员会（隶属战略学会）、中国成人教育协会、中国成人教育协会社区教育专业委员会、中国社会工作协会、中国社会工作教育协会、全国社会工作者职业水平评价专家委员会、中国成人教育协会成人高等教育理论研究委员会、中国成人教育协会成人教育科研机构工作委员会、中国成人教育协会成人教育培训机构工作委员会、中国职业技术教育学会教学工作委员会、中国老年大学协会远程教育工作委员会。除了国家层面的学术专业组织，还有地方性的专业学术组织，包括成人教育、职业教育与成人教育、继续教育社区教育方面的协会。这些专

① 欧阳忠明，李国颖，潘天君．国际学习型城市建设研究：历程、现状与思考．现代远距离教育，2016（04）：10-21.

业学术组织在推进学习型社会建设中发挥了重要作用。但这些专业学术组织总体而言尚未形成良好的运行机制，在实践中往往各自按章办事，较为松散，难以形成合力。

今后，需要对这些专业学术组织进一步统整并加以规范，以便更好地发挥这些专业学术组织的带头作用和科研引领作用。专业学术组织要本着学术立会、科研立会的宗旨，引领课题方向，肩负学习型社会建设研究的历史使命。另外，这些专业学术组织作为非营利组织，尽管其组织内部的终身教育志愿者工作人员工作激情高涨，但由于缺乏资金保障，运营起来往往力不从心，需要政府适当予以经费激励。

第二节　中国学习型社会建设实践的未来展望

当今社会，伴随着学习型社会理念在国际社会的风靡，建设学习型社会已然成为一个世界性话题，成为全球各国经济社会发展的战略国策。中国政府自从提出全面建设小康社会的政策理念以来，对学习型社会建设的策动和倡导从未间断过。中国关于学习型社会的正式提出是在2002年党的第十六次全国代表大会报告上，之后，一以贯之，不断深化。党的十九届四中全会更是站在服务民生、确保民生，促进教育现代化，推进教育公共服务体系建设的战略高度，进一步提出要构建服务全民终身学习的教育体系。这是教育本体蜕变与升华的客观要求，也是我国经济社会发展到一定阶段的必然要求，更是承前启后——既是对全面建成小康社会第一个百年奋斗目标的响亮回应，又是对全面建成小康社会第二个百年战略宏旨的完美开启。

从实践情形来看，得益于政府政策的大力倡导，我国在推进学习型社会建设中已经取得了一定的成绩：各级各类教育初步实现了转型跨越和一定程度的发展；覆盖城乡的线上、线下终身学习服务平台初步建立；学分银行试点工作初露峥嵘；各类学习型组织雏形初步形成。但也存在一些问题，如学习型社会目标和动力不足；政府公权力尚未释放；教育系统内部正规教育发展质量欠优、非正规教育发展薄弱；终身教育与终身学习"立交桥"尚未搭建，无法实现各级各类教育与学习路径的有效衔接；全民终身学习的环境支持系统机制不健全；全社会参与学习型社会建设的行动力不足；等等。基于对现状问题的系统思考，需要对我国学习型社会建设未来发展进行宏观上的考量与展望。

一、政府统筹，发挥公权力

学习型城市作为一项惠及民生的系统工程，需要政府的引领。学习型社会是关乎人类未来生存命运的神圣的事业，是人类共同的福祉，也是一项利国利民的公益性事业，需要各级各类教育资源毫无歧视、毫无保留地向全社会广大民众公平、均衡、充分开放，为全社会所共享；更需要政府运用行政权力去发动和引领，发挥总规划师、总设计师、领导者、指挥者和服务者的作用，努力创造一个民主、公平、充满人文气息的良好环境，将教育的“阳光”普照到社会各个角落，让社会民众充分参与，保护其学习权利不受侵犯。因为教育本质上是一种“奢侈品”，假如没有政府公权力的介入和政府权能最大限度的释放，单凭一些宣言和口号，那么理想终归是理想，最终难以落地生根、开花结果。为此，需要政府发挥公权力的作用，运用政治的、经济的、法律的、舆论的各种手段，推动和督导，并整合资源、调动社会各界都来参与与支持，履行责任和义务。

政府公权力具体体现为：政府作为总规划师和总设计师对终身学习目标宗旨和行动框架的规划和顶层设计；作为总舵手对于终身学习价值方向的引领；作为政策制定者对于终身学习行动制度的安排；作为资源调配者对于人财物资源的整合与优化配置；作为发号施令者，对于终身学习理念的倡导与感召。正如 2013 年《北京宣言》第十条“加强政治意志和承诺”所指出的，“学习型城市的建设必须带有强烈的政治意志和承诺。因此，政客和管理者对于使用政治资源实现学习型城市的愿景负有主要责任”①。2017 年发出的《科克行动倡议》也强调要发挥地方政府在发展学习型社会、实现可持续发展目标方面的主要推动力。②

近年来我国政府在推进学习型社会建设中做出了积极的努力，从政策倡导到终身学习文化的营建，再到学习型城市的“五个创建”等，坚持不懈，持续推进。但总体而言，政府公权力尚未充分发挥。学习型社会建设作为一项系统工程，是各个方面、多种因素相互联系、相互作用的有机整体，必须由政府统筹，发挥公共权力与公共职能，组织人力物力财力，号召社会各个领域、各个部门，调动一切社会力量，才能进入健康运行的轨道。

具体而言，建议政府公权力的发挥从以下四点着手。

第一，立法撑腰，保驾护航，确保刚性支撑。立法的重点包括：明确终身学

① 建设学习型城市北京宣言——全民终身学习：城市的包容、繁荣与可持续发展. 高等继续教育学报，2014，27（01）：2-5.

② 黄健. 建设学习型城市科克行动倡议. 终身教育研究，2018（01）：24-25.

习、终身教育的重要作用；规定公民终身学习、终身接受教育的权利和义务，以及教育资源供给主体的责任义务；明确服务全民终身学习的教育体系在学习型社会建设中的地位作用、功能定位及目标任务；健全完善终身教育管理体制，组建由政府统筹、教育主导，相关职能部门配合、社会参与的自上而下的统筹协调管理机构，负责终身教育政策的制定、制度安排、资源调配、组织与管理；推行公共治理，鼓励社会力量包括企事业单位、民间社团以及社会公民参与和举办终身学习活动、服务终身教育公益事业；建立保障机制，规范经费投入和终身教育工作者队伍（管理者、师资、志愿者）建设；完善社会化服务平台建设，包括基础设施服务平台、信息咨询服务平台、多媒体远程教育资源服务平台。

第二，统合各方力量，建立统筹协调机构，优化治理水平。学习型社会建设的目标就是要推进终身学习社会化，将“学习”元素延续、浸润到社会肌体的各个子系统、各个领域。为此，需要建立一个由社会各界参与的跨部门、跨领域、跨界的专门负责终身教育与学习型社会建设的统筹协调专门机构，以统合社会各方力量，整合各方资源。具体而言，要建立一个由不同部门代表组成的终身教育与学习型社会建设推展委员会，该委员会应确保所有利益相关方在组织和实施学习型社会建设战略规划时都有明确的职责。换言之，学习型社会建设不单单是政府的职责或教育机构的专属使命，它必然回归到社会各界，因此，需要社会各界共同参与，使各领域、各机构的功能得到充分释放，实现共治与善治。

第三，出台财政政策，建立多元投入机制，提供财力支撑。学习型社会建设健康有序的发展需要雄厚的财力保障。一方面，需要政府加大投入力度，进一步优化财政性终身教育经费在各级各类教育中的分配结构，如可以采取增设财政投入工具——采用设立终身学习国库补助金、设立公共学习投资专项资金、开征税金等的方式。另一方面，需要拓宽经费筹措的渠道，为终身教育事业的发展提供财力支撑。这是因为建设学习型社会是一个巨大而长期的工程，鉴于公共资源有限，需有大量私有资金来补充资源需求。要吸引更多的私人投资，就需要制定相应的金融政策来鼓励和促进人们来投资。建议引入市场机制，开通多元融资渠道的方式，按照“谁受益、谁付费”的成本分担原则，鼓励企业和个人投资于终身教育，例如，对私人回报接近社会回报的领域（如公司培训）等，可鼓励受益者来参与成本的分担。

第四，建立统筹协调机制，优化资源配置，提供资源保障。一方面，政府协调，整合资源，搭建共享平台，即由政府统揽，教育部门主导，相关职能部门配合联动，挖掘和整合各行业、各领域企事业单位、群众团体以及社会培训机构的教育资源，建立网络化、立体化的全民终身学习服务平台，为民众提供便捷、个性化、全方位的学习服务，实现教育资源共享。另一方面，政府出面，政策规约，平衡资源分配。基于终身教育资源约束和限制，一是建议政府将有限的资源集中于教育培训的公共产品方面（如义务教育、高等教育的某些方面）；二是建议政府立足于体现教育民本化、公平化服务理念，对弱势群体施以政策关怀，出台一系列援助性政策，利用行政公权力，对弱势群体提供“教育输血”和能力扶助。

二、教育系统：一体两翼，协调发展

教育系统是由各级各类教育要素组成的有机系统，是学习型社会终身教育体系的支柱与核心系统，可分为两大类。一类是正规教育系统，主要包括普通教育（学前教育、基础教育、普通高等教育）、成人教育、职业教育；另一类是非正规教育系统，主要包括公共文化设施教育、社区教育、老年教育、职工教育、农村（非学历）成人教育、各类学习型组织（包括正式学习型组织和非正式学习型组织）的互助式或自助式教育、家庭教育等。建议两翼翕动，着力推进正规教育体系和非正规教育体系建设，服务全民终身学习。

（一）正规教育体系：转型跨越，创新发展

终身教育是大教育。终身教育体系有内在系统和外在系统，内在系统即正规学校教育系统，外在系统即校外的非学历继续教育系统。终身教育体系作为一个大的有机体，其高效高品质运行需先由其大系统内部即学校教育系统发力，换言之，学校教育是终身教育大体系的内核。终身教育虽说重点并非学历继续教育，但也不应把正规的学校教育排除在外，学校教育是终身教育与终身学习习惯、意识和理念形成的基础，更是生命成长正向人生观、价值观的孕育期、形成期和完善期，是人才培养的前端。为此，要充分发挥学校正规教育对于终身学习的奠基作用，以终身教育理念引领各级各类学校教育的转型跨越与创新发展。具体如下。

第一，多元主体参与，发展学前教育。动员社会力量广泛参与举办学前教育，建立公办民办并举、协调发展的多元化办园体制。同时，建立幼儿园、社区和家庭合作共育机制——幼儿园应关注儿童心智、认知、交往等能力的培养，为儿童成长提供良好的环境；社区应建立学前教育档案，并对家长在育儿方面的知识与经验予以指导；家庭应营造良好的环境，并与学校保持沟通，为幼儿的成长奠定

良好的基础。[①]

第二，以素质为本，着力基础教育改革。转变教育理念，将“基础教育”纳入服务全民终身学习的教育体系进行重新定位。摒弃功利主义教育目的观，明确基础教育对于个体生命全程成长的奠基意义，减轻基础教育阶段“超负荷”的学习任务。同时，在教育目标、教育内容、教育方法和育人模式等方面革故鼎新。在教育目标上，关注学生终身发展的“基础性”素质养成；在教育内容与教育方法上，注重生活化与体验式教育；在育人模式上，体现对学生主体性、主动性的关照，鼓励中小学与社会教育机构、社区合作建立校外学习基地，为学生自主学习和社会实践提供场域空间。

第三，开放式办学，强化普通高等教育社会服务功能。加强高校资源向外部开放。高校应发挥自身优势资源，面向社会开展社会化培训服务，弥补其非学历教育不足的短板。要向社区开放场地、教学设施资源。同时，发挥其“思想库”“人才库”“科技库”的作用，为社区提供咨询服务，向社区提供师资人才，输送大学生志愿者，并与企业合作，搭建科研成果转化应用平台，服务于经济社会的发展。此外，还要加强高校系统内部资源的开放与互通，实现高校之间优质课程资源合作共建共享。

第四，提档升级，促进成人教育转型发展。拓展各级各类成人院校的办学方向，开展非学历教育与社会化培训服务。在服务人群面向上，除了服务于社会从业人员的专业继续教育、专业提升和专业化发展外，还要服务于社会待业人员包括进城务工农民工、残障人群的就业与创业教育与培训；在服务领域面向上，除了开展企事业单位员工培训外，还要面向社区成员开展社区教育。同时，还要加强内涵建设，提高各级各类成人院校的办学质量，实行规范化、集约式办学。

第五，深化发展模式，打造融实践性、开放性为一体的职业教育新格局。一方面，深化产教融合，提高学生职业素养。要瞄准社会产业发展对人才的需求，进行系统再造，实现专业—课程—教学与产业需求的一体化无缝对接。同时，将企业文化引入校园，实行校企文化融合，让学生在企业文化的熏陶中感受企业精神和职业人格精神，为未来步入职业岗位奠定基础。另一方面，开放办学，增强学校服务社会的职能。如与企业合作，开展企业员工培训；面向社区，开展弱势群体培训、农村劳动力转移培训，以及新型职业农民培训；也可以与科研机构、高新企业共建科教园区，服务于区域经济发展。

---

① 邓红红. 学前教育在构建终身教育体系中的地位与作用. 陕西广播电视大学学报，2014，16（01）：65-68.

（二）非正规教育体系：聚焦短板，重点推展

现代社会是开放的社会，人们生活的时空流变带有不稳定性，人们接受教育的方式也超越了传统的循规蹈矩式的启蒙习俗色彩的教育环境——学校。学校可独自满足人生所有教育需要的一种理性主义幻想已经破灭。由于社会生活的变革和科技进步及其对个人工作和环境的影响，人们迫切需要一种更为灵活、更加人性变通的教育形式——非正规教育。长期以来，相对于正规教育体系的学校教育，非正规体系的继续教育发展还存在薄弱环节，尤其是非学历继续教育中存在四大短板领域——社区教育、老年教育、农村成人教育、职工教育。今后，建议将其列为重点改革与发展对象，具体建议如下。

第一，推进社区教育，夯实终身教育主阵地。社区是仅次于家庭的人们生活的次生态场域，是不同于学校和职场场域的人文区域，是一种建立在自然情感一致基础上的紧密、排他的社会联系或共同生活方式——生活共同体和精神共同体的统一。社区作为一种基于本质意志形成的生机勃勃的社会有机体，其良性与健康发展需要以学习为支撑，需要通过社区教育，促使社区成员素质的提升和生活方式、生存样态的转变。

要充分发挥政府统筹协调力，盘活区域教育文化资源，增设服务网点，扩大社区教育服务供给；鼓励高校、企事业单位、民间组织参与社区教育，推行公共治理；通过分级管理，层层覆盖，实行网格化管理，形成“上面一根针，下面千条线”的面上全覆盖、点上全渗透的全员化服务新格局；重视对弱势群体的教育关怀，面向残障群体、失业者、老年人群、劳教服刑人员开展不同形式的教育与培训；以特色项目品牌和特色课程建设为抓手，推进社区教育内涵式发展，不断提升社区教育的服务质量和水平。

第二，发展老年教育，促进积极老龄化。要盘活区域资源，增设社区老年教育服务站点，打造十分钟学习圈，增强老年教育的服务供给；推行“养教结合”理念，采取市场化运作，鼓励养老机构与教育机构（包括老年教育机构）签订合约，合作共赢，共同开展老年教育；鼓励高校举办老年大学（学院），并采取免试、降低学费等优惠政策向老年人提供教育服务；扶持民间非企业单位开展老年教育，培育和发展民间社团组织包括老年学习共同体开展团队式、互助式学习；构建老年人社会参与服务体系，如老年人二次就业信息服务、创业信息服务、社会化培训服务等，扶助老年人发挥余热，实现自我价值。

第三，加强职工教育，激发企业人力资本的潜力。职工教育不仅能够激发组

织员工的智力潜能，提高其知识储备和业务能力，还可以激发其精神与心理能源，培养其对组织的忠诚度和对组织文化的归属感，使其以饱满的热情投身于工作当中，创造自身价值，绽放人生精彩。

职工教育的具体路径包括：一是建立各种制度机制，如目标责任机制、学习培训机制（包括自办培训、外送培训、远程培训等方式）、学习激励与保障机制（包括带薪休假学习制度、学习培训补贴制度）、学习评价机制等，确保学习活动的规范化和长效化。二是加强组织文化建设，通过创新学习载体，如设立固定的“学习日”“学习周”、定期开展“读书交流会”、开辟学习专栏、阅读论坛、举办专题讲座、知识竞赛等学习教育活动，营造浓厚的学习氛围，构建和谐文明、积极向上、充满生机与活力的组织文化。三是要通过制定相关政策、建立质量评估体系、进行模式推广等方式，使职工教育工作规范、科学、扎实和有序地推进。

第四，强化农村成人非学历教育系统工程建设，服务乡村振兴。夯实三级教育培训网络，加强以县级职教中心为龙头和辐射，乡镇、村一级农村成人文化技术学校为基础阵地的自上而下的三级教育与培训机构建设；增设教育机构网点，依托乡镇中小学校、农村社区多功能文化活动中心（农村文化礼堂）、农技站、农合社等，面向农村居民开展内容丰富、形式多样的教育与培训活动；引入市场机制，激发社会各方力量参与，促进办学主体多元化；依托信息技术，构建广覆盖、强渗透、立体高效的农村成人教育线上培训服务网络体系；加强师资队伍建设，组建由农业科研院所科技人员、普通高校涉农专业专家学者、涉农企业技术员、农业科技推广员、农村经营大户、能工巧匠以及民间艺人等为主的师资人才库，拓宽师资来源渠道。

三、制度机制系统：一体化打造，提供全方位服务

制度机制系统，即保障教育系统内各级各类教育相互交融、有机联系、有序运行并有效发挥功能的机制运行系统，具体包含：①终身学习需求监测与服务机制。利用大数据技术精准捕捉学习者需求，为学习者提供定制化学习推荐服务。②国家资历框架标准体系。根据知识、技能、能力要求建立的一个纵向分级、横向分类的资历等级系统，为学习成果认定提供依据。③学习成果认证、积累与转换制度。对个人通过非正规、非正式学习所获得的知识、技能进行认证、积累与转换，促进不同教育与学习形式有机衔接与沟通，为学习者人生生涯和职业生涯发展疏瀹通道。④学习型社会质量评价系统（包括教育质量评价系统和学习型城

市质量评价系统）。通过制定评价标准，实施监控与督导，可以发现问题，及时反馈，纠正偏差；同时可以发现典型，激励先进，发挥示范效应。

（一）建立终身学习需求监测与服务机制，助力个体个性化学习

立足于服务全民终身学习与满足社会民众个性化学习需求，需要建立终身学习需求监测与服务机制，为社会民众提供精准的、针对性的终身学习资源、终身学习机会和更加丰富的学习方式，以增强其终身学习的有效体验和获得感。要设立终身学习需求监测与服务机构，组建专业的监测人员队伍对社会民众的终身学习需求与能力进行监测，通过设计科学的监测流程，收集和分析学习者线上学习行为的相关信息（包括习惯、爱好、学习行为规律等），制定学习需求与能力的监测指标体系，挖掘和发现学习者个性化需求。在此基础上，根据大数据监测分析的结果，为学习者提供定制化学习推荐服务，包括课程推荐、教育机构或办学机构推荐、学习社区推荐等。然后，由教育服务提供者（教育机构和办学机构）开发针对性的教育产品和服务项目，为学习者提供适切性的学习资源，促进学习教育资源供给侧与需求侧之间的契合与对接，助力学习体验个性化发展。[①]

上海市已启动此项工作，上海市教委立足于满足社会民众终身学习有效需求，自 2014 年就将“市民终身学习需求与能力监测研究”设立为教育综合改革重点项目，旨在通过深入研究、持续监测和制度设计，建构具有区域性的终身学习需求与能力监测科学评价体系。具体来讲就是以大数据分析为基础，通过发现问题，分析原因，精准配置终身学习资源，拓宽多样化学习供给，更好地满足市民的终身学习需求，提高市民的终身学习能力。2017 年，上海开放大学设立市民终身学习需求与能力监测研究中心。2020 年，监测研究中心依托静安区社区学院和上海开放大学松江分校设立首批分中心，并正式组建由 10 位咨询专家、12 位兼职研究员组成的专家团队。专家团队以青少年、在职人员、老年人为监测对象，针对其学习目的的需求特征、学习方式的需求特征，已经研发出“市民终身学习需求与能力监测框架体系”，并完成监测研究报告。这将对全国其他城市起到很好的典范引领作用。

（二）制定国家资历框架标准体系，搭建人才成长立交桥

为了促进正规教育与非正规教育的沟通与衔接，实现学历证书、职业资格证

① 安哲锋，金子溦. 大数据助力终身教育的发展路径探析. 北京宣武红旗业余大学学报，2019（03）：2-10.

书、培训证书“三证”融通，需制定国家资历框架标准体系，以作为学习成果认定的标准依据。要确立“知识、技能、能力”三维认证指标，形成统一的通兑和转换标准。将各类教育与学习有机统合，根据知识、技能和能力等形成一个纵向分级、横向分类的资历等级系统，并对各等级的通用标准进行描述，框定该级资历所对应的学习成果及应达到的知识、技能和能力水平。与此同时，要设计科学的等级评定方法。综合利用书面考试、现场实操、职业履历、学习成果（作品、科技发明等）、专业领域的声誉等方法来评定学习者的资历等级，同一等级的学历、学位、文凭、资格证书可以互认与转换。[①]以形成一个横向等值、纵向衔接的资历框架体系，为学历教育与非学历教育及各类学习成果间的流通、转换与对接搭建桥梁与通道，促进各级各类证书之间的互认与互通。

（三）建立学习成果认证、积累与转换制度，疏瀹发展通道

为了打破学历教育与非学历教育之间的壁垒，需要建立学习成果认证、积累与转换制度。要建立一套人本性、可操作、具有公信力的学习成果认证标准体系，界定非学历教育内容要素，规范认证标准。明确有效评价和认证非学历、非正规、非正式学习成果的路径和方法，以便使学习者参与非学历、非正规学习（如培训、辅导班、进修、研修班等）所获得的知识、技能，以及非正式场景（如工作、自学、项目研发、创造发明等）的阅历及经验都可以被认定为学历教育、正规教育学分。建立专门的认证机构或平台（认证协会、评委会、认证中心、学分银行等），同时建立个人学习账户制，累积与管理个人的学习经历，认定和存储学分，以便当学分达到规定要求时，个人可以进入高一层次教育机构进行学习，或者申请相应的学历或学位证书，甚至获得职位升迁和加薪的凭证，从而为个人终身职业发展疏瀹通道。[②]

（四）建立学习型社会质量评价标准体系，提档升级

学习型社会质量评价系统包括教育质量评价系统和学习型城市质量评价系统。

首先，关于教育质量评价工作，存在的问题比较多，表现为：地方各类教育主管部门对各类教育评价的重视程度参差不齐，还没有将该领域的教育质量评价

---

① 王洪才，汤建. 国家资历框架建设：内涵·目的·要点. 华中师范大学学报（人文社会科学版），2019，58（04）：170-177.

② 黄娥. 非学历教育认证的价值、经验与思考. 成人教育，2019（09）：77-82.

工作纳入终身教育的大系统中去考量。正如吴遵民和李政涛所言，目前在“基础教育领域，终身教育理念还没有真正成为基础教育相应的评估和评价指标。最近中共中央、国务院发布了《深化新时代教育评价改革总体方案》，其中包含了终身教育的维度，但是真正进入日常的评价指标和相应范例，至少在基础教育领域还处于一种类似空白的状态。显然在评估机制、评估指标上，终身教育的维度在基础教育领域还没有真正落地，怎样从终身教育的维度认定学生的发展？认定教师的教学成效？认定学校的发展绩效？确立一个来自终身教育的评价标准，目前我觉得还有很多空白和盲点”①。

其次，关于学习型城市质量评价工作，也存在一些问题。近年来，这项工作已在一些学习型城市先行区陆续启动，一些先行区相继制定了各类学习型组织的评估指标体系，从组织体系、目标体系、学习体系、保障体系、成效体系五个总体标志，分为一级指标、二级指标、三级指标对各类学习型组织的创建情况进行考量。通过制定标准化考核细则，对各类学习型组织进行评估验收、以评促建，使创建学习型组织创建工作从被动到主动，从无序到规范，扎实有序地向前推进。但总体来看，评估的形式化现象严重，评价工作存在着诸多漏洞，且大部分非先行区尚未行动。

据此，今后完善学习型社会两大系统的质量评价标准体系，加大学习型社会的质量评价工作进程将是重中之重。

四、环境支持服务系统：三位一体，合力助推

环境支持服务系统就是为全民终身学习提供文化环境、基础性资源和信息化平台服务，包括：终身学习文化系统（感召、影响和激励全民终身学习的社会文化环境系统）；资源保障系统（为全民终身学习提供人、财、物资源的供给系统）；技术助力系统（以信息化技术为平台的数字化学习网络系统）。

（一）氛围营造，涵养终身学习文化生态

学习需要空气、阳光和土壤，学习离不开一定的环境和文化氛围。学习型社会建设需要营建一定的终身学习文化，让文化的力量来濡养人、陶塑人，从而打造积极向上的社会“集体人格”。正如荣格所言，文化的最终成果是人格。换言之，营建终身学习文化的终极诉求是为了提升社会全体成员的精神人格品位。

---

① 吴遵民，李政涛. 中国践行终身教育的本土化之路. 终身教育研究，2021（01）：12-19.

第一，建立社会化联动宣传机制，除了采用传统媒体（报刊、广播、电视、广告栏、布告栏、交通工具等）外，还要利用好微博、微信等多媒体载体进行宣传，并形成“政府—社会—社区”三级社会宣传网络体系。第二，创设内容丰富、形式多样的终身学习载体，依托公共文化设施（如图书馆、博物馆、体育馆等社会机构）开展“学习开放日”“主题活动日”“专题讲座”等活动，为社会民众提供各种学习机会与学习服务。启动“模范与示范工程”，树立品牌标杆，形成全民终身学习的良好社会风尚。第三，推进组织学习文化建设，倡导以“学习”为核心要素的组织风土建设，引导组织成员确立终身学习理念，并知行合一，贯穿于日常工作和生活之中，提升组织整体学习力、文化力和创新力。

（二）资源整合，提升基础性供给服务

充分发挥政府的统筹作用，加大资源整合力度。出台相关政策法规，规定各职能部门在其相关资源整合与开发过程中的职能、责任与义务，并实行职能与职责归位。整合企事业单位、群众团体以及社会培训机构的教育资源，使其面向社会开放学习场所、教育设施。鼓励学校教育资源的开放，发挥各级各类学校在终身教育资源供给中的优势作用。创新公共文化服务供给，推动各类文化服务资源有效整合。鼓励企事业单位与社会力量联动，完善多元互动供给格局，如建立“图书馆+”模式，即图书馆与学校、医院、社区、商场、市民服务中心等合作，实现资源的互通互融、共建共享，进而服务全民终身学习。创新资源服务供给模式，即在终身教育服务供给方式上，通过引入市场机制，激发民间资本活力，从政府直接供给的单一方式向多元主体供给的多主体、多中心供给方式转变，具体可采取公办公营、公办民营、民办民营等多元供给模式。

（三）技术助力，加强数字化学习网络建设

信息化多媒体时代，数字化学习作为一种全新的学习模式为社会大众所青睐，是实现教育现代化的技术支撑。

第一，夯实数字化终身学习平台建设的基础性条件，如完善信息技术平台建设，在计算机配备、网络接通、移动终端等方面加大投入，并不断创新信息技术水平，引进智能检索、深度学习、大数据、云计算等新兴技术。[①]第二，借助互联网、大数据、人工智能等新技术，搭建一个集信息存储、学习教学、评价认证、

① 朱成晨. 学习型社会与终身教育体系建设：信息化时代的省思. 电化教育研究，2018，39（10）：41-46.

交流互动等各个功能于一体的综合化终身教育服务平台。[①]第三，建立自上而下的国家开放大学网络体系，搭建覆盖城乡、街道、社区、深入家庭的远程教育网络，打造数字化学习社区，培育数字化学习共同体。开展学校、企业、机关、社区数据智能社会化培训，着力提高社会大众的大数据运用能力。第四，加强地域、校际、校企间数字化网络平台的互联、互通与互动，打破教育资源壁垒，促进跨地域、跨平台、跨行业的教育资源的融通、共建共享。第五，促进大数据思维和技术在教育领域中的快速渗透，实现信息技术与各类教育的深度融合，革新教育理念和方式，构建包含智能学习、交互式学习的新型教育体系。

五、社会化推进系统：建立利益相关者参与机制

学习型城市是学习型社会的具体化，学习型社会由理念转化为行动需要落实到学习型城市建设中来。而学习型城市建设是一个跨部门、跨行业、跨领域、跨边界的综合性系统工程，它涉及政治、经济、文化、教育等各个领域，与此相适宜，必然涉及各个利益相关者，如公共部门、公共文化设施（文化场馆）、商业组织、学校、医院、社区（社区中心）、公民社会组织，以及社区志愿者组织，这些利益相关者既是学习型城市建设成果的获益者，也是责任和义务的承担者，只有这些实体的内在潜能都调动起来，能量都释放出来，才能聚合成强大的势能，推进学习型城市建设走向成熟，彰显学习型城市的生机活力和文化魅力。换言之，政府不是万能的，无论如何强调政府在学习型城市建设中的重要性，都不能否定整个社会作为整体为更多的人创造学习条件的至关重要性。而且从社会公共治理理论角度来看，学习型城市建设是一项利国利民的公共事业，需要多元主体即城市社会各方力量参与，与政府之间形成动态的合作与支持网络，以提高治理效率和效能，推进城市经济社会的繁荣。

从全球范围来看，UNESCO 举办的四次学习型城市大会所通过的历次宣言都极力倡导利益相关者参与学习型城市建设，由第一届《北京宣言》（2013）的规划部署（协调机制、合作机制），到第二届《墨西哥城声明》（2015）倡导的“责任”理念的树立，到第三届《科克行动倡议》（2017）对“合作”任务的呼吁，再到第四届《麦德林宣言》（2019）对跨部门协同“治理”的提出，以及第五届《延寿宣言》对扩大城市终身学习利益相关者的范围的倡导（2021），任务路径越来越具体化，思路越来越明晰。我国学习型城市建设自从 20 世纪 90 年代末发展

① 安哲锋，金子溦. 大数据助力终身教育的发展路径探析. 北京宣武红旗业余大学学报，2019（03）：2-10.

至今，已经取得了一定的进展，但总体来看，发展速度缓慢，发展水平较低，最根本的原因在于利益相关者参与度不够，各类机构间的教育资源分散，尚未形成学习型城市建设的“机构合力”与共建共治格局。因此，建立利益相关者参与机制将是未来学习型城市建设推进工作的题中要义。

（一）建立合作机制，提高协同力与社会化服务水平

学习不是一种孤立的文化现象，而是与城市经济、政治、文化、教育、体育、卫生、生态等密切相关，高度渗透于其中，并影响于其中。换言之，学习型城市要充满活力，需要激活其肌体血液循环的各个子系统和构成要素。城市的各行业、部门、机构都是其子系统和构成要素，是充沛的场地设施资源的携带者及丰富的人力、技能、知识、思想和经验的载体，它们之间的主体性功能不同，通过建立合作联盟，可以发挥协同效应和规模效应，以增强全民终身学习的社会化服务水平。

我国目前虽然已经初步建立起了学习型城市的四级教育网络，在一些社区教育实验区、示范区已基本上形成了学校与社区互动、驻地企事业单位联动的局面，但总体而言，仅止于中小学与社区的互动，高校的力量并未调动起来，驻地企事业单位参与终身学习的理念和意识也尚未觉醒，与社区联动的积极性并不高，基层民间组织的参与率也不高，学习型城市建设的系统与系统、机构与机构之间缺乏链接和融通，资源融合度和整合度不够，全社会各行业、各领域合作共建的格局尚未形成。

学习型城市建设要走向深入，必须打通不同机构与组织之间的壁垒，以形成多元力量交互共融、互通共促、矢量叠加的格局。具体而言，需要打破“条块分割”的结构体制，促进不同部门、机构、行业间的自由交流与沟通。[①]首先，建立官学合作机制，地方政府以特定终身学习项目为牵引，与高校或者职业院校签订协议，共同推展实施，实现互利共赢。其次，建立学学合作机制，发展教育系统内部的合作伙伴关系，可以以社区学院或者辖区内知名度高的大学为龙头向下辐射，联系带动辖区内各级各类学校和教育机构，形成开放式互通交流网络，实现学习资源共享。最后，建立多元合作机制，倡导异质性兼容与互通互联，打破不同属性与类型机构间的边界、壁垒，推进公共部门、私营部门与非营利组织、

① 程豪，李家成，匡颖，等. 反思与突破：学习型城市建设的高质量发展. 开放教育研究，2021，27（02）：42-50.

非政府组织、志愿者公益性组织合作机制的建立，壮大服务全民终身学习的社会化支持规模。

（二）政府购买，市场化运作

学习型城市建设作为一项系统工程，要确保社会利益各方参与的长效化、持续性和服务的高水准、高品质，除了政府“看得见的手”的方向引领与把控、辅助与支持外，还需要市场介入，嵌入市场机制，发挥市场在资源配置中的基础性作用，以形成内驱力，提高社会效率与效益。

纵观世界，政府购买服务与市场嵌入已经成为吸引利益相关者参与终身教育与学习型城市建设的主流趋势。目前，我国部分地区在学习型城市建设中，通过试点与探索初步形成了政府出资委托、社会组织承办的政府购买服务机制，通过竞标的方式吸纳了更多的社会组织参与其中①，满足了人们多样化的学习需求，提高了终身教育资源的社会供给率。如将一些社区服务项目、睦邻点培育项目、特色课程开发项目委托给专业公司、民办培训机构、协会组织（如老年人协会、妇女协会、环保协会）、志愿者组织去做，吸纳了更多的社会组织参与学习型城市建设。但这仅止于少数城市，并未普及到各个城市。而且目前从试点城市来看，政府购买与市场化嵌入模式在运行中还存在许多问题，如政府招标与遴选服务对象时的主观随意性、暗箱操作与决策不透明性、全程跟踪评估程序的不完善、不规范性等。再者，尚未形成社会各界普遍参与的大市场格局，尤其是高校和职业院校参与较少。

致力于激发学习型城市建设的社会参与活力，我国今后在发挥“政府看得见的手”的功能作用时，需进一步调动“市场看不见的手”的功能作用，应将政府主导与市场嵌入兼容。首先，在全国范围内建立“政府购买服务、社会广泛参与”的学习型城市建设制度文化，并形成长效机制。除了倡导基层社会组织参与外，尤其倡导高校、职业院校、工商企业界（包括财团）参与。其次，完善政府购买服务的相关政策法规（包括遴选标准、购买程序、评估标准等），营造良好的市场生态环境，使一些实力雄厚、信誉良好、社会美誉度高的社会组织、机构和企业能通过公平竞争参与其中。最后，尝试采用多种模式，吸引社会各界参与，如可以采取政府出资与项目委托的方式，也可以采取将项目委托给社会各界来开发的方式，或者采取发放“教育与培训券”的形式让消费者自由选择合适的供应

---

① 叶忠海. 广州市学习型城市建设特色和创新的研究报告. 当代继续教育，2014，32（178）：4-12+18.

商，或者以市场为牵引，实行公办民营，即由政府注入初始资金，私立机构介入，成立公私合作伙伴公司，专门负责学习型城市项目开发和运营，提供专业化服务。

六、全域化视角：加强国内及国际的交流与合作

当今时代，得益于科技、信息的发展，人类文明的变迁，人类所处的自然环境和社会环境都在扩充、无限制地延伸，任何组织和个人要寻求发展空间和机会，必须增强对外在世界的悦纳度，学会“借力”，与外在社会加强合作与交流，互通互融、共荣共享，方能永葆生机。具体而言，就是要本着全域化视角，加强国内及国际之间的交流与合作。

一方面，建立国内伙伴关系。除了在城市内部建立合作伙伴关系（如官学合作、学学合作、多元合作）外，还要建立城市间的相互支持与协作的机制，在城市之间建立合作伙伴关系。就世界范围来看，城市之间建立学习型城市建设合作伙伴关系最早发起于英国，英国于 1995 年率先创设学习型城市网络。截至 2016 年，英国加入该组织的建设成员已经超过 80 个；截至 2020 年，已有 200 个城市成为其建设成员。德国也实施了“学习型地区网络计划”和“地方学习计划”，通过在本土、地区、州和国家合作伙伴之间建立网络来推广终身学习。我国可借鉴国外建设“学习型城市网络”的经验做法，“加强各城市城乡区域的互动、互通、衔接，构建起我国学习型城市的可持续发展网络”[①]，可以采取建立“学习型城市联盟”的形式，制定盟约，并形成常态化的合作与交流机制，实现资源和利益共享。

我国“全国学习型城市建设联盟”于 2013 年 7 月 8 日正式成立，全国多个城市加入了该联盟。基于各地学习型城市建设发展的不平衡，为了有效并整体性推进学习型城市建设，一些城市先后成立了长江三角洲、环渤海、珠江三角洲，以及西部、中部、东三省与内蒙古等区域协作组织。但这些组织仅是一种松散性联盟，结盟比较随意，虽然有盟约，但只是搭建了一个城市之间进行话语交流的平台，仅仅以会议协商的形式体现，大多还停留在理论学术交流的层面，成员城市之间并没有进行实质性的对接、互学互鉴与互相促进，形式化、政绩化倾向较为严重。今后应建立类似真正共同体式的紧密性联盟，强化政府行为，建立制度化、系统化、正规化的联盟机制，除了建立常态化的会议协商机制外，由政府统筹协调建立以项目为牵引的项目合作机制、成果展示与平台对接机制，加强实践层面

① 王永刚. 发达国家学习型城市建设比较研究与启示. 成人教育，2020（04）：85-89.

的互动与交流，共享共建，推动学习型城市实践发展。

另一方面，建立国际伙伴关系学习，推进国际交流与合作。自20世纪60年代，终身教育与学习型社会就受到国际社会的重视和推崇，特别是UNESCO作为世界终身教育的思想实验室和集大成者，一直积极致力于终身教育思想理念在全球社会的传播，致力于学习型社会建设在全球社会的推展工作，如通过举办国际会议、发布政策文本、开展国际项目研发、制定监测与评价机制（如设立学习型城市“国际双年奖”）等。半个多世纪以来，学习型社会在全球社会中广受重视，同时在理念与实务层面的发展都有了明显的突破。

发达国家无论在学习型社会建设的理论层面还是在其实践方面，都颇有建树，各具特色，积累了丰富的经验，值得我们借鉴与吸取。我们也必须认识到，当今世界，每个人、每个城市、每个国家都是地球村的一分子，开放胸怀和接纳新思想、新观念、新方法是必然的选择和责任。怎样使一种异域的思想精华、文化种子、实践经验变成一个教育和行动的共享成果，以使每个国家、每个城市、每个人都受益于世界文化遗产、文明成果的多样性是我们今后应当去践行的。但同时我们也“需切实结合地区和本国情况和特点，在借鉴国外建设经验和成果的同时，需要具有时空意识，考虑到各国区域不同时期的政治、经济、文化和社会发展差异，贴近本土实情，而不是盲目借鉴其他国家在学习社会建设方面的特色和亮点”[①]，否则就会东施效颦，实施效果也会大打折扣。

① 王永刚. 发达国家学习型城市建设比较研究与启示. 成人教育，2020（04）：85-89.

附　　录

中国学习型社会大事记

1978 年

11 月 9 日，教育部在开展职工教育情况调查的基础上，立足于服务于经济建设，召开有 28 个部委教育部门负责人参加的全国职工教育座谈会，提出积极恢复和促进企事业单位的职工教育。

1980 年

9 月 5 日，国务院批转《教育部关于大力发展高等学校函授教育和夜大学的意见》，对恢复和发展高等学校函授和夜大学的几个主要问题提出意见，对高等学校函授教育和夜大学的方针任务、办学形式、教学质量、人员编制和经费、毕业生的使用和待遇、组织领导等问题，都做出规定，成为当时高等学校函授教育和夜大学工作的基本依据。

1984 年

9 月 9 日，中国老年教育协会成立。协会的主要任务是举办老年大学，研究有关老年教育的方针、政策、经验，组织有关老年教育和社会教育的调查、咨询活动，关怀青少年教育，举办有关的社会教育事业和为老年教育工作者服务的事业等。

1987 年

6 月 23 日，国务院批转《国家教育委员会关于改革和发展成人教育的决定》，指出成人教育是当代社会经济发展和科学技术进步的必要条件；成人教育是我国教育的重要组成部分，在整个教育事业中，它与基础教育、职业技术教育、普通高等教育同等重要。该决定是指导我国成人教育发展的带有纲领性质的文件，对我国成人教育及其研究发展具有里程碑意义。

1988年

11月18日，《国家教育委员会关于印发有关“燎原计划”两个文件的通知》对“燎原计划”的基本任务、主要目标和实施办法做了明确说明。该文件强调服务于农村经济建设,农村学校应面向在校中小学生开展活泼多样的农业技术教育，农村中小学应改革教育内容，适当安排针对当地需要的劳动技能和技术的教育；在初中后、高中后，以及尚未普及初中的地方的小学后，都应逐步对毕业生进行一定的职业技术教育或培训，使他们掌握一种或几种实用技术和管理知识；职业技术教育和培训应注意因地制宜、灵活适用，时间要长短结合，以短为主。

1989年

12月27日，国家教委、劳动部、人事部、国家经济体制改革委员会、全国总工会印发《关于开展岗位培训若干问题的意见》，对开展岗位培训工作的指导思想、目的要求，实施，考核与发证，宏观管理和分工，健全和完善相应的政策措施五个方面都进行了较为详尽的阐述。

1991年

10月17日，《国务院关于大力发展职业技术教育的决定》发布，提出在广大农村地区，要积极推进农村教育综合改革，实施“燎原计划”，实行农科教结合，统筹规划基础教育、职业技术教育和成人教育，采取更灵活的方式大力发展职业技术教育。

1993年

1月7日，国务院办公厅转发国家教委《关于进一步改革和发展成人高等教育意见的通知》,提出进一步改革和发展成人高等教育的总体目标及十项政策措施。

2月13日，国家教委印发《中国教育改革和发展纲要》，明确提出要积极推进农村教育、城市教育和企业教育综合改革,促进教育同经济、科技的密切结合；提出成人教育是传统学校教育向终身教育发展的一种新型教育制度，对不断提高全民族素质，促进经济和社会发展具有重要作用。大力发展农村成人教育，积极办好乡镇成人文化技术学校。成人学历教育要加强和普通学校的联系与合作，努力体现成人教育的特色，注重提高质量。

1994年

3月14日，国务院办公厅转发农业部《关于实施“绿色证书工程”的意见》。该意见指出，要把农民从业的技术资格要求、培训、考核、发证等规定下来，并制定配套政策。“绿色证书”的培训对象，主要是具有初、高中文化程度的乡、村农业社会化服务体系的人员，村干部、专业户、科技示范户和一些技术性较强岗位的从业农民。取得“绿色证书”的农民，必须达到岗位规范规定的标准。

7 月 3 日，《国务院关于〈中国教育改革和发展纲要〉的实施意见》发布，强调要大力开展多种形式的职工培训，各行业都要建立从业人员在岗和转岗的培训制度，积极开展岗位培训。要建立和完善现代企业教育制度，通过立法，明确企业举办职业教育以及对在职职工进行岗位培训和继续教育的责任。

1995 年

3 月 18 日，第八届全国人民代表大会第三次会议通过《中华人民共和国教育法》，并于同年 9 月 1 日起施行。该法提出要推进教育改革，促进各级各类教育协调发展，建立和完善终身教育体系。

1996 年

4 月 10 日，国家教委印发《全国教育事业“九五”计划和 2010 年发展规划》，指出积极进行社区教育试点。

5 月 15 日，第八届全国人民代表大会常务委员会第十九次会议通过《中华人民共和国职业教育法》，并于同年 9 月 1 日起施行。该法要求企业有计划地对本单位的职工和准备录用的人员实施职业教育。

1999 年

1 月 13 日，国务院批转教育部《面向 21 世纪教育振兴行动计划》，指出要开展社区教育实验工作，逐步建立和完善终身教育体系，努力提高全民素质。到 2010 年，要基本建立起终身学习体系。

2000 年

11 月 19 日，中共中央办公厅、国务院办公厅转发《民政部关于在全国推进城市社区建设的意见》，提出在推进城市社区建设中，大力开展社区教育，引导居民爱祖国、爱城市、爱社区，可以形成崇尚先进、团结互助、扶正祛邪、积极向上的社区道德风尚。

2001 年

3 月 5 日，第九届全国人民代表大会第四次会议批准《中华人民共和国国民经济和社会发展第十个五年规划纲要》，该纲要提出要逐步形成大众化、社会化的终身教育体系。

6 月 22 日，中组部、文化部、教育部、民政部、全国老龄工作委员会办公室联合印发《关于做好老年教育工作的通知》，指出各级党委组织部门、老干部工作部门和政府文化、教育、民政部门及老龄工作部门要以邓小平理论为指针，深入学习、贯彻江泽民总书记“三个代表”的重要思想，从全局性、战略性的高度，充分认识老年教育工作的重要性和做好老年教育工作的紧迫性，遵循老年教育事业发展的规律，以老有所教、老有所学、老有所乐、老有所为为目标，推动老年教育事业的健康发展。

11 月 7—9 日，全国社区教育实验工作经验交流会议在北京召开，并确定 28 个社区教育实验区。

11 月 8—14 日，中共中央第十六次全国代表大会在北京召开，大会报告提出要形成全民学习、终身学习的学习型社会，促进人的全面发展。

2003 年

2 月 10 日，农业部印发《关于做好 2003 年科教兴农工作的意见》，强调要实施新型农民科技培训工程，提高农民科技文化素质，启动“农村富余劳动力转移培训工程”，开展职业技能培训，促进农村劳动力有序流动，提高就业率。

9 月 17 日，《国务院关于进一步加强农村教育工作的决定》印发，提倡积极实施劳动力转移培训，使农村劳动力初步掌握在城镇和非农产业就业必需的技能，以就业为导向，大力发展农村职业教育，把教育教学与生产实践、社会服务、技术推广结合起来，加强实践教学和就业能力的培养。

12 月 22 日，中华全国总工会、国家发改委、国资委、教育部等九部委联合发起“创建学习型组织、争做知识型职工”活动。众多国有或国有控股企业纷纷加入打造学习型企业的行列。

2004 年

3 月 3 日，国务院印发《2003—2007 年教育振兴行动计划》，指出积极推进社区教育，形成终身学习的公共资源平台，以更新知识和提高技能为重点，开展创建学习型企业、学习型组织、学习型社区和学习型城市的活动。

3 月 24 日，教育部印发《农村劳动力转移培训计划》，提出全力推进农村劳动力转移培训工作，以提高农村转移劳动力的就业能力和创业能力。

9 月 14 日，《教育部等七部门关于进一步加强职业教育工作的若干意见》印发，指出要大力加强农村职业教育，为解决“三农”问题提供服务，要加快职业教育实训基地建设，切实提高学生职业技能。

12 月 1 日，国务院正式批转《教育部关于推进社区教育工作的若干意见》，该意见进一步明确推进社区教育工作的指导思想、原则和目标，主要任务，切实可行措施。

2005年

7月29日，福建省第十届人民代表大会常务委员会第十八次会议通过《福建省终身教育促进条例》，并于同年9月28日起施行。

10月28日，《国务院关于大力发展职业教育的决定》印发，提出大力发展社区教育、远程教育，通过自学考试和举办夜校、周末学校等多种形式满足人民群众多样化的学习需求。

2006年

3月14日，《中华人民共和国国民经济和社会发展第十一个五年规划纲要》发布，提出加快教育结构调整，促进教育全面协调发展，建设学习型社会。

4月9日，《国务院关于加强和改进社区服务工作的意见》印发，在“推进社区文化、教育、体育服务”部分中提出，要统筹各类教育资源，充分发挥社区学院、市民学校的作用，积极创建各种类型的学习型组织，面向社区居民开展多种形式的教育培训和科普活动，建立覆盖各类人群的多渠道、全方位的社区学习服务体系。

9月21日，《中国老龄事业发展“十一五”计划纲要》颁布，提出大力发展老年教育，到2010年，老年大学和老年学校在现有基础上增加1万所。完善老年教育网络。各级政府要继续加大老年教育的投入，同时动员社会力量，因地制宜办好老年教育。积极发展老年远程教育，开办老年电视大学、老年网上学校，倡导社区办学等多种形式的老年教育。

12月12日，国务院新闻办公室发表《中国老龄事业的发展》白皮书，指出国家重视保障老年人受教育权利，加大投入，积极扶持，推动老年教育事业迅速发展。各级政府、有关部门和企业事业单位创办了一批示范性老年大学，同时依托省、市、县各级现有群众文化设施多渠道、多层次发展老年教育，努力实现“县县有老年大学”的目标，并逐步向社区、乡镇延伸。

2007年

5月18日，国务院批转教育部《国家教育事业发展“十一五”规划纲要》，提出要积极推进学习型社会建设，努力形成全民学习、终身学习的理念和良好的社会风尚，改革成人教育办学模式，大力发展多样化的继续教育和社区教育。

7月16日，北京学习型城市网站开通暨北京市民终身学习远程服务中心揭牌仪式举行。

10月15日，中国共产党第十七次全国代表大会在北京召开，会议指出要努力使全体人民学有所教，建设全民学习、终身学习的学习型社会。

2008年

4月19日，全国教育科学规划“十一五”教育部重点课题“学习型社会建设研究”在杭州萧山区举行开题会，课题负责人、中国成人教育协会会长朱新均做了关于“学习型社会建设研究”课题实施意见的主题发言。

11月9日，由中国教育战略学会终身教育委员会主办、北京市教育委员会承办的“全国学习型城市建设经验交流会”在北京举行。

2010年

7月29日，《国家中长期教育改革和发展规划纲要（2010—2020年）》发布。该纲要规划了未来10年中国教育改革发展要实现的愿景，提出“到2020年，基本实现教育现代化，基本形成学习型社会，进入人力资源强国行列”的战略目标。

2011年

1月5日，上海市第十三届人民代表大会常务委员会第二十四次会议审议通过《上海市终身教育促进条例》，并于同年5月1日起施行。

3月16日，《中华人民共和国国民经济和社会发展第十二个五年规划纲要》发布，指出要加快发展继续教育，建设全民学习、终身学习的学习型社会。

2012年

1月13日，《教育部关于开展教育信息化试点工作的通知》印发，提出教育部决定开展教育信息化试点工作，并对开展教育信息化试点工作的指导思想与工作目标、实施原则、试点工作的范围和内容等做了明确的规定。

6月14日，教育部印发《国家教育事业发展第十二个五年规划》，要求在全社会树立终身学习的理念，在终身学习框架内推动各级各类学校教育教学改革，研究起草推进终身学习的法律法规；联合职业院校和行业企业建设一批农民工文化补偿教育和职业技能培训基地。

6月21日，《教育部关于同意在中央广播电视大学基础上建立国家开放大学的批复》印发，提出国家开放大学坚持非学历继续教育和学历继续教育并举，积极推进“学分银行”建设，通过建立学习成果的互认和学分的累积、转换制度，探索搭建终身学习“立交桥”。

8月22日，太原市第十三届人民代表大会常务委员会第四次会议通过《太原市终身教育促进条例》，并于同年12月1日起施行。

11月8—14日，中国共产党第十八次全国代表大会在北京召开，会议报告指出要积极发展继续教育，完善终身教育体系，建设学习型社会。

2013 年

7 月 8 日，“全国学习型城市建设联盟”成立大会在北京举行。教育部鲁昕副部长发表书面讲话，宣布了联盟领导机构成员。会议确认联盟首批成员单位，发布联盟宣言、章程和工作方案。

10 月 21 日，由 UNESCO、中国教育部和北京市人民政府联合举办的国际学习型城市大会在北京召开。会议主题为“全民终身学习：城市的包容、繁荣和可持续发展”。中国政府向大会提交了《中国学习型城市建设发展报告》，大会通过《北京宣言》和《学习型城市的主要特征》。

2014 年

9 月 15 日，《教育部等七部门关于推进学习型城市建设的意见》印发，提出以服务全面建成小康社会和满足人民群众对美好生活的新期盼为宗旨，把全民终身学习作为城市发展的重要基础。以改革创新为动力，以信息技术为支撑，努力构建灵活、开放的终身教育体系。积极推进城市各类学习资源的建设与共享，创造人人皆学、时时能学、处处可学的社会环境。促进全民学习、终身学习。促进城市的包容、繁荣与可持续发展。

10 月 29 日，宁波市第十四届人民代表大会常务委员会第十九次会议通过《宁波市终身教育促进条例》，并于 2015 年 3 月 1 日起施行。

2015 年

12 月 27 日，中华人民共和国第十二届全国人民代表大会常务委员会第十八次会议通过《全国人民代表大会常务委员会关于修改〈中华人民共和国教育法〉的决定》，修订后的教育法于 2016 年 6 月 1 日起施行。

2016 年

3 月 17 日，《中华人民共和国国民经济和社会发展第十三个五年规划纲要》印发，指出要加快学习型社会建设。大力发展继续教育，构建惠及全民的终身教育培训体系。建立个人学习账号和学分累计制度，畅通继续教育、终身学习通道，制定国家资历框架，推进非学历教育学习成果、职业技能等级学分转换互认。

7 月 8 日，《教育部等九部门关于进一步推进社区教育发展的意见》发布，提出鼓励社会资本通过兴办实体、资助项目、赞助活动、提供设施、设立社区教育基金等方式支持社区教育发展；加大社区教育工作者培训力度，鼓励高等学校、职业学校开设社区教育相关专业；鼓励引导相关专业毕业生从事社区教育工作。

8 月 31 日，成都市第十六届人民代表大会常务委员会第二十五次会议通过《成都市社区教育促进条例》，并于 2017 年 2 月 1 日起施行。

10月19日，国务院办公厅印发《老年教育发展规划（2016—2020年）》，对未来5年老年教育进行了详尽而具体的部署规划，包括总体要求、主要任务、重点推进计划、保障措施四部分内容。

2017年

10月18—24日，中国共产党第十九次全国代表大会在北京召开，会议报告指出，建设教育强国是中华民族伟大复兴的基础工程，必须把教育事业放在优先位置，办好继续教育，加快建设学习型社会，大力提高国民素质。

2019年

2月23日，中共中央、国务院印发《中国教育现代化2035》，制定的总体目标是：到2035年总体实现教育现代化，迈入教育强国行列，推动我国成为学习大国、人力资源强国和人才强国，为到本世纪中叶建成富强民主文明和谐美丽的社会主义现代化强国奠定坚实基础。

10月28—31日，中国共产党第十九届中央委员会第四次全体会议在北京举行，会议报告指出服务全民终身学习的教育体系是国家基本公共服务制度体系的重要组成部分，是民生保障的题中之义，对满足人民日益增长的美好生活需要具有重要意义。

后　记

自20世纪60年代学习型社会由美国学者赫钦斯率先提出，国际社会便展开了对学习型社会理论与实践的探索。进入21世纪以来，伴随全球范围内政治、经济、科技、文化的环境变迁，构建终身教育体系，建设学习型社会已然成为世界性潮流，学习型社会建设已然成为全球各国经济社会发展的战略国策。我国政府一直十分重视对学习型社会的推展工作，党的十六大、十七大、十八大、十九大报告分别提出建设学习型社会的倡导，而且政策线条逐步明朗和具体化。建设学习型社会成为中国实现“两个一百年”奋斗目标和中华民族伟大复兴中国梦的重要驱动。

本书虽说是我多年来在该领域研究的积淀而为，但真正动起笔来，工程量还是蛮大的，从前期资料的搜集，到系统地盘点、梳理，再到谋篇布局、结构上的搭建，以及到内容上的考量、逻辑上的斟酌，可谓千头万绪，工序繁杂。可以说整个寒假我都在做这项工作。开学后除了给研究生上课、辅导论文以及处理一些工作和生活上的事务外，其余的时间（包括双休日）基本用在书稿的撰写上。虽说其间充满艰辛，但每每完成一部分或者一个篇章的内容，心中总有说不出的酣畅和喜悦，正所谓“痛并快乐着”！所幸经过一次次惕厉和修缮、一次次心力和耐力的挑战和超越，这本书终于破茧成蝶。

学习是一辈子的事情，就好比一个人要成“人”是一辈子的事情。孔夫子说“学而不厌”，我将终生践行之。我学故我乐！我思故我在！

参与本书的资料收集和整理的人员有山西大学硕士生宋谱、李珍珍、杨尚林、张境芳，在读硕士生潘妤婕、韩瑜茜、张媛、白俊、刘璇、云胜楠、张亚楠。特别是，本书还得到了山西大学侯怀银教授的悉心指正和校对。在此一并表示衷心感谢！

本书出版过程中，承蒙科学出版社教育与心理分社付艳分社长、崔文燕编辑等对文稿的严格把关和辛劳付出，谨此致以诚挚的谢忱！

本书虽得以出版发行，但仍可能有一些不足，热忱希望广大读者、各位专家、同仁不吝赐教与指正。

丁红玲

2022年6月于太原